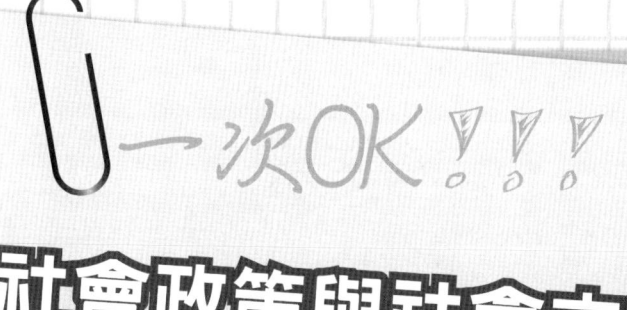

一次OK！！！

陳思緯◎編著

社會政策與社會立法（含概要）搶分題庫

 考用出版股份有限公司

前言 Preface

　　本書《社會政策與社會立法（含概要）搶分題庫》主要是為準備、專技社會工作師考試、公務人員考試之考生特別編撰，研讀本書將使讀者對其解題技巧、邏輯組織能力與應試臨場反應大幅提升，輕易地於考場上奪取致勝高分。

　　編者細心地於各申論題逐題提示解題方向，同時延伸提醒考生應該注意的考點，建立考生準備相關題型之完整性；於測驗題部分，經由編者逐題解析，足讓考生辨別正確答案與錯誤答案之細微差距外，亦能同步建立清晰正確之選題觀念和技巧，使考生能在測驗類題型拿到高分。

　　編者建議：考生研讀本書時，同步搭配編者另著：陳思緯，《社會政策與社會立法（含概要）》，更能建立完整的社會政策與社會立法之堅實能力，除了有絕佳的解析技巧外，在尚未被命題之社會政策與社會立法相關內容，透過編者另著的同步研讀，將可使讀者具有超強的社會政策與社會立法之考科實力，取得關鍵的考場高分，榮登金榜！
給讀者的期勉～

　　多讀，多思考；時間花在那裡、成就即在那裡！
　　　　　祝您 金榜題名！

　　　　　　　　　　　　　　　　　　　　　陳思緯 敬上

社會政策與社會立法（含概要）　必須要知道的考試相關資訊

【應考資格】

考試名稱	類科	應考資格
公務人員高等考試暨普通考試／特種考試地方政府公務人員考試	社會行政	一、公務人員高等考試三級考試、特種考試地方公務人員考試三等考試： 1.公立或立案之私立獨立學院以上學校或符合教育部採認規定之國外獨立學院以上學校各系、組、所、學位學程畢業得有證書者。 2.經普通考試或相當普通考試之特種考試及格滿三年者。 3.經高等檢定考試及格者。 二、公務人員普通考試、特種考試地方公務人員考試四等考試： 1.公立或立案之私立高級中等學校畢業得有證書者。 2.經初等考試或相當初等考試之特種考試及格滿三年者。 3.經高等或普通檢定考試及格者。
專門職業及技術人員高等考試	社會工作師	一、公立或立案之私立專科以上學校或經教育部承認之國外專科以上學校社會工作科、系、組、所畢業，領有畢業證書者。 二、公立或立案之私立專科以上學校或經教育部承認之國外專科以上學校相當科、系、組、所畢業，領有畢業證書，曾修習社會工作（概論）或社會工作（福利）理論、人類行為（發展）與社會環境、社會個案工作、社會團

考試名稱	類科	應考資格
		體工作、社區組織與（社區）發展或社區工作、社會（工作）研究方法或社會及行為研究法或社會調查與研究、社會福利概論或社會福利通論、社會福利行政（與立法）或社會工作管理、社會政策與（社會）立法、社會工作（福利）實習或實地工作、社會工作方法或臨床社會工作或醫療社會工作、高等社會工作或高等社會個案工作或高等社會團體工作或高等社會社區工作或進階社會工作或進階社會個案工作或進階社會團體工作或進階社會社區工作、社會工作督導、非營利組織（經營）管理或社會服務機構（行政）管理或方案規劃與評估、社會政策分析或比較社會政策、家庭政策或家庭（福利）服務或家庭社會工作、社會福利（服務）或兒童福利（服務）或青少年福利（服務）或老人福利（服務）或身心障礙者福利（服務）或婦女福利（服務）等學科至少7科，合計20學分以上，每學科至多採計3學分，其中須包括社會工作（福利）實習或實地工作，有證明文件者。 三、中華民國90年7月31日前，經公立或立案之私立專科以上學校或經教育部承認之國外專科以上學校社會政策與社會工作、青少年兒

考試名稱	類科	應考資格
		童福利、兒童福利、社會學、社會教育、社會福利、醫學社會學等科、系、組、所畢業，領有畢業證書者。 四、中華民國89年12月31日前，具有國內公立或立案之私立或經教育部承認之國外大學或獨立學院以上非社會工作相關學系畢業，有國內社會工作實務經驗2年以上，並領有中央主管機關審查合格之證明文件者。 五、中華民國95年7月31日前，具有國內已設立10年以上之宗教大學或獨立學院之社會工作相關科系畢業，有國內社會工作實務經驗2年以上，並領有中央主管機關審查合格之證明文件者。 自中華民國102年1月1日起，中華民國國民具有下列資格之一者，得應本考試： 一、公立或立案之私立專科以上學校或經教育部承認之國外專科以上學校社會工作相當科、系、組、所、學位學程畢業，曾修習社會工作（福利）實習或實地工作，領有畢業證書者。所稱社會工作相當科、系、組、所、學位學程係指開設之必修課程包括下列五領域各課程，每一學科至多採計3學分，合計15學科45學分以上，且經考選部審議通過並公告者：

考試名稱	類科	應考資格
		（一）社會工作概論領域課程2學科，包括： 　　1.社會工作概論。 　　2.社會福利概論或社會工作倫理。 （二）社會工作直接服務方法領域課程3學科，包括： 　　1.社會個案工作。 　　2.社會團體工作。 　　3.社區工作或社區組織與（社區）發展。 （三）人類行為與社會環境領域課程4學科，包括： 　　1.人類行為與社會環境。 　　2.社會學。 　　3.心理學。 　　4.社會心理學。 （四）社會政策立法與行政管理領域課程4學科，包括： 　　1.社會政策與社會立法。 　　2.社會福利行政。 　　3.方案設計與評估。 　　4.社會工作管理或非營利組織管理。 （五）社會工作研究法領域課程2學科，包括： 　　1.社會工作研究法或社會研究法。 　　2.社會統計。 二、公立或立案之私立專科以上學校或經教育部承認之國外專科以上學校社會工作相關科、系、組、

考試名稱	類科	應考資格
		所、學位學程畢業，曾修習社會工作（福利）實習或實地工作，領有畢業證書，且其修習之課程符合前款規定之五領域課程，有證明文件者。 三、前二項實習或實地工作認定標準由考選部另定之。 四、具有第一項各款資格之一者，限於中華民國105年12月31日以前，得應本考試。 ※102年以後畢業者，實習以課堂外實習為限，應至少實習二次且合計400小時以上。

【考試科目】

考試名稱	類科	考試科目
公務人員高等考試暨普通考試／特種考試地方政府公務人員考試	社會行政	一、公務人員高等考試三級考試、特種考試地方政府公務人員考試三等考試： 1.◎國文（作文、公文與測驗）。 2.※法學知識與英文（包括中華民國憲法、法學緒論、英文）。 3.◎行政法。 4.社會福利政策與法規。 5.社會學。 6.社會工作。 二、公務人員普通考試、特種考試地方政府公務人員考試四等考試： 1.◎國文（作文、公文與測驗）。

考試名稱	類科	考試科目
		2.※法學知識與英文（包括中華民國憲法、法學緒論、英文）。 3.※行政法概要。 4.◎社會工作概要。 5.◎社會政策與社會立法概要。
	公職社會工作師	公務人員高等考試三級考試、特種考試地方政府公務人員考試三等考試： 1.◎國文（作文、公文與測驗）。 2.社會工作實務。 3.※法學知識與英文（包括中華民國憲法、法學緒論、英文）。 4.社會福利政策與法規。 5.◎行政法。
專門職業及技術人員高等考試	社會工作師	1.◎國文（作文與測驗）。 2.◎社會工作。 3.◎社會政策與社會立法。 4.◎社會工作管理。 5.◎社會工作直接服務。 6.◎人類行為與社會環境。 7.◎社會工作研究方法。

備註：
1. 科目前端有「※」符號者，係全部採測驗式試題。
2. 科目前端有「◎」符號者，係採申論式及測驗式之混合式試題。

【考試日期】

考試名稱	類科	預定辦理日期
公務人員高等考試暨普通考試	社會行政	約於每年7月分舉辦。
特種考試地方政府公務人員考試	社會行政	約於每年12月分舉辦。

考試名稱	類科	預定辦理日期
專門職業及技術人員高等考試	社會工作師	每年舉辦1次,並視需要增辦1次。 1.第1次:約於每年1～2月舉辦。 2.第2次:約於每年7～8月舉辦。

備註:正確考試日期以考選部公告為準。

【命題大綱】

社會政策與社會立法概要

適用考試名稱	適用考試類科
公務人員普通考試	社會行政
特種考試地方政府公務人員考試四等考試	社會行政
公務人員特種考試原住民族考試四等考試	社會行政
公務人員特種考試身心障礙人員考試四等考試	社會行政
特種考試退除役軍人轉任公務人員考試四等考試	社會行政
專業知識及核心能力	一、認識社會政策的價值原則與社會政策制定的過程。 二、熟悉我國現行相關之社會政策和法規的內容,並能夠應用。 三、應用相關法規於因應特定社會現象或案例之能力。 四、對福利服務各人口群相關法規之掌握,包括:老人、兒少、婦女及家庭、身障者等相關法規。

	五、對人民經濟安全相關法規之理解，側重在社會救助與社會保險之相關法規。
命題大綱	

一、社會政策部分
　　（一）社會政策立基之價值或原則。
　　（二）社會政策制定過程。
　　　　1.內在作用力。
　　　　2.國際作用力。
　　　　3.我國社會政策發展、政策與立法制訂過程。
二、社會立法部分
　　（一）老人類：老人福利法、敬老福利生活津貼暫行條例。
　　（二）兒少類：兒童及少年福利法、兒童及少年性剝削防制條例、少年事件處理法。
　　（三）婦女及家庭類：特殊境遇婦女家庭扶助條例、性騷擾防治法、性侵害犯罪防治法、家庭暴力防治法、性別平等工作法。
　　（四）身障類：身心障礙者保護法、精神衛生法。
　　（五）社會救助類：社會救助法。
　　（六）社會保險類：全民健康保險法、勞工保險條例、就業保險法。
　　（七）其他：原住民敬老福利生活津貼暫行條例、老年農民福利津貼暫行條例、勞動基準法、就業服務法、職業訓練法、安寧緩和醫療條例、國民住宅條例、社會工作師法、人民團體法、志願服務法、公益勸募條例。

備註	一、表列命題大綱為考試命題範圍之例示，惟實際試題並不完全以此為限，仍可命擬相關之綜合性試題。 二、表列之立法均含其施行細則與相關行政命令與解釋。 三、表列之立法得依法規增刪修訂做調整。

資料來源：考試院考選部網站（http://wwwc.moex.gov.tw）。

社會政策與社會立法（社會工作師）

命題大綱
一、社會政策部分 　　（一）價值或原則。 　　（二）政策過程。 　　（三）福利輸送。 　　（四）福利的組織。 　　（五）資源（財源籌措與給付方式）。 二、社會立法部分 　　（一）主要六個立法（含其施行細則）： 　　　　1.老人福利法。 　　　　2.兒童及少年福利法。 　　　　3.身心障礙者權益保障法。 　　　　4.家庭暴力防治法。 　　　　5.社會救助法。 　　　　6.社會工作師法。 　　（二）其餘各法： 　　　　1.兒童及少年性剝削防制條例。 　　　　2.少年事件處理法。 　　　　3.特殊境遇婦女家庭扶助條例。 　　　　4.性侵害犯罪防治法。 　　　　5.精神衛生法。 　　　　6.性別平等工作法。 　　　　7.全民健康保險法。 　　　　8.志願服務法。 　　　　9.國民年金法。
備註　表列各應試科目命題大綱為考試命題範圍之例示，惟實際試題並不完全以此為限，仍可命擬相關之綜合性試題。

資料來源：考試院考選部網站（http://wwwc.moex.gov.tw）。

【應考及錄取人數】

公務人員普通考試
社會行政

年度	應考人數	到考人數	錄取人數	錄取率（錄取人數／到考人數）
100	2,867	2,135	69	3.2%
101	3,130	2,273	112	4.9%
102	2,687	1,958	134	6.8%
103	1,945	1,456	110	7.6%
104	1,734	1,314	140	10.7%
105	1,442	1,039	100	9.6%
106	1,469	1,135	53	4.7%
107	1,277	930	92	9.9%
108	1,345	973	111	11.4%
109	1,228	914	92	10.1%
110	1,287	852	126	14.8%
111	1,068	763	36	4.7%
112	1,018	691	106	15.3%
113	834	579	110	19.0%

專門職業及技術人員高等考試社會工作師

年度	應考人數	到考人數	及格人數	及格率（及格人數/到考人數)
105年第一次	4,209	3,057	330	10.8%
105年第二次	4,957	3,756	617	16.4%
106年第一次	2,398	1,840	143	7.8%
106年第二次	3,384	2,340	497	21.2%
107年第一次	2,367	1,660	606	36.5%
107年第二次	3,606	2,817	486	17.3%
108年第一次	2,632	1,997	535	26.8%
108年第二次	3,546	2,730	451	16.5%
109年第一次	2,794	2,085	260	12.5%
109年第二次	4,262	3,191	790	24.8%
110年第一次	2,891	2,068	282	13.6%
110年第二次	4,402	2,848	557	19.6%
111年第一次	2,742	1,759	530	30.1%
111年第二次	4,337	3,059	399	13.0%
112年第一次	2,956	2,050	703	34.3%
112年第二次	4,191	2,978	702	23.6%
113年第一次	3,344	2,368	355	15.0%
113年第二次	4,390	3,116	1,112	35.7%
114年第一次	3,371	2,388	836	35.0%

【近年歷屆試題分析】
公務人員普通考試／地方特考四等
社會政策與社會立法概要

考試年度 章節	110年地四 申	110年地四 測	111年普考 申	111年普考 測	111年地四 申	111年地四 測	112年普考 申	112年普考 測	112年地四 申	112年地四 測	113年地四 申	113年地四 測	出題數合計 申論題	占申論題總出題數比率	出題數合計 測驗題	占測驗題總出題數比率
第1章：社會政策與社會立法之基本概念		2		2		1							0	0%	5	3%
第2章：社會政策的福利意識型態與價值觀		1		2		3		2		2	1	3	1	8%	13	9%
第3章：社會政策的制定理論與決策模式				2		3	1			1			1	8%	6	4%
第4章：福利國家發展理論與模型													0	0%	0	0%
第5章：福利國家的危機與轉型及全球化								1				1	0	0%	2	1%
第6章：台灣社會政策與立法的發展脈絡	1	1		1						3		3	1	8%	8	5%
第7章：社會保險之政策與立法		2		1	1	1		4		2		4	1	8%	14	9%
第8章：社會救助之政策與立法		5		2		2	1	2		2		1	1	8%	14	9%
第9章：就業安全暨勞動福利之政策與立法		1		2		2		4				2	0	0%	11	7%
第10章：兒童及少年福利之政策與立法		5		3		4	1	4		4			1	8%	22	15%
第11章：身心障礙者福利之政策與立法			1	1				2		1	1	2	2	17%	7	5%
第12章：家庭及婦女與人口福利之政策與立法	1	2		3	1	3		4		5		6	2	17%	23	15%
第13章：老人福利之政策與立法		2		2		2		1	1	2			1	8%	9	6%
第14章：原住民及婚姻移民福利之政策與立法				1									1	8%	0	0%
第15章：社會住宅與社區營造福利之政策與立法				1				1					0	0%	2	1%
第16章：健康及醫療福利之政策與立法		2		2		1		1		1			0	0%	7	5%
第17章：社會政策的人力及財力資源之政策與立法		2		1		1		1		1		1	0	0%	7	5%
合計	2	25	2	25	2	25	2	25	2	25	2	25	12	100%	150	100%

專門職業及技術人員高等考試社會工作師
社會政策與社會立法

考試年度 章節	111 2申	111 2測	112 1申	112 1測	112 2申	112 2測	113 1申	113 1測	113 2申	113 2測	114 1申	114 1測	申論題	占申論題總出題數比率	測驗題	占測驗題總出題數比率
第1章：社會政策與社會立法之基本概念		2		2	1	1	1	6	1	4		4	3	25%	19	8%
第2章：社會政策的福利意識型態與價值觀	1	6		4		4		9		7	1	6	2	17%	36	15%
第3章：社會政策的制定理論與決策模式		2		5		2	1			1		1	1	8%	10	4%
第4章：福利國家發展理論與模型		1		2		2		1		1			0	0%	7	3%
第5章：福利國家的危機與轉型及全球化		5	1	3		8		2		4		5	1	8%	27	11%
第6章：台灣社會政策與立法的發展脈絡		1		1						2			0	0%	4	2%
第7章：社會保險之政策與立法		1		2		2				2		4	0	0%	11	5%
第8章：社會救助之政策與立法	1	2		2		3	2	1	3		3	2	17%	15	6%
第9章：就業安全暨勞動福利之政策與立法		2				1							0	0%	3	1%

考試年度　　　　章節	111 2申	111 2測	112 1申	112 1測	112 2申	112 2測	113 1申	113 1測	113 2申	113 2測	114 1申	114 1測	申論題	占申論題總出題數比率	測驗題	占測驗題總出題數比率
第10章：兒童及少年福利之政策與立法		4		4		2		2		3		4	0	0%	19	8%
第11章：身心障礙者福利之政策與立法		3		3		3		3		3		2	0	0%	17	7%
第12章：家庭及婦女與人口福利之政策與立法		4	1	7		6		5		4		5	1	8%	31	13%
第13章：老人福利之政策與立法		3		2	1	2		2		2		3	1	8%	14	6%
第14章：原住民及婚姻移民福利之政策與立法													0	0%	0	0%
第15章：社會住宅與社區營造福利之政策與立法													0	0%	0	0%
第16章：健康及醫療福利之政策與立法		3		2		2		4		2		2	0	0%	15	6%
第17章：社會政策的人力及財力資源之政策與立法		1		1		2		4		2	1	2	1	8%	12	5%
合計	2	40	2	40	2	40	2	40	2	40	2	40	12	100%	240	100%

公務人員普通考試／地方特考四等、專技高考社會工作師試題彙整統計表

考試年度 章節	各類型出題數合計				總計		重要性
	申論題	占總出題數比率	測驗題	占總出題數比率	總出題數	占總出題數比率	
第1章：社會政策與社會立法之基本概念	3	13%	24	6%	27	6.9%	★★★
第2章：社會政策的福利意識型態與價值觀	3	13%	49	13%	52	13.2%	★★★★★★
第3章：社會政策的制定理論與決策模式	2	8%	16	4%	18	4.6%	★★
第4章：福利國家發展理論與模型	0	0%	7	2%	7	1.8%	★
第5章：福利國家的危機與轉型及全球化	1	4%	29	7%	30	7.6%	★★★★
第6章：台灣社會政策與立法的發展脈絡	1	4%	12	3%	13	3.3%	★★
第7章：社會保險之政策與立法	1	4%	25	6%	26	6.6%	★★★
第8章：社會救助之政策與立法	3	13%	29	7%	32	8.1%	★★★★
第9章：就業安全暨勞動福利之政策與立法	0	0%	14	4%	14	3.6%	★★
第10章：兒童及少年福利之政策與立法	1	4%	41	11%	42	10.7%	★★★★★
第11章：身心障礙者福利之政策與立法	2	8%	24	6%	26	6.6%	★★★
第12章：家庭及婦女與人口福利之政策與立法	3	13%	54	14%	57	14.5%	★★★★★★
第13章：老人福利之政策與立法	2	8%	23	6%	25	6.3%	★★★
第14章：原住民及婚姻移民福利之政策與立法	1	4%	0	0%	1	0.3%	★
第15章：社會住宅與社區營造福利之政策與立法	0	0%	2	1%	2	0.5%	★
第16章：健康及醫療福利之政策與立法	0	0%	22	6%	22	5.6%	★★★
第17章：社會政策的人力及財力資源之政策與立法	1	4%	19	5%	20	5.1%	★★★
合計	24	100%	390	100%	394	100.0%	

目 錄 Contents

前言

必須要知道的考試相關資訊

- Chapter 1　社會政策與社會立法的基本概念 ………… 1
- Chapter 2　社會政策的福利意識型態與價值觀 ……… 29
- Chapter 3　社會政策的制定理論與決策模式 ………… 81
- Chapter 4　福利國家發展理論與模型 ………………… 101
- Chapter 5　福利國家的危機與轉型及全球化 ………… 113
- Chapter 6　台灣社會政策與立法的發展脈絡 ………… 155
- Chapter 7　社會保險之政策與立法 …………………… 175
- Chapter 8　社會救助之政策與立法 …………………… 203
- Chapter 9　就業安全暨勞動福利之政策與立法 …… 245
- Chapter 10　兒童及少年福利之政策與立法 ………… 261
- Chapter 11　身心障礙者福利之政策與立法 ………… 321
- Chapter 12　家庭及婦女與人口福利之政策與立法
　　　　　　　　　　　　　　　　　　　　　……… 363

Chapter 13	老人福利之政策與立法 ……………… 417
Chapter 14	原住民及婚姻移民福利之政策與立法 ……………………………………………… 445
Chapter 15	社會住宅與社區營造福利之政策與立法 ……………………………………………… 455
Chapter 16	健康與醫療福利之政策與立法 ………… 465
Chapter 17	社會政策的人力及財力資源之政策與立法 ……………………………………… 489

Chapter 1 社會政策與社會立法的基本概念

關鍵焦點

1. 普及式、選擇式社會福利的內涵與比較必須要透徹瞭解。
2. 社會福利給付的形式,為基礎考點。
3. 測驗題除社會政策之相關概念化外,上述的重點亦為延伸命題。

申論題 Essay Question

一、在福利供給和輸送過程中,往往會涉及普及式福利或選擇式福利的討論,請比較兩者的特性與差異,並舉例說明。

（111年第一次專技社工師）

考點分析

本考題是相當基礎的觀念,但也是金榜的考點,已非首次命題。編者在所著《社會政策與社會立法》,考用出版,第1章「社會政策與社會立法的基本概念」章節中,即已為考生劃上榜首提點,提醒考生周延準備。

【解析】

普及式福利

項目	說明
特性	1. 以需求的類屬、群體、地區作為提供服務的基礎，只要同一類屬，如經濟安全、就業；同一群體，如兒童、老人、身心障礙者；相同的地區，如教育優先區，則可取得相同的服務。 2. 假設所有國民都有可能面對各種風險，接受服務是一種權利。
優點	1. 較能適當回應不同人口群的基本社會需求。例如：兒童與少年普遍需要教育與照顧，老人普遍需要健康照顧、經濟安全、公共教育等，就不需要再資產調查，才確認其個人需求。 2. 較能關照到人的尊嚴與社會凝聚。因為每個人均能公平地得到福利，就不會有人被標籤化、羞辱或汙名化。 3. 較能回應人們的立即需求：因為資產調查常是定期辦理，因此，有急迫需求，如失業、單親、疾病、未成年懷孕、家庭暴力等事件隨時發生，這些需求無法等待資產調查後才認定。 4. 政治上的有利：福利對象基於包容原則照顧到全體國民，自然較容易獲得人民的支持。 5. 行政成本較低。減少耗費時間與人力在資產調查行政上，也減少因人民通過資格與否的紛爭。 6. 達到所得重分配的效果。特別是由稅收作為普及的福利財源，所得較高的中、上階層繳較多的稅，用來移轉所得較低的家戶，自然有較高的所得重分配效果。
缺點	資源容易被浪費，引發不必要的福利需求效應。
案例	全民健保為普及式社會福利，採用社會保險方式辦理，採群民強制納保。

選擇式福利

項目	說明
特性	1. 以個人資產多寡作為提供服務的資格要件，社會福利給付只提供給經資產調查之後，被認為有需求的人們。 2. 服務提供的對象是透過資產調查後決定個人需求的滿足，如社會救助

社會政策與社會立法的基本概念　Chapter 1

項目	說明
優點	1. 效果較好：服務提供聚焦在有需求的人身上，較不會浪費資源。 2. 成本較低：能將每一分錢均花在刀口上。不需要服務的人均被排除在服務之外，在財政的限制下，較能符合節省成本的原則。
缺點	1. 不能回應人民的需求。 2. 烙印低收入人民或低下階級。 3. 無法回應環境變遷所創造出的立即需求。 4. 政治上難以永續。 5. 行政成本高。 6. 不具所得重分配效果。 7. 缺少鼓勵工作的誘因。
案例	社會救助為選擇式福利，須經資產調查，經審查符合資格後，才能領取社會救助給付。

申論題　Essay Question

二、國家對社會福利有許多重要的影響，請分析國家介入福利的主要形式及內容。
（112年第二次專技社工師）

考點分析

本題的題目較為抽象，但考生只要回歸對社會福利的思考，即可建立論述的思考面向。

【解析】

茲將國家介入福利的主要形式及內容，說明如下：

一 社會保險

社會保險是國家常用以介入福利的主要形式之一。社會保險是一種政策性的強制保險制度，其旨在保障全體國民或多數國民遭遇各種危險事故時，提供基本的經濟生活與醫療照顧，使多數不能工作或失去工作者不因事故之發生，而喪失其正常生活的保障。以多數人的力量及政府的參與，達到風險分擔及調和社會各階層的社會適當性任務。其給付形式包括現金給付、實務給付等。社會保險在福利形式上，較偏向制度性形式。例如：全民健康保險、勞工保險、國民年金保險等。

二 社會救助

社會救助又稱為公共救助，是國家介入福利的主要形式之一。社會救助是透過資產調查篩選在經濟能力與資源上不足的人口，成為經濟協助的對象，而提供維生必要的經濟給付。社會救助常用來作為維持國民最低（基本）生活水準所需的工具。社會救助的給付必須經過資產調查，由國家以稅收來救濟貧民，屬於一種選擇式、殘補式、免繳費、所得移轉的福利制度。

三 社會津貼

社會津貼也是國家介入社會福利的一種形式。社會津貼或普及式免繳費給付，亦稱為人口特性給付，常具有補償性質或是用來滿足額外的經濟需求，經費來自於租稅或公共基金。社會津貼的財源與社會救助相同，乃是來自公共稅收，而與社會保險需繳費不同。另一方面，社會津貼又不像社會救助般，需以特定的經濟條件、經資產調查篩選為條件，而是以人口特徵或社會事件對象為條件。例如：托育津貼、學齡前兒童津貼、育兒津貼。

四 福利服務

福利服務是指針對那些因個人或社會環境影響而導致有特殊需求之人口群所提供的服務。例如：如兒童、少年、老人、身心障礙、婦女等。國家以福利服務的形式介入福利，多係基於保護性立法之規定，

Chapter 1 社會政策與社會立法的基本概念

其內涵包括各種促進與預防性措施。例如：受虐兒童的緊急安置，提供受家庭暴力婦女的心理諮商服務等。

五、財稅福利

財稅福利指的是國家給予稅的減免或扣抵，屬於移轉性的支付。亦即，財稅福利乃是指政府利用在繳稅負擔上的優惠或減免，以達到政策干預的效果。例如：扶養親屬寬減額對於65歲以上的親屬，有較高的寬減額；身心障礙者特別扣除額等。

申論題 Essay Question

三、社會福利給付有那些給付形式？請舉一個政策領域為例，申論不同給付形式主要反映出何種政策價值。（113年第一次專技社工師）

考點分析

1. 社會福利給付的形式，諸多學者有許多見解。例如：學者林萬億認為可分為現金給付、實物給付、機會、兌換券與信用（credits）、權力、工具儲備（instrumental provision）；學者李易駿認為可分為：現金給付、實物與服務、代券、回溯式核退給付、財稅福利與稅式給付。Neil Gilbert等人認為可分為：機會、服務、實物、福利券和扣抵稅額、現金、權力等。另學者黃源協、蕭文高等認為可分為：現金式福利、實物式福利和保護性立法，本題採用此福利形式區分解析。

2. 另請舉一個政策領域為例，申論不同給付形式主要反映出何種政策價值。其中，考生必須了解的是，此題題意所述為社會政策的政策「價值」，而非社會政策的政策「意識型態」，兩者有所不同，考生請勿混淆，誤將「意識型態」當成「價值」加以論述。在黃源協、蕭文高合著《社會政策與社會立法》一書中，有這樣的一段文字，有助於考生釐清概念：「學者Spicker曾指出：『福利的供給是一種道德行動，其蘊含的價值，反映出社會所盛行的價值。』」、「何謂『價值』（value）？何謂『意識

型態（ideology）』，前者可稱為個人對事物所持的信念，此信念形成人們據以採取行動的準則或基準；至於後者，即如Drake與Spicker所指，意識型態是由許多相關聯的理念價值所組成。以致貧因素的認知為例，A覺得貧窮來自不平等的社會結構，B卻主張道德缺陷才是主因，其他人可能又有不同的價值觀點（如社區次文化、個人謀生技能不足等），當對特定議題產生價值集合時，我們可稱它已經發展出一種意識型態。」

【解析】

茲將社會福利給付之形式，併以兒童福利政策領域為例，申論不同給付形式主要反映出何種政策價值，說明如下：

一、現金式服務

現金式服務為發放現金的社會福利給付型式。提供人民現金式福利，可以節省政府行政處理、審查與規範服務供給者（不論此供給者是政府或是民間單位）的行政成本，福利享有者亦可保有較高的自尊，減少恥辱烙印感。雖然提供現金式福利能讓人民自由運用金錢，增加人民購買服務或財貨的選擇權，但這筆錢卻可能被挪作他用，以及因社會福利的使用者多為弱勢，在缺乏足夠資訊下，無法做出最佳的消費選擇。以提供給弱勢兒少的特別津貼為例，提供的現金給付，在社會政策中的價值中，如果政府為強制性，且提供的福利缺少選擇的自由，則係限制了個人在福利上自由使用的價值，現金給付讓兒少有處分的自由，避免限制兒少使用該筆現金的自由，增加了福利受益者使用的自由，反映出自由的社會政策價值。

二、實物式服務

實物式服務為提供服務、食物、庇護處所等非現金的福利給付形式。當然，福利給付形式並非截然劃分為現金式與實物式福利，尚有介於兩者之間的抵用券（vouchers），它同時保有兩者所欲達成之優點，例如：幼兒教育券。實物式服務的優點，是能確保及限制福利使用者

的使用,較不會有浪費及分配上的偏差。相對地,限制福利使用者選擇的自由,其感受到效用會降低。除了有形、具體可見的物資外,各項福利服務及社會工作專業服務亦屬之。以提供給兒少的公共化教保服務為例,只要有符合公共化教保服務年齡的兒少,都可申請接受該服務,其所反映平等的社會政策價值。

三 保護性立法

晚近,隨著弱勢群體藉由社會運動提出各種權利訴求與主張,政府對民眾各項公民權之保障逐步深化,在現金與實物式福利之外,「保護性立法」成為福利國家之第三大支柱,其內涵包括各種促進與預防性措施,例如:有關健康、人身安全、最低工資、兒童保護、家庭暴力、工時等法案,這些法案或許不會實質增加所得與服務,卻可保障民眾生存權、發展權,維護基本人性尊嚴與生活品質。以提供給高風險家庭兒少的保護性立法為例,其反映出公民權、社會正義等社會政策價值。

申論題 Essay Question

四、試述社會問題、社會倡議、社會政策與立法,以及社會福利行政彼此之間的關係,並舉例說明。　　　　(113年第二次專技社工師)

考點分析

本題考社會問題、社會倡議、社會政策與立法,以及社會福利行政彼此之間的關係,是一個較為簡單的考點,但必須要有較佳的案例來輔助論述,才能取得佳績。考生在準備考試過程中,必須準備一或二個政策議題,對其有深入的了解,則在許多的社會政策與社會立法考題上,皆可加以運用。

【解析】

　　社會問題、社會倡議、社會政策與立法,以及社會福利行政彼此之間

的關係，存在者時序性、連續性、回饋性等關係，茲以長期照顧為例，說明如下：

◆一 社會問題

1. 社會問題為社會中如有很多人或有影響力的團體認為，某種社會條件或狀況是危害其身心康樂的或違反其社會規範、價值觀念或意識型態的，並認為此種不良社會條件或狀況是可以而且應該經由集體努力而加以改善的。
2. 舉例：由於社會變遷，家庭型態改變，已由傳統的大家庭轉變為核心家庭為主，家庭的互助功能降低，而隨著健康餘命的增加，我國邁入高齡化、超高化社會，老年人口的照顧已無法由家庭負責照顧，對家庭形成沉重的照顧壓力，以致有老人未受到良好的照顧，及家庭照顧者長期身心耗竭，甚或造成老人虐待或其他人倫悲劇等，形成社會問題。

◆二 社會倡議

1. 社會倡議是假設服務使用者的問題源自於社會制度訂立有缺失，或是社會環境對服務使用者的處遇不公義等，社會倡議是企圖為服務使用者去改變社會制度、社會政策，以及轉變社會負面的價值及態度，真正實踐公平正義。
2. 社會倡議是促使體制改變、解決社會問題的媒介，是一種手段、方法，可運用於不同議題，例如：生態環境保護、消費者權益保護、性別平權、兒童少年保護、老人就養、勞工就業、教育、醫療、安全、居住及人權等，議題對象含括社會全體、弱勢個體或群體。
3. 舉例：因為家庭功能降低及高齡化社會的來臨，高齡照顧議題是必須面對的課題。為了減輕家庭照顧者的照顧壓力，以及提供長者好的照顧，社會團體倡議，要求國家必須正視高齡化的老人照顧議題，倡議國家必須要有長期照顧相關的政策提出，以回應高齡化照顧的社會問題。

社會政策與社會立法的基本概念　Chapter 1

三、社會政策與社會立法

1. 社會政策是一種願景或藍圖的說明，其聲明或目標的實現有助於社會立法、社會行政與社會工作的途徑。社會立法政府執行社會政策的法律。社會政策是社會立法的原則或方針，而社會立法則是社會政策的法制化或條文化。社會政策與社會立法是為了解決或預防社會問題，進而謀求社會大眾的福利，具有密不可分的關係。

2. 舉例：國家為回應高齡化照顧的議題題，以及在社會團體的社會倡議下，提出了長期照顧相關的社會政策，並進行相關的立法，以解決高齡化社會照顧的社會問題。例如：制定長期照顧服務法，以健全長期照顧服務體系提供長期照顧服務，確保照顧及支持服務品質，發展普及、多元及可負擔之服務，保障接受服務者與照顧者之尊嚴及權益。此外，亦制定了長期照顧服務機構法人條例，以健全長期照顧服務機構法人之管理。

四、社會行政

1. 社會行政是指一個國家依據其社會政策與社會立法，並考量當前的社會需要與狀況，所從事之有關社會福利的各項措施及活動。社會行政乃是社會福利相關機構透過行政程序，發揮政府福利工作的功能，以為民眾提供最佳服務，並確保服務的功效，進而保障人民的生存權、工作權和社會權。在推動社會行政的過程中，經由實務的反饋，發現法規中有窒礙難行或實務推動有障礙時，可提供給行政及立法機關重新修正法規或調整行政作為，並提出建言。

2. 舉例：在社會立法完成法制後，行政機關即展開社會行政的推動，包括建立各項行政體系、推動模式等。例如：為推展長期照顧，在各縣市政府衛生局之行政體系，成立長期照顧管理中心，負責長期照顧申請案件的評估與服務之提供。行政機關並建立了長期照顧ABC據點，包括：A社區整合型服務中心、B複合型服務中心、C巷弄長照站，以提供可近性的長期照顧服務。

選擇題　Multiple Choice Question

1 Titmuss（1974）認為「當社會福利是社會主要整合制度，提供有別於市場的普及性服務，理論基礎考量社會變遷、經濟體系等多重效果，以及社會平等原則。」這是屬於下列何種模式？　　　（110年第一次專技社工師）
(A)俾斯麥模式　　　　　　　　(B)殘補式福利模式
(C)工業成就模式　　　　　　　(D)制度再分配模式

答案：**D**

【解析】英國學者提墨斯（Richard Titmuss）的概念中，制度再分配模式，是指當社會福利是社會主要整合制度，提供有別於市場的普及性服務，理論基礎考量社會變遷、經濟體系等多重效果，以及社會平等原則。制度式應是一種再分配功能，而他所主張的制度式再分配應是「跨越時間的資源調配」，也就是不只水平的再分配，還包括垂直的再分配。例如：向現在的富人抽稅或募捐救助窮人，即是水平的再分配；而由社會保險體系來支付未來老人的養老年金，即是垂直的再分配。

2 針對選擇性的福利，下列敘述何者正確？　　　　　　　　（110年普考）
(A)必須經過資產調查才能取得　　(B)強調人民有使用福利的社會權
(C)較不會造成恥辱的烙印感　　　(D)加速社會的整合和團結

答案：**A**

【解析】(1)選擇式福利係以個人資產多寡作為提供服務的資格要件，社會福利給付只提供給經資產調查之後，被認為有需求的人們（選項(A)正確）。服務提供的對象是透過資產調查後決定個人需求的滿足，如社會救助。其優缺點如下：
A.優點
　(A)效果較好：服務提供聚焦在有需求的人身上，較不會浪費資源。
　(B)成本較低：能將每一分錢均花在刀口上。不需要服務的人均被排除在服務之外，在財政的限制下，較能符合節省成本的原則。

社會政策與社會立法的基本概念　Chapter 1

Multiple Choice Question　選擇題

B. 缺點
  (A) 不能回應人民的需求。
  (B) 烙印低收入人民或低下階級。選項(C)、(D)有誤。
  (C) 無法回應環境變遷所創造出的立即需求。
  (D) 政治上難以永續。
  (E) 行政成本高。
  (F) 不具所得重分配效果。
  (G) 缺少鼓勵工作的誘因。

(2) 選項(B)有誤。所述強調人民有使用福利的社會權，為普及式福利的概念。

3 社會政策的內容，常因分析取向的不同，而倚重倚輕。其中伊爾斯肯（Erskine）提出的四個分析取向，不包括下列何者？

（110年第二次專技社工師）

(A)社會議題　　(B)社會問題　　(C)社會分工　　(D)社會群體

答案：**C**

【解析】伊爾斯肯（Erskine）提出社會政策的四個分析取向：

(1) 社會議題（social issues）：社會政策是為了回應或是探究當前的社會議題。這種以社會問題為取向的分析，目的在於區辨核心而關鍵的議題，並檢視其對社會的影響。例如：隨著人口結構改變所產生的人口老化，抑或是家庭結構變遷所帶來的家庭解組，衡量當前的狀況對國家未來可能造成之衝擊，為了避免老年人口缺乏支持，政府會著手規劃將來老年人口的長期照顧體系，甚至採行鼓勵婦女生育的相關社會政策，以增加新世代的人口數，避免社會安全體系崩解。選項(A)屬之。

(2) 社會問題（social problems）：這是最傳統社會政策產出來源，其目的是找出問題解決之道，因此，社會政策的存在，被期待能有助於解決社會問題。這種以社會問題取向的分析，目的是希望能在理性的基礎上，透過適當的政策，解決人們在日常生活中所面臨的困難。例如：早期對

選擇題 Multiple Choice Question

社會政策的分析，聚焦在貧窮、救濟等問題。後來，隨著時代改變，乃逐漸擴及長期失業、遊民、青少年犯罪、單親家庭等問題。選項(B)屬之。

(3) 社會群體（social groups）：將社會政策的分析，集中在某些特定人口群的需求，並謀求因應的對策。這種以社會群體為取向的分析，目的在瞭解弱勢族群的處境，以及其所面臨的衝擊，進而協助他們走出困境，滿足生活上的需求。例如：老人、兒童、遊民或失業者，因此，我們可能看到有所謂的老人福利政策、兒少福利政策、身心障礙者福利政策等。選項(D)屬之。

(4) 社會服務（social services）：將社會政策的分析，集中在社會福利的項目。這種以社會服務為取向的分析，目的在探討政府於社會服務領域提出什麼對策？怎樣形成對策？如何組織與管理？如何執行？哪些人是受益者？社會保險、社會救助及個人的社會服務。例如：全民健康保險政策、國民年金政策、居家服務政策、社區照顧政策等均是。

4 有關「專業主義」的敘述，下列何者錯誤？　　（110年第二次專技社工師）
(A) 在需求複雜的領域，服務輸送奠定在運用專業判斷的基礎上
(B) 專業人員相對於服務使用者，是屬於有權力的一方
(C) 權力正當性來自於專業人員所擁有的專家知識
(D) 專業自主權只依賴國家權威的保障

答案：**D**

【解析】專業主義（professionalism）是一套與社會行為相關之任務取向的行為（task-oriented behaviours），包括：高層次的專門技術，監督每項工作管理的自主性和裁量權，對任務的承諾和自由，認同同儕以及一套倫理和維持標準的方法。專業自主權係依其專業知能在執行其專業任務或做出專業決定時，不受外來的干預，而非依賴國家權威的保障。選項(D)有誤。

Chapter 1 社會政策與社會立法的基本概念

Multiple Choice Question　選擇題

5 有關普及式福利與選擇式福利之敘述，下列何者錯誤？

（110年第二次專技社工師）

(A)普及式福利有高涵蓋性　　　(B)選擇式福利行政成本較低
(C)普及式福利可促進社會整合　(D)選擇式福利較針對真正需求者

答案：**B**

【解析】「選擇式」與「普及式」福利的比較：

(1) 選擇式福利
　　A.以個人資產多寡作為提供服務的資格要件，社會福利給付只提供給經資產調查後，被認為有需求的人們。服務提供的對象是透過資產調查後決定個人需求的滿足，如社會救助。
　　B.優點：a.效果較好；b.成本較低。
　　C.缺點：a.不能回應人民的需求；b.烙印低收入人民或低下階級；c.無法回應環境變遷所創造出的立即需求；d.政治上難以永續；e.行政成本高（選項(B)有誤）；f.不具所得重分配效果；g.缺少鼓勵工作的誘因。

(2) 普及式的福利：
　　A.以需求的類屬、群體、地區作為提供服務的基礎，只要同一類屬，則可取得相同的服務。
　　B.優點：a.較能適當回應不同人口群的基本社會需求；b.較能關照到人的尊嚴與社會凝聚；c.較能回應人們的立即需求；d.政治上的有利；e.行政成本較低；f.達到所得重分配的效果。
　　C.缺點：資源容易被浪費，引發不必要的福利需求效應。

6 有關社會政策的特性，下列何者錯誤？　　　　　　（110年地方四等）

(A) 社會政策的最終目的係在維持社會與經濟的平衡
(B) 社會政策的概念可能隨著時代背景不同而有所變更
(C) 社會政策是維持特定社會價值的政策
(D) 社會政策並非社會控制的政策

13

選擇題　Multiple Choice Question

答案：**D**

【解析】國家透過社會政策施予特定人口群特殊的福利政策，可據以達成國家的社會控制目的，亦即，社會政策亦常具有社會控制的功能。選項(D)有誤。

7 關於選擇式和普及式福利的敘述，下列何者錯誤？　　（110年地方四等）
(A) 選擇式的服務依據服務對象年齡、居住地等特性為提供服務的資格要件
(B) 普及式的服務視接受服務為一種基本權利
(C) 選擇式通常比普及式福利有較小的福利支出規模
(D) 普及式通常比選擇式福利有較低的行政邊際成本

答案：**A**

【解析】選項(A)有誤。選擇式福利係以資產調查作為提供服務的資格要件。

8 下列社會政策基本原則的敘述，何者正確？　　（111年普考）
(A) 女性優先受益原則　　　　(B) 繳保費高者優先受益原則
(C) 繳稅多者優先受益原則　　(D) 弱勢者優先受益原則

答案：**D**

【解析】社會政策的制定原則：
(1) 符合公平權概念的社會正義原則。
(2) 符合「社會連帶」的資源重分配原則。
(3) 弱勢者優先受益原則。選項(D)屬之。
(4) 保障最低生活水準原則。
(5) 最終目的為國民自立原則。

9 對於社會政策的敘述，下列何者錯誤？　　（111年普考）
(A) 社會政策屬於國家政策的一環
(B) 在落實社會政策的資源分配過程中，須符合社會公平正義的價值
(C) 在全球化歷程中，社會政策執行時，以先進國家的經驗為參酌，不需要考量在地的社會脈絡
(D) 社會政策和經濟政策應該要相輔相成

社會政策與社會立法的基本概念

Multiple Choice Question 選擇題

答案：**C**

【解析】社會政策之制定與執行，除了汲取先進國家的社會政策經驗外，由於每個國家有不同的文化、歷史與社會因素，因此，在社會政策制定與執行時，必須要將在地的社會脈絡一併納入考量。

10 下列何者是普及式福利政策的主要特點？　　（111年第二次專技社工師）
(A)高行政成本　　　　　　　　(B)造成烙印化效果
(C)資源可以有效利用　　　　　(D)可以促進社會平等

答案：**D**

【解析】(1) 普及式福利政策：

A.優點
(A) 較能適當回應不同人口群的基本社會需求。例如：兒童與少年普遍需要教育與照顧，老人普遍需要健康照顧、經濟安全、公共教育等，就不需要再資產調查，才確認其個人需求。
(B) 較能關照到人的尊嚴與社會凝聚。因為每個人均能公平地得到福利，就不會有人被標籤化、羞辱或汙名化。
(C) 較能回應人們的立即需求：因為資產調查常是定期辦理，因此，有急迫需求，如失業、單親、疾病、未成年懷孕、家庭暴力等事件隨時發生，這些需求無法等待資產調查後才認定。
(D) 政治上的有利：福利對象基於包容原則照顧到全體國民，自然較容易獲得人民的支持。
(E) 行政成本較低。減少耗費時間與人力在資產調查行政上，也減少因人民通過資格與否的紛爭。
(F) 達到所得重分配的效果。特別是由稅收作為普及的福利財源，所得較高的中、上階層繳較多的稅，用來移轉所得較低的家戶，自然有較高的所得重分配效果，可促進社會平等。選項(D)屬之。

選擇題 Multiple Choice Question

　　B. 普及式福利政策之缺點：資源容易被浪費，引發不必要的福利需求效應。
(2) 選擇式福利政策：
　　A. 優點
　　　(A) 效果較好：服務提供聚焦在有需求的人身上，較不會浪費資源。選項(C)屬之。
　　　(B) 節省成本：能將每一分錢均花在刀口上。不需要服務的人均被排除在服務之外，在財政的限制下，較能符合節省成本的原則。
　　B. 缺點
　　　(A) 不能回應人民的需求。
　　　(B) 烙印低收入人民或低下階級。選項(B)屬之。
　　　(C) 無法回應環境變遷所創造出的立即需求。
　　　(D) 政治上難以永續。
　　　(E) 行政成本高。選項(A)屬之。
　　　(F) 不具所得重分配效果。
　　　(G) 缺少鼓勵工作的誘因。

11 有關選擇性社會政策的特性，下列何者錯誤？　（111年第二次專技社工師）
(A) 較能有效地運用資源，達成政策目標
(B) 行政成本較高
(C) 需要較多的公共資源
(D) 對貧窮者而言，其邊際稅率相當高，而危害工作誘因，產生貧窮的陷阱

答案：**C**

【解析】選擇性福利政策：
(1) 優點
　　A. 效果較好：服務提供聚焦在有需求的人身上，較不會浪費資源。選項(A)屬之。
　　B. 節省成本：能將每一分錢均花在刀口上。不需要服務的人均被排除在服務之外，在財政的限制下，較能符合節省成本的原則。選項(C)有誤。

社會政策與社會立法的基本概念　Chapter 1

Multiple Choice Question　選擇題

　　(2) 缺點
　　　　A. 不能回應人民的需求。
　　　　B. 烙印低收入人民或低下階級。
　　　　C. 無法回應環境變遷所創造出的立即需求。
　　　　D. 政治上難以永續。
　　　　E. 行政成本高。選項(B)屬之。
　　　　F. 不具所得重分配效果。
　　　　G. 缺少鼓勵工作的誘因。選項(D)屬之。

12 有關西方國家社會政策起源之論述，下列何者正確？　（111年地方四等）
　　(A) 受到費邊主義的影響，早期英國社會政策有強烈的科層組織取向
　　(B) 德國社會政策學會成立於1853年，成為社會政策領域之發端
　　(C) 英國有感於資本主義經濟結構之變遷，於1884年成立費邊社
　　(D) 英國費邊社成員創立倫敦經濟學院，並於1900年成立社會科學與行政學系

答案：**C**

【解析】(1) 選項(A)有誤。受到費邊主義的影響，早期英國社會政策有強烈的社會行政取向。
　　　　(2) 選項(B)有誤。德國社會政策學會成立於1873年，成為社會政策領域之發端。
　　　　(3) 選項(D)有誤。英國費邊社成員創立倫敦經濟學院，並於1912年成立社會科學與行政學系。

13 關於「稅式給付」的敘述，下列何者正確？　（111年第一次專技社工師）
　　(A) 以稅收為財源的給付　　　　(B) 現行各種福利津貼均屬之
　　(C) 免繳保險費的一種型式　　　(D) 扣減稅額

答案：**D**

【解析】(1) 所謂的「稅式給付」指的是抵減稅額。所謂的抵減稅額，在性質上並不是直接給付，而是在納稅義務人計算出應繳稅額時，就應繳額中予以抵減。稅額抵減和免稅額或扣除額並不相同，免稅額或扣除額都是一種減免（tax

選擇題 Multiple Choice Question

allowance），是在計算納稅所得時的扣除額項，其影響的是家戶總所得。其實際發生減除額的多少，必須視納稅人適用的邊際（最高）稅率而定。

(2) 選項(A)有誤。稅式給付並非是以稅收為財源的給付。

(3) 選項(B)有誤。現行的各種福利津貼，除稅式給付外，尚包括實物給付、現金、核退、代券等。

(4) 選項(C)有誤。免繳保險費是社會保險費計算中的一種減免方式，與稅式給付是納稅義務人計算出應繳稅額時，就應繳額中予以抵減，意涵有所不同。

14 有關民眾社會福利請求權利的資格要件，下列何者錯誤？

（112年第一次專技社工師）

(A)契約　　　　　　　　(B)專業裁量判斷
(C)司法判決　　　　　　(D)地位階級

答案：**D**

【解析】福利請求權利與審查標準：

(1) 過去的貢獻：此處的貢獻（contribution）是指狹義、對福利體系，特別是社會保險制度的貢獻，即為所繳納的保險費。在社會保險制的福利設計中，被保險人在請領保險給付時，除必須符合發生保險事故的要求外，往往必須符合繳納保險期間的規定，或給付的水準乃依繳費期間多寡而定，即是以貢獻作為請求資格之一。

(2) 行政規則：指依政府政策所制定的行政規則（administrative rules），而成為審核條件。亦即，這些行政規則本身帶有較強烈的對象性。

(3) 行政裁量：行政裁量並不是由行政人員無限度的任意決定，指的是政府的行政人員在法律及行政規則授權下，對於福利給付的申請人，依職權所進行之裁量與決定。通常，行政裁量不但必須限制在行政規則的範圍內，更會參酌專家的建議，或依據實況依比例原則而進行。例如：在台灣有對於低收入獨居老人提供居家服務的情況。行政人

Multiple Choice Question 選擇題

員則依據行政規則、申請人的實況及機關慣例而提供給付。

(4) 契約：在透過非營利部門與營利部門所提供的服務，會有立基於契約（contract）為基礎的情況。如老人進住仁愛之家、老人公寓，或者藉由私人保險獲得年金給付，係基於契約而運作及給付。有時仁愛之家由政府所設立，或由政府所經營，但其服務提供的性質，仍具有私法契約的性質。選項(A)屬之。

(5) 專業裁量判斷：係指案主是否應獲得給付是依據專業人員（如社會工作人員、醫師）的專業判斷。如受暴婦女應否需要緊急庇護，即係透過社會工作人員的專業裁量判斷（professional discretion）而決定是否提供服務。選項(B)屬之。

(6) 司法判決：是指在個別個案的情況中，案主的權利乃是透過司法判決（judicialdecisions）而確定。包括工人的職業傷害賠償、離婚夫妻對子女監護權與扶養費用等。選項(C)屬之。

(7) 資產調查：資產調查（means-tested）是最傳統的、區辨是否為貧民的方法。即對貧民家戶的財產及所得進行查核，以決定是否為貧民及獲得救助。

(8) 附加在勞動關係上的給付：部分的社會福利乃以達成特定的政策目的，特別是在資本主義經濟體系中，社會安全制度具有維護勞動力、經濟體制運作之目的。在這些設計中，福利僅提供給具勞動力或勞動關係人口群，如職業年金保障或企業所提供的企業福利。

15 下列何者並非屬於「實物給付」之特性？　（112年第二次專技社工師）
(A) 可立即使用
(B) 可針對需要提供
(C) 行政成本低
(D) 對服務對象使用上有一定程度的控制效果

選擇題 Multiple Choice Question

答案：**C**

【解析】(1) 實務給付之優點：可針對需要提供、案主獲得給付可立即使用；可對案主使用上有一定程度的控制效果、集體採購時有具議價效果。選項(A)、(B)、(D)屬之。

(2) 實務給付之缺點：不一定是案主喜歡的、選擇性少、未必真正符合實用、案主的滿足程度或較低而成為浪費、行政成本太高（選項(C)有誤）、不易儲存、有汙名效果。

16 1601年英國的「伊莉莎白43號」法案，強調「親屬責任」的精神下，確立並統整既有三大救濟體系，下列何者非其措施？　（113年第一次專技社工師）

(A) 對懶惰者加以懲罰
(B) 對羸弱者收容在濟貧院中
(C) 對身體健壯者要求工作
(D) 依麵包價格與家庭人口，補貼工資之不足

答案：**D**

【解析】1795年，伯克謝爾郡（Berkshire County）的「貧民監護官」集會於史賓漢蘭（Speenmland），倡議史賓漢蘭制（Speenhamland System），決定實施普及的食物量表（a table of universal practice），以家庭維持基本生計（subsistence）所需的麵包價格為基準來救濟貧民，這就是所謂的麵包量度（bread scale）。也就是依家庭規模大小，計算應得多少救濟金。選項(D)有誤，所述非「伊莉莎白43號」法案的相關措施。

17 美國近代的社會政策發展中，下列相關重要社會政策敘述，何者錯誤？

（113年第一次專技社工師）

(A) 1935年通過「社會安全法案」，為美國當前社會福利的基礎
(B) 美國詹森（Johnson）總統於1964年開啟對貧窮作戰計畫
(C) 1965年之「醫療補助」（Medicaid）方案，主要提供老人健康保險，由民間經營，政府補助行政費用
(D) 1996年克林頓（Clinton）政府簽署「個人責任與工作機會協調法案」

Chapter 1 社會政策與社會立法的基本概念

Multiple Choice Question 選擇題

答案：**C**

【解析】美國在1965年7月30日，身為民主黨的總統詹森（Lyndon Baines Johnson）在推動「偉大社會」（Great Society）「向貧窮宣戰」（war on poverty）的政令期間，簽訂了推動兩種屬於社會福利的健康保險：(1)Medicare：主要服務65歲以上老人與身心障礙人士；(2)Medicaid：主要提供低收入戶、孕婦與孩童健康保險（選項(C)有誤）。

18 關於社會福利提供體系的結構，不包括下列何者？

（113年第一次專技社工師）

(A) 福利資源提供者
(B) 福利接受者或使用者
(C) 福利方案評估者
(D) 移轉機制

答案：**C**

【解析】福利提供的組成與結構：
(1) 付費者或福利資源提供者：是指最終、實際支付社會福利代價及資源的人或組織。選項(A)屬之。
(2) 福利接受者或使用者：是指最後的福利使用者，也是真正獲得福利的人。選項(B)屬之。
(3) 福利的提供者：是指那些將福利資源或服務交到福利使用者，或接受者手上的專業者或福利組織。
(4) 移轉機制：是指收集資源及進行資源分配的機制。移轉機制可包括既存的社會制度，與為社會福利而存在的社會制度（和組織）兩種。選項(D)屬之。

19 關於「責信（accountability）」的敘述，下列何者正確？

（113年第一次專技社工師）

(A) 「誰的責信」意指用什麼準則來判斷
(B) 「對什麼事的責信」意指如何讓人負起責任
(C) 「對誰的責信」意指對上級主管、對服務使用者、對同事、對顧客、對自己等負起責任
(D) 「透過什麼手段的責信」意指對金錢、對服務績效負起責任

答案：C

【解析】責信的面向：

(1) 誰的責信？──責任歸於何處？可能包括：政務官：例如：相關部會首長；委任高級文官，例如文官體系中的「會計官員」（accounting officer）；地方經理人（local managers），例如地方政府機構或醫院信託的執行長；個別工作人員，例如：醫師、社會工作師。選項(A)有誤。

(2) 對什麼事的責信？──用什麼準則來判斷？可能包括：經費支出的廉潔；遵守專業標準；投資效益（value for money）；組織績效；政策目標的達成。選項(B)有誤。

(3) 對誰的責信？可能包括：對上（對上級主管、執行長及民意代表）；對下（對當地社區、民眾或服務使用者）；平行（對同儕、夥伴或同事）；對外（對透過市場做選擇的顧客）；對內（對自己的正直感與道德觀）。選項(C)正確。

(4) 責信透過什麼手段？──如何讓人負起責任？可以施加什麼制裁？可能包括：報告（例如：透過年度報告「給個交代」）；稽核（例如：查帳或檢查績效統計量度）；審查（例如：教育標準局或社會服務監察局的訪視）；民主程序（例如：選舉）。選項(D)有誤。

20 關於社會安全體系的敘述，下列何者錯誤？　（113年第一次專技社工師）

(A) 社會安全可以泛指為一種促成人民以社會團結的形式，來因應所得不足、減少或喪失等風險的一種集體制度

(B) 社會安全體系可分為：繳保費的給付、資產調查的給付、普及的非繳保費與非資產調查的事故或分類給付

(C) 社會安全制度都是使用現金給付的方式

(D) 我國社會福利政策綱領宣示，政府應建構以社會保險為主的社會安全體系

答案：C

【解析】社會安全制度所提供的形式，包括：現金給付、實物給付、代券等。選項(C)有誤。

Chapter 1 社會政策與社會立法的基本概念

Multiple Choice Question 選擇題

21 有關「現金給付」之特性說明，下列何者錯誤？

（113年第一次專技社工師）

(A) 現金給付最大優點是自由
(B) 福利需求者自行到市場購買，往往可以獲得最大效用的滿足
(C) 易於儲存及攜帶，行政相當簡便
(D) 選擇性少，易有較大烙印效果

答案：**D**

【解析】 現金式服務為發放現金的社會福利給付型式。提供人民現金式福利，可以節省政府行政處理、審查與規範服務供給者（不論此供給者是政府或是民間單位）的行政成本，福利享有者可保有自由使用權、選擇性多、可獲得最大效用的滿足，及保有較高的自尊，並可減少恥辱烙印感。選項(D)有誤。

22 下列何者在1942年於英國提出社會保險及其相關服務報告書（Social Insurance and Allied Service），且於報告書中提出所謂的「社會五害」：貧、愚、懶、髒、病的說法？

（113年普考）

(A) 安東尼‧紀登斯（Anthony Giddens）
(B) 威廉‧貝佛里奇（William Beveridge）
(C) 理查德‧蒂特姆斯（Richard Titmuss）
(D) 威廉‧坦普爾（William Temple）

答案：**B**

【解析】 威廉‧貝佛里奇（William Beveridge）於1942年提出貝佛里奇報告書（Beveridge Repor），指出「社會五害」，包括：貧、愚、懶、髒、病。

23 有關英國1601年伊莉莎白濟貧法之敘述，下列何者錯誤？

（113年第二次專技社工師）

(A) 正式規範勞工與流浪漢不得擅自遷徙
(B) 地方教區負責救濟之責任
(C) 強調親屬責任

23

選擇題 Multiple Choice Question

(D)將貧民進行分類

答案：A

【解析】(1) 1601年英國女皇頒布在當時堪稱最完備的濟貧法案（Poor law），常被稱為「伊莉莎白的43號濟貧法」，特點包括：

A. 規定每一個教區每週應向地主徵收濟貧稅，開政府抽稅辦理救濟之先例，為以後各國政府辦理公共救助之先聲。

B. 規定貧民救濟應由地方分區舉辦，每一個教區設立監察人若干人，中央政府並設立監察人，是為國家設立機構，建立制度辦理救濟行政之創始。選項(B)屬之。

C. 規定凡有工作之能力，必須參加工作，以工作換取救濟，是為最早的工賑方法。教區設有貧民習藝所，供男女兒童習藝，教區亦義務介紹工作，或配給原料及工具，促使生產。

D. 禁止無家可歸者及無業遊民行乞遊蕩，設救貧所收容救濟，強迫在所內工作。有家者給予家庭補助，仍使其在家居住。救濟工作分為院內救濟與院外救濟兩種，是開機關式及家庭式社會工作的先河。

E. 規定人民有救濟其貧窮家人或親屬之義務，教區即公共救濟機構，僅在貧民不能自其家人或親戚處獲得贍養時，始給予救助。救助對象又限於該區出生之人或最近曾於該區住滿3年之人。這種以居留權利為接受公共救助的條件，即所謂「親屬責任」或「家屬責任」。選項(C)屬之。

(2)「伊莉莎白的43號濟貧法」對貧民的分類（選項(D)屬之）：

A. 體力健全之貧民，需強迫入「感化所」或「習藝所」工作。

B. 不能工作之貧民：包括患病者、老年人、身心障礙者、精神病患及需要撫育幼小子女的母親們，令其入「救濟

Multiple Choice Question 選擇題

　　院」或施以「院外救濟」。

　　C.失依兒童，包括孤兒、棄嬰、被父母遺棄，或因父母貧困無力扶養之兒童等，設法領養或寄養。

24 Gilbert指出有別於傳統上現金或實物的給付方式選擇，關於工具性的提供（instrumental provision）作為一種供給形式的敘述，下列何者正確？

（113年第二次專技社工師）

(A) 福利接受者擁有最高度的消費自由
(B) 透過福利政策將權力由政策主管機關傳到特定群體上
(C) 鼓勵機構以更有效、有用的安排，來提供直接社會福利給付
(D) 同時滿足社會控制與消費自由

答案：**C**

【解析】 在考量重要的社會福利政策時，與其提供具體福利來滿足特定個人的需求，不如思考如何建立良好的機構來協助發展與執行社會福利方案「工具性供給」（instrumental provision），就是在鼓勵機構以更有效率與效能的方式來提供直接社會福利服務。選項(C)正確。

25 關於稅式支出的敘述，下列何者錯誤？　　（113年第二次專技社工師）

(A) 指政府利用各種租稅減免方式，來達成經濟或社會目標
(B) 免稅額是稅式支出的一種形式
(C) 稅式支出的目的在補貼政府經費
(D) 稅式支出發生在政府沒有收取原本應該收的稅收金額

答案：**C**

【解析】 稅式支出指的是抵減稅額。所謂的抵減稅額在性質上並不是直接的給付，而是在納稅義務人計算出應繳稅額時，就應繳稅額中予以抵減。稅式支出是政府為達成經濟、社會或其他特定政策目標，利用稅額扣抵、稅基減免、成本費用加成減除、免稅項目、稅負遞延、優惠稅率、關稅調降或其他具減稅效果之租稅優惠方式，使特定對象獲得租稅利益之補貼。選項(C)有誤。

選擇題　Multiple Choice Question

26 有關現金式福利與實物式福利的敘述，下列何者錯誤？

（113年第二次專技社工師）

(A) 現金式福利，以發放現金為主；實物式福利，以提供服務、實物及庇護處所等為主
(B) 現金式福利才能真正用在受服務者的身上
(C) 現金給付相較於實物給付，可節省行政成本
(D) 幼兒教育券是介於現金與實物給付之間的抵用券型式

答案：**B**

【解析】現金式福利提供民眾自行到自由市場購買所需，如年金。優點是自由，獲得福利給付的民眾可以自由選擇所需的財貨，但對於給付者而言，則有使用者無法充分運用之疑慮，無法確保福利能真正用在受服務者的身上。選項(B)有誤。

27 有關西方社會政策與立法的發展，下例何者錯誤？　（113年地方四等）

(A) 1601年英國的伊莉莎白女王頒布「濟貧法」，強調親屬責任的精神
(B) 1873年德國的「社會政策學會」成立，成為社會政策領域之發端
(C) 1935年美國的羅斯福總統簽署「社會安全法案」，亦是美國最接近福利國家的重要立法
(D) 1996年美國的柯林頓總統簽署「病人保護與可負擔照顧法」，保障美國民眾最基本的就醫權益

答案：**D**

【解析】選項(D)有誤。美國總統歐巴馬於2010年簽署「病人保護與可負擔照顧法」，保障美國民眾最基本的就醫權益。

28 代券為福利給付型式之一，下列何者為其限制？

（114年第一次專技社工師）

(A) 能平衡社會控制與消費者選擇的工具
(B) 代券具有實物給付的性質
(C) 仍有可能具有標籤效果
(D) 具有自由市場的特性，其消費與使用效用較高

社會政策與社會立法的基本概念　Chapter 1

Multiple Choice Question　選擇題

答案：**C**

【解析】代券（或抵用券、證明單）可說是介於實物與現金之間的綜合產物。通常由福利給付單位發給福利需求者，需求者持代券向特定的商店領取或兌換實物或獲得服務，而提供服務的單位再憑代券向發出代券的福利單位請求付款。代券仍具有自由市場的特性，而具有現金給付的優點，代券被Gilbert和Terrell喻之為「能平衡社會控制與消費者選擇的工具」。代券的主要限制：
(1) 受市場中現有已存在的財貨與服務的限制。
(2) 流動性仍有一定的限制。
(3) 代券的發行與流通仍有一定的行政成本。
(4) 仍可能具有標籤效果。選項(C)屬之。
(5) 仍具有被非福利對象使用的風險。

29 各國於二次大戰之後所建立的諸多社會安全制度，主要以現金給付與實物給付形式提供服務對象所需的服務與給付，另發展諸多「保護性立法」而成為福利國家的第三大支柱。對於「保護性立法」之敘述，下列何者最為貼切？

（114年第一次專技社工師）

(A) 藉由建立具有促進性與預防性之立法，保障人民的社會權、健康權、生存權等
(B) 透過諸多相關法規的建立，確保民眾能夠普遍獲得所需的現金給付與福利服務之權利
(C) 立法保障獲得給付者已經取得的福利服務與現金給付，以增進其運用服務與給付的選擇權
(D) 該等立法可簡化行政處理、審查與評估程序，以保障經濟弱勢者取得服務與給付的社會權

答案：**A**

【解析】晚近，隨著弱勢群體藉由社會運動提出各種權利訴求與主張，政府對民眾各項公民權之保障逐步深化，在現金與實物式福利之外，「保護性立法」成為福利國家之第三大支柱，其內涵包括各種促進與預防性措施，例如：有關健康、人身

選擇題 Multiple Choice Question

安全、最低工資、兒童保護、家庭暴力、工時等法案，這些法案或許不會實質增加所得與服務，卻可保障民眾生存權、發展權，維護基本人性尊嚴與生活品質。以提供給高風險家庭兒少的保護性立法為例，其反映出公民權、社會正義等社會政策價值。選項(A)屬之。

30 下列的福利服務或現金給付之中，何者屬於由民間提供財務負擔、政府提供服務或給付之性質？　　　　　　　　　　（114年第一次專技社工師）

(A) 非營利組織所提供的緊急安置服務
(B) 社會救助法所提供的急難救助
(C) 由社會局所提供的早期療育服務
(D) 地方政府愛心專戶所提供的福利服務

答案：**D**

【解析】地方政府的愛心專戶財源，係來自於民間的捐款，再由政府依據審核的條件，提供給符合受助對象相關的福利或給付。

Chapter 2 社會政策的福利意識型態與價值觀

關鍵焦點

1. 本章出題重點以社會福利的意識型態與價值觀為其重要考點,除基本觀念外,常會結合各領域之政策進行評析,掌握的重點:意識型態與價值觀基本觀念必須紮實(基本觀念有一定的論點,無法自行發揮),才具有論述解析現有政策的能力。
2. 新右派、第三條路,請特別加強準備,尤其是第三條路的社會投資意涵。
3. 公民權相關概念,必須有清晰觀念。
4. 測驗題多以各意識型態的觀點命題,考生請細心理解其內涵。

申論題　Essay Question

一、試說明社會投資(social investment)的意涵為何?並舉例說明有那些重要政策屬於社會投資項下?　　　　　　　　(110年高考)

考點分析

1. 社會投資的概念,O'Connor曾明確地從消費面和投資面兩個角度,來討論社會政策的經濟性功能,亦應被視為是具前瞻性的洞察。此外,英國社會學者紀登斯(Giddens)在討論《超越左派右派知》時,即已點出找尋第三條路的可能性與必要性。在《第三條路》一書中,紀登斯顯然試圖超越老式的社會民主主義(左派)與新自由主義(右派),找到第三條路,其強調的是建立一個社會投資國家(social investment state)。相關的要義內涵,請考生參考編者著《社會政策與社會立法》,考用出版,第2章「社會政策的福利意識型態與價值觀」章節說明。

2. 本題屬於本考科的核心考題，考前詳加研讀編者之前揭書，即有能力從容應答，並具有舉例之實力。

【解析】

一、社會投資的意涵

1. 所謂「社會投資」的概念，係「建立在對人力資本發展的投資，協助人力資本更有效率使用，並促進社會整合」。紀登斯強調建立個社會投資國家（social investment state），以擺脫過去社會民主過度強調經濟安全與所得重分配，以及新右派僅關心財富競爭與創造的二個極端。政府的角色應放在人力資源與基礎設施之投資上，國家與公民社會（civil society）中的各單位必須發展成夥伴關係，在如此的社會之下，社會福利變成一種積極式的福利，盡可能的對人力資本進行投資，以增加人民的就業能力，而不是直接給予人民經濟上的協助。

2. Giddens建議福利國家應成為「社會投資的國家，並以人力資本投資作為指導方針，而非直接提供經濟維持，積極福利的作用是迫使人們積極面對風險」。換句話說，認為人們不能被允許把失業和貧困的風險轉移至外部化，社會正義與平等的概念應與經濟效率和競爭力相提並論，政府應協助提供人民以知識為基礎的經濟生活必要技能。

二、社會投資項下重要政策之舉例

1. 積極性勞動市場政策：主要是藉由創造就業機會，提供職業訓練與就業服務，以促進失業者再就業。從概念內涵上來看，積極性勞動市場政策是相對於消極性（passive），即福利國家給付的失業給付、失業救助、提早退休津貼等來維持失業者所得的消極性（passive）措施而來的。積極性政策（activation policies）的目的在於希望透過這些政策，可以針對接受政府給付者，或可能被永遠擠出勞動市場者，設計出各種政策與措施。其目的是希望透過教育、職業訓練或再訓練、團體互助過程等，幫助目標人口群進入或

再進入勞動市場。積極勞動政策不只是針對勞動市場的供給面，如提供失業者或其他相關的人更好或更多的訓練，也在某種程度上減輕了對需求面的衝擊，如提供津貼。我國就業服務法中，即有相關提升人力資本的積極勞動就業措施。

2. 資產脫貧政策：傳統以「收入所得」為基礎的社會救助政策，是透過政府、家庭及就業三項經濟來源所衍生的收入，來維持低收入戶的最低生活所需，其所形成的福利效果，僅能在短期內提升被投資的低收入戶之消費水準，但在長期的福利效果上，卻無法積極協助他們脫離貧窮，走向長期性的經濟自立。以「資產累積」為基礎的脫貧政策，強調透過制度性的機制設計、結合公私部門組織，協助與促進低收入家戶形成與累積資產，提升其長期消費水準，增強其抗貧性，走向經濟自立。資產脫貧方案的種類，包括教育投資類、就業自立類、資產累績類。我國社會救助法的脫貧措施、兒童及少年未來教育與發展帳戶條例，均屬社會投資的政策。

3. 社區產業發展政策：在社區的面向上也可運用社會投資的概念，以經濟發展和社區發展為主軸，從經濟活動中達到服務使用者的充權，促使居民參與社區生活與生產性的活動。Midgley所提倡的發展性社會工作，加入優勢和自決及有意義參與社區的論述，認為運用社會投資策略，可強調人的能力，使其成為有生產力的公民，過正常的生活。相同的，以社區為中心的思考，也能運用社區資產培養充權，藉由人力資本投資、就業、微型貸款與微型企業等方式，可促使案主融入社區生活和帶動社區產業。我國許多社區所展出的社區特色產業即是。

申論題 Essay Question

二、社會投資政策典範已經成為當代福利國家最重要的社會政策典範之一。請問社會投資政策典範的興起背景為何？以及社會投資政策典範的內涵以及所著重的政策關懷為何？

（111年第二次專技社工師）

> **考點分析**
>
> 1. 本題是社會政策意識型態考題，社會投資政策即是英國社會學者紀登斯（Giddens）在討論《超越左派右派知》時，所提出的第三條路。紀登斯在福利國家或是社會福利的探討上，強調的是建立一個社會投資國家（social investment state），以擺脫過去社會民主過度強調經濟安全與所得重分配，以及新右派僅關心財富競爭與創造的二個極端，政府的角色應放在人力資源與基礎設施之投資上，國家與公民社會（civil society）中的各單位必須發展成夥伴關係，在如此的社會之下，社會福利變成一種積極式的福利，盡可能的對人力資本進行投資，以增加人民的就業能力，而不是直接給予人民經濟上的協助，亦即「無責任即無權利」。前述為審題時，考生即應具有之清楚概念。
> 2. 本題有三個提問：第一個提問是有關社會投資政策的興起背景，屬於基本概念題；第二個提問，有關社會投資政策典範的內涵，此即為第三條路的核心內涵；另第三個提問，有關社會政策所著重的政策關懷，為必須延伸思考的提問，這個提問較前述二個提問難，但如果考生對第三條路的意識型態觀念清楚，本題即可綜整論述。但提醒考生，在本審題時，請詳讀考題，本提問並無要考生就我國的社會福利政策綱領，或我國相關社會政策運用社會投資的觀點加以討論，因此，審題時必須審慎。

【解析】

◆一 社會投資政策典範的興起背景

1. 社會投資（social investement）在1930年代瑞典社會民主主義中，就已經主張「社會政策應該是一種投資，而不是一種消費支出」，因此社會投資也算不上是全新的觀點。1973年James O'Connor在其《福利國家財務危機》一書中，就曾明確地從消費面和投資面兩個角度，來討論社會政策的經濟性功能，亦應被視為是具前瞻性的洞察。

2. 1980年代後,英美等國在新右派主政下,一方面反對傳統福利給付,認為消費性的福利會帶來如福利依賴等道德性危機;一方面也必須在預算赤字上升、就業市場發展停滯、家庭結構轉變等壓力下,尋找新的福利選擇。1990年代中晚的福利改革,啟動了明確的政策措施,以增加教育與訓練、促進就業服務、家庭照顧供給等具體「投資」措施,來取代僅具消費性功能的福利項目(如年金給付);目的都是希望能讓政府支出,花下去能有更多的收益和回饋。因此,Giddens(1998)第三條路(Third Way)「社會投資」路線,就主張政府應像企業一樣,將財政支出投資於人力資本和終身教育等,創造正向積極的循環。

3. 社會投資理念真正受到大量關注的時機,大約是在2000年以後;特別是在歐盟和OECD國家的強力主導下,社會投資被用於因應日益嚴重的青年失業、不穩定就業、單親議題、家庭與工作難以兼顧等各種新的風險(new risk);希望能將傳統的福利支出重點(例如:過去僅是單純給予失業者救濟金的被動性思維)轉變成能幫助失業者面向未來發展的人力資本投資;以創造、動員、保存工作者能力、就業技能等,為勞動政策的積極目標。

三 社會投資政策典範的內涵

1. 包容的平等:平等不只是社會的均等,而是更積極的包容社會的所有成員,例如:不同的種族、性別、年齡、職業與階級等,這是歐洲流行的社會包容(social inclusion)概念對抗社會排除(social exclusion)。

2. 有限度的功績主義:功績主義是「能者多拿」,更流行的話是「贏者全拿」,結果,資源分配更趨於不均。「付出愈多,報償愈多」固然符合市場經濟原則,但不應是判斷社會生活的唯一標準。有些社會貢獻是難以用利潤衡量的,例如:女性的家庭照顧、社工的社會問題預防與處置。因此,功績主義只應有限度的被採用來處理社會政策議題。

3. 市民社會的更新：是指強化政府與民間的夥伴關係，鼓勵社區參與公共事務，以及分權化，讓公共事務不再只是政府的事，也不再依賴中央政府來指示。

4. 積極的福利：指不要一方面把社會福利壓縮在社會救助的範疇裡，另一方面又指責社會福利造成財政負擔、人民懶惰、福利依賴；而是將社會福利的投資與就業促進、族群融合、性別平等、區域正義與社會團結等扣緊，將個人責任、家庭自助、社會互助與國家照護相結合。積極福利的具體展現，就是社會投資的國家。

5. 社會投資的國家：國家盡可能以人力資本的投資，取代直接的金錢補助。換句話說，社會福利與就業、教育應密切配合。不要把社會福利制度的設計只用來保障最低生活標準（經濟安全），而是同時要考量勞動力市場的穩定與品質（積極就業）。意即社會投資的策略在微觀層面就是透過各項公共政策的提供（包括福利），推動人民去採納積極面對危機，發展獨立自主的態度；宏觀層面就是需要政府積極參與社會經濟，配合及鼓勵民間各體系去推動整體的發展。

三、社會投資政策典範著重之政策關懷

1. 社會投資政策典範之政策關懷，主要係企圖在當前的新社會風險、性別角色和人口結構等議題，建立一個新的福利社會典範。社會投資政策典範不再是人們遭遇經濟的不幸時，政府藉由現金給付「消極地」保護人民，而是平實的準備和賦予人民能力，好讓人民融入市場。這種政策關懷意涵著一種強調經濟成長與就業的福利模式，其策略著重於活化勞動市場與人力資本投資，以解決失業問題與傳統消費性的福利支出。

2. 社會投資政策典範之政策關懷，以知識經濟為基礎，認為每個人若缺乏知識與技能，將會是社會的新風險。此典範之政策關懷不同於以往福利國家著重於所得重分配及案主的權益，而是更加重視透過人力資本的投資，使每個人都能增強能力，參與經濟活動。終身學

社會政策的福利意識型態與價值觀

習的策略用來強化人的適應能力與彈性，使人能持續參與經濟活動及社會融合。終身的機會與社會融合強調一輩子都能獲得教育與訓練，同時應有積極的勞動力市場與福利政策。除了經濟支持之外，政府在打擊社會排除所要扮演的角色是擴大就業與教育機會。綜合言之，社會投資政策典範的政策關懷，主要工具是強化人力資本和勞動市場參與的政策與社會支出。

申論題　Essay Question

三、在現代民主國家裡，社會福利被視為公民應享有的「公民權（citizenship）」。何謂公民權？請說明「公民權利（civil right）」、「政治權利（political right）」與「社會權利（social right）」三者之意涵，並加以評析。　　（113年地方四等）

考點分析

1. T. H. Marshall提出的公民權（citizenship），及其所分類的三種公民權：公民權利（civil right）、政治權利（political right）、社會權利（social right）為經典考點，考題偏易，為本題的第一、二個提問；另第三個提問為對三種公民權利的評析，此係首次命題，考題難度雖不高，但考生必須有歸納分析重點條列的能力，才能論述有據且有架構。

2. 另提醒考生，公民權（citizenship）亦有翻譯為公民權、公民權利（civil right）／亦有翻譯為公民權、政治權利（political right）／亦有翻譯為政治權，社會權利（social right）／亦有翻譯為社會權。前述的專有名詞翻譯，國內的學者並未統一，因此，本題最需留意的是，看清楚題目所提的專有名詞英文字彙，勿受中文翻譯的不同名稱所混淆，以致論述錯誤。

【解析】

一 公民權（citizenship）之意涵

英國學者T. H. Marshall指出：「公民權（citizenship）指的是一個共同體中所有成員都享有的資格，成員因其資格而被賦予相對的權利與義務。」

二 公民權利（civil right）、政治權利（political right）與社會權利（social right）三者之意涵與評析。

1 意涵

(1) 公民權利（civil right）：指個人享有自由所需的權利，包括人身、言論、思想、信仰自由，以及私有財產、締結契約、受司法保護的權利，相應而生的制度就是法院。

(2) 政治權利（political right）：指參與政治力運作的權利，即參與政治組織、投票；相應而生的制度就是議會及地方政府。

(3) 社會權利（social right）：指適度的經濟福利安全，完全享有社會遺業，過著社會普遍標準的文明生活，相應而生的制度就是教育體系與社會福利。

2 評析

(1) 公民權是否僅是公民權利、政治權利與社會權利三種：就內涵而言，公民權是否只包含三種？Turner認為Marshall的論述忽略了經濟權利與文化公民權利。前者是工業民主的理念，影響資本主義的私有財產，包括勞工所能享有之工作條件、工資及利潤的分配；後者則是針對少數民族，強調人們能保有特定社會中的多元文化，不會遭受文化歧視。

(2) 社會權利是否為一種權利：Fitzpatrick指出，在Marshall的公民權觀點中，有關公民權利與政治權力的部分較不具爭議，但社會權利則非如此。右派學者反對有所謂的社會權利存在，甚至認為社會權不是一種權利。他們從學理上指出，權利應該是每個人

都可以普遍享有的,例如:投票權,但社會權並不具備此種普遍性,即使要推動也是不可行的,因為它需視資源的有無而定,若缺乏資源,人民根本無法享有社會權利;更重要的是,權利的享有應伴隨相對義務,社會權利卻非如此,享有者通常不需付出相對責任。

(3) **公民權非僅限於國家疆界內**:受到全球化影響,公民權已經超脫國家界限。當個別國家自上性日漸受到侵蝕之際,人民的生活也受全球化左右,許多原本屬於國內性因素的社會問題(例如:失業等),如今因廠商或資本外移而成為全球性現象,再加上國際間的移工與難民等議題,全球公民權的主張開始受到正視,它試圖回答同樣生長在地球的人類,是否有權利享有一定水準的福利或經濟安全,而非僅將焦點放在任何一個國家的疆界中。

申論題　Essay Question

四、試比較第三條路與新自由主義典範下的社會政策有何異同?

(114年第一次專技社工師)

考點分析

本題考的是社會政策的福利意識型態,此類型考題是本考科非常核心的考點,考題也是經典類型。考題難度不高,但可區辨出考生對社會政策福利意識型態的核心觀念是否清晰。本類型考點的相關內容,在編者所著《社會政策與社會立法》第2章「社會政策的福利意識型態與價值觀」章節中,即詳加叮嚀考生,並畫上榜首提點,考生詳加準備,即可順利應答。

【解析】

茲將第三條路與新自由主義典範下的社會政策論述如下,並輔以表格加以說明:

一 第三條路（Third Way）的社會政策

1. 第三條路，亦稱為新中間路線，指的是在社會民主主義與新自由主義中間，屬於中間偏左的意識型態。英國社會學者紀登斯（Giddens）在《第三條路》一書中，試圖超越老式的社會民主主義（左派）與新自由主義（右派），找到第三條路，且仍根植於社會民主。

2. 第三條路強調的是建立一個社會投資國家（social investment state），以擺脫過去社會民主過度強調經濟安全與所得重分配，以及新右派僅關心財富競爭與創造的二個極端，政府的角色應放在人力資源與基礎設施之投資上，國家與公民社會（civil society）中的各單位必須發展成夥伴關係，在如此的社會之下，社會福利變成一種積極式的福利，盡可能的對人力資本進行投資，以增加人民的就業能力，而不是直接給予人民經濟上的協助，亦即「無責任即無權利」。

3. 第三條路的意識型態，是要在左派政府干預的社會主義與完全放任的自由資本主義之外，找尋第三種可能。換言之，第三條路超越左派與右派，它不同於左派的是，不鼓勵直接的經濟補助，而強調積極的人力投資；它不同於右派的是，主張國家積極干預，強調社會福利對於減少人生風險與貧窮的必要性。

4. 第三條路的核心理念，包括：包容的平等、有限度的功績主義、市民社會的更新、積極的福利、社會投資的國家。

二 新自由主義（neo-liberalism）的社會政策

1. 新自由主義亦稱為新右派（New Right）。新自由主義對福利國家帶有高度的懷疑與不信任，認為國家過度干預市場會使得自由經濟體系受到破壞，進而傷害到個人自由，所有資本主義產生社會、經濟與政治的問題，並非市場失靈（market failure）所致，而是福利國家侵犯市場的政策所造成。

2. 新自由主義認為政府體質應重新設計，以控制公共支出的成長，特別是將市場中的各種技術運用到政府部門內，讓政府運作更有效率。因此，新自由主義致力於削減福利國家，包括推動各項國營事業及福利服務的民營化，對企業或資本家進行減稅、實行公共行政改革等，並將政府的福利供給角色縮到最小，避免過度干預市場。

表：第三條路與新自由主義典範下的社會政策之比較

類別 比較基礎	第三條路（中間偏左）	新自由主義（新右派）
價值觀	包容、積極式福利	不平等、安全
經濟	新式的混合經濟（不偏好任一方）	市場基本教義派（偏好市場主導）
福利國家	社會投資國家	福利安全網：社會福利是最後一道安全網，只有當個人與家庭都失去功能，國家才會介入
論述	權利與責任、公正與效率、國家與市場失靈	責任、效率、國家失靈
政策目標	最低限度的機會、就業能力	機會平等、低通貨膨脹

Question Box 社會政策與社會立法（含概要） 搶分題庫

選擇題　Multiple Choice Question

1 在社會政策的規劃與制定中，平等是一個相當重要的價值概念。雷格蘭（Le Grand）提出五種政府推動社會政策的平等策略，下列敘述何者屬於最終成果的平等？　　　　　　　　　　　　　　　　（110年第一次專技社工師）

(A)每位小學生享有相同的教育預算

(B)全民健保對每一位公民的健康改善狀況相等

(C)就所得而言，每位公民擁有相同的所得

(D)每位公民承擔健保部分負擔金額相等

答案：**B**

【解析】(1) 公共支出的平等：當提供某項特定的社會福利時，公共支出應平等分配到所有人身上，亦即平等配置。例如：兩個同樣規模的公立社會福利機構，必須接受等量的公共經費；例如：各中小學的學生是否享有相同的預算。

(2) 最後（終）所得的平等：這表示貧富之間垂直的重新分配。例如：富人多繳稅，而窮人在接受福利之後，縮小其間的所得差距；公共支出的分配較偏向窮人，使得他們接受福利（包括現金或實物）後，縮小與有錢人的差距。

(3) 使用者的平等：人們是否可平等的使用各項社會福利。例如：山地鄉的原住民是否能享有與平地人同等的教育機會、全民健保服務。

(4) 成本的平等：總計公共服務所有相關的個人所使用，必須相同。例如：兩個人同樣生病，同樣的病情，必須接受等量的醫療處遇；人們使用社會服務時負擔成本之平等，例如：全民健保的部分負擔、接受教育所繳的學費。

(5) 成果的平等：福利服務的成果，必須為它的使用者提供一個等值的服務。例如：住在偏遠地區的民眾，繳交健保費之後，能跟都市居民得到同樣的醫療保健服務；各種社會福利成果的平等，例如：健保對人民健康改善之狀況，學生接受教育後各種技能之程度等。題意所述屬之。

2 英國新工黨時期政府執政所提出的政策目標在「有能者工作、失能者給付、用工作取得報酬。」上述之政策目標是以何種意識形態為基礎？

（110年第一次專技社工師）

Chapter 2 社會政策的福利意識型態與價值觀

Multiple Choice Question 選擇題

(A)個人主義　　　　　　　　(B)社會民主主義
(C)第三條路　　　　　　　　(D)新自由主義

答案：**C**

【解析】第三條路，亦稱為新中間路線，指的是在社會民主主義與新自由主義中間，屬於中間偏左的意識形態。英國社會學者紀登斯（Giddens）在討論《超越左派右派》時，提出超越老式的社會民主主義（左派）與新自由主義（右派），找到第三條路，且仍根植於社會民主。1997英國新工黨首相布萊爾受到紀登斯的影響，英國新工黨揚棄過去老工黨所著重的社會民主觀點，改為強調其中間偏左的政治路線以取回政權，並自稱是一種「社會民主的更新」，其特色就如布萊爾所言，是結合了對經濟效益與社會公平的承諾。第三條路的意識形態，是要在左派政府干預的社會主義與完全放任的自由資本主義之外，找尋第三種可能。換言之，第三條路超越左派與右派，它不同於左派的是，不鼓勵直接的經濟補助，而強調積極的人力投資；它不同於右派的是，主張國家積極干預，強調社會福利對於減少人生風險與貧窮的必要性。

3 1980年代新自由主義開始檢視政府主導的公共福利活動時，強調3Es的概念。下列那一個選項組合為3Es？①經濟（economy）　②效益（effectiveness）　③影響（effect）　④效率（efficiency）

（110年第一次專技社工師）

(A)①②④　　(B)①②③　　(C)②③④　　(D)①③④

答案：**A**

【解析】新自由主義／新管理主義的3Es：
(1) 經濟（economy）：意味著確保機構的資產及所購買的服務，在符合特定的質與量之前提下，能以最低的成本生產或維持。題意①屬之。
(2) 效率（efficiency）：係指以能夠符合規定條件之最低層次的資源，提供特定服務的數量和品質。題意④屬之。

41

選擇題 Multiple Choice Question

(3) 效能／效益（effectiveness）：係指提供正確的服務，使得機構的政策和目標能被實現。題意②屬之。

4 關於臺灣福利政策執行確實受到各種思潮和理念變化的影響，下列對這些思潮變化的敘述，何者錯誤？　　　　　　　　　（110年第一次專技社工師）
(A)受到歐美1980年代新公共管理或新管理主義的影響
(B)將過去「通用主義」式的社會福利供給走向「後通用主義」的彈性生產
(C)為了管控政府人事編制與支出，透過契約委外方式進行
(D)非營利組織承擔多數地方的福利服務，呈現福利多元主義或福利混合經濟的現象

答案：**B**

【解析】選項(B)有誤，應為將過去「福特主義」式的社會福利供給走向「後福特主義」的彈性生產。

5 有關「新管理主義」的敘述，下列何者正確？　（110年第一次專技社工師）
(A)希望行政組織增加彈性、效率以及解除管制的理念
(B)非常看重政府工作程序、服從法令規定以及尊重專業主義文化的觀點
(C)強調政府施政，應該由上到下，負起主導規劃、執行與評估的完全責任
(D)期待政府學習企業的優點，運用福特主義標準化生產管理模式，大量生產福利服務

答案：**A**

【解析】(1) 選項(B)有誤。新管理主義抱持著一種相互承諾的合作文化，以跨越組織的價值和任務，它的任務是要去創造一種同質和共享的文化，讓所有工作者負有追求共同目標的義務。新管理主義相當強調放棄傳統附著的做法，而尋求結合文化管理（目標和意義的創造）與績效管理，以彌補動機的差距；它強調減少督導的控制以促進整合，以及由順從（compliance）轉向承諾（commitment），其目標是要去創造一個開明的組織，其成員皆負有達成共同目標的責任及追求目標組織的雄心。

(2) 選項(C)有誤。新管理主義的興起以及被運用於實務，在

社會政策的福利意識型態與價值觀　Chapter 2

Multiple Choice Question　選擇題

相當程度上是基於欲矯治傳統科層—專業主義所引發的負面效應。因為在科層—專業體制裡，它是一種規範的權力之領域，它將管理者培育為組織中的直接代理者，此乃因為管理者可「做對事情」（do the right thing）：他們是知道有關組織效率和績效者。新管理主義管理者必須把注意力放在服務使用者的意見回饋上，並盡可能讓這些使用者瞭解他們所選擇的服務；而且管理者必須瞭解工作人員要用什麼態度將這些服務傳遞給顧客，且強調服務使用者對服務供給的選擇權與發言權。政府施政必須把注意力放在服務使用者的意見回饋，而非由上至下的主導與規劃。

(3) 選項(D)有誤。新管理主義政府學習企業的優點，運用後福特主義的生產管理模式，彈性化生產福利服務，為顧客量身訂做服務，基於個人的選擇，可以自由地購買服務。

6 新右派（New Right）主張透過市場機制來作為分配或再分配福利資源的政策。下列何者屬於新右派取向？　　　（110年第一次專技社工師）
(A)柴契爾主義　　　　　　　(B)馬克思主義
(C)社會民主主義　　　　　　(D)集體主義

答案：**A**

【解析】新右派（New Right）主要代表人物，包括英國保守黨總裁柴契爾夫人（Thatcher）與美國共和黨總統雷根（Reagn）。

7 第三條路所主張的福利措施，下列何者正確？　　　（110年普考）
(A) 社會福利應該交由市場所主導
(B) 社會福利應該著重齊頭的平等
(C) 社會福利應該走向社會投資國家的建立
(D) 社會福利應集中在經濟安全上的保障

答案：**C**

【解析】(1)根據紀登斯的說法，第三條路的核心理念包括CORA：社區（community）、機會（opportunity）、責任（responsibility）及責信（accountability）。紀登斯在福

Question Box 社會政策與社會立法（含概要） 搶分題庫

選擇題　Multiple Choice Question

利國家或是社會福利的探討上，強調的是建立一個社會投資國家（social investment state）（選項(C)正確），以擺脫過去社會民主過度強調經濟安全與所得重分配，以及新右派僅關心財富競爭與創造的二個極端，政府的角色應放在人力資源與基礎設施之投資上（選項(D)有誤），國家與公民社會（civil society）中的各單位必須發展成夥伴關係，在如此的社會之下，社會福利變成一種積極式的福利，盡可能的對人力資本進行投資，以增加人民的就業能力，而不是直接給予人民經濟上的協助，亦即「無責任即無權利」。

(2) 第三條路的意識型態，是要在左派政府干預的社會主義與完全放任的自由資本主義之外，找尋第三種可能。換言之，第三條路超越左派與右派，它不同於左派的是，不鼓勵直接的經濟補助，而強調積極的人力投資；它不同於右派的是，主張國家積極干預，強調社會福利對於減少人生風險與貧窮的必要性。

(3) 第三條路主張包容的平等（選項(B)有誤）。平等不只是社會的均等，而是更積極的包容社會的所有成員，例如：不同的種族、性別、年齡、職業與階級等，這是歐洲流行的社會包容（social inclusion）概念對抗社會排除（social exclusion）。

(4) 第三條路主張有限度的功績主義（選項(A)有誤）。功績主義是「能者多拿」，更流行的話是「贏者全拿」，結果，資源分配更趨於不均。「付出越多，報償越多」固然符合市場經濟原則，但不應是判斷社會生活的唯一標準。有些社會貢獻是難以用利潤衡量的；例如：女性的家庭照顧、社工的社會問題預防與處置。因此，功績主義只應有限度的被採用來處理社會政策議題。

8 依據Marshall（1964）就英國福利政策的歷史發展，將公民權利（citizenship）分成三個部分，不包括下列何者？　　　（110年普考）

(A)公民權（civil right）　　　　　　(B)政治權（political right）

社會政策的福利意識型態與價值觀　Chapter 2

Multiple Choice Question　選擇題

(C)健康權（health right）　　(D)社會權（social right）

答案：**C**

【解析】公民權利（citizenship）主要論點提倡者為英國學者Marshall，他指出：「公民權利指的是一個共同體中所有的成員都享有的資格，成員因其資格被賦予相對的權利與義務知」。權利類型如下：
(1) 公民權：指的是個人享有自由所需的權利，包括人身、言論、思想及信仰自由、私有財產、締結契約、受司法保護的權利，相應而生的制度就是法院。選項(A)屬之。
(2) 政治權：指的是參與政治力運作的權利，即參與政治組織並進行投票，相應而生的制度就是議會及地方政府。選項(B)屬之。
(3) 社會權：指的是適度的經濟福利安全，完全享有社會遺業，以及過去社會普遍標準的文明生活，相應而生的就是教育體系與社會福利。選項(D)屬之。

9　有關公民權利（citizenship）的討論，透納（Turner）認為馬歇爾（Marshall）的論述忽略了勞工應享有之工作條件、工資及利潤分配，此為何種權利？　　（110年第二次專技社工師）
(A)公民權（civil right）　　(B)政治權（political right）
(C)社會權（social right）　　(D)經濟權（economic right）

答案：**D**

【解析】(1) 馬歇爾提出的3種公民權利：
　　　　A. 公民權：人身保護、言論、思想、信仰自由及接受司法公平審判的權利。
　　　　B. 政治權：選舉與被選舉權、國會改革、國會議員的督促。
　　　　C. 社會權：自由接受教育、年金福利、健康照護與社會安全保障
(2) 透納（Turner）認為馬歇爾（Marshall）的論述忽略了

選擇題 Multiple Choice Question

勞工應享有之工作條件、工資及利潤分配,即為經濟權（economic right）。

10 綠色主義（Greenism）的取向,可分為溫和的綠色主義與強硬的綠色主義,下列何者不屬於溫和的綠色主義？　　　（110年第二次專技社工師）
(A) 鼓勵公家機關採購陶瓷製品,減少紙杯使用量
(B) 倡導採用稅務政策、支持有利環境保護的工業
(C) 鼓勵政府推行使用環境保護之物品
(D) 應該採取嚴格的措施限制人口成長,避免剝削地球其他物種的生存權

答案：**D**

【解析】綠色主義可分為「淺綠」（立場較弱,溫和綠色主義）與「深綠」（立場較強,強硬綠色主義）,兩者對於如何保護環境免於無止境的剝削,有相當不同的意見。溫和的綠色主義接受目前世界上所強調的經濟成長與消費秩序,但其要求應該對環境保持友善。選項(A)、(B)、(C)屬之；強硬綠色主義站在強烈反對的立場,認為唯有停止科技發展才能解決當前的環境問題,且指出資本主義與社會主義兩者並無不同,兩者均強調「工業主義」的意識型態,都是以促進經濟成長為目標,無可避免的將造成環境大災難。

11 關於Esping-Andersen福利資本主義中「自由主義體制」的敘述,下列何者錯誤？　　　（110年地方四等）
(A) 以資產調查式救助,有限度普及式為主
(B) 受工作倫理的影響,福利資格較為寬鬆
(C) 國家支持市場
(D) 去商品化效果最低

答案：**B**

【解析】自由主義的福利體制是以資產調查的社會救助、適度的普及移轉性方案,或適度的社會保險為主。福利國家的受益者是低收入者,通常是勞工階級,以及國家依賴者,如兒童、身障、老人等。這類型的福利國家的社會改革是由傳統的、自

社會政策的福利意識型態與價值觀

Multiple Choice Question 選擇題

由的工作倫理規範所主導，強調工作倫理、家庭觀念、個人道德，也就是不主張以福利來取代工作，福利的權利賦予是有限度的，而且經常與恥辱（stigma）關聯在一起，國家介入較少的福利提供，給付也是適度的。選項(B)有誤。

12 下列有關費邊社（Fabian Society）的敘述，何者錯誤？

（111年第一次專技社工師）

(A) 英國社會政策發展與費邊社有密切的關係
(B) 費邊社創立於1884年
(C) 促使英國工黨成立
(D) 認為社會問題應該由市場解決，政府不應介入

答案：D

【解析】選項(D)有誤。費邊社於1884年成立，受到Charles Booth與Seebohm Rowntree研究英國貧窮現象的啟發，費邊社認為國家應該從政策面介入，提供社會保護，以對抗整體的社會問題。費邊社是由一群信奉改革的社會主義者所組成，他們不同意馬克思的階級革命，而主張漸進的社會改革。費邊社認為社會問題應該由政府介入。

13 李葛蘭特（Le Grand）將平等區分出五種類別，若以健康保險制度為例，下列平等類別與所舉範例何者不匹配？ （111年第一次專技社工師）

(A) 使用者的平等：人民有均等使用健保服務的機會或途徑
(B) 成本的平等：健保對於人民健康改善的情況相等
(C) 公共支出的平等：健保預算均等地分配在每一位人民身上
(D) 最終所得的平等：健保制度縮小所得差異至所得均等的程度

答案：B

【解析】選項(B)有誤。成本的平等，是指總計公共服務所有相關之個人所使用的，必須相同。例如：兩個人同樣生病，同樣的病情，必須接受等量的醫療處遇；人們使用社會服務時，負擔成本之平等，如全民健保的部分負擔、接受教育所繳的學費。

選擇題 Multiple Choice Question

14 下列何種觀點主張政策是國家為確保統治階級優勢的方式？

（111年第一次專技社工師）

(A)功能論觀點　　　　　　　　(B)符號互動論觀點
(C)現代化理論觀點　　　　　　(D)衝突論觀點

答案：**D**

【解析】衝突論觀點（馬克思主義）認為，社會福利政策是為了要鞏固當權者或資本階級的執政基礎，並消弭群眾的不滿，使其成為「包著糖衣的毒藥」，讓人民形成一種「虛假意識」，而進行社會控制。最有名的例子，就是19世紀末德國鐵血宰相俾斯麥所推行的社會保險，其目的是為了防止廣大的無產階級倒向共產黨，避免其威脅到德意志帝國的穩定。

15 下列何種治理特徵不是社會投資福利國家的重點？

（111年第一次專技社工師）

(A) 強調積極性的福利體系
(B) 重視對人力資本的投資
(C) 提高福利普及性的承諾
(D) 服務的多元供給

答案：**C**

【解析】(1) 英國社會學者紀登斯（Giddens）在討論「超越左派右派知」時，即已點出找尋第三條路的可能性與必要性。在《第三條路》一書中，紀登斯顯然試圖超越老式的社會民主主義（左派）與新自由主義（右派），找到第三條路，且仍根植於社會民主。紀登斯在福利國家或是社會福利的探討上，強調的是建立一個社會投資國家（social investment state），以擺脫過去社會民主過度強調經濟安全與所得重分配，以及新右派僅關心財富競爭與創造的二個極端，政府的角色應放在人力資源與基礎設施之投資上，國家與公民社會（civil society）中的各單位必須發展成夥伴關係，在如此的社會之下，社會福利變成一種積極

Chapter 2 社會政策的福利意識型態與價值觀

Multiple Choice Question 選擇題

式的福利，盡可能的對人力資本進行投資，以增加人民的就業能力，而不是直接給予人民經濟上的協助，亦即「無責任即無權利」。選項(B)屬之。

(2) 第三條路有關社會投資福利國家的重點：
   A. 積極性的福利體系：鼓勵人們返回職場，避免對政府形成福利依賴。選項(A)屬之。
   B. 政府補助多元的供給者：福利服務不需要由公部門親自提供，補助志願部門或私人企業可以達到更好的成果。選項(D)屬之。
   C. 重視消費者：現代化的福利國家應重視使用者的需求與偏好，服務的提供應盡可能量身訂做，而非一成不變。
   D. 降低福利普及性的承諾：福利服務的提供不再採取普及的方式，而是以滿足民眾的特定需求為考量。選項(C)有誤。
   E. 重視機會而非結果平等：福利國家應消除對個人的社會性障礙，如不當的教育與健康體系，以增加民眾的機會；而非只重視將資源由富人轉移到窮人身上。
   F. 培養民眾的積極性與責任感：民眾對所享有的福利應該擔負起更多責任，權利與責任間應該取得平衡。例如：失業者應該積極參與政府所提供的各種教育及訓練計畫。

16 英國學者高夫（Gough）將需求分為基本需求與中介需求，下列何者屬於基本需求？　　　　　　　　　　　　　　　（111年第一次專技社工師）
(A) 自主性
(B) 適當營養的食物與水
(C) 適當可提供保護的住宅
(D) 免於危險的工作環境

答案：**A**

【解析】Gough從較為積極的觀點將需求分為「基本需求」（basic needs）與「中介需求」（intermediateneeds），包括如下：
(1) 基本需求（basic needs）
   是人們參與社會生活的必要條件，可以區分為兩種：

49

選擇題 Multiple Choice Question

A. 身體健康（physical health）：一般認為需求的基本條件是滿足人們的生存，Gough認為應該進一步達到良好的身體健康。

B. 自主性（autonomy）：指個人能選擇該做些什麼及如何完成。當個人失去心智健康、認知技能及社會參與的機會時，自主性便有缺陷。選項(A)屬之。

(2) 中介需求（intermediate needs）

中介需求則是支持基本需求的元素，主要有十個類別：

A. 適當營養的食物與水。選項(B)屬之。
B. 適當可提供保護的住宅。選項(C)屬之。
C. 免於危險的工作環境。選項(D)屬之。
D. 免於危險的生活環境。
E. 適當的健康照顧。
F. 兒童時期的安全。
G. 身體安全。
H. 經濟安全。
I. 安全的生育控制與兒童養育。
J. 基礎教育。

17 社會政策與下列那一個公民權（citizenship）的發展最有關？

（111年普考）

(A)生態權　　　(B)政治權　　　(C)經濟權　　　(D)社會權

答案：**D**

【解析】公民權利（citizenship）主要論點提倡者為英國學者Marshall，他指出：「公民權利指的是一個共同體中所有成員都享有的資格，成員因其資格被賦予相對的權利與義務知。」包括三種公民權利：

(1) 公民權：指的是個人享有自由所需的權利，包括人身、言論、思想及信仰自由、私有財產、締結契約、受司法保護的權利，相應而生的制度就是法院。

(2) 政治權：指的是參與政治力運作的權利，即參與政治組織

社會政策的福利意識型態與價值觀　Chapter 2

Multiple Choice Question　選擇題

並進行投票,相應而生的制度就是議會及地方政府。

(3) 社會權:指的是適度的經濟福利安全,完全享有社會遺業,以及過去社會普遍標準的文明生活,相應而生的就是教育體系與社會福利。此項公民權利與社會政策的發展最有關。

18 下列有關社會投資觀點的社會政策敘述,何者錯誤? 　（111年普考）
(A)提供公共兒童托育服務　　　(B)提供高水準現金給付
(C)提供公共老年照顧服務　　　(D)支持女性加入就業市場

答案: **B**

【解析】 紀登斯在福利國家或是社會福利的探討上,強調的是建立一個社會投資國家（social investment state）,以擺脫過去社會民主過度強調經濟安全與所得重分配,以及新右派僅關心財富競爭與創造的二個極端,政府的角色應放在人力資源與基礎設施之投資上,國家與公民社會（civil society）中的各單位必須發展成夥伴關係,在如此的社會之下,社會福利變成一種積極式的福利,盡可能的對人力資本進行投資,以增加人民的就業能力,而不是直接給予人民經濟上的協助,也就是「無責任即無權利」。亦即,社會投資觀點不鼓勵直接的經濟補助（選項(B)不符合社會投資的觀點）,而強調積極的人力投資。

19 關於羅爾斯（Rawls）社會正義的論點,下列敘述何者錯誤?
　（111年第二次專技社工師）
(A) 羅爾斯認為正義即公平
(B) 羅爾斯認為社會與經濟利益的分配應基於兩個基本原則,即第一原則與第二原則
(C) 羅爾斯正義的第一原則指的是機會平等原則
(D) 羅爾斯認為應該讓社會中最劣勢的成員獲得最大好處,這是差異原則

答案: **C**

【解析】(1) 1971年John Rawls所著《正義論》,最著名的就是社會正

選擇題 Multiple Choice Question

義,該論點表示「正義即公平」,就如真理是思想體系首要德行一般。Rawls為了建立正義的原則,列出正義原則可供選擇的「原初立場」(original position),且在「無知之幕」(veil of ignorance)後,進行正義的選擇。而在這個「無知之幕」後,沒有人能夠知道自己在社會中的位置、階級及社會地位為何,亦沒有人知道自己的自然資質、能力、智能及體能等,唯一可以知道的是他位於一個正義的環境中。在「原初立場」中,基於各種權利與義務之分派,以及社會與經濟利益的分配,因此修訂兩個原則:

A. 第一原則:每個人對於同等基本自由之充分合適體系,均擁有同樣不可剝奪的請求權利,且該體系與他人所擁有之相同自由體系是相容的。選項(C)有誤。

B. 第二原則:是指機會平等原則。社會與經濟的不平等應該滿足兩個條件,包括:各種職位和地位應在公平的機會平等條件下對所有人開放;且它們應該讓社會中最劣勢的成員獲得最大的好處。

(2) 在上述的原則中,第一原則(自由原則)優於第二原則,而第二原則中的第一個部分(機會平等原則)優於第二部分(差異原則)。

20 強調性別不平等來自於對女性的不理性偏見、刻板印象及過時想法等性別歧視,並要求在公共領域應達到性別平等,是下列何種女性主義?

(111年第二次專技社工師)

(A)自由主義的女性主義　　(B)社會主義的女性主義
(C)激進主義的女性主義　　(D)文化主義的女性主義

答案:**A**

【解析】自由主義的女性主義(liberal feminism)認為,性別的不平等來自於對女性的不理性偏見、刻板印象及過時的性別歧視,要求性別之間在公共層面應有正式的平等,享有同等的公民權利,因此著重的是透過各種行動以改變國家既有的立

Chapter 2 社會政策的福利意識型態與價值觀

Multiple Choice Question 選擇題

法（如反歧視法令）與制度（如教育體系）。

21 有關新右派之主張，下列何者錯誤？　　　（111年第二次專技社工師）
(A) 政府過度干預市場會破壞自由經濟體系，傷害個人自由
(B) 認為福利國家效率及效能皆較高
(C) 推動國營事業及福利服務民營化，並對企業或資本家大量減稅
(D) 融合「公共選擇理論」，嘗試將傳統經濟分析運用到政治市場中

答案：**B**

【解析】新右派對福利國家的批判：
(1) 福利國家是反經濟的：因為它傷害了資本主義市場經濟的投資誘因與工作誘因。
(2) 福利國家是不具生產性的：它鼓勵龐大的公部門官僚體系出現，迫使資本與人力遠離具生產性的私部門經濟，且國家壟斷僱用工人於不具生產性的公部門服務，導致私部門工資上漲。
(3) 福利國家是無效率的：公部門壟斷福利的提供，創造與贊助一個特殊利益的部門（指社會服務），引導出一個無效率的服務輸送體系、違反市場是以生產者利益為優先的法則。政府越擴大介入人民生活的範疇，失敗機會越大。選項(B)有誤。
(4) 福利國家是無效果的：即使已經投入龐大的資源，福利國家方案仍然無法消除貧窮與剝削。
(5) 福利國家是專制的：藉由建構一個弱化人民的官僚體系，聲稱福利國家是為了保護人民而存在，而遂行剝奪公民自由，進行國家控制與操弄。
(6) 福利國家是反自由的：福利部門強制地提供服務，拒絕人民選擇的自由。沉重與累進的稅制幾近充公人民財產。

22 當代歐洲福利國家開始提倡社會投資典範，下列何者不是社會投資所重視的政策領域？　　　（111年第二次專技社工師）
(A) 社會救助　　　　　　　　(B) 家庭政策
(C) 積極勞動市場政策　　　　(D) 教育政策

Question Box 社會政策與社會立法（含概要） 搶分題庫

選擇題 Multiple Choice Question

答案：**A**

【解析】社會投資典範，主張應成為社會投資的國家，國家盡可能以人力資本的投資，取代直接的金錢補助（選項(A)社會救助，非社會投資所重視的政策領域）。換句話說，社會福利與就業、教育應密切配合。不要把社會福利制度的設計只用來保障最低生活標準（經濟安全），而是同時要考量勞動力市場的穩定與品質（積極就業）。意即社會投資的策略在微觀層面就是透過各項公共政策的提供（包括福利），推動人民去採納積極面對危機，發展獨立自主的態度；宏觀層面就是需要政府積極參與社會經濟，配合及鼓勵民間各體系去推動整體的發展。

23 英國社會學家T. H. Marshell提出公民資格的概念，包含三種權利基礎，下列何種非他所提出來的權利基礎？　　　　（111年第二次專技社工師）
(A)公民權　　(B)社會權　　(C)政治權　　(D)勞工權

答案：**D**

【解析】公民權利（citizenship）主要論點提倡者為英國學者Marshall，他指出：「公民權利指的是一個共同體中所有成員都享有的資格，成員因其資格被賦予相對的權利與義務知。」包括三種公民權利類型：
(1) 公民權：指的是個人享有自由所需的權利，包括人身、言論、思想及信仰自由、私有財產、締結契約、受司法保護的權利，相應而生的制度就是法院。選項(A)屬之。
(2) 政治權：指的是參與政治力運作的權利，即參與政治組織並進行投票，相應而生的制度就是議會及地方政府。選項(C)屬之。
(3) 社會權：指的是適度的經濟福利安全，完全享有社會遺業，以及過去社會普遍標準的文明生活，相應而生的就是教育體系與社會福利。選項(B)屬之。

24 下列有關政府在社會福利中的角色，何者錯誤？
（111年第二次專技社工師）

社會政策的福利意識型態與價值觀　Chapter 2

Multiple Choice Question　選擇題

(A) 從政府在社會福利中的角色的歷史發展而言，政府總是積極干預與直接提供服務
(B) 由政府針對福利需求者提供福利給付是相當普遍的情況
(C) 政府在社會福利中負有法規制定的責任
(D) 新右派鼓吹福利改革及力行公共福利縮減，主張政府不應太過介入福利事務

答案：**A**

【解析】　選項(A)有誤。不論傳統的慈善，或是近代的社會福利之所以存在，解決貧窮是主因，而在工業命以後，貧窮又與勞工形影不離。例如：1870年以前，國家介入濟貧工作僅是邊際的，最早，宗教是濟貧的主要動力來源。而在其後之發展，政府在社會福利中的角色，受到福利意識型態的影響，例如：自由主義、新右派等，主張政府不應積極介入社會福利，只有當家庭無法提供福利服務時，國家才介入，主張提供殘補式福利，意即政府在社會福利的角色中，限縮至最小；且受新管理主義之影響，原先政府所提供的福利服務，改採社會福利服務契約委外的方式辦理，國家由原先的福利服務直接供應者，調整為規制者、契約管理者等角色。

25 滿足人們的需求是社會政策的目的之一，至於何謂需求及人民的需求應該由誰來界定，下列敘述何者錯誤？
(A) 在社會政策中，資源通常優先分配給弱勢者，其需求之滿足往往不是由個人決定，而是經過社會福利專業人員的界定與裁量
(B) 需求與欲求不同，服務使用者會希望需求得到愈高度的滿足愈好，最好是能滿足他的欲求
(C) 根據Bradshaw的分類，需求類型包括規範性需求、表達性需求、感覺性需求與比較性需求等
(D) 表達性需求等於欲求，因個人表達出的需求不同，會隨著個人認知差異而有所不同，也不易測量與統計
（111年地方四等）

選擇題 Multiple Choice Question

答案：**D**

【解析】表達性需求（expressed need）是指有需求者實際嘗試或接受滿足需求的服務，方案規劃者以實際尋求協助的人數來界定需求。至於會隨著個人認知差異而有所不同，也不易測量與統計，為感覺性需求（perceived need）。選項(D)有誤。

26 消弭不平等是社會政策的基本價值，而社會政策在推動平等時，Le Grand區分出幾種平等的策略。關於Le Grand平等策略的敘述，下列何者正確？

（111年地方四等）

(A) 公共支出的平等：人們使用社會服務時，個人負擔成本之平等
(B) 最後所得的平等：公共支出的分配偏向窮人，讓他們接受福利後，縮小與有錢人的所得差距
(C) 最終成果的平等：人們有平等機會使用到各項社會福利
(D) 福利使用的平等：福祉改善情況的平等，例如全民健保對人的健康改善是平等的

答案：**B**

【解析】(1) 選項(A)有誤。公共支出的平等是指當提供某項特定的社會福利時，公共支出應平等分配到所有人身上，亦即平等配置。例如：兩個同樣規模的公立社會福利機構，必須接受等量的公共經費；例如：各中小學的學生是否享有相同的預算。選項(A)所述為成本的平等。

(2) 選項(C)有誤。最後（終）所得的平等是指貧富之間垂直的重新分配。例如：富人多繳稅，而窮人在接受福利之後，縮小其間的所得差距；公共支出的分配較偏向窮人，使得他們接受福利（包括現金或實物）後，縮小與有錢人的差距。選項(C)所述為使用者的平等。

(3) 選項(D)有誤。使用者的平等是指人們是否可平等的使用各項社會福利。例如：山地鄉的原住民是否能享有與平地人同等的教育機會、全民健保服務。選項(D)所述為成果的平等。

社會政策的福利意識型態與價值觀　Chapter 2

Multiple Choice Question　選擇題

27 女性主義與社會福利較為相關者為自由女性主義和激進女性主義，請問下列何者不是自由女性主義的主張？　　　　　　　　　　（111年地方四等）
(A) 社會福利政策可消除女性因生育角色下的剝削地位
(B) 女性應該爭取以婦女為思考中心的社會福利
(C) 社會福利政策可降低性別偏見與刻板性別分工
(D) 社會政策應透過教育與社會立法管道，使女性能夠獲得社會公平之待遇

答案：**B**

【解析】(1) 自由主義的女性主義（liberal feminism）認為，性別的不平等來自於對女性的不理性偏見、刻板印象及過時的性別歧視，要求性別之間在公共層面應有正式的平等，享有同等的公民權利，因此著重的是透過各種行動以改變國家既有的立法（如反歧視法令）與制度（如教育體系）。選項(A)、(C)、(D)屬之。
(2) 選項(B)所述為激進主義的女性主義（radical feminism），其認為女性是被男性壓迫的群體或階級，所有的社會制度（包括經濟、家庭、教育及法律等）都是由男性或父權體制掌控並用以控制女性，因此實務與政治活動較關心對抗男性的壓迫，例如：有關性別暴力或對存活者提供支持的部分，其強調以女性為中心的福利服務途徑。

28 布拉德蕭（Bradshaw）對需求（need）的操作提出四個類型，下列對於這四個類型的描述何者錯誤？　　　　　　　　　　（112年第一次專技社工師）
(A) 感覺性需求：基於使用者直接、第一手的個人性知覺與感受，與生理需求有強烈的關聯
(B) 規範性需求：由使用者基於理論概念推論的需求
(C) 比較性需求：由相類似團體比較後而察覺到之需求
(D) 表達性需求：潛在的福利使用者透過行動而呈現的需求

答案：**B**

【解析】選項(B)有誤。規範性需求（normative need）是指專家學者所界定的需求，係依據現有之資料作為規劃之基礎。從類似

57

Question Box 社會政策與社會立法（含概要） 搶分題庫

選擇題　Multiple Choice Question

的社區調查報告或專業人士的意見，均可用來研判標的人口群為何，且一般是透過以比率（ratio）的方式，與現有資料之間做對照比較來表達需求的程度。如果實際的比率低於特定標準，就可以據以認定需求的存在。例如：某社區可能需要的醫院或養護中心之床位數量（常以每千人需要幾床表示）。

29 綠色主義的理念興起於1970年代，關於綠色主義的敘述，下列何者錯誤？

（112年第一次專技社工師）

(A) 強硬的綠色主義也被稱為環境主義
(B) 溫和的綠色主義主張採取革新方式，以達成環境保護目的
(C) 綠色主義強調保護生態環境，以促進人類幸福
(D) 綠色主義的理念受到「成長的極限」報告的影響很大

答案：**A**

【解析】(1) 綠色主義（greenism）可以分為兩大思想體系：溫和綠色主義（Light Green）或稱環境主義（Environmentalism），及強硬綠色義（Strong Green）或稱生態主義（Ecologism）：

　A. 溫和綠色主義（Light Green）或稱環境主義（Environmentalism）：環境主義建基於人類中心主義（anthropocentrism），關注核心是人類的利益。其支持者基本上是接受現存的經濟及社會結構，認為經濟增長及消費模式在本質上不一定是破壞環境，現時的問題只源於行政管理上的錯誤和科學技術上的不足。他們相信經濟增長及消費模式是可以與環境保護互相配合，故主張綠色資本家（green capitalists）的做法和環境保護企業（environmental entrepreneurs）的運作手法，亦倡議政府應制定有關的社會政策去達到環境保護的目標，例如：採用稅務政策、支持有利環境保護的工業和產品，以及懲罰破壞環境的經濟活動。

　B. 強硬綠色義（Strong Green）或稱生態主義

Chapter 2 社會政策的福利意識型態與價值觀

Multiple Choice Question 選擇題

（Ecologism）（選項(A)有誤）：生態主義持較激進的觀點，認為環境問題的根源是現行的經濟、政治及社會結構，而工業主義（industralism）是破壞生態環境的主導因素，故必須減慢經濟發展及改變大眾的消費模式。生態主義者的關注核心是整個大自然，所以其主張是建基於生態中心主義（ecocentrism），即相信所有的自然實體（environmental entities）都具有其本身的價值。

(2) 對於兩組思想體系的分別，Andrew Dobson的總結是：環境主義是採納了管理取向（managerial approach）處理環境問題，而沒有打算改變主流的社會觀念和生產及消費模式；生態主義則堅信要建立「可持續發展」的生態環境，就必須澈底改革現行的政治經濟體制及社會生活模式，改變人類與其他自然實體的關係。

30 新公共管理觀點認為，下列那個福利供給部門最沒有效率？

（112年第一次專技社工師）

(A)國家　　　　(B)市場　　　　(C)家庭　　　　(D)非營利組織

答案：**A**

【解析】新管理主義認為，政府提供福利供給是最沒有效率的。新管理主義係以市場取向的公共選擇理論（public choice theory）為基礎，強調新右派所尊崇的「市場機制」及「效率」，主張政府機關應刪減公共支出，並透過「民營化」（privatization）或準市場的模式，盡量將公共服務交由市場來處理。

31 有關新自由主義的福利價值觀，下列何者錯誤？

（112年第一次專技社工師）

(A)價值觀是平等與安全感　　　　(B)偏好市場主導
(C)福利安全網是最後一道防線　　(D)強調責任、效率與國家失靈

答案：**A**

【解析】(1) 1970年代以後，新保守主義與新自由主義結合，成為所謂

選擇題 Multiple Choice Question

的新右派（New Right）或基變右派（Ridical Right），有時亦被稱為新自由主義（neo-liberalism）。由主張自由經濟的兩位諾貝爾獎得主Friedrich Hayek與Milton Friedman為此意識型態的精神導師。此福利意識型態對準過去左派政黨的不當公共支出所帶來的危機，及政府科層過大且缺乏效率所產生的政府失靈（state failure），認為福利國家是無效率的，並致力於削減福利國家，包括推動各項國營事業及福利服務的民營化，對企業或資本家進行減稅、實行公共行政改革等，並將政府的福利供給角色縮到最小，避免過度干預市場。

(2) 選項(A)所述價值觀是平等與安全，為社會民主觀點的價值觀；新自由主義的價值觀為不平等、安全。

32 對於「社會排除」的概念或內涵，下列敘述何者正確？ （112年普考）
(A)社會排除即是所得不足
(B)貧窮是造成「社會排除」的唯一因素
(C)是一種靜態的結果
(D)是一種動態的過程

答案：**D**

【解析】(1) 1994年歐洲社會政策白皮書將社會排除界定為：「排除過程的本質是動態的而且是多面向的，它們不只是和失業或低所得有關，同時也和住宅條件、教育與機會水準、健康、歧視、公民權，以及與地方社區整合有關。」
(2) 選項(A)所述，社會排除即是所得不足，有誤。
(3) 選項(B)所述，貧窮是造成「社會排除」的唯一因素，有誤。
(4) 選項(C)所述，社會排除是一種靜態的結果，有誤。

33「社會正義」是一種社會的產物，下列敘述何者正確？ （112年普考）
(A)在不同的情境下，會有不同的理解
(B)不論東西方社會，普遍存在相同的正義原則
(C)只強調分配的過程
(D)只強調結果

Multiple Choice Question 選擇題

答案：**A**

【解析】(1) 選項(B)有誤。不同的社會，有不同的文化、價值觀、風俗民情，因此，所存在的社會正義原則會有所差異。

(2) 選項(C)、(D)有誤。社會正義不只強調分配的過程，亦重視分配的結果。

34 馬歇爾（Marshall）提出公民權利的內涵，包括公民權（civil right）、政治權（political right）、社會權（social right）等三部分。下列何者不屬於公民權？　　　　　　　　　　　　　　　　　　（112年第二次專技社工師）

(A)信仰自由　　　　　　　　　(B)接受司法公平審判的權利
(C)言論自由　　　　　　　　　(D)適度的經濟福利安全

答案：**D**

【解析】公民權利主要論點提倡者為英國學者Marshall，他指出：「公民權利指的是一個共同體中所有的成員都享有的資格，成員因其資格被賦予相對的權利與義務。」Marshall提出的公民權利內涵如下：

種類	說明
公民權	指的是個人享有自由所需的權利，包括人身、言論、思想及信仰自由、私有財產、締結契約、受司法保護的權利，相應而生的制度就是法院。選項(A)、(B)、(C)屬之。
政治權	指的是參與政治力運作的權利，即參與政治組織並進行投票，相應而生的制度就是議會及地方政府。
社會權	指的是適度的經濟福利安全，完全享有社會遺業，以及過去社會普遍標準的文明生活，相應而生的就是教育體系與社會福利。選項(D)屬之。

35 需求是社會政策重要的概念，高夫（Ian Gough）將需求分類為基本需求（basic needs）與中介需求（intermediate needs），下列敘述何者錯誤？
　　　　　　　　　　　　　　　　　　（112年第二次專技社工師）

(A) 基本需求包含身體健康及自主性

61

Question Box 社會政策與社會立法（含概要） 搶分題庫

選擇題 Multiple Choice Question

(B)此分類方法較為消極，認為滿足中介需求即為終極目的
(C)中介需求即為支持基本需求的元素
(D)中介需求包含適當營養的水與食物、可提供保護的住宅、免於危險的工作環境、基礎教育等元素

答案：**B**

【解析】Gough從較為積極的觀點將需求分為「基本需求」（basic needs）與「中介需求」（intermediate needs）。基本需求是人們參與社會生活的必要條件；中介需求則是支持基本需求的元素。Gough的分類讓我們對需求的認識有了新圖像，傳統福利國家的需求滿足幾乎都著重在中介需求，消極地將社會福利定位為給予人民經濟安全、教育或是照顧等各項服務措施，對於Gough來說，這並非終極目的。例如：一位長期臥床的人可能經濟不虞匱乏，享有適當的健康照顧及身體安全，卻因缺乏身體健康而失去自主性，無法實踐與一般人同等的權利及義務。因此，中介需求必須促成人民基本需求的實現，唯有人民身體健康並達到自主性及社會參與時，才是真正的需求滿足，亦是每個人所需具備且不可分割的一部分（選項(B)有誤）。

36 社會排除係指個人應享有的社會權遭到剝奪，且這種剝奪通常不是個人所能控制的狀況。下列關於社會排除之敘述，何者錯誤？

（112年第二次專技社工師）

(A)其本質具有多元或多面向性
(B)強調該現象的動態與過程
(C)可區分為凝聚（solidarity）、區隔（specification）與壟斷（monopoly）典範
(D)凝聚典範主要受到英國左派的影響

答案：**D**

【解析】學者Sliver從理論觀點、政治意識型態及國家的論述，將社會排除區分出三個重要的典範，包括：

62

社會政策的福利意識型態與價值觀　Chapter 2

Multiple Choice Question　選擇題

(1) 凝聚典範（solidarity）：對法國共和主義思想而言，當個人與社會間的社會連結（社會凝聚）被破壞時，便產生了排除。此典範期望透過各種中介制度，以凝聚國家、集體及大眾的意識，並促進整合。選項(D)有誤。

(2) 區隔典範（specification）：對美國式的自由主義思想而言，社會秩序是基於人與人之間的自願性交換，社會團體是成員自願性組成。此典範強調個人自由，團體間存在的界限會阻礙這種自由，排除便以歧視形成，透過團體或市場競爭，以及政府對個人權利的保障，才能阻斷排除。

(3) 壟斷典範（monopoly）：受到歐洲左派之影響，此典範認為排除是階級、地位或政治權力所帶來的團體壟斷，當團體透過制度或文化將他人排除在外時，便形成一種社會封閉性，進而壟斷稀少資源，讓被排除者成為局外人，受到宰制，唯有透過公民權利的形成，才能讓被排除者參與社群。

37 有關綠色主義（Greenism），下列敘述何者錯誤？

（112年第二次專技社工師）

(A) 深綠主義者認為貧窮國家應該仿效西方富裕國家，針對環保議題制定相關法規
(B) 深綠主義者認為人類必須改變消費習慣，才能減輕地球負擔
(C) 淺綠主義者希望可以順著工業社會步伐，採取較務實的方式來進行改革
(D) 淺綠主義者相信經濟可以繼續成長，同時也能解決環境問題

答案：**A**

【解析】深綠主義者並不認為貧窮國家應該向西方富裕國家看齊，他們反而認為富裕國家應該試著仿效貧窮國家。改變生活型態是關鍵，為了減輕人類對地球的傷害，人們必須改變生活方式。選項(A)有誤。

38 關於社會政策的綠色主義或生態主義，下列敘述何者錯誤？

（112年地方四等）

Question Box 社會政策與社會立法（含概要） 搶分題庫

選擇題　Multiple Choice Question

(A) 溫和的綠色主義主張以革新而非革命，以達成環境保護目的
(B) 綠色主義強調政策應由上而下主導，減少分權帶來不負責任及漠視環境的惡果
(C) 強硬的生態主義認為，必須澈底改革現行的政治經濟體制及社會生活模式
(D) 溫和的綠色主義，基本上接受現存的經濟及社會結構可以與環保共存

答案：**B**

【解析】綠色主義強調政策應由下而上主導，透過「全球思考；在地行動」，鼓勵地方、鄰里、社區、志願組織，共同參與社會政策，讓大家擁有更好的生活品質。選項(B)有誤。

39 有關社會政策的原則或特性，下列敘述何者錯誤？　（112年地方四等）
(A) 國家對人民的福利權保障，主要以保障基本生活水準為基本原則
(B) 社會政策的概念會隨著時代背景而有所不同
(C) 社會政策制訂多傾向採取弱勢者優先受益原則
(D) 社會政策的正義原則是要求每個人均需善盡與其他人相同的基本義務

答案：**D**

【解析】選項(D)有誤。社會政策的社會正義的第一個原則，就是每個人所擁有的自由與平等，不因個人之先天或後天的差異而有所不同。因此，人人平等是社會正義的基本原則。羅斯進一步指出社會正義的第二個前提，則是「差異原則」：社會和經濟不平等的存在，為社會經濟劣勢者帶來最大的不利益，同時社會和經濟的不平等，個人在機會均等的條件下，均有陷入不平等的機會。前述羅斯的兩大正義原則，第一原則強調每個人有平等的自由權；第二原則在於解決社會上普遍存在的經濟與地位的不平等，因此他承認社會不平等的存在；但是這種不平等必須是對於那些不幸者有利的安排，同時必須保證機會的絕對平等。第一個原則就稱作「自由的原則」，第二原則稱為「差異原則」，其差異是社會對不幸者提供更多的照顧與利益。例如：社會福利的提供，基本上即是對於社會上需要幫助，卻無力自助的人，給予其

Chapter 2 社會政策的福利意識型態與價值觀

Multiple Choice Question 選擇題

所需要的生活照顧,甚至是「積極的差別待遇」(positive discrimination),使得社會上每個人均能「合理」、「公平」的分享經濟的成果。

40 在社會正義相關的哲學討論中,提出差異原則的學者是下列何者？
（113年第一次專技社工師）

(A)羅爾斯（John Rawls）　　　(B)諾齊克（Robert Nozick）
(C)沈思（Amartya Sen）　　　(D)海耶克（Friedrich A. Hayek）

答案：**A**

【解析】1971年John Rawls所著《正義論》,最著名的就是社會正義,該論點表示「正義即公平」,就如真理是思想體系首要德行一般。Rawls為了建立正義的原則,列出正義原則可供選擇的「原初立場」(original position),且在「無知之幕」(veil of ignorance) 後,進行正義的選擇。而在這個「無知之幕」後,沒有人能夠知道自己在社會中的位置、階級及社會地位為何,亦沒有人知道自己的自然資質、能力、智能及體能等,唯一可以知道的是他位於一個正義的環境中。在「原初立場」中,基於各種權利與義務之分派,以及社會與經濟利益的分配,因此修訂兩個原則：(1)第一原則：每個人對於同等基本自由之充分合適體系,均擁有同樣不可剝奪的請求權利,且該體系與他人所擁有之相同自由體系是相容的；(2)第二原則：社會與經濟的不平等應該滿足兩個條件,包括：A.各種職位和地位應在公平的機會平等條件下對所有人開放；B.且它們應該讓社會中最劣勢的成員獲得最大的好處。在上述原則中,第一原則（自由原則）優於第二原則,而第二原則中的第一個部分（機會平等原則）優於第二部分（差異原則）。

41 下列何種敘述不是馬克思主義所強調的重點？ （113年第一次專技社工師）
(A)認為資本主義國家必須要滿足資本累積和政治合法性兩者互相矛盾的功能
(B)認為福利國家是一種社會控制的手段
(C)福利制度是為了回應世代之間衝突

選擇題　Multiple Choice Question

(D)社會福利會讓人民形成虛假意識

答案：C

【解析】馬克思主義（Marxism）對福利國家的看法：
(1) 福利國家是一種社會控制：馬克思主義者認為社會福利是為了要鞏固當權者或資本階級的執政基礎，並消弭群眾的不滿，使其成為「包著糖衣的毒藥」，讓人民形成一種「虛假意識」，而進行社會控制。選項(B)、(D)屬之。
(2) 福利國家本身充滿矛盾關係：歐康納（O'Connor）認為福利國家面對兩個基本且互相矛盾的功能：資本累積（accumulation）與合法性（legitimation）。國家一方面須提供福利與利益俾利私人獲利，但又必須增進資本主義的社會接受度，他認為兩者是不可能同時達成的。因為忽略了資本主義資本累積功能，必然使得資本家的獲利較低，苦了經濟成長率，但少了合法性，必然傷害到國家的公眾形象，降低國家統治的正當性。社會服務因此被整合至資本主義體系，扮演拯救經濟與政治的生存，但是，為了擴大社會服務的結果，必然造成國家財政的危機。選項(A)屬之。

42 撰寫到奴役之路（The Road to Serfdom），認為政府所推動的公共福利是對自由造成侵害，該學者為下列何者？　　（113年第一次專技社工師）
(A)伯林（Isaiah Berlin）　　　　(B)海耶克（Friedrich Hayek）
(C)斯密（Adam Smith）　　　　(D)傅利曼（Milton Friedman）

答案：B

【解析】自由主義係由洛克及亞當・史密斯的人所主張，支持個人信仰自由、社會改革、言論自由、普及參政權、自由競爭、人道主義、小政府、反歧視與剝削、個人選擇及君主與教會專制思潮。在第二次世界大戰後，不但支持市場經濟，且更加放任、主張極端自由主義、自由選擇、政府、市場至上、反對干預，海耶克與傅利曼等為代表人物，是為新自由主義

Chapter 2 社會政策的福利意識型態與價值觀

Multiple Choice Question 選擇題

（neo-liberalism）。其中，海耶克在《到奴役之路》（*The Road to Serfdom*）一書中，海耶克就實行政府管控的計劃經濟發出警告，認為此舉必將導向極權暴政。

43 布蘭蕭（J. Bradshaw）提出福利服務輸送的四種需求類型，其中將需求感受付諸於行動，這是屬於何種需求？　（113年第一次專技社工師）
(A)規範性需求　(B)表達性需求　(C)比較性需求　(D)感覺性需求

答案：**B**

【解析】(1) 規範性需求（normative need）：即專家學者所界定的需求，係依據現有資料作為規劃之基礎。

(2) 表達性需求（expressed need）：即有需求者實際嘗試或接受滿足需求的服務。方案規劃者以實際尋求協助的人數來界定需求。優點是著重人們將感受實際轉化成行動的情況，而未滿足的需求或要求，自然而然就成為規劃所要改變的標的。題意所述屬之。

(3) 比較性需求（relative need）：亦稱為相對性需求，亦即比較類似的情境與服務差距所存在的需求。

(4) 感覺性需求（perceived need）：即標的人口群透過想像與感受覺知的需求，亦即人們透過想像和感受來覺知自己有何種需求。

44 歐康納（J. O'Connor）將國家支出分成下列那兩大類型？
　　（113年第一次專技社工師）
(A)社會資本、社會費用　　(B)投資支出、福利費用
(C)功能支出、發展資本　　(D)移轉資本、消費支出

答案：**A**

【解析】歐康納從馬克思的經濟分類觀點，將國家支出分成「社會資本」（social capital）與「社會費用」（social expensive）兩種形式。「社會資本」的支出目的是為了促進資本累積，「社會費用」則是用於獲取國家的合法性，不過這種支出卻會帶來財務危機，因為政府的財務支出往往較收益來得快

選擇題　Multiple Choice Question

速，使得國家在收支之間產生結構性的落差。歐康納認為，某些教育支出構成了社會投資，由於它提升了勞動生產力；而某些則非如此。社會保險方案有助於勞動力的再生產（即社會消費），另一方面，「對貧民的所得補助有助於安撫與控制剩餘人口」（即社會費用）。

45 社會政策的基本價值之一在消弭不平等。關於平等，亞里士多德（Aristotle）將之區分為數值平等（numerical equality）和比例平等（proportionate equality），下列敘述何者正確？　　　（113年普考）
(A) 數值平等是依每個人的需求，使其獲得滿足
(B) 比例平等是每個人以一比一的比例方式分配
(C) 數值平等較類似選擇式福利給付
(D) 比例平等較類似社會救助

答案：**D**

【解析】(1) 選項(A)有誤。以切蛋糕為例，假設今天有四位飢餓的人，且這四位飢餓程度一樣，將蛋糕切成四等分，便是「數值平等」。選項(A)所述為比例平等。
(2) 選項(B)有誤。以切蛋糕為例，假設今天有四位飢餓的人，若這四位當中，有兩位飢餓程度是其他人的二倍時，這時蛋糕的切法應該是採取「不平等」的方式，使每個人的欲望能獲得「平等」的滿足，這即達到「比例平等」。選項(B)所述為「數值平等」
(3) 選項(C)有誤。數值平等較類似普及式福利給付。

46 John Rawls的正義理論中的差異原則，指涉讓社會中最劣勢的成員獲得最大好處。下列何人以「能力平等」的概念批判差異原則，認為因為能力上的不平等，即便讓劣勢者獲得最大好處也無法解決社會不平等？
　　　　　　　　　　　　　　　　　　（113年第二次專技社工師）
(A) Robert Nozick　　　　　　　　(B) Amartya Sen
(C) Iris Marion Young　　　　　　(D) Friedrich Hayek

Chapter 2 社會政策的福利意識型態與價值觀

Multiple Choice Question 選擇題

答案：**B**

【解析】相較於Rawls較為消極正義之取向，諾貝爾經濟學獎得主Amartya Sen便提出「能力平等」的積極性觀點。他認為Rawls只關心分配的數量是否合適，忽略分配後會為人們帶來些什麼，即使劣勢者獲得補償，社會不平等並未消失。因而Sen強調，社會正義應該要促進人們的能力平等，讓個人發揮能力，以選擇其認為有價值的生活方式。

47 依據Le Grand的界定，「公共支出的分配較偏向窮人，讓他們接受給付後，縮小與有錢人的所得差距」，這是屬於下列何種平等的類型？

（113年第二次專技社工師）

(A)公共支出的平等 (B)最後所得的平等
(C)福利使用的平等 (D)負擔成本的平等

答案：**B**

【解析】最後（終）所得的平等：這表示貧富之間垂直的重新分配。例如：富人多繳稅，而窮人在接受福利之後，縮小其間的所得差距；公共支出的分配較偏向窮人，使得他們接受福利（包括現金或實物）後，縮小與有錢人的差距。

48 新社會運動的興起主要是為了消除因為個人基本特質差異所遭受之不當歧視與對待，以對抗主流社會的壓迫。下列何者不是屬於主流社會的壓迫？

（113年第二次專技社工師）

(A)剝削 (B)邊緣化 (C)權力缺乏 (D)後工業化

答案：**D**

【解析】「新社會運動」一詞主要是為了與早期勞工運動進行區隔，指涉包含女性、身心障礙者、環保、LGBT（同性戀、雙性戀、跨性別認同者）、多元文化、不同年齡層等社會群體之倡議與主張，其共同特色在於挑戰主流社會政策的設計思維。隨著社會組成之多樣化與差異性獲得體認，許多原本用以區分人群間「正常／不正常」、「優越／劣等」之價值觀逐漸受到挑戰。新社會運動之首要目標是期待能夠消除因為

選擇題 Multiple Choice Question

個人基本特質差異所遭受之不當歧視與對待，以對抗主流社會之下列壓迫：

(1) 剝削（exploitation）：社會群體間存在剝削關係，部分群體剝削另一個群體之勞動成果。例如：女性的無酬家務勞動、移工或原住民的低薪體力勞動。選項(A)屬之。

(2) 邊緣化（marginalization）：部分群體被剝奪了參與社會生活的機會。例如：高齡與失能者在就業市場的弱勢。選項(B)屬之。

(3) 權力缺乏（powerlessness）：指缺乏影響決策或結果之權力。例如：無法參與自身有關之制度討論與規劃。選項(C)屬之。

(4) 文化帝國主義（cultural imperialism）：主流群體的文化價值支配整個社會，弱勢群體的觀點不僅不受重視，其甚至內化主流群體的價值，產生自我貶抑。

(5) 暴力（violence）：指部分群體遭遇之暴力威脅。例如：各種肢體、言語與性的騷擾及攻擊。

49 新自由主義看待社會政策的敘述，下列何者錯誤？

（113年第二次專技社工師）

(A) 強調市場機制做為資源分配的主要機制
(B) 重視消費者以及選擇性
(C) 企圖將福利服務私有化
(D) 強調普及主義式的福利政策

答案：**D**

【解析】選項(D)強調普及主義式的福利政策，為社會民主觀點看待社會政策的觀點，而非新自由主義。社會民主觀點較正向看待政府的積極性角色，對於資產調查式的選擇性福利存疑，偏好採行普及性或制度式福利，推動所得重分配，以減少社會的對立，促成社會和諧。

社會政策的福利意識型態與價值觀　Chapter 2

Multiple Choice Question　選擇題

50 1990年代以來逐漸發展成形的「社會投資福利國家」，大致著重於三個政策領域。下列我國各類福利服務與現金給付之中，何者最不屬於社會投資的政策領域？　（113年第二次專技社工師）
(A) 兒童照顧服務
(B) 職業訓練生活津貼政策
(C) 社會救助法所提供的生活扶助給付
(D) 職業重建服務

答案：**C**

【解析】1990年代中晚期的福利改革，啟動了明確的政策措施，以增加教育與訓練、促進就業服務、家庭照顧供給等具體「投資」措施，來取代僅具消費性功能的福利項目（如年金給付）；目的都是希望能讓政府支出，花下去能有更多的收益和回饋。因此，Giddens提出之第三條路（Third Way）「社會投資」路線，就主張政府應像企業一樣，將財政支出投資於人力資本和終身教育等，創造正向積極的循環。社會投資國家（social investment state），擺脫過去社會民主過度強調經濟安全與所得重分配，以及新右派僅關心財富競爭與創造的二個極端，政府的角色應放在人力資源與基礎設施之投資上，國家與公民社會（civil society）中的各單位必須發展成夥伴關係，在如此的社會之下，社會福利變成一種積極式的福利，盡可能的對人力資本進行投資，以增加人民的就業能力，而不是直接給予人民經濟上的協助，亦即「無責任即無權利」。社會投資國家盡可能以人力資本的投資，取代直接的金錢補助。換句話說，社會福利與就業、教育應密切配合。不要把社會福利制度的設計只用來保障最低生活標準（經濟安全），而是同時要考量勞動力市場的穩定與品質（積極就業）。意即社會投資的策略在微觀層面就是透過各項公共政策的提供（包括福利），推動人民去採納積極面對危機，發展獨立自主的態度；宏觀層面就是需要政府積極參與社會經濟，配合及鼓勵民間各體系去推動整體的發展。選

選擇題　Multiple Choice Question

項(C)社會救助法所提供的生活扶助給付，最不屬於社會投資的政策領域。

51 強調要以最具經濟、效率與效能方式，使服務在價格與品質達到明確標準的說法，是屬於下列何種觀點？　　　　　　　　　　（113年第二次專技社工師）
(A)最佳福祉　　　(B)最佳價值　　　(C)最適福祉　　　(D)最適品質

答案：**B**

【解析】最佳價值（best value）意指在合理的價格下有更佳服務品質，以及給予地方居民更多的決定權。亦即，最佳價值被界定為符合明確標準（含價格和品質）的義務，期望能以可用之最具經濟、效率和效能的方法提供服務。

52 有別於保障人民免受市場傷害，主張透過積極性福利增加其就業能力的政策取向，是屬於下列那種政策觀？　　　　　　　（113年第二次專技社工師）
(A)社會保險國家　　　　　　　(B)殘補式福利國家
(C)社會投資國家　　　　　　　(D)再分配福利國家

答案：**C**

【解析】主張不要一方面把社會福利壓縮在社會救助的範疇裡，另一方面又指責社會福利造成財政負擔、人民懶惰、福利依賴；而是將社會福利的投資與就業促進、族群融合、性別平等、區域正義與社會團結等扣緊，將個人責任、家庭自助、社會互助與國家照護相結合。積極福利的具體展現，就是社會投資國家。

53 下列那位學者認為政府愈介入經濟規劃，將無可避免地產生獨裁性權力，最後步向「奴役之路」（the road to serfdom）？　　　　（113年地方四等）
(A)紀登斯（Anthony Giddens）　　(B)羅爾斯（John Rawls）
(C)海耶克（Friedrich Hayek）　　(D)布雷蕭（Jonathan Bradshaw）

答案：**C**

【解析】自由主義支持個人信仰自由、社會改革、言論自由、普及參政權、自由競爭、人道主義、小政府、反歧視與剝削、個人

選擇及君主與教會專制思潮。在第二次世界大戰後，不但支持市場經濟，且更加放任、主張極端自由主義、自由選擇、政府、市場至上、反對干預，海耶克與佛利曼等為代表人物，是為新自由主義（neo-liberalism）。其中，海耶克在其《到奴役之路》一書中，就實行政府管控的計劃經濟發出警告，認為此舉必將導向極權暴政。

54 英國社會學者安東尼‧紀登斯（Anthony Giddens）在《第三條路——社會民主的更新》一書中所提出的「社會投資的國家」觀點，下列何者錯誤？

（113年地方四等）

(A) 提供高額的現金給付
(B) 政府需要強調終身教育，特殊技能的培訓，認知與情感能力的培養
(C) 公共部門提供必要的資源讓企業得以成長
(D) 政府應大力推動家庭與工作兼顧的政策

答案：**A**

【解析】 選項(A)有誤。社會投資的國家主張國家盡可能以人力資本的投資，取代直接的金錢補助。換句話說，社會福利與就業、教育應密切配合。不要把社會福利制度的設計只用來保障最低生活標準（經濟安全），而是同時要考量勞動力市場的穩定與品質（積極就業）。意即社會投資的策略在微觀層面就是透過各項公共政策的提供（包括福利），推動人民去採納積極面對危機，發展獨立自主的態度；宏觀層面就是需要政府積極參與社會經濟，配合及鼓勵民間各體系去推動整體的發展。

55 社會排除成為當代社會政策的核心概念之一，下列敘述何者不是社會排除概念所強調的重點？

（114年第一次專技社工師）

(A) 社會排除是多面向的概念
(B) 社會排除所指涉的是一個靜態的結果
(C) 社會排除更多是來自於因為結構因素
(D) 社會排除涉及到社會心理層面的影響

選擇題 Multiple Choice Question

答案：**B**

【解析】選項(B)有誤。社會排除指的是動態且多面向的排除過程，這個過程可能形塑出剝奪感。

56 John Rawls正義理論所提出的差異原則，下列敘述何者正確？

（114年第一次專技社工師）

(A) 人類之間天生有所差異，因此社會福利應該儘可能消弭這些差異
(B) 人類之間本來就會有階級上的差異，因此社會應該保持這樣的差異
(C) 任何不公平的重分配政策，都應該讓社會中最弱勢的人獲得最大的利益
(D) 人類之間即便有差異，也享有同等的自由權利

答案：**C**

【解析】社會正義是制定社會政策的重要目標，亦即透過社會政策照顧弱勢者，並促使人民自由地追求更高層次的生活水準，以克服現代社會存在的各種不平等狀況，達成社會財富重分配的目標。1971年John Rawls所著《正義論》，最著名的就是社會正義，該論點表示「正義即公平」，就如真理是思想體系首要德行一般。Rawls為了建立正義的原則，列出正義原則可供選擇的「原初立場」（original position），且在「無知之幕」（veil of ignorance）後，進行正義的選擇。而在這個「無知之幕」後，沒有人能夠知道自己在社會中的位置、階級及社會地位為何，亦沒有人知道自己的自然資質、能力、智能及體能等，唯一可以知道的是他位於一個正義的環境中。在「原初立場」中，基於各種權利與義務之分派，以及社會與經濟利益的分配，因此修訂兩個原則：(1)第一原則：每個人對於同等基本自由之充分合適體系，均擁有同樣不可剝奪的請求權利，且該體系與他人所擁有之相同自由體系是相容的；(2)第二原則：社會與經濟的不平等應該滿足兩個條件，包括：A.各種職位和地位應在公平的機會平等條件下對所有人開放；B.且它們應該讓社會中最劣勢的成員獲得最大的好處（選項(C)屬之）。在上述的原則中，第一原則（自由原則）優於第二原則，而第二原則中的第一個部分（機會平

社會政策的福利意識型態與價值觀 Chapter 2

Multiple Choice Question 選擇題

等原則）優於第二部分（差異原則）。

57 米爾頓・傅利曼（Milton Friedman）的觀點一般被歸類於那一種經濟與社會的意識形態？　　　　　　　　　　　　　　（114年第一次專技社工師）
(A)自由主義　　　　　　　　　(B)社會民主
(C)新馬克思主義　　　　　　　(D)綠色主義

答案：**A**

【解析】 米爾頓・傅利曼（Milton Friedman）的觀點被歸類於自由主義的經濟與社會意識形態。自由主義由洛克及亞當・史密斯等人所主張，支持個人信仰自由、社會改革、言論自由、普及參政權、自由競爭、人道主義、小政府、反歧視與剝削、個人選擇及君主與教會專制思潮。在第二次世界大戰後，不但支持市場經濟，且更加放任、主張極端自由主義、自由選擇、政府、市場至上、反對干預，海耶克（Friedrich von Hayek）與傅利曼等為代表人物，是為新自由主義（neo-liberalism）。

58 有關社會民主觀點下社會福利行政性質的敘述，下列何者錯誤？
（114年第一次專技社工師）
(A)「民主」代表政府的權威來自人民
(B)「社會」代表出自互助或追求共同目標的集體行動
(C)積極的國家作為會威脅個人自由
(D)傾向採取普及式或制度式社會福利行政進行所得重分配

答案：**C**

【解析】 選項(C)有誤。社會民主觀點認為積極的國家應涉入社會、政治、經濟結構，才能以社會正義之名保障人民的權利。

59 對於費邊社會主義的敘述，下列何者錯誤？　（114年第一次專技社工師）
(A)社會主義應該要透過一套中立的仲裁制度來加以統治
(B)社會主義應該透過革命式的階級鬥爭來達成
(C)相信專業文官可以透過社會行政來解決社會問題
(D)強調國有化

選擇題　Multiple Choice Question

答案：**B**

【解析】選項(B)有誤。1884年，「費邊社」（Fabian society）成立，這個社團接受社會主義的原則，但是反對以革命的手段來改造英國的社會兩極化，目標是透過有組織、有系統的知識，藉由政治力來達成「社會主義國家」的理想，而逐漸走向「福利國家」。

60 在社會政策的規劃與制定中，平等是一個相當重要的價值概念。雷格蘭（Le Grand）提出五種政府推動社會政策的平等策略，下列敘述何者屬於最終成果的平等？　　　　　　　　　　　　　　　（110年第一次專技社工師）
(A)每位小學生享有相同的教育預算
(B)全民健保對每一位公民的健康改善狀況相等
(C)就所得而言，每位公民擁有相同的所得
(D)每位公民承擔健保部分負擔金額相等

答案：**B**

【解析】(1) 公共支出的平等：當提供某項特定的社會福利時，公共支出應平等分配到所有人身上，亦即平等配置。例如：兩個同樣規模的公立社會福利機構，必須接受等量的公共經費；例如：各中小學的學生是否享有相同的預算。

(2) 最後（終）所得的平等：這表示貧富之間垂直的重新分配。例如：富人多繳稅，而窮人在接受福利之後，縮小其間的所得差距；公共支出的分配較偏向窮人，使得他們接受福利（包括現金或實物）後，縮小與有錢人的差距。

(3) 使用者的平等：人們是否可平等的使用各項社會福利。例如：山地鄉的原住民是否能享有與平地人同等的教育機會、全民健保服務。

(4) 成本的平等：總計公共服務所有相關的個人所使用，必須相同。例如：兩個人同樣生病，同樣的病情，必須接受等量的醫療處遇；人們使用社會服務時負擔成本之平等，例如：全民健保的部分負擔、接受教育所繳的學費。

(5) 成果的平等：福利服務的成果，必須為它的使用者提供一

社會政策的福利意識型態與價值觀　Chapter 2

Multiple Choice Question　選擇題

個等值的服務。例如：住在偏遠地區的民眾，繳交健保費之後，能跟都市居民得到同樣的醫療保健服務；各種社會福利成果的平等，例如：健保對人民健康改善之狀況，學生接受教育後各種技能之程度等。題意所述屬之。

61 英國新工黨時期政府執政所提出的政策目標在「有能者工作、失能者給付、用工作取得報酬。」上述之政策目標是以何種意識形態為基礎？

（110年第一次專技社工師）

(A)個人主義　　　　　　　　　(B)社會民主主義
(C)第三條路　　　　　　　　　(D)新自由主義

答案：**C**

【解析】第三條路，亦稱為新中間路線，指的是在社會民主主義與新自由主義中間，屬於中間偏左的意識形態。英國社會學者紀登斯（Giddens）在討論「超越左派右派」時，提出超越老式的社會民主主義（左派）與新自由主義（右派），找到第三條路，且仍根植於社會民主。1997 英國新工黨首相布萊爾受到紀登斯的影響，英國新工黨揚棄過去老工黨所著重的社會民主觀點，改強調其中間偏左的政治路線以取回政權，並自稱是一種「社會民主的更新」，其特色就如布萊爾所言，是結合了對經濟效益與社會公平的承諾。第三條路的意識形態，是要在左派政府干預的社會主義與完全放任的自由資本主義之外，找尋第三種可能。換言之，第三條路超越左派與右派，它不同於左派的是，不鼓勵直接的經濟補助，而強調積極的人力投資；它不同於右派的是，主張國家積極干預，強調社會福利對於減少人生風險與貧窮的必要性。

62 1980年代新自由主義開始檢視政府主導的公共福利活動時，強調3Es的概念。下列那一個選項組合為3Es？①經濟（economy）　②效益（effectiveness）　③影響（effect）　④效率（efficiency）

（110年第一次專技社工師）

(A)①②④　　(B)①②③　　(C)②③④　　(D)①③④

Question Box 社會政策與社會立法（含概要） 搶分題庫

選擇題　Multiple Choice Question

答案：**A**

【解析】新自由主義／新管理主義的3Es：
(1) 經濟（economy）：意味著確保機構的資產及所購買的服務，在符合特定的質與量之前提下，能以最低的成本生產或維持。題意①屬之。
(2) 效率（efficiency）：係指以能夠符合規定條件之最低層次的資源，提供特定服務的數量和品質。題意④屬之。
(3) 效能／效益（effectiveness）：係指提供正確的服務，使得機構的政策和目標能被實現。題意②屬之。

63 關於臺灣福利政策執行確實受到各種思潮和理念變化的影響，下列對這些思潮變化的敘述，何者錯誤？　　　（110年第一次專技社工師）
(A) 受到歐美1980年代新公共管理或新管理主義的影響
(B) 將過去「通用主義」式的社會福利供給走向「後通用主義」的彈性生產
(C) 為了管控政府人事編制與支出，透過契約委外方式進行
(D) 非營利組織承擔多數地方的福利服務，呈現福利多元主義或福利混合經濟的現象

答案：**B**

【解析】選項(B)有誤，應為將過去「福特主義」式的社會福利供給走向「後福特主義」的彈性生產。

64 有關「新管理主義」的敘述，下列何者正確？　（110年第一次專技社工師）
(A) 希望行政組織增加彈性、效率以及解除管制的理念
(B) 非常看重政府工作程序、服從法令規定以及尊重專業主義文化的觀點
(C) 強調政府施政，應該由上到下，負起主導規劃、執行與評估的完全責任
(D) 期待政府學習企業的優點，運用福特主義標準化生產管理模式，大量生產福利服務

答案：**A**

【解析】(1) 選項(B)有誤。新管理主義抱持著一種相互承諾的合作文化，以跨越組織的價值和任務，它的任務是要去創造一種同質和共享的文化，讓所有工作者負有追求共同目標的義

社會政策的福利意識型態與價值觀

Multiple Choice Question　選擇題

務。新管理主義相當強調放棄傳統附著的做法,而尋求結合文化管理（目標和意義的創造）與績效管理,以彌補動機的差距;它強調減少督導的控制以促進整合,以及由順從（compliance）轉向承諾（commitment）,其目標是要去創造一個開明的組織,其成員皆負有達成共同目標的責任及追求目標組織的雄心。

(2) 選項(C)有誤。新管理主義的興起以及被運用於實務,在相當程度上是基於欲矯治傳統科層—專業主義所引發的負面效應。因為在科層—專業體制裡,它是一種規範的權力之領域,它將管理者培育為組織中的直接代理者,此乃因為管理者可「做對事情」（do the right thing）,他們是知道有關組織效率和績效者。新管理主義管理者必須把注意力放在服務使用者的意見回饋上,並盡可能讓這些使用者瞭解他們所選擇的服務;而且管理者必須瞭解工作人員要用什麼態度將這些服務傳遞給顧客,且強調服務使用者對服務供給的選擇權與發言權。政府施政必須把注意力放在服務使用者的意見回饋,而非由上至下的主導與規劃。

(3) 選項(D)有誤。新管理主義政府學習企業的優點,運用後福特主義的生產管理模式,彈性化生產福利服務,為顧客量身訂做服務,基於個人的選擇,可以自由地購買服務。

65 新右派（New Right）主張透過市場機制來作為分配或再分配福利資源的政策。下列何者屬於新右派取向？　　　　　（110年第一次專技社工師）
(A)柴契爾主義　　　　　　　　(B)馬克思主義
(C)社會民主主義　　　　　　　(D)集體主義

答案：**A**

【解析】 新右派（New Right）主要代表人物,包括英國保守黨總裁柴契爾夫人（Thatcher）與美國共和黨總統雷根（Reagn）。

Chapter 3 社會政策的制定理論與決策模式

關鍵焦點

1. 政策決定的觀點,是本章申論題的重點。
2. 影響政策制定與發展的因素,歷年來皆為申論題與測驗之考點。
3. 測驗題多以各個政策決策之模式內容命題,考生請細心理解其內涵。

申論題 Essay Question

一、請說明社會政策的政策過程可區分成那些階段?又政策決策中,理性決策模型較常被討論,請申論理性決策模型的優缺點為何?

(110年第一次專技社工師)

考點分析

社會政策的政策過程、決策模式均是相當基礎的考點,考題屬於記憶型題型,考題無變化性,考前詳加準備,即可順利應答。

【解析】

一 社會政策的政策過程之階段說明

茲以DiNitto提出的五階段標準架構,說明社會政策的各階段過程如下:

1 定義政策問題

政策的改變通常反映出社會需求未得到滿足，公眾對於政府的要求，形成政府對政策問題的認定，一旦問題被明確定義，接著便須對問題加以分析，包括強度、嚴重性及受影響的人數等。

2 形成政策計畫

政策的計畫可以透過各種政策管道取得，包括政策規劃與組織、利益團體、中央及地方的民意代表等，這計畫中均須有明確的政策目標，以及清楚的計畫內容。

3 社會政策合法化

社會政策的合法化可能來自於官方及民意代表所提出的公共聲明或行動，此時亦是各方（包括利益團體、官方及民意代表）等角力的重要階段，其結果將對後續的執行方向有重大影響。

4 執行社會政策

政策透過政府科層的活動而加以執行，亦造成公務預算的支出，在社會政策體系中，負責執行社會政策者，即是我們較為熟悉的社會行政及社會工作人員。

5 評估社會政策

政策執行完畢後，可被政府機構、外部諮詢人員、利益團體、大眾媒體及民眾做出各種正式及非正式的評估，以瞭解政策的影響或成本效益。

二、理性決策模型的優缺點

1 優點

強調在政策制定過程中，必須將關注的層面，盡量涵蓋所有尚未滿足的需求或社會問題，並且充分蒐集相關的資訊，再針對問題解決的方案，進行周詳的考慮，以制定最佳的政策。決策者必須檢視既存計畫與當前政策規劃的關聯性，認同所有相關的社會目的和價值，探討每一個政策選擇的情況。在這樣的基礎上，依一定程序或

公式，運作政策、制定法案。

2 缺點

理性模式似乎是個相當理想的政策制定途徑，然而受到現實面種種因素的限制，其往往是不容易達成的。因為我們無法充分知道所有的訊息，人類的知識是有限的，而重要的是，社會中某個人認為理性的政策，在另一個人眼中也許是不理性的，其中更牽涉到意識型態、價值觀及政治考量的問題。

申論題 Essay Question

二、社會政策是回應社會問題的處方，請問影響社會政策制定與發展的因素為何？社會政策的規劃原則又為何？試申述之。

（112年普考）

考點分析

本題為記憶型考題，考點中規中矩。第一項提問有關影響社會政策制定與發展的因素，考題出處為黃源協等著《社會政策與社會立法》，雙葉書廊；第二項有關社會政策的規劃原則，考題出處為李易駿著《社會政策原理》，五南。

【解析】

一 影響社會政策制定與發展的因素

茲將影響社會政策制定與發展的水平面、垂直面因素，說明如下：

1 水平面因素（Howard M. Leichter提出）

(1) 情境因素：指偶發、非永久或特殊性情況及事件影響政策制定，這些事件可能會持續一段時間。例如：二次世界大戰爆發或發生種族暴動等。

(2) 結構因素：指社會或政體（polity）中相對不會改變的要素，如

經濟基礎、政治制度或人口結構等。因結構因素具備穩定與持續性，較情境因素容易預測。例如：政府的組成是內閣制、總統制或是獨裁政權。

(3) 文化因素：指社群中部分群體或是整個社群所持有之價值觀，包括政治面與一般文化價值值（如宗教或家庭價值）。

(4) 環境因素：指存在於政治體系之外，影響體系內決策的事件、結構或價值。例如：跨國公司對第三世界國家，以及國際組織對各國政策的干預。

2 垂直面因素（Hudson等人提出）

(1) 巨視層次：此層次指出影響政策制度較為廣泛的部分。例如：全球化、後工業社會轉型、資訊社會來臨等。

(2) 中介層次：此層次擔任連結巨視與微視兩個層次的角色，著重在政策如何被制定、誰促使政策進入議程及制度環境等。例如：選舉制度；政黨體系與結構、中央與地方政府的關係、國際組織、智庫等。

(3) 微視層次：此層次著重在社會的基本單位——個人，指特定人士或關鍵行動者的影響力。例如：政治家、消費者或基層公務員之人格特質、價值觀等。

二、社會政策的規劃原則

1. 資源重分配的社會正義原則：強調人民不論貧富均保有社會權的權利，社會政策透過「資源分配」的手段，修正社會中貧富差距過大的情況。雖然在分配的過程中，表面上會傷害到資源較多者的權利，但在實質上符合公共利益的原則，使得人民可以獲得機會上的平等，其效果在於避免貧富差距的加大，減少社會衝突對立，而維持社會秩序。

2. 弱勢者優先受益原則：社會政策在進行資源分配時，會以弱勢者為優先受益的對象。所謂的社會弱勢者，指的是因先天性的殘疾、社會性的男女性別角色、體力的差異、受教育程度不足及經濟市場的

社會政策的制定理論與決策模式　**Chapter 3**

排除等原因,而造成某些國民在就業、就學、其他生活機會上的不足,甚至在各種基本權利上受到排除者。社會政策在於以此等社會弱勢者為對象,使這些社會弱勢者能夠獲得「實質平等」,增加其自立的機會。

3. 保障最低生活水準原則:社會政策所進行的資源再分配及生活保障,在提供上乃以最低生活水準為原則,採用基本生活水準的用意,在於最低生活水準可以平衡生活需要及工作意願,即國民不會因領取保障給付而對工作意願有負面作用。而對於無力維生者,則可以在最低生活保障給付中,維持最低生活水準。

4. 最終目的為國民自立原則:社會政策雖提供國民最低生活水準的保障,但最終目的乃在於國民可以自立,因而社會政策的制度設計除了提供現金等經濟資源的協助外,也會透過教育、就業等方案,協助國民進入勞動市場自立。

申論題　Essay Question

三、社會政策的制訂可能受到各種因素之影響。試說明影響社會政策的因素為何?並就各種類型影響因素舉例說明之。

（113年第一次專技社工師）

考點分析

本題考題命題意旨明確,且曾在歷屆試題多次命題,考前詳讀編者著《社會政策與社會立法》第3章「社會政策的制定理論與決策模式」章節榜首提點中的提醒者,應答毫無懸念。

【解析】

影響社會政策制定之因素,可分為水平面向、垂直面向等因素,併同舉例說明如下:

一 水平面向的分類

1. 情境因素：指的是一種偶發、非永久或特殊性的情況或事故對政策制定造成了影響，這些事件可能會持續一段時間。例如：在Covid-19期間制定的對弱勢紓困政策

2. 結構因素：指的是社會或政體中相對較不會改變的要素。所以其屬於體系中較為長久性及持續性因素，如經濟基礎、政治制度或人口結構等，由於較具持續性，相對於情境因素來說，也較容易被預測。例如：我國社會安全政策方向，一直維持以社會保險為主，社會津貼為輔，社會救助為最後一道防線的社會安全體系。

3. 文化因素：指的是一個社群中的部分群體或是整體社群所持有的價值觀，其中包括政治性與一般文化的價值（如宗教或家庭價值）。例如：我國的文化、宗教等因素影響同婚政策的制定。

4. 環境因素：指的是存在於政治體制之外，影響體系內決策的事件、結構或價值。例如：跨國公司對第三世界國家的干預，以及國際組織對於各國政策的影響。以我國為例，國際組織對我國移工人權有被剝削的質疑，會影響我國移工政策的制定。

二 垂直面向的分類

1. 巨視層次：此層次分析的是影響社會政策較為廣泛的部分。例如：全球化、後工業社會轉型、資訊社會的來臨等。以我國為例，我國應對全球高齡化、少子女化的人力資源政策。

2. 中視層次：此層次擔任連結巨視與微視二個層次的角色，它著重在社會政策如何被制定，誰使政策進入議程以及制度環境。例如：選舉制度、政黨體系與結構、中央與地方關係、國際組織智庫等。以我國為例，不同政黨意識型態，影響對我國是否擴大移工輸入的政策立場。

3. 微視層次：此層次分析著重在社會的基本單位—個人，考量的是特定人士或關鍵行動者的影響力。例如：政治家、消費者或基層公務員的特質、價值觀等。以我國為例，社會各界對擴大引進家庭照顧移工，是否會影響本國長照體系發展之政策討論。

Chapter 3 社會政策的制定理論與決策模式

Multiple Choice Question 選擇題

1 對於社會政策過程具有影響的統合論（corporatism），下列敘述何者錯誤？　（110年第二次專技社工師）

(A)統合論是多元論與菁英論的綜合
(B)統合論認為權力並非集中在某些菁英，亦非有效分配給大眾，而是由影響力被認可的利益團體參與決策制定
(C)統合論分為國家統合論與社會統合論
(D)國家統合論重視弱勢團體的需求

答案：**D**

【解析】 選項(D)有誤。統合論可以說是多元論與菁英論的結合。本觀點認為權力並非集中在某些菁英上，但同樣的，亦非有效的分配給大眾，而是由影響力被認可的利益團體參與決策制定，並在既有共通利益中進行權力運作。

2 下列何種理論觀點認為社會政策是基於各種利益相互競逐的狀態下而制定？
（110年普考）

(A)菁英論　　　　　　　　(B)國家中心論
(C)多元論　　　　　　　　(D)權力資源理論

答案：**C**

【解析】 多元論者視決策制定係處於各種利益相互競逐的狀態下，最直接的方式是透過選民的努力來影響議會或行政官僚的決策過程，主張所有群體都有力量影響決策，沒有任何群體能夠支配決策，若經過充分考量的話，任何群體其政治偏好以及期望都會被採納。

3 有關社會政策的制定模式有理性途徑、政治途徑及漸進途徑等不同類型，其中提出漸進途徑的學者，下列何者正確？　（111年第一次專技社工師）

(A)Etzioni　　(B)Wildavsky　　(C)E. Lindblom　　(D)H. A. Simon

答案：**C**

【解析】 漸進途徑亦稱為漸進主義（incrementalism）的決策模式，是針對理性決策模式提出質疑而產生的。在理性途徑與政治途徑之中，看來似乎立場有些歧異，是否有辦法在其中進行

87

選擇題 Multiple Choice Question

媒合呢？政治學者Charles E.Lindblom便提出漸進模式，作為決策之運用。Lindblom認為政策變遷是一步一步發生的，而且是建立在一系列的協調過程。如果激烈變革，或大幅度改變現狀，將轉移權力的平衡，可能產生非預期的反效果。通常，政策決定者傾向於考量政治運作的可行性，以現狀政策為基礎，進行局部的修正，而不做大幅度的政策更動。許多的政策決策者認為，政策決定是永無休止的過程，在現行沒有夠好的政策提出之前，最好繼續一點一點的加入可能替代的新方案。

4 權力資源理論認為北歐福利國家之所以能高度發展，是因為下列何種行動者的權力較高所導致？ （111年第一次專技社工師）
(A)勞工　　　　(B)國家　　　　(C)企業　　　　(D)非營利組織

答案：**A**

【解析】權力資源理論（Power-Resource Theory）認為社會政策與福利國家的產生，基本上與工業化和現代化有關。工業化使得勞動人口增加，而工會成立與勞工運動的產生都在社會政策發展中扮演了代表勞工利益的角色。權力資源理論著重在勞動人口增加後的勞工政治力量，權力資源理論認為，工會與勞工運動的政治結盟及權力分配狀況，與他們是否能夠在政治上真正地去爭取勞工利益有關。權力資源理論認為，國家的社會政策發展特別與該國左派政黨，或社會主義政黨的政治權力強度以及政治組織力有關。政治權力資源的分配狀況可以決定社會政策的基礎方向，以及與市場經濟的關係。而在政治權力資源分配中的重要因素，包括工會的組織能力、勞工運動的能力、在國會中左派政黨與勞工運動勢力的表現狀況，以及左派政黨參與政府狀況。

5 下列何者不是社會政策制定的外在影響力？ （111年普考）
(A)國際人權公約　　　　　　　　(B)人口結構老化
(C)經濟全球化　　　　　　　　　(D)加入國際組織

社會政策的制定理論與決策模式　Chapter 3

Multiple Choice Question　選擇題

答案：**B**

【解析】選項(A)、(C)、(D)均為社會政策制定的外在影響力；選項(D)為內在影響力。

6 在推動社會政策時，會依計畫時程適時予以分析，下列針對社會政策分析的敘述，何者正確？　（111年普考）
(A) 社會福利政策重視產出，因此，對於政策執行過程不需要進行資料的整理與分析
(B) 所謂社會福利政策的影響，是指執行達成率
(C) 社會政策分析著重在執行，不需要有理論根基作為依據
(D) 績效分析是關於政策選擇與執行之後，有計畫性成果的描述與評估

答案：**D**

【解析】(1) 選項(A)有誤。社會政策執行過程中，仍需持續的進行政策過程評估，尤須透過資料之整理與分析來達成，以適時修正社會政策。
(2) 選項(B)有誤。所謂社會福利政策的影響，係指政策實施後之政策標的人口或社會經濟之相關面向之影響，而非指達成率。
(3) 選項(C)有誤。社會政策之制定、決策、執行等，有許多的政策制定理論、決策模式等供社會政策制定者加以運用，使用前述理論、模式進行社會政策分析時，將使社會政策之制定更為周延。

7 在社會政策的政策過程中，多元主義被視為重要的理論觀點，有關多元主義的敘述，下列何者錯誤？　（111年第二次專技社工師）
(A) 多元主義視國家中的決策為不同利益間競爭的產物
(B) 多元主義在真實狀況是需要透過政黨和個別政客中介（這就是所謂的代議式政府）
(C) 許多競爭並不直接或僅牽涉立法過程，還可能透過壓力團體的方式以各種方法介入
(D) 多元主義被認為最接近真正的民主，但菁英主義者則認為其提供的是一種扭曲的政治市場

選擇題 Multiple Choice Question

答案：D

【解析】(1) 多元論或譯為「多元主義」，也稱為民主多元論（democratic pluralism）。多元論者視決策制定係處於各種利益相互競逐的狀態下，最直接的方式是透過選民的努力來影響議會或行政官僚的決策過程，主張所有群體都有力量影響決策，沒有任何群體能夠支配決策，若經過充分考量的話，任何群體其政治偏好以及期望都會被採納。多元論假設有一個短期的「理念市場」（market place of ideas），在這個市場之中，有相當多數的團體及其利益，在角逐政策決定的權力或影響力，至於個人，通常透過團體的組織，以團體成員的身分參與政策決定。

(2) 菁英論是對多元論的重要批判論述之一，其認為政策決定過程並非是多元利益進行角逐，而是集中在少數菁英手中所做成之決定，特別是政治體系中有力量影響其他行動者的一群人。例如：富有的市民、企業領導者、軍事機構的領袖、財務良好的利益團體領導者，代表的是社會政策決定的有力人士，而處於社會較低階層的人，往往被視為無權力者，因此，多元論未必是最接近真正的民主（選項(D)有誤）。菁英主義批判多元論的社會政策的產出容易反映出菁英價值的觀點，甚至是菁英的偏好與喜惡，但這並不代表菁英不會替大眾著想，只是菁英會衡量對其利弊得失後，才會推行各式各樣的社會政策。而且，因為菁英的影響，使得政策的選擇變小，許多考量甚至會排除一般民眾的觀點。

8 權力資源理論是解釋社會政策發展的理論之一，權力資源理論認為下列那兩種行動者的力量會影響社會政策發展的程度？（111年第二次專技社工師）
(A)非營利組織與營利組織　　　　(B)企業家與國家官僚
(C)政治人物與公民　　　　　　　(D)勞工與資本家

答案：D

【解析】權力資源理論（Power-Resource Theory）認為社會政策與福

社會政策的制定理論與決策模式　Chapter 3

Multiple Choice Question　選擇題

利國家的產生，基本上與工業化和現代化有閱。工業化使得勞動人口增加，而工會成立與勞工運動的產生都在社會政策發展中扮演了代表勞工利益的角色。權力資源理論著重在勞動人口增加後的勞工政治力量，此理論認為，工會與勞工運動的政治結盟與權力分配狀況，與他們是否能夠在政治上真正地去爭取勞工利益有關。安德森（Goesta Esping-Andersen）在其經典之作《福利資本主義的三個世界》（*The Three Worlds of Welfare Capitalism*）中提出三種福利國家類型，如同其他新馬克思主義學者一樣，他也將解釋點放置在左派政治權力的分配狀況之上，而這正是權力資源理論的論點。權力資源理論認為，國家的社會政策發展特別與該國左派政黨，或社會主義政黨的政治權力強度以及政治組織力有關。政治權力資源的分配狀況可以決定社會政策的基礎方向，以及與市場經濟的關係。因此，勞工與資本家的力量，會影響社會政策發展的程度。

9 Howard M. Leichter指出政策制定的過程會受到各種不同層面的力量及因素所影響。下列何者不是他所提出的影響因素？　（111年地方四等）
(A)情境因素　　(B)文化因素　　(C)個體因素　　(D)環境因素

答案：**C**

【解析】Howard Leichter提出影響社會政策制定的水平面向之因素：
(1) 情境因素：指的是一種偶發、非永久或特殊性的情況或事故對政策制定造成了影響，這些事件可能會持續一段時間。例如：二次世界大戰爆發或是發生種族暴動。選項(A)屬之。
(2) 結構因素：指的是社會或政體中相對較不會改變的要素。所以其屬於體系中較為長久性及持續性因素，如經濟基礎、政治制度或人口結構等，由於較具持續性，相對於情境因素來說，也較容易被預測。例如：政府的組成是內閣制、總統制或獨裁政權。
(3) 文化因素：指的是一個社群中的部分群體或是整體社群所

選擇題 Multiple Choice Question

持有的價值觀，其中包括政治性與一般文化的價值（如宗教或家庭價值）。選項(B)屬之。

(4) 環境因素：指的是存在於政治體制之外，影響體系內決策的事件、結構或價值。例如：跨國公司對第三世界國家的干預，以及國際組織對於各國政策的影響。選項(D)屬之。

10 主張社會政策制定處於各種利益相互競逐的狀態下，最直接的方式是透過選民影響議會或行政官僚之決策過程，此一論述為何種政策理論觀點？

（111年地方四等）

(A)統合論　　(B)菁英論　　(C)國家中心論　　(D)多元論

答案：**D**

【解析】多元論（Pluralism）：

(1) 多元論者視決策制定係處於各種利益相互競逐的狀態下，最直接的方式是透過選民的努力來影響議會或行政官僚的決策過程，主張所有群體都有力量影響決策，沒有任何群體能夠支配決策，若經過充分考量的話，任何群體其政治偏好以及期望都會被採納。

(2) 多元論假設有一個短期的「理念市場」（market place ofideas），在這個市場之中，有相當多數的團體及其利益，在角逐政策決定的權力或影響力，至於個人，通常透過團體的組織，以團體成員的身分參與政策決定。

(3) 基本假設為所有的聲音都會被聽到，權力是廣泛的擴散，而非集中。例如：健康照護的改革，醫師、醫院、企業、勞工工會、健康改革倡導者、消費者都有機會加入討論，同時每個人對於健康照顧問題的解決都有一些意見。

11 關於社會政策制定統合論與國家中心論之敘述，下列何者錯誤？

（111年地方四等）

(A) 統合論又可分為國家統合論及社會統合論，其中國家統合論是較威權且反自由的

(B) 國家中心論認為國家本身就是行動者，擁有國家自主性

社會政策的制定理論與決策模式　Chapter 3

Multiple Choice Question　選擇題

(C)統合論是多元論與菁英論的混合,由影響力被認可的利益團體參與決策制定

(D)國家中心論否認行政人員在政策過程中的影響力

答案:**D**

【解析】 選項(D)有誤。國家中心主義的觀點認為,政府不必然是受到外部因素所擺布,國家本身就是行動者,擁有國家自主性,有其獨立的目標需要實現,因此許多公務員在社會政策發展過程中,其貢獻與重要性大過於利益團體或是政黨,因為即使政務官或立法委員掌握了重要政策的制定,但這些政策大部分早先經過行政官僚的規劃與設計。

12 西方福利國家文獻常提及組織化的勞工團體、企業團體與國家的三方協商體系,往往是社會政策制定的基礎。係屬下列何種理論觀點?

（112年第一次專技社工師）

(A)多元主義　　(B)菁英主義　　(C)統合主義　　(D)國家中心主義

答案:**C**

【解析】 統合論（Corporatism）可以說是多元論與菁英論的結合。本觀點認為權力並非集中在某些菁英上,但同樣的,亦非有效的分配給大眾,而是由影響力被認可的利益團體參與決策制定,並在既有共通利益中進行權力運作。題意所述勞工團體、企業團體與國家的三方協商體系,即為由影響力被認可的利益團體參與決策制定。

13 有關社會政策擴散理論的敘述,下列何者錯誤?

（112年第一次專技社工師）

(A) 擴散方式可能是垂直擴散
(B) 擴散方式可以是空間擴散
(C) 可以對最先提出該政策作法之國家,解釋其政策形成
(D) 未能說明在政策學習的情況下,為何又出現政策差異

選擇題 Multiple Choice Question

答案：**C**

【解析】擴散理論認為社會政策是國家間相互學習的結果，即認為當國家面對社會變遷或社會需求時，採取向其他國家進行政策學習，參酌其他國家的作法後採行社會政策。擴散理論的確能檢證國家間在社會政策上的政策學習實況，但這個理論仍受一些質疑：

(1) 無法對最先提出原始政策作法之國家的社會政策提供解釋。選項(C)有誤。
(2) 即使存在政策學習的實況，但忽略了國家提出政策的內部因素。
(3) 也未能說明在政策學習的情況下，為何又出現政策差異。
(4) 政策學習或擴散傳播的時間點與社會發展、政策出現三個時間點的關係並沒有規律，亦未能對比進行解釋。

14 國際組織對各國政策的干預，在學者Howard M. Leichter的主張，屬於下列何種影響政策制定因素？　　　　　　　　　　（112年第一次專技社工師）
(A)環境因素　　　(B)情境因素　　　(C)文化因素　　　(D)結構因素

答案：**A**

【解析】Howard Leichter提出影響社會政策制定之水平面向因素：

(1) 情境因素：指的是一種偶發、非永久或特殊性的情況或事故對政策制定造成了影響，這些事件可能會持續一段時間。例如：二次世界大戰爆發或是發生種族暴動。
(2) 結構因素：指的是社會或政體中相對較不會改變的要素。所以其屬於體系中較為長久性及持續性因素，如經濟基礎、政治制度或人口結構等，由於較具持續性，相對於情境因素來說，也較容易被預測。例如：政府的組成是內閣制、總統制或獨裁政權。
(3) 文化因素：指的是一個社群中的部分群體或是整體社群所持有的價值觀，其中包括政治性與一般文化的價值（如宗教或家庭價值）。
(4) 環境因素：指的是存在於政治體制之外，影響體系內決策

社會政策的制定理論與決策模式　Chapter 3

Multiple Choice Question　選擇題

的事件、結構或價值。例如：跨國公司對第三世界國家的干預，以及國際組織對於各國政策的影響。題意所述屬之。

15 有關公共選擇的論述，下列何者錯誤？　（112年第一次專技社工師）
(A) 該論點之特色是加入經濟層面的討論
(B) 公共部門行動者和投票者之間，其目的是一致的
(C) 政治行動者容易將個人利益和政治活動混為一談
(D) 政治人物與官僚所關心的是如何贏得選舉，擴展他們的權力

答案：**B**

【解析】公共選擇理論的解釋認為，政治人物所關心的是，如何贏得選舉，以擴展他們的權力？相對的，投票者經常關心的是，社會政策如何影響他們？有什麼新的利益？原利益能否繼續保留。這種公共部門與投票者之間，其目的各有不同的見解。選項(B)有誤。

16 主張政策只對國民不會做、不能做的部分進行，以維持與培養國民解決問題的能力，此為下列何種政策規劃原則？　（112年第一次專技社工師）
(A) 國民自主原則　　　　　　　(B) 分配原則
(C) 緊急原則　　　　　　　　　(D) 公正原則

答案：**A**

【解析】(1)「公共政策」的規劃原則：
(2) 公正原則（the principle of impalliality）：政策規劃要針對問題的解決使相關人或團體受益，不可偏頗、偏私，尤其不可為了某些人的利益而使特定人受到不利，或犧牲某些人的利益，以成就另外一些人，此便是公正原則。
(3) 個人是最終受益者原則（the principle of individuality）：政策規劃忌大而無當，要實際且真正落實在國民身上，國民真正經由政策而受益，是謂個人最終受益原則。
(4) 弱勢者最大受益原則（the maximin principle of minmun）：政策規劃將使社會上處於弱勢地位之人口群

95

選擇題 Multiple Choice Question

　　或團體，獲得最優先的考慮與最大的利益，亦即政策規劃要先注意到社會基層人民而非社會的頂端人士。
(5) 分配原則（the distributive principle）：政策規劃在受益者人口的數目上要考慮廣泛程度，即政策要能廣布一般人而非少數人。
(6) 連續原則（the principle of continuity）：政策規劃要有連續性，政策的變遷需先建立制度轉換的程序，與過去政策不連結的政策不會有實質上的價值。
(7) 國民自主原則（the principle of autonomy）：政策只對國民不會做、不能做的部分進行，以維持與培養國民解決問題的自主能力，同時亦避免政府的獨裁。題意所述屬之。
(8) 緊急原則（the principle of urgency）：即政策規劃要注重時效性，已形成問題的議題由於具有實質上的壓力，故不立即從事政策規劃問題將日益嚴重，此即緊急原則。

17 Levin指出在社會福利的治理中，政府一直扮演著重要的角色，政府為了達成其政策目標，通常會使用一些機制，下列何者錯誤？

（112年第一次專技社工師）

(A)立法　　　(B)公共支出　　　(C)組織建構　　　(D)社會凝聚

答案：**D**

【解析】Levin指出政府為達成其政策，通常所使用的機制有四種：
(1) 立法（Legislative measure）：指政府透過民意機關完成法律制定，並藉以限制或賦予人民的某些權利與活動，以提高人民的生活品質與獲得福利滿足。如勞動基本法、兒童與少年性剝削防制條例。選項(A)屬之。
(2) 公共支出（Public expenditure）：指政府透過給付，直接提供現金、實務或服務予人民，以滿足其需求。如社會救助。選項(B)屬之。
(3) 組織建構（Organizational structuring）：指法律要求政府設置某些組織及負擔某些公共責任與職權。如性侵害防治組織、家庭暴力防治中心。選項(C)屬之。

社會政策的制定理論與決策模式　Chapter 3

Multiple Choice Question　選擇題

(4) 經營活動（Management activities）：指政府在法律架構中，以各種不同的方法將既有的政府活動，用不同的形式或方案，不斷地提升、修改使之更有效率。如行政指導、評鑑等行政方法。

18 下列那一種社會政策制定模式是強調以現有的政策為基礎，進行小幅度的調整，以降低衝突與爭議？　　　　　　　　　（112年第二次專技社工師）
(A)漸進途徑　　　(B)理性途徑　　　(C)菁英途徑　　　(D)多元途徑

答案：**A**

【解析】漸進途徑亦稱為漸進主義（incrementalism）的決策模式。Lindblom認為政策變遷是一步一步發生的，而且是建立在一系列的協調過程。如果激烈變革，或大幅度改變現狀，將轉移權力的平衡，可能產生非預期的反效果。通常，政策決定者傾向於考量政治運作的可行性，以現狀政策為基礎，進行局部的修正，而不做大幅度的政策更動。許多的政策決策者認為，政策決定是永無休止的過程，在現行沒有夠好的政策提出之前，最好繼續一點一點的加入可能替代的新方案。

19 隨著後工業社會的出現，出現了許多新型態的社會風險，下列何種較不屬於新社會風險？　　　　　　　　　（112年第二次專技社工師）
(A)退休　　　　　　　　　　(B)工作－家庭生活衝突
(C)工作機會全球移動　　　　(D)非典型就業

答案：**A**

【解析】在舊風險與新風險的比較上，包括：1.在所得與經濟安全方面：舊風險是在階級、年齡、性別等不同人口群間存在著不平等分配關係，如勞工階級、中高齡者、女性的風險機率較高；在新風險中，風險機率與階級間的關係較不顯著，如高階經理人同樣易於被裁員，青年、男性的失業率甚至更高。即風險社會中風險分配的跨階級、跨階層特性、甚至個人化的特性。2.在風險與政策間的關係方面：舊風險因擴散及作用的時間較長，其範圍有限且集中於特定人口對象，政府往

選擇題 Multiple Choice Question

往可有若干的政策因應與作為；在新風險中，因風險作用的擴散較快及人口對象分歧，政府往往無法及時採取政策因應。3.在風險來源方面：舊風險較集中於國內的經濟現象，係在政治治權範圍所及之內，政府得以藉由政策因應；在新風險中，因風險來源包括來自國境外的政治經濟作用，進而作用在人口、家庭及文化結構上，往往超過政府治權所及的範圍，政府無法採取合宜的政策因應。4.在政策目的方面：政府對舊風險的政策思維仍是社會改革的、效率的，即追求更多的平等與社會進步；而政府對新風險的政策思維則是避禍的，因著風險避免的集體性合作與干預。選項(A)有誤，退休較不屬於新型態的社會風險。

20 強調公共政策的決策過程是永無終止，主張將現有政策持續小幅調整改革，是指下例那一模式？ （112年地方四等）
(A)領導者模式
(B)公民參與模式
(C)菁英主義模式
(D)漸進模式

答案：**D**

【解析】政治學者Charles E. Lindblom便提出漸進模式，作為決策之運用，亦稱為漸進主義（incrementalism）的決策模式。Lindblom認為政策變遷是一步一步發生的，而且是建立在一系列的協調過程。如果激烈變革，或大幅度改變現狀，將轉移權力的平衡，可能產生非預期的反效果。通常，政策決定者傾向於考量政治運作的可行性，以現狀政策為基礎，進行局部的修正，而不作大幅度的政策更動。許多的政策決策者認為，政策決定是永無休止的過程，在現行沒有夠好的政策提出之前，最好繼續一點一點的加入可能替代的新方案。

21 有關多元主義和公共選擇的敘述，下列何者錯誤？
（113年第二次專技社工師）
(A)多元主義假設有一個短期的「理念市場」，在這個市場之下，有相當多數的團體及其利益，角逐政策決定的權力或影響力
(B)多元主義主張有些團體的權力超越其他團體，但其基本的假設是所有聲音

選擇題

Multiple Choice Question

　都會被聽見
(C)公共選擇的主張不同於多元主義，它加入經濟層面的討論
(D)公共選擇認為政治人物與投票者通常有相同的目的認知

答案：**D**

【解析】公共選擇不同於多元論之處，是它加入了經濟層面的討論。公共選擇觀點認為，傳統的經濟學家認為市場是在追求私人利益，公共選擇理論是將這些觀點運用於政治的競技場，認為政治的所有行動者，包括候選人、投票者、納稅者、立法者、政府、官僚、政黨、利益團體、商人，似乎都將他們的個人利益與政治活動混為一談，其實他們的利益是必須分開討論的。公共選擇理論的解釋認為，政治人物所關心的是，如何贏得選舉，以擴展他們的權力？相對的，投票者經常關心的是，社會政策如何影響他們？有什麼新的利益？原利益能否繼續保留？選項(D)有誤。

Chapter 4 福利國家發展理論與模型

關鍵焦點

1. 去商品化之概念為基礎考點。
2. Esping-Andersen 的福利資本主義的三個世界、Timuss 的社會福利分工、福利國家的三個模型，是重要考點。
3. 測驗題除從上述內容延伸命題外，福利國家的發展理論，亦是命題要點。

申論題 Essay Question

一、「去商品化」（de-commodification）是測量福利體系的重要指標之一，請說明其意義為何？並以我國現行社會福利中任一措施為例，分析其去商品化的程度為何？ （108年普考）

考點分析

「去商品化」係相當簡單的概念，在討論福利國家的模型時，經常被提出來討論。而論述去商品化的社會福利措施，最佳案例就是全民健保政策。

【解析】

◆ 「去商品化」之意義

1. 所謂商品化（commodification）指的是可以標定價格以進行市場買賣的關係，而去商品化（de-commodification）則是將社會關係

從市場中抽離，而在一種非經濟的標準上予以重建，服務的供給是基於權利，個人的生活不需依靠市場，而能維持其生活，不強調由市場競爭來決定福利分配。

2. Esping-Andersen提出商品化的三個指標，包括：**(1)**人民接近給付的程序：指資格要件與權利賦予的限度；**(2)**所得替代率：指給付的水平是否維持人民常態的生活水準；**(3)**權利賦予的範圍：指國家提供哪些社會權的保障，以對抗社會風險，例如失業、殘障、疾病、老年等。

◆ 二、我國現行社會福利中任一措施去商品化程度之分析：以全民健保為例

1. 醫療近用權的提升：世界衛生組織早在1978年的〈阿瑪阿塔宣言〉（Alma-Ata Declaration）中就提到：健康是一項基本人權。健康照護的服務不應該過度地商品化，若健康照護服務成為在市場中完全自由競爭的商品，就會讓健康不平等的現象加劇；社會中較為弱勢的族群因買不起、買不到或取得不易等因素，而無法獲得或難以獲得健康照護服務，進而更加拉大健康差異。因此，現代化國家多以將基本健康照護服務「去商品化」的方式制定健康政策，而我國的全民健保，也就是將醫療去商品化，減輕民眾於就醫上的經濟障礙，將民眾去階層化的一項公共政策。由於我國的全民健保採取普遍性強制納保，使得保險的風險分攤效果達到最大，提升了弱勢群體的「醫療近用權」（access to medical resources），去商品化程度高。

2. 保費繳納具有所得重分配效果：全民健保針對保險對象分為六大類，採均等費率，每一類保險對象依照其經濟能力之不同，被保險人各有不同的負擔比例，而政府的補助比例亦因保險對象之不同而有所差別；另對於特別弱勢者，例如：低收入戶、重度身心障礙者，則全額給予保費補助。不同經濟條件的保險對象繳納不同的保費，具有一定程度的所得重分配功能，因此全民健保具有去商品化的效果。

3. 均等的醫療給付：雖然不同的保險對象因經濟能力繳交不同的保費，但在提供醫療服務時，並不會因為所繳交的保費較高，而獲得特別的或較高等的醫療服務；反之，保險對象亦不會因為所繳交的保費極微，或係全額由政府補助保費的弱勢者而不同，其所獲得的醫療給付亦與繳交較多保費者是同等的。醫療給付權利的賦予，係因保險對象符合全民健保的納保資格，即可獲得社會權的保障，不因身分別而有所差異，全民健保具有高度的去商品化特色。

申論題 Essay Question

二、社會政策學者Richard Titmuss提出，個人需求的滿足可以透過社會福利（social welfare）、財稅福利（fiscal welfare）與職業福利（occupational welfare）。請試述何謂社會福利？何謂財稅福利？何謂職業福利？並請詳細說明我國目前育有幼兒的家庭，可以獲得那些社會福利、財稅福利與職業福利的支持？

（111年高考）

考點分析

Richard Titmuss提出之福利的社會分工，包括：社會福利、財稅福利、職業福利，向來即是金榜考點，編者於所著《社會政策與社會立法》（考用出版）之第4章「福利國家發展與理論模型」章節中，即已於榜首提點中提醒考生。相關觀念清楚，即可加以運用於實務案例。

【解析】

茲將Richard Titmuss提出之福利的社會分工（社會福利、財稅福利、職業福利）之意涵，併同我國目前育有幼兒的家庭，可獲得之社會福利、財稅福利與職業福利的支持，綜整說明如下：

一 社會福利（social welfare）

1. 意涵：社會福利是指透過中央政府支付的「社會福利」支出，包括直接的行政服務、移轉支出，以及各種以「社會服務」為科目的國庫支出，以及地方政府的住宅計畫。更明確地說，應該說是「福利的公共體系」（public system of welfare）或「公共福利」之福利。

2. 我國育有幼兒的家庭可獲得之社會福利：我國少子女化對策計畫中，加速擴大公共化教保服務量，增加布建社區公共托育家園、公設民營托嬰中心及機關（構）員工子女托育設施；並持續擴大2歲至6歲（未滿）公共化教保服務量；及以準公共機制補充平價教保，與符合一定條件的居家式托育（保母）、私立托嬰中心及私立幼兒園合作，由政府與家長共同分攤費用，加速提供平價教保服務；另輔以育兒津貼，對於0歲至5歲未接受公共化或準公共教保服務，且符合申領資格者，提供育兒津貼作為減輕家長育兒負擔的輔助社會福利措施。此外，新婚及育有未成年子女者得優先承租社會住宅、優先享有住宅補貼等社會福利。

二 財稅福利（fiscal welfare）

1. 意涵：財稅福利指的是所得稅中所含括、附帶存在具有津貼與救助效果的項目。Titmuss指出，其範圍是指凡透過中央和地方稅制所提供的救助、扣減，並包括社會保險中政府所負擔的保費。政府為減輕對需求者的福利責任與負擔，政府對免稅家庭提供免稅的優惠，就像是現金給付的效果。其減稅、免稅或扣減的範圍項目繁多，包括對老年儲蓄、人壽保險、退休年金、慈善捐款，以及扶養老人、身心障礙者的特別減免等。

2. 我國育有幼兒的家庭可獲得之財稅福利：依據《所得稅法》之「幼兒學前特別扣除額」，符合適用稅率或基本所得額之家庭，可享有幼兒學前特別扣除額之稅制優惠。

職業福利（occupational welfare）

1. 意涵：是指由企業因職業身分、成就與工作紀錄，由雇主以社會安全形式提供的職工之現金給付或實物給付。其項目繁多，例如：年金、健康與福利服務、學童學費補助、職工托兒所等。
2. 我國育有幼兒的家庭可獲得之職業福利：部分雇主提供員工友善育兒之職場環境，於企業設置托育教保機構，以提供職工托兒；另企業依性別平等工作法，設置職場哺（集）乳室等，以支持企業職工之補哺乳需求。

選擇題 Multiple Choice Question

1 有關俾斯麥模式與貝佛里奇模式之比較，下列何者錯誤？
（110年第一次專技社工師）
(A)俾斯麥模式財源主要來自稅收，貝佛里奇模式財源主要來自保險費
(B)俾斯麥模式以社會保險為基礎，福利資格的取得依據過去的繳費紀錄
(C)貝佛里奇模式以全體國民為對象
(D)俾斯麥模式之給付為所得相關，貝佛里奇模式之給付為均一費率

答案：**A**

【解析】 選項(A)有誤。俾斯麥模式財源主要來自保費，貝佛里奇模式財源主要來自稅收。

2 關於「社會資本」的敘述，下列何者錯誤？ （110年第一次專技社工師）
(A)社會資本的特性包括網絡、規範、信任等
(B)強調政黨與社區緊密結合
(C)社會資本是提升民主、地方網絡及支持體系的重要資源
(D)社會資本也有助提升物質和人力資本投資的效益

答案：**B**

【解析】 選項(B)有誤，並非是政黨與社區的緊密結合。Putnam將社會資本定義為「能夠藉由促進協調的行動來改善社會效率之社會組織的特性，例如：規範、信任和網絡」，他將社會資本視為一種公共財（社會和經濟活動的副產品），且其本質也是為了大眾的福祉，也認為好的治理與公民承諾有密切關係，社區內的社會凝聚力端視社會網絡、規範和信任而定，這些構成要素對社區生活品質的改善和社區發展是必要的。顯然，在社區的脈絡裡，透過社會資本與社會和文化活動的連結，其所產生的效應對社區福祉與生活品質會有一定程度的影響。

3 關於「網絡式治理」的敘述，下列何者正確？ （110年第一次專技社工師）
(A) 根據傳統福利國家形象，由龐大科層機構，經過一長串指揮系統和正式規章程序來輸送服務
(B) 在此體系中，責信建立在監督行政與財務責任是否妥善執行的基礎上

Chapter 4 福利國家發展理論與模型

Multiple Choice Question 選擇題

(C)此模式被質疑的是，幾乎不必為實際輸送的服務本身負責
(D)此模式強調專業人員對同儕負責的理念

答案：**D**

【解析】(1) 選項(A)有誤。網絡治理並非根據傳統福利國家形象，由龐大科層機構經過一長串指揮系統和正式規章程序來輸送服務。網絡治理是由許多參與者組成，例如：中央政府、州（省）政府、地方政府、政治與社會的團體、壓力與利益團體、社會組織、私人與企業組織等共同治理。

(2) 選項(B)有誤。網絡治理的責信，注重在利害關係者與國家機關各部門之間，建立的互動模式，對關心的議題進行溝通與協商，使得參與者的政策偏好被滿足或是政策訴求獲得重視，以增進彼此的政策利益。

(3) 選項(C)有誤。在網絡治理的概念下，一方面，行政部門在政策形成過程中，不再能夠單獨壟斷實現公益的目標，而必須和其他部門（包括私部門和第三部門）分享政策制定的權力，共同商議解決政策問題的方案；另一方面，公共資源也不再是完全由行政部門所獨占，甚至行政部門可透過契約外包和捐贈等管道，將自身所擁有的資源移轉給非政府組織，由這些組織填補因政府失靈所產生的不可治理危機，形成共同的治理的網絡型態。網絡治理重視市場機制，但仍相對肯定政府與行政官僚的重要性，認為在政府在政策網絡中，固然不能扮演一個操控角色，但在網絡互動的過程中，提供網絡參與者集體行動的平台，承擔協調責任與資源主要提供者，具有支配性影響力的關鍵地位。

4 有關福利國家的萌芽與成長的理論觀點中，下列何者屬於工業主義觀點？
（110年第二次專技社工師）

(A)政治與經濟存在資本累積與合法性關係，社會福利成為不得不選擇
(B)受到馬克思主義階級衝突與權力分配分析之影響
(C)著重於帝國主義對第三世界國家的影響，將福利國家制度擴散到發展中國家

選擇題　Multiple Choice Question

(D)回應現代化過程產生社會變遷的驅力所形成，以因應社會功能性的需求

答案：D

【解析】(1) 選項(A)為新馬克思的資本主義國家論觀點。
　　　　(2) 選項(B)為民主政治模型之「社會民主模式」觀點。
　　　　(3) 選項(C)為擴散模型觀點。

5. 有關Esping-Andersen福利國家體制之比較，下列何者錯誤？
（110年第二次專技社工師）
(A)自由主義運作原則為選擇性，社會民主體制為普及性
(B)自由主義給付結構為比例制，社會民主體制為資產調查
(C)自由主義與社會民主體制最大的區別在「去商品化」效果
(D)自由主義之目的在於紓解貧窮，社會民主在於再分配與均富

答案：B

【解析】選項(B)有誤。自由主義係以以資產調查的社會救助、適度的普及移轉性方案，或適度的社會保險為主。福利國家的受益者是低收入者，通常是勞工階級，以及國家依賴者，如兒童、身障、老人等。社會民主體制福利體制主張普及主義（universalism）與去商品化的社會權擴及新中產階級。

6. 財稅福利係指政府透過稅賦的減免，以鼓勵國民投入資源於社會福利領域，下列何者並非屬於財稅福利的範圍？　（111年第二次專技社工師）
(A)身心障礙特別扣除額　　　　(B)納稅義務人免稅額
(C)撫養親屬寬減額　　　　　　(D)幼童學前特別扣除額

答案：B

【解析】財稅福利指的是所得稅中所包括、附帶存在具有津貼與救助效果的項目。Titmuss指出，其範圍是指凡透過中央和地方稅制所提供的救助、扣減，並包括社會保險中政府所負擔的保費。政府為減輕對需求者的福利責任與負擔，政府對免稅家庭提供免稅的優惠，就像是現金給付的效果。其減稅、免稅或扣減的範圍項目繁多，包括對老年儲蓄、人壽保險、退休年金、慈善捐款，以及扶養老人、身心障礙者的特別減免

等。選項(A)、(C)、(D)均是對於特定對象之稅賦減免，屬於財稅福利；選項(B)為全體納稅義務人均適用，非屬財稅福利。

7 不強調非正式部門（家庭）作為福利供給的角色，而強調將女性解放於勞動市場，屬於下列何種福利國家體制？　　（112年第一次專技社工師）
(A)社會民主福利國家體制　　(B)保守主義福利國家體制
(C)南歐福利國家體制　　　　(D)東亞福利國家體制

答案：**A**

【解析】社會民主體制與組合主義的福利國家不同，主張解放組合主義強調市場與傳統家庭的理念。主動將家庭成本社會化，國家直接介入照顧兒童、老人、無助者，而不是強調家庭在照顧依賴者的責任。據此，國家不但是接受一個較重的社會服務負擔，而且允許女性選擇工作而走出家庭。

8 東亞生產型福利國家體制最重要的特色為何？　（112年第一次專技社工師）
(A)高度去商品化　　　　　　(B)強調普及式社會政策
(C)福利資格是立基於公民資格　(D)社會政策從屬於經濟發展

答案：**D**

【解析】東亞「生產型福利國家」的概念首先由Holliday提出，肯定東亞福利體制的特殊性。他對於東亞的分析中，除了Esping-Andersen去商品化程度、階層化效果，以及政治經濟的三個概念之外，主張東亞係屬於生產型的福利體制。東亞國家雖有社會政策的提供，但是社會政策多集中在教育、健康等「生產型」的福利項目上。所謂「生產型福利國家」，是指社會政策服膺於經濟政策，提供社會政策的目的在於輔助經濟發展。

9 當代東亞福利國家常被稱為生產性福利體制，其最大的特色為何？
　　　　　　　　　　　　　　　　　　　（112年第二次專技社工師）
(A)促進重分配以達成社會平等
(B)強調濟貧，以維持市場運作

選擇題　Multiple Choice Question

(C)社會政策是從屬於總體經濟發展目標底下
(D)強調所得維持，以維持既有的地位

答案：C

【解析】「生產型福利國家」的概念首先由Holliday提出，肯定東亞福利體制的特殊性。他對於東亞的分析中，除了Esping-Andersen去商品化程度、階層化效果，以及政治經濟的三個概念之外，主張東亞係屬於生產型的福利體制。東亞國家雖有社會政策的提供，但是社會政策多集中在教育、健康等「生產型」的福利項目上。所謂「生產型福利國家」，是指社會政策服膺於經濟政策，提供社會政策的目的在於輔助經濟發展。

10 強調福利國家是因應工業化社會的需要而形成的學者，下列何者正確？

（112年第二次專技社工師）

(A)密須拉（R. Mishra）　　　　(B)布里格斯（A. Briggs）
(C)威連斯基（H. L. Wilensky）　(D)古丁（R. E. Goodin）

答案：C

【解析】Wilensky對於福利國家的萌芽與成長，提出工業主義觀點（industrialism），強調福利國家是理性回應工業化帶來之經濟不安全，及現代化過程產生社會變遷的驅力所形成，所以福利國家的創建可說是社會的功能性需求。Wilensky研究所採取的聚合論（convergence）（強調國家間發展相似性），或稱作工業主義邏輯（logic of industrialism）的觀點。Wilensky研究60個國家的社會安全支出後指出，經濟水準、人口結構與科層制度是影響福利國家發展並走向聚合的根本原因。

11 Gosta Esping-Andersen的《福利資本主義的三個世界》應用三個指標將福利體制分為三種，不包括下列何種指標？　（113年第二次專技社工師）

(A)去商品化　(B)階層化　(C)公私混合　(D)去政治化

Multiple Choice Question 選擇題

答案：**D**

【解析】Gosta Esping-Andersen的《福利資本主義的三個世界》研究最重要的核心概念即是去商品化的程度與階層化效果、並結合社會公民權的政治經濟過程，加上階級（政治）結盟的概念，最後將福利混合（公私混合）的概念結合，以政府、家庭、市場三個面向回應體制作為一種生活總體的概念內涵。選項(D)不屬於《福利資本主義的三個世界》應用的三個指標之一。

Chapter 5 福利國家的危機與轉型及全球化

關鍵焦點

1. 福利多元主義之意涵及福利輸送部門，申論題請完整準備。
2. 福利多元、福利混合經濟、社會福利民營化、新管理主義等，均為命題焦點。

申論題 Essay Question

一、社會福利的供給來源包括政府部門、商業部門、志願部門和非正式部門。這四個部門在福利供給上各自的優、缺點為何？又在新右派、社會民主、第三條路的意識形態之下，此四部門所分別呈現的社會福利分工樣貌為何？　　　　　　　　　　（110年地方三等）

考點分析

福利多元主義的四個福利供給部門，包括政府部門、商業部門、志願部門和非正式部門，以及社會福利意識形態，向來均是金榜考點，編者於所著《社會政策與社會立法》，考用出版，該書相關章節中，即已畫上榜首提點提醒，考生如在考前詳加準備，融會貫通，本考題將可從容應答。

【解析】

一 社會福利的供給來源的四個部門在福利供給之優、缺點

1 法定的部門／政府部門

政府部門通常基於「公正」的哲學基礎，而由稅收支應滿足多數人普遍且一致性的福利服務，較難考量個人的特殊需求。然而，在某些議題上，仍會基於保護弱勢團體的立場，而提供基於「積極差別待遇」的服務，如年金、津貼或特殊人口群的福利服務等；但此種「差別待遇」亦需依法行政，僅為一致性下的「行政裁量權」行使，本質上仍是普遍且一致性的福利，難以針對個別需求而適時的做彈性調整。此類型福利供給，因法定部門擁有公共資源及負擔公共責任，在提供服務時，著重目標達成優先於成本效率，並具有兼顧小眾市場及非效率市場的責任，是其優點；但其缺點為行政程序冗長，效率不佳。

2 商業部門

相對於政府部門，它是種基於滿足個別需求而提供「多樣化」選擇的營利服務，是種「消費者為導向」的收費機制，強調個人選擇、收費與服務間的「對價關係」及「市場機制」。此種服務的取得與否完全依賴「使用者」的消費能力而定，滿足的是少數人的「非基本需求」。因此，它是屬於「純粹」的買賣行為，或是種福利服務的提供，仍有待釐清。此類福利供給，具有多硬性、創新及彈性的優點；但其缺點為服務往往只關注於有（甚至是高）利潤的市場，同時由於是利潤導向的，有時會出現扭曲福利商品本質或品質的情況。

3 志願部門

志願部門所提供的服務是種基於「第三者付費」式的「利他」服務，其目的是滿足無法在政府與商業部門中獲得適當服務的社會弱勢團體之需求，是種以「積極的差別待遇」為導向的多樣性服務。

福利國家的危機與轉型及全球化 Chapter 5

可惜的是，因部門本身受「內部資源」不穩定性的限制，而無法持續且自主的提供個別化的服務。然而，為了克服此種不穩定性，志願部門致力於組織財務來源多元化，其中志願部門的「營利行為」是解決策略之一，但卻又引發「營利」與「非營利」哲學的爭辯，甚至是失去服務「公益」使命的挑戰。此類福利供給，因其係基於使用提供服務，對社會改革具有使命感，進而其服務具有開創性及注重服務品質；但志願服務部門常面臨財務問題，致使服務供給面臨無法永續問題。

4 非正式部門

由個人與其家庭來滿足或解決個人因生命風險所帶來的困難與問題，而社區中的鄰里、宗族或民間慈善單位（如教會與寺廟），則在畢業時予以協助。相對地，政府僅處於第二線位置，只有當家庭與民間力量不足以解決問題時，政府才會介入提供「救助性」的福利。此類服務供給，具有可近性、親近性之優點；但其缺點係無法制度化提供福利供給，且福利供給的品質良莠不齊。

◆ 新右派、社會民主、第三條路之意識型態的社會福利分工樣貌

1 新右派之意識型態的社會福利分工樣貌

新右派對福利國家帶有高度的懷疑與不信任，在意識型態上被稱為「反集體主義」（anti-collectism），認為國家過度干預市場會使得自由經濟體系受到破壞，進而傷害到個人自由，所有資本主義產生社會、經濟與政治的問題，並非市場失靈（market failure）所致，而是福利國家侵犯市場的政策所造成。因此，在社會福利分工上，新右派偏向由商業部門、非正式部門提供服務為主；此外，新右派對於法定的部門／政府部門提供福利供給，是高度排斥的，主要係新右派認為此舉會造成政府科層組織龐大，形成科層巨靈。

2 社會民主之意識型態的社會福利分工樣貌

社會民主認為福利國家可以消弭社會的不幸或匱乏。政府所採行的

普及性或是制度式的福利,成為社會民主觀點所認同的核心機制,透過所得重分配的方式,減少日漸產生的對立,並形成和諧的社會,這可以看出其對政府具備較正向的看法,並對於資產調查式的選擇性福利產生較高的懷疑。因此,在社會福利分工上,社會民主的福利供給上,是以法定的部門／政府部門的供給為優先,以政府的資源建構普及式的福利供給為主。

3 第三條路之意識型態的社會福利分工樣貌

第三條路的意識型態,是要在左派政府干預的社會主義與完全放任的自由資本主義之外,找尋第三種可能。換言之,第三條路超越左派與右派,它不同於左派的是,不鼓勵直接的經濟補助,而強調積極的人力投資;它不同於右派的是,主張國家積極干預,強調社會福利對於減少人生風險與貧窮的必要性。因此,在社會福利分工上,係以志願部門的福利供給為優先,強化政府與民間的夥伴關係,鼓勵社區參與公共事務,以及分權化。

申論題 Essay Question

二、何謂「福利國家」(welfare state)?何謂「福利國家危機」(welfare state crisis)?臺灣是否已達或是否該朝向「福利國家」的路徑邁進?請分別說明並評述之。　　(111年地方三等)

考點分析

福利國家、福利國家危機等概念,是社會政策領域的經典核心觀念,本題考提前二個提問,即可考驗考生的學科核心能力,在編者所著《社會政策與社會立法》一書中,即已在榜首提點中提醒考生詳加準備;另第三個提問則為檢驗考生對福利國家相關觀念的應用能力,考題相當具有鑑別力。

福利國家的危機與轉型及全球化　Chapter 5

【解析】

一 何謂「福利國家」（welfare state）之說明

英文的「福利國家」一詞最早出現於威廉‧天普（William Temple）在1941年所著的《公民與教徒》一書中。隨即於1942年的《貝佛里奇報告》（Beveridge）所引用。威廉斯基（Wilensky）對福利國家的定義為：「福利國家為政府保障每一個國民的最低所得、營養、健康、住宅、教育之水平，對國民來說，這是一種政治權利，而非慈善。」進一步說，福利國家意即所得再分配，以及強調給年輕人均等的機會。學者將福利國家的主要特質，歸納為四項：

1. 國家介入市場經濟。
2. 保障每一國民最基本的需求滿足。
3. 福利是一種國民的權利，亦即社會權，而非慈善。
4. 福利的提供是國家強制性、集體性與非差別性之直接滿足人民需求為主的福利。

二 「福利國家危機」（welfare state crisis）之說明

1 經濟問題

右派認為福利國家的支出成長，必然需要高的稅率，而高稅率阻礙生產性投資。由於邊際稅率愈高，富人繳的稅愈多，這對富人的投資意願不利，因為，富人賺的錢與其真正得到的稅後純益不成比例。因此，富人會選擇消費而不生產。低投資率將創造一個惡性循環。首先，投資不足導致低成長率；其次，低成長率加上國家福利支出不斷擴充，深化了通貨膨脹。

2 政府的問題

羅斯（Richard Rose）批判福利擴張導致的「大政府」必然會走向破產。對於新右派而言，大政府是一個災難。政府干預市場活動，破壞了市場的功能。政府的效率因缺乏競爭，而遠低於自由市場的效率。另政府為了增加社會福利方案，必然擴增公務員，並提高稅

收以支應社會支出，導致人事成本升高、預算赤字也升高。新右派所抨擊的是，大量的社會支出，並未相對的帶來效益。政府擴張基本上也是一種民主政治的結果，也就是「政治市場」（political market）運作整個政府的擴張。企業家希望增加利潤，政客希望增加選票，官僚希望極大化其部門。同時，反對黨以增加福利方案為政見，誘使選民支持，執政黨為了繼續執政，就不得不做適度的回應。如此社會支出不斷擴張，競爭的政黨會以短期的效益來看待選舉，任何一個社會方案一經提出就很難收回，導致政府愈大，依新右派的說法，政府效率就愈低。

3 財政問題

新右派攻擊福利國家的財政負擔過重。由於公共支出成長，而歲收不足以支應，則會採取以下措施：政府刪減公共服務支出、借貸與赤字預算，以及同時進行預算刪減與赤字預算。而由於刪減預算的可能性與速度有限，因此，為了繼續支應公共支出，則開源必不可免。開源的方式不外乎增稅，增稅的結果將使家庭與企業負擔加重，影響家庭儲蓄與消費，也阻礙企業的競爭，特別是國際競爭力。在新右派的觀點裡，社會福利支出是最不能創造國民生產總值的項目。新右派認為福利國家是奢侈的。其產生了兩種最大的赤字：政府赤字與平衡貿易赤字。福利國家被認為是無效率的使用資源。福利國家的擴大也被指責為導致工資上漲、稅率提高、雇主保險費分攤增加，因而將成本轉嫁到產品的價格，導致物價上漲，降低國際競爭力，進而產生貿易赤字。同時，政府借貸增加，必然引發利率上漲的壓力，導致投資減少、貨幣升值，進而惡化國際貿易失衡。

4 合法性危機

合法性危機主要來自於左派的批判，且結合了經濟問題、政府的問題，以及財政的問題等三項危機。如果一個國家出現的經濟危機、政府的無效能，以及財政負荷過重，必不能繼續執行人民交付的任務，也無法滿足人民的期待，人民必然起而推翻它。在民主國家

裡，就是選舉，人民所不支持的政府，自然失去合法性，而產生了合法性危機知。

5 **道德危機**

新右派指責福利國家不鼓勵儲蓄，又指責福利國家破壞倫理，亦即，政府的角色介入托兒、養老、濟貧，這些本來都是家庭應該做的事，如果政府負起這些責任，不但國家財政負荷過重，家庭也會瓦解，使得傳統家庭價值遭到破壞。福利國家不鼓勵工作，造就了「懶人國」，例如：佛利曼認為「那些依賴救濟的人很少被鼓勵去工作」。

三、臺灣是否已達或是否該朝向「福利國家」的路徑邁進之說明及評述

根據我國社會福利制度的發展，論者認為我國已朝向福利國家的路徑路徑邁進，茲綜整說明及評述如下：

1 **以社會保險為主體的福利國家發展樣態**

我國在民國四十年代，建立了勞工保險、公教人員保險與軍人保險三大社會保險體系，並在民國78年通過農民健康保險條例，以及在民國96年通過國民年金法，建構完整的社會保險體系。我國的社會保險體系，其建構的過程中，如同福利國家發展模型中的俾斯麥模型，是先以具有工作生產力者為優先的納入對象，例如：勞工，其次序擴展到不同的工作類屬，最後才是不具生產力的人口，例如：國民年金保險的無職業人口。

2 **從搖籃到墳墓的福利提供趨向**

我國的福利服務提供，從新生兒出生、人生歷程，乃至於臨終前，透過以全民健保提供各項醫療服務、長期照顧服務法，降低國民因為貧窮而無法接近醫療服務或接受照顧的機會；同時，透過社會救助體系，提供低收入戶及中低收入戶相關的補助，以維持國民最低的生活標準。此外，除了社會保險制度依照投保金額高低所獲得的保險給付外，國家透過津貼制度的設計，提供均一給付，例如：育

兒津貼、老農津貼等。

3 社會福利服務含括各不同需求類屬的人口

隨著社會問題的日趨複雜，不同的人口群，有不同的福利服務需求；且許多特殊的人口群居於弱勢，更需要政府的社會福利服務介入，以保障國民的社會權。例如：對兒少保護的兒童及少年福利與權益保障法、兒童及少年性剝削防制條例；對婦女保護的性騷擾防治法、家庭暴力防治法、性侵害犯罪防治法；以及針對弱勢人口的身心障礙者權益保障法、老人福利法、社會救助法等。福利國家的特徵之一，是照顧各種人口類屬的基本需求，我國以社會福利政策綱領為政策指導文件，使得各項社會福利制度的建制日趨完整且綿密，即為朝向福利國家的路徑特徵。

申論題　Essay Question

三、福利供給常常會涉及由政府部門或者由營利部門提供的討論，請比較兩者在福利供給時所面臨的優缺點。

（112年第一次專技社工師）

考點分析

在福利多元主義中，提供福利服務包括法定的部門／政府部門、商業部門／營利部門、志願部門、非正式部門等四個部門。本題審題時，考生必須詳加思考，本題提問中的「由營利部門」提供福利供給，並非是「志願部門／非營利組織」，亦即，並非是公辦民營型態的社會福利服務契約委外，切勿審題錯誤。

【解析】

一、政府部門在福利供給時之優缺點

1 優點

(1) 較高的服務公平性：政府部門通常基於「公正」的哲學基礎思考服務的提供，因此公部門提供福利服務，不會因付費能力之不同，而使付費能力較低者只能得到次級的服務。更進一步的經常會基於「差異原則」（difference principles），提供弱勢者積極的差別待遇。

(2) 較高的服務穩定性：由於組織架構有法源依據，經費來源有稅收支應，因此政府部門所提供的福利服務亦較為穩定，不會因為組織運作停擺或經費來源匱乏而停止服務。

(3) 一定的服務可責性：政府部門有較為周延細密的管理監督機制，因此在服務提供上較能確保一定的品質。

2 缺點

(1) 資源的浪費或假平等：針對公平性的問題，LeGrand認為，由於政府福利服務之提供經常是以全民為對象，而未能針對特定對象的特定需求提供個別性、彈性的服務，因此使福利資源未能進行最有效而合乎公平正義的分配。

(2) 政府提供服務之效率較低：LeGrand & Robinson認為，由於服務的提供導致政府必須擴大組織編制，而組織編制的擴大又因此形成龐大而無效率的科層體系，造成福利提供效率之缺乏。

(3) 福利服務執行績效不彰：政府推行的福利服務經常缺乏對於問題與福利使用者需求之回應性（unresponsiveness），此外也缺乏對於服務效能的自我檢測和自我要求。

二、營利部門在福利供給時之優缺點

1 優點

(1) 競爭有助於提高效率。

(2) 助長私人投資。公部門的支出轉移給私人自行儲蓄或投資，有助於資本形成。

(3) 服務較具彈性，吻合各種不同團體的需求。

(4) 增加消費者的選擇自由。

(5) 民間組織的技術性往往先進於政府機構。

(6) 民間提供的服務成本較低。

(7) 可以激發社區居民的參與意識。

2 缺點

(1) 就福利的供給而言，因社會服務往往與「公共利益」緊密結合在一起，如果福利供給轉由營利部門執行，許多的服務使用者（特別是弱勢族群），更將無法在市場中獲得滿足。

(2) 營利部門之福利供給，恐有加深「服務使用者階層化」的負面效應。

(3) 再就政府的「財政負擔」而言，雖然營利部門的福利供給，「商品化」市場經濟可相當程度地拆解政府應負的責任，但此舉將可能導致弱勢族群維生困難，更可能引起貧窮及社會不安，也將威脅到政府治理合法性的問題。

Chapter 5 福利國家的危機與轉型及全球化

選擇題 Multiple Choice Question

1 1990年代開始出現福利緊縮，有關福利國家緊縮的敘述，下列何者錯誤？
（110年第一次專技社工師）

(A)影響福利國家緊縮的外部因素為全球化
(B)福利給付縮減、門檻提高、限制政府支出等為福利國家緊縮的作法
(C)影響福利國家緊縮的內部因素為國內政經變化，及人口結構改變
(D)系統性福利緊縮作法：包括減稅、降低民眾對公共性社會供給的依賴、強化支持福利國家的利益團體

答案：**D**

【解析】西方民主國家1990年代開始出現福利緊縮，其福利改革最具象的特徵是展現於：降低給付水準及期間、受益資格緊縮、限制給付範圍等3種社會福利緊縮（retrenchment）策略的實施。然而不論採用何類社會福利緊縮策略，皆反映出國家在整體社會福利供給原則／意向（ethos）屬性的大轉變：社會義務（social obligation）原則勝出vs.社會權利（social right）原則式微、個人責任提高vs.公共責任（public responsibility）撤退（Dean, 2007）。選項(D)有誤。系統性福利減縮的作法，包括增稅、降低民眾對公共性社會供給的依賴，以及對於福利國家的利益團體，政府的財政不再給予強力支持，社會福利改採民營化方式。

2 將決策權由中央向地方下放，增加民眾參與感，讓服務更具品質與彈性的敘述，屬於下列何種觀點？（110年第一次專技社工師）

(A)分散化　　(B)專業化　　(C)科層化　　(D)垂直化

答案：**A**

【解析】分散化之類型，包括：(1)政治的分散化：是將政治決策權分散；(2)行政分散化：將行政裁量權分散；(3)經濟分散化：經濟決策權分散到消費者手上。將決策權由中央向地方下放，增加民眾參與感，讓服務更具品質與彈性，是分散化的觀點。

選擇題 Multiple Choice Question

3 下列何者不屬於財稅福利（fiscal welfare）的政策？

（110年第一次專技社工師）

(A)女性身分特別扣除額　　　　(B)身心障礙者特別扣除額
(C)幼兒學前特別扣除額　　　　(D)儲蓄投資特別扣除額

答案：**A**

【解析】財稅福利指的是所得稅中所含括、附帶存在具有津貼與救助效果的項目。Titmuss指出，其範圍是指凡透過中央和地方稅制所提供的救助、扣減，並包括社會保險中政府所負擔的保費。政府為減輕對需求者的福利責任與負擔，政府對免稅家庭提供免稅的優惠，就像是現金給付的效果。其減稅、免稅或扣減的範圍項目繁多，包括對老年儲蓄、人壽保險、退休年金、慈善捐款，以及扶養老人、身心障礙者的特別減免等。選項(A)不屬之。

4 社會福利輸送體制的設計，是一連串相互關聯之不同選擇的集合。Gilbert和Terrell（2014）列出幾個需要考量的向度，下列何者並非為其考量的項目？

（110年第一次專技社工師）

(A)行政集中化或分散化　　　　(B)單一的個別體系或綜合式體系
(C)不同體系間的整合或分散　　(D)成效效率或服務品質之維持

答案：**D**

【解析】Gilbert和Terrell列出之福利服務輸送體制設計需要考量的向度：

(1) 集中化或分散化：依科層體制之中央到地方的資源分配方式、授權程度，可分為「集中化」或「分散化」兩個基礎類型。選項(A)屬之。
(2) 單一服務或綜合服務：依單一服務組織所提供的服務係單純、專精或複雜、綜融的觀點區分，可分為單一服務或綜合服務兩個類型。選項(B)屬之。
(3) 合署辦公或分散設置：在服務機關的位置分布方式是否集中或分散，可分為合署辦公或分散設置兩種類型。選項

福利國家的危機與轉型及全球化　Chapter 5

Multiple Choice Question　選擇題

(C)屬之。

(4) 公辦公營或公辦民營：依直接執行服務單位之公私部門屬性的角度，可分為公辦公營與公辦民營兩種類別。

5 Gilbert和Terrell（2014）提到常見社會福利服務輸送失敗的問題，其中指服務未能達到其所應宣稱或承諾的目標或效果，屬於下列何者？

（110年第一次專技社工師）

(A)片斷（fragmentation）　　　(B)不連續（discontinuity）
(C)權責不符（unaccountability）　(D)不易接近（inaccessibility）

答案：**C**

【解析】Gilbert和Terrell指出社會福利服務輸送體系的服務輸送失敗的問題：

(1) 片斷：指若干個服務或部分並無法串聯成一個完整的服務而滿足需求。

(2) 不連續：指的是銜接的不連貫，包括不同服務間的銜接不連貫，也指服務期間的不連貫。

(3) 權責不符：指服務未能達到其所宣稱或承諾的目標或效果。題意所述屬之。

(4) 不易接近：指服務的設計排除或阻礙特定人口群體的接近與使用。

(5) 給付的結構：給付的結構是指保障的範圍（事故）與水準的組合。保障範圍指的是給付的事故方案項目與參與在方案中的人口範圍。而給付水準指的是給付數額的高低。範圍與給付水準的相乘效果，共同構成社會安全制度的規模。

6 商業部門參與提供福利服務，可以用下列那一種觀點來解釋？

（110年普考）

(A) 福利多元主義
(B) 福利集中化
(C) 國家提供人民「從搖籃到墳墓」的基本生活保障
(D) 福利服務志願化

125

選擇題 Multiple Choice Question

答案：**A**

【解析】「福利多元主義」是跟隨著混合經濟的概念而發展出來的，由姜生（Johnson）所提出。「福利多元主義」係立基於為解決福利國家的危機而產生的理論，企圖為福利國家的發展尋求另一新的契機，主張社會福利應由不同部門提供，包括政府、志願、商業和非正式部門，並藉由「分權」與「參與」策略來達成福利服務供給來源多元化的目標。

7 有關「福利科層」特色的敘述，下列何者錯誤？

（110年第二次專技社工師）

(A) 是一個照章行事的組織體系
(B) 福利服務的輸送受各種規章條例的管制
(C) 對福利國家的發展具有非常重要的地位
(D) 創造出福利民營化的思維

答案：**D**

【解析】福利國家為了不斷的擴充福利制度，分配更龐大的資源，需要建立起大型的科層體系來執行任務。因為福利科層體系龐大，在分配社會福利資源時，越需要具有統一的標準，因此不易顧及到特殊或個別的需求，也易造成社會福利資源的浪費；且福利科層體系的龐大，則不易進行溝通協調工作，不論是上下間的垂直溝通，亦或彼此間的水平溝通。選項(D)有誤，福利科層制度不具有民營化的思維。福利國家民營化其實與混合經濟或福利多元主義密不可分，意指私人部門（通常指涉營利部門）發展成為平行或替代公部門的社會福利活動。福利國家私有化包含兩個面向，一是直接由非政府部門提供給受益人，如由非營利機構、營利機構，或家庭來提供社會服務。二是由政府「增強中介機構的權利」以提供服務，例如，全部或部分由政府出資，而授權中介機構生產與輸送服務。

8 有關「新公共管理」特色的敘述，下列何者最正確？

（110年第二次專技社工師）

Chapter 5 福利國家的危機與轉型及全球化

Multiple Choice Question 選擇題

(A) 強調專業的裁量權,看重專業人員的能力
(B) 強調行政組織的效率、彈性及解除管制等理念
(C) 強調福利主義指導下的標準作業流程與規定
(D) 強調政策的輸入面,看重自上而下的執行過程

答案:**B**

【解析】(1) 選項(A)有誤。公共部門引進因管理主義,是一種對專業權力挑戰。新管理主義不同於傳統的行政科層理想,科層—專業主義(bureauprofessionalism)提出應用專家權力以追求「公共利益」(public good),因而,有關特定項目的需求和干預有其實質的知識形式。新管理主義更發展一系列公私部門的合作,使得公私部門彼此間的界線趨於模糊。亦即著重管理、績效評鑑及效率。新管理主義相當強調放棄傳統附著的做法,而尋求結合文化管理(目標和意義的創造)與績效管理,以彌補動機的差距;它強調減少督導的控制以促進整合,以及由順從(compliance)轉向承諾(commitment),其目標是要去創造一個開明的組織,其成員皆負有達成共同目標的責任及追求目標組織的雄心,而非強調專業的裁量權及看重專業人員的能力。

(2) 選項(C)有誤。新管理主義具有依照顧客的需求取向,量身訂做服務,且基於個人的選擇,可以自由地購買服務,具有彈性,與福利主義指導下的標準作業流程與規定有所不同。新管理主義在公部門的發展是因為它具有某些出現於私部門的特性,包括對「結果」、「績效」以及「成果」的關注,它給予人員、資源和方案的管理較高的優先性,以相對於行政之於活動、程序和規範。

(3) 選項(D)有誤。新管理主義抱持著一種相互承諾的合作文化,以跨越組織的價值和任務,它的任務是要去創造一種同質和共享的文化,讓所有工作者負有追求共同目標的義務。新管理主義運用準市場(quasi-markets)和契約外包(contracting out)以扶植競爭,並透過預算刪減以及一種

選擇題 Multiple Choice Question

強調輸出標的、限定項目契約、財務誘因及經營自由的管理型態，而非僅強調政策的輸入面，看重自上而下的執行過程。

9 關於「責信（accountability）」的敘述，下列何者錯誤？

（110年第二次專技社工師）

(A) 是指一套價值與制度，涉及公共服務與服務使用者之間的關係
(B) 在1970年代以前的福利國家擴張時期，責信強調專業自律
(C) 在1980與1990年代，責信的形式強調績效考核
(D) 1990年代之後的責信強調透過使用者參與策略，回歸傳統代議民主制度

答案：**D**

【解析】選項(D)有誤。1990年代之後的責信強調透過使用者參與策略，消費者主義與強調使用者參與之意識高漲，以及新管理主義之興起，福利國家朝向直接面對顧客建立責信與品質保證之趨勢。

10 關於「網絡式治理」的敘述，下列何者錯誤？ （110年第二次專技社工師）

(A) 此治理模式帶動了福利購買者與福利供給者的分離原則
(B) 其責信是經由網絡中各行動者之間的影響和相互關係而運作
(C) 此模式強調跨傳統行業及組織界線工作以達到政策結果
(D) 使模式受質疑之處在於網絡關係複雜造成透明度不足，以致很難讓行動者負責

答案：**A**

【解析】責信與治理：

(1) 階層式治理（governance through hierarchy）：這是根據傳統福利國家形象，由龐大的官僚機構，經過一長串指揮系統和正式規章程序來輸送服務。在此體系中，責信建立在監督行政與財務責任是否妥善執行的基礎上。但它引起的質疑是，幾乎不必為實際輸送的服務本身負責。

(2) 市場式治理（governance through market）：這是1980、1990年代興起的主流治理模式，曾帶動一系列基於購買者

福利國家的危機與轉型及全球化 Chapter 5

Multiple Choice Question 選擇題

與供應者分離原則並透過契約來輸送服務的改革所述應對消費者負責的想法在這段時期變得更強烈，利用排行榜、監察及績效稽核等辦法，責成經理人對組織績效負責。此處的質疑是，很難將公共服務視為個人財產，而非集體財。這個模式不重視提供社區及全體人民有效的結果。

(3) 網絡式治理（governance through network）：此處責信是經由網絡中各個行動者之間的影響與相互關係來運作（選項(A)有誤）。這個模式支持專業人員對同儕負責的理念，但隨著夥伴工作的發展，以及逐漸強調跨傳統行業及組織界線工作以達到政策結果，而變得更加重要。這個模式遭到的質疑是，網絡是分散和複雜的，有許多縱橫交錯的從屬關係。從中出現的關係錯綜複雜，造成透明度不足，使政府、服務使用者或公民很難讓行動者負責。

11 有關福利多元主義的涵義，下列何者錯誤？（110年第二次專技社工師）
(A) Norman Johnson為系統性討論福利多元主義的重要學者之一
(B) 福利多元主義的思想理論，包括去中心化、決策參與及反科層等價值主題
(C) 就服務輸送與提供，政府不應為唯一來源
(D) 商業部門的福利並不屬於福利多元主義所提供的福利供給單位

答案：**D**

【解析】選項(D)有誤。依姜生（Johnson）的說法，福利多元主義是社會與保健服務，可從四個不同的部門得到：1.法定的部門；2.志願部門；3.商業部門；4.非正式部門。亦即，國家的福利角色較不具有主控性，不再是唯一集體提供福利服務的工具。

12 學者Esping-Andersen指出，現代民主國家的主要任務在處理風險問題，19世紀工業化以來的社會風險，不包括下列何者？
（111年第一次專技社工師）
(A) 制度風險（institutional risks）
(B) 階級風險（class risks）
(C) 代間風險（intergenerational risks）

129

選擇題 Multiple Choice Question

(D)生命週期風險（life-course risks）

答案：**A**

【解析】Esping-Andersen指出，戰後福利國家主要目的為協助他們因應當時的風險結構，包括三種向度：

(1) 階級風險（class risks）：社會風險不平等地分布於不同社會階級，高風險階級的風險難以透過市場體系獲得充足、可負擔的保障，再加上家庭成員風險往往相似，家庭亦無法有效提供保障，因而福利國家最大的成就在於將工人階級納入社會公民，透過普及式、目標式或組合主義式的策略，或多或少削減階級的鴻溝。選項(B)屬之。

(2) 生命週期風險（lifecourse risks）：社會風險不平等地分布於不同生命階段，兒童家庭及老年階段風險最高，福利國家政策回應為家庭津貼與年金。此外，福利國家假定「一般生產工人」都會經歷著線性、標準化的生命週期——即16歲以前為求學階段、之後40/45年穩定就業階段、65歲退休，失業是少數且短暫。選項(D)屬之。

(3) 代間風險（intergeneration risks）：不平等處境可能接續著影響下一代，雖是起源於家庭，但市場往往強化此不平等，因而代間風險需由福利國家積極介入以再分配生活機會，如義務教育的提供。此外，福利國家強調成長與繁榮，雖無法廢除工作階級，但可使其擁抱中產階級生活型態，使後代獲得白領工作機會。選項(C)屬之。

13 福利混合經濟強調福利應該由不同的部門來提供，下列那個部門主要目標為營利？ （111年第一次專技社工師）

(A)國家　　　　(B)市場　　　　(C)家庭　　　　(D)非營利組織

答案：**B**

【解析】「福利混合經濟」雖仍主張政府與民間部門應同時介入福利服務的供給，包括直接的財務提供與間接的轉移性支付，但更著重多元福利體系間的連結、互動與平衡關係。「福利混

Chapter 5 福利國家的危機與轉型及全球化

Multiple Choice Question 選擇題

合經濟」觀點涵蓋了「福利多元主義」的創新潛能，它不僅強調福利服務供給來源多元化，更關注在特定服務範疇（例如：老人福利服務）內供給部門的互動密度與強度，以促使新型態的組織、服務和網絡達到一種融合效應，而非毫無結構性的加總，認為多元化的供給部門若無計畫性的介入或管理，多元福利組合並不一定會發揮「乘數效果」。依姜生（Johnson）的說法，福利多元主義是社會與保健服務，可從四個不同的部門得到：(1)法定的部門；(2)志願部門；(3)商業部門（市場）；(4)非正式部門。其中，商業部門（市場）的主要目標為營利。

14 近來有所謂福利市場（welfare market）的概念出現，也涉及到國家角色任務的轉變，下列敘述何者錯誤？　　　　　（111年第一次專技社工師）
(A) 此一概念是立基於新公共管理的理念基礎
(B) 強調國家應該直接扮演福利供給者的角色
(C) 強調國家應該扮演管制者的角色
(D) 福利服務可以將其視為一種產業

答案：**B**

【解析】自從1980年代起，政府成功轉移傳統的公共科層部門輸送福利服務的角色，改由私人部門或第三部門扮演提供福利服務的角色，這是福利市場的核心觀念。亦即，政府傳統直接扮演福利供給者的角色，改由其他的部門扮演（選項(B)有誤），福利服務輸送主體已不再獨尊政府，已由政府部門、商業部門、第三部門（志願部門）、非正式部門等一同提供。

15 政府部門在福利供給與輸送上往往扮演重要的角色，下列敘述何者錯誤？
　　　　　（111年第一次專技社工師）
(A) 國家可以直接介入給付與服務供給
(B) 國家可以在福利輸送過程中扮演計畫和督導的重要角色
(C) 國家可以直接透過資金挹注、財稅支持以及補貼支持福利供給與輸送
(D) 國家往往會以付款能力作為福利供給的判斷標準

選擇題 Multiple Choice Question

答案：D

【解析】國家判斷福利供給的標準，包括：過去的貢獻、行政規則、行政裁量、契約、專業裁量判斷、司法判決、資產調查、附加在勞動關係上的給付。並非以付款能力作為福利供給的判斷標準，選項(D)有誤。

16 下列關於「福利多元主義」（Welfare Pluralism）的敘述，何者正確？

（111年第一次專技社工師）

(A) 全部的福利給付都應該要民營化
(B) 全部的福利給付都應該要分散化
(C) 福利給付可透過非營利部門來提供
(D) 商業部門是福利多元主義中最重要的一部分

答案：C

【解析】(1)「福利多元主義」是跟隨著混合經濟的概念而發展出來的，由姜生（Johnson）所提出。「福利多元主義」係立基於為解決福利國家的危機而產生的理論，企圖為福利國家的發展尋求另一新的契機，主張社會福利應由不同部門提供，包括政府、志願、商業、非正式部門等四個部門，並藉由「分權」與「參與」策略來達成福利服務供給來源多元化的目標。然而，福利多元主義並非主張解除政府的福利責任，而是認為政府不應扮演支配性的直接供給角色，但政府仍將是福利財務的主要來源，更重要的是扮演規範角色。

(2) 選項(A)有誤。福利給付並非全部都要民營化，而係依照需求，由福利多元主義的四個供給部門依提供的服務提供。

(3) 選項(B)有誤。福利給付並非全部都要分散化，可視性質，採分權或參與的策略來達成。

(4) 選項(D)有誤。福利多元主義的四個不同，各有其福利分工的功能，難以特別強調何種部門最為重要。

Chapter 5 福利國家的危機與轉型及全球化

Multiple Choice Question 選擇題

17 有關社會福利私有化（privatization）或分散化（decentralization）的論述，下列何者錯誤？　　　　　　　　　　　（111年第一次專技社工師）
(A) 政府部門負擔政策制定與立法的功能，成為後續提供服務的依據
(B) 1970年代政府改造思潮興起，強調政策執行由原來由下而上轉成強調由上而下
(C) 減少政府供給或規範性的角色，改以公設民營或契約委外的方式，交由民間部門替代部分功能
(D) 增加人民與基層的參與感，讓服務具備品質與彈性

答案：**B**

【解析】社會福利私有化（民營化）（privatization）係指政府將社會服務的供給，完全或部分轉移到民營部門（private sector），同時引進市場經營的規則，如利潤導向，以價格機能調節供需，重視成本回收，並強調使用服務者的購買力和受益者付費等措施，以分配並有效利用服務的資源。亦即，社會福利民營化政策乃指政府引進市場規則，將社會福利供給的角色，完全地或部分地轉移到私部門，主要目的在於減輕政府負擔、調節資源的分配並滿足更多民眾的需求。藉此希望打破公部門的壟斷與科層化，將私部門再度導入福利服務供給體系中，企圖將市場機制恢復為資源分配的主要制度，或是在公部門之中形成準市場（Quasi-Markets）機制，使資源運用更有效率，提供多元需求的滿足管道，以確保福利服務品質。分散化（decentralization）不只是從中央到地方有反科層及反專業的意涵，而且也指涉地方政府需要分散到鄰里或小型的社會服務團隊。選項(B)有誤，1970年代政府改造思潮興起，強調政策執行由原來的由上而下轉成強調由下而上。

18 關於治理模式的敘述，下列何者正確？　　　　　（111年第一次專技社工師）
(A) 隨著意識形態及社會、經濟和政治環境的變化，治理模式從早期科層模式轉變為市場模式，再從市場模式轉變到網絡模式
(B) 科層模式強調透過誘因來交換貨物和服務的多樣性
(C) 市場模式是指一套價值與制度，涉及公共服務與服務使用者之間的關係

選擇題 Multiple Choice Question

(D)網絡模式主張由上而下的規則、程序和章程來管理組織的運作

答案：A

【解析】(1) 選項(B)有誤，所述應為市場式治理模式。主要是基於購買者與供應者分離原則並透過契約來輸送服務，政府透過誘因來交換貨物和服務的多樣性。

(2) 選項(C)有誤，所述應為網絡式治理模式。主要是由網絡中各個行動者之間的影響與相互關係來運作，涉及公共服務與服務使用者之間的關係。

(3) 選項(D)有誤，所述應為科層治理模式。這是傳統福利國家形象，由龐大的官僚機構，經過一長串指標系統和正式規章程序來轉送服務。

19 Esping-Andersen所著的《福利資本主義的三個世界》中，以去商品化（decommodification）及階層化（stratification）兩個面向劃分各種福利體制類型，下列何者體制並非Esping-Andersen所指的福利資本主義的三個世界？

（111年第二次專技社工師）

(A)自由主義（liberalism）
(B)保守統合主義（conservative-corporatism）
(C)家庭主義（familism）
(D)社會民主（social democracy）

答案：C

【解析】艾斯平－安德森之力作《福利資本主義的三個世界》（The Three Worlds of Welfare Capitalism），用「福利國家體制」（welfare state regime）來解析福利資本主義世界，用體制分析意謂著，國家與經濟的關係是一個立法與組織面系統化交織的複雜體。Esping-Andersen的福利資本主義三個世界，包括：自由的福利國家（iberal welfarestate）、歷史／組合國家主義（historicalcorporatist-statistlegacy）的福利國家、社會民主體制的福利國家，選項(C)不屬之。

Chapter 5 福利國家的危機與轉型及全球化

Multiple Choice Question 選擇題

20 全球化對於福利國家的影響，不包括下列何者？

（111年第二次專技社工師）

(A) 全球化會弱化國家採取更多社會福利政策的力量
(B) 全球化會對國家社會福利財政產生壓力
(C) 福利國家的改變不完全歸因於全球化的發展
(D) 面臨全球化，雇主會更願意支持社會福利政策

答案：**D**

【解析】全球化對福利國家發展的四項影響（葉立森，Ellison 的觀察結論）：

(1) 全球化弱化福利國家：全球化侵蝕福利國家的核心——平等與重分配。主因來自於自由市場改革的壓力侵蝕社會民主福利政策推動的可能性，例如：財政赤字使完全就業變成不可能，國際資本與人民的流動使透過稅制來達成財富重分配的機制也嚴重受限，過度依賴全球資本市場的公共財政，使得勞工的議價權也跟著被弱化，民族國家政府管制利率與兌換率的財務槓桿被窄化。全球化促成市場開放，增加資本與勞動力的流動，導致生產轉向低成本的地方與方式，福利國家的失業率必然提高，而政府卻受制於經濟治理的能力，以及財政赤字而束手無策。選項(A)、(B)屬之。

(2) 全球化對福利國家的影響有限：質疑全球化對福利國家影響的學者，基本上認定後工業化或服務業社會化的去工業化、人口老化、少子女化才是福利國家支出的原因，福利國家的轉型與否，問題在國內政治，而不是全球化的邏輯。選項(C)屬之。

(3) 中間路線：針對全球化懷疑論者的說法，Castell指出，即使全球競爭沒有直接影響OECD國家的主要勞動力，但其間接影響勞動條件與勞動機制的轉型方式是鑿痕斑斑的。而在這種轉型之下，主要的輸家是低技術、低薪工人，他們期待更多積極勞動市場方案支出，以及其他形式的就業

選擇題 Multiple Choice Question

保護與就業創造。選項(D)有誤，全球化後，雇主因有更多管道由不同的國家進用低薪或彈性工時之勞工，以取得低的生產成本，提升企業利益，故不會更願意支持社會福利政策。

(4) 國家制度結構與政策的差異回應：研究指出，影響全球的差異在於集中化的嵌入程度、組合主義制度的強弱。

21 關於「新管理主義」所訴求的社會福利供給特性，下列何者錯誤？

（111年第二次專技社工師）

(A)彈性生產　　(B)透明化　　(C)標準化　　(D)回應人民聲音

答案：**C**

【解析】(1) 選項(C)標準化，為科層—專業主義，非新管理主義之特點。

(2) 科層—專業主義與新管理主義的比較

科層—專業主義	新管理主義
規則限制的	創新的
內部取向的	外部取向的
強調依從	強調績效
冷酷的	動態的
專業主義	管理主義
父權作風的	顧客為主
神秘支配的	透明的
標準取向（選項(C)屬之）	結果取向
自我管制的	市場考驗的
政治人物	管理者
武斷的	務實的
干預的	使能的
不穩定的	策略的

Chapter 5 福利國家的危機與轉型及全球化

選擇題 Multiple Choice Question

22 Clarke與Newman提出管理型國家,針對福利供給之分散化提出解決的途徑,下列何者正確? （111年第二次專技社工師）
(A)放任個人、家庭、社區及各種供應組織去創造社會福利
(B)既縮小國家又依賴契約機制去取得服務給福利使用者
(C)發展新的程序來審查福利輸送機構與組織的績效
(D)將分散於組織間的權力、責任和資源凝聚起來

答案：**D**

【解析】Clarke與Newman指出,新管理主義抱持著一種相互承諾的合作文化,以越過組織的價值和任務,它的任務即是要去創造一種同質和共享的文化,以使得所有工作者負有追求共同目標的義務；它相當強調放棄傳統附著的做法,而尋求藉由文化管理（目標和意義的創造）與績效管理結合,以彌補動機的差距；它強調減少督導的控制,以達成促進整合,以及由「順從」（compliance）轉向「承諾」（commitment）,其目標是要去創造一個開明的組織,其成員皆負有達成共同目標的責任及追求組織目標的雄心,將分散於組織間的權力、責任和資源凝聚起來。選項(A)屬之。

23 有關「科層－專業主義」的敘述,下列何者正確？ （111年第二次專技社工師）
(A)注重程序以及規則對於服務輸送的規範
(B)強調績效的標準與測量
(C)重視去集中化以及分散化
(D)重視服務使用者的選擇權

答案：**A**

【解析】(1)選項(B)有誤。所述為新管理主義的運作模式主要特性。明確指出績效的標準和測量,並提供誘因與績效連結的契約網絡。
(2)選項(C)有誤。所述為新管理主義的運作模式主要特性。強調公共服務之去集體化和分散化,並提升公共服務供給

137

選擇題 Multiple Choice Question

者之間的競爭。

(3) 選項(D)有誤。所述為新管理主義的運作模式主要特性。強調服務使用者對服務供給的選擇權與發言權。

24 下列何者為福利私有化常被提及的問題？　　（112年第一次專技社工師）

(A)無法促進平等　　　　　(B)沒有效率
(C)成本太高　　　　　　　(D)沒有彈性

答案：**A**

【解析】(1) 福利私有化被支持的理由
　　　　A.競爭有助於提高效率。
　　　　B.助長私人投資。公部門的支出轉移給私人自行儲蓄或投資，有助於資本形成。
　　　　C.服務較具彈性，吻合各種不同團體的需求。
　　　　D.增加消費者的選擇自由。
　　　　E.民間組織的技術性往往先進於政府機構。
　　　　F.民間提供的服務成本較低。
　　　　G.可以激發社區居民的參與意識。
　　　(2) 福利私有化面臨的問題之一為公民權和公平性受衝擊的問題。福利製造民間化對服務品質影響甚鉅，又未必能掌握；政府對私部門的法令規章之約束難以周密和詳細化，無法確保私部門行動的品質；民營化將影響市民權利的保障，除非政府嚴格限制自由裁量權；委託社會福利服務強調效率的原則，與公平、公正可能產生衝突（選項(A)屬之）。

25 有關志願部門在社會投資政策理念下的敘述，下列何者正確？

（112年第一次專技社工師）

(A)志願部門具有創新與彈性的優點
(B)志願部門不會面臨夥伴關係的疲勞
(C)政府部門對於志願部門的監督與管理越來越少
(D)志願部門具有官僚作風

Chapter 5 福利國家的危機與轉型及全球化

Multiple Choice Question 選擇題

答案：**A**

【解析】(1) 選項(B)有誤。志願部門與政府部門的社會福利服務契約雖係以夥伴關係的模式運作，但在這過程中，常無法以平等的夥伴關係運作，常見政府在夥伴關係中，以上對下的方式運作，形成夥伴關係的疲勞。

(2) 選項(C)有誤。政府對於志願部門之監督責信工作，花費大量的時間；相對地，志願部門亦須投入相當的人力，使得志願部門的行政工作複雜化。

(3) 選項(D)有誤。志願部門較不具官僚作風。相較於政府部門，民間單位的易於接近（accessible）、專門化、彈性與競爭，則被肯定較能提供有效的服務，且能以較快速度反應新需求。

26 有關「後福特主義」（post-fordism）的涵義，下列敘述何者正確？

（112年第一次專技社工師）

(A) 社會福利標準化大量生產與消費，讓人民在福利使用上缺乏可選擇性
(B) 強調重視彈性生產，具備責信、透明化及回應人民聲音的能力
(C) 一種社會福利的供給型態，指的是由政府主導、訂定標準化流程的供給型態
(D) 指的是一種福利多元主義的論述，公營機關擔負起福利最後一道防線的任務

答案：**B**

【解析】後福特主義（post-Fordism）捉住了社會分工與生產方式的轉變作為切入點，從過去緊密分工、總體經濟管理、大量生產、大量消費的社會經濟型態（也就是福特主義），轉變到強調彈性的分工體系、彈性的生產過程（選項(A)有誤）、彈性的勞動力、乃至強調研究發展能力的社會經濟型態（也就是後福特主義）。簡單來說，亦即從強調大眾一致的需求，轉變為強調小眾多樣而彈性的需求。隨著這樣的社會分工與生產方式的轉變，過去強調穩定供需關係的凱恩斯式福利國家也必須有所調整（凱恩斯經濟是以國家計畫、干預為基礎

選擇題　Multiple Choice Question

的經濟體制,即依一般習慣所指稱的的第二次世界大戰後所建立的福利國家,對國民社會、經濟生活安保障的承諾)(選項(C)、(D)有誤),它必須鼓勵勞動力的更新與創新來提升國家在國際上的競爭力,社會政策因而要配合勞動市場彈性化的需要。

27 對於多元福利服務輸送主體,下列敘述何者正確? （112年普考）
(A) 最早提供人們各種照顧與支持的主體是志願部門
(B) 提供最大服務能量的主體是非正式部門
(C) 各個服務輸送主體之間的關係是競爭與互斥的
(D) 非正式部門是以家庭為中心所散發血緣與親緣網絡,也包括一般的志願工作者

答案：**B**

【解析】(1) 選項(A)有誤。最早提供人們各種照顧與支持的主體是非正式部門。
(2) 選項(C)有誤。多元福利服務的各個輸送主體之間的關係是互為合作,並具互補,以達成福利服務供給來源多元化的目標。
(3) 選項(D)有誤。非正式部門是以家庭為中心所散發血緣與親緣網絡,但不包括一般的志願工作者。

28 有關全球化對於社會政策的影響程度有三種主要的觀點,不包括下列何者? （112年第二次專技社工師）
(A) 經由資本主義的主宰,全球化導致福利縮減
(B) 全球化對福利國家只有一些小影響
(C) 全球化促成民族國家發展擴張
(D) 全球化對福利國家的影響仍需經由國家政治作為的中介運作

答案：**C**

【解析】選項(C)有誤。全球化雖未使民族主義沒落,但民族國家面臨日益強大的各跨國勢力,其功能則確已式微。

Chapter 5 福利國家的危機與轉型及全球化

Multiple Choice Question 選擇題

29 Henry Haussmann曾提出契約失敗理論（Contract Failure Theory），其所指的內容，下列敘述何者錯誤？ （112年第二次專技社工師）

(A) 在服務購買契約條款下，大部分人都可以完整地瞭解服務輸送過程
(B) 服務接受者未被告知也非付費者，而購買服務的公務單位則沒有實際接受服務
(C) 福利接受者往往是弱勢者，因此很少得到完整的資訊
(D) 缺乏具有相關知識的付費消費者來規範市場準則，第三方契約式服務就無法確保服務輸送的品質和成本效益

答案：**A**

【解析】Henry Hansmann提出的契約失敗理論／契約失靈理論（contract failure theory），指出在交易雙方之間存在著資訊不對稱的情況時，買方無法檢驗商品的品質，因此賣方可能會提供劣質的服務或產品。尤其在社會服務中，由於資訊的不對稱，以及接受服務的對象多為弱勢者，因此，在服務購買契約條款下，許多的接受服務者大都未能完整地瞭解服務輸送過程。選項(A)有誤。

30 服務委外模式並非萬靈丹，在實務運作上受到關注的議題，較不包括下列何者？ （112年第二次專技社工師）

(A) 受託單位是否按照契約範定內涵提供服務
(B) 機構是否依照委託契約聘用專業人力
(C) 機構權益是否受損
(D) 薪給是否過低，人員流動率是否太高

答案：**C**

【解析】政府的服務委外，通常以政府採購法的程序採招標方式辦理，在招標文件中，會對服務的品質加以範定，以作為履約管理的標的。服務的品質，包括服務的方式、頻率、次數、服務的滿意度等；而服務品質的符合契約規範，通常涉及專業人力，因此，在許多的委外契約中，都會對專業人力的進用提供相關的規範，包括薪資標準、薪資給付方式、勞動權

141

Question Box　社會政策與社會立法（含概要）　搶分題庫

選擇題　Multiple Choice Question

益等，其藉由保障專業人士的勞動條件，以避免專業人力的流動頻率影響服務品質。但在服務契約中，對於機構權益是否受損，較未在契約中受到專注，

31 自1980年代，開始向第三方購買服務的方式顯著成長，其主要原因下列敘述何者錯誤？　（112年第二次專技社工師）
(A) 依循右派自由市場意識型態
(B) 滿足右派公民參與及授權的目標
(C) 結合市場競爭
(D) 減少科層體制

答案：**B**

【解析】右派對福利國家存在高度懷疑與不信任，他們認為政府過度干預市場會破壞自由經濟體系，傷害個人自由，資本主義所產生的社會、經濟與政治問題，並非市場失靈所致，而是福利國家侵犯市場的政策所造成。新右派所尊崇的「市場機制」及「效率」，主張政府機關應刪減公共支出，並透過民營化或準市場的模式，盡量將公共服務交由市場處理，才能確實達成「小而美政府」的改造目標。新右派主張社會服務供給的責任，應由政府部門轉移至非政府部門外，例如：私人公司、志願組織、社會企業或個人。右派期待透過契約委外（第三方購買服務），其目標是提升服務績效，且該目標的包兩個必備的要素：競爭與績效。選項(B)有誤，公民參與及授權並非是右派的目標，係左派的觀點。

32 關於「專業主義」的特性，下列何者錯誤？　（112年第二次專技社工師）
(A) 工作具有自主性與自由裁量權
(B) 強調專業同儕與專業自我管制
(C) 擁有一套倫理與維持標準的方法
(D) 強調公民參與

答案：**D**

【解析】專業主義（professionalism）是一套與社會行為相關之任務取

福利國家的危機與轉型及全球化　Chapter 5

Multiple Choice Question　選擇題

向的行為（task-oriented behaviours），包括：高層次的專門技術，監督每項工作管理的自主性和裁量權，對任務的承諾和自由，認同同儕以及一套倫理和維持標準的方法。此外，高層次的專業主義往往有其專業組織，以使得專業者能相互支持和提升其專業標準，並可藉由確保其同儕的標準，以保障他們集體的聲望。Finlay即將專業者所應具備的特徵歸納，包括：功利主義、信任性、技術、知識、才能、行為守則、組織、自主性、權力以及專業文化和成規，這些專業主義的體制，其目的乃在於排除非技術性者及不具資格者，以建立一套執業的獨占權和規範其勞動市場。因而，專業者係依據其專門的知識與技能，致力於專業服務和諮詢的提供，並將其特定工作之績效與個人問題加以連結，以合理化其所宣稱的專業自主性和專業地位。選項(D)不屬於專業主義之特性。

33 對於「分散化」的敘述，下列何者錯誤？　（112年第二次專技社工師）
(A) 起因於1980年代後的政府改造思潮
(B) 要求減少政府供給，改以公設民營方式交由民間提供
(C) 將決策權由中央下放至地方，甚至是人民身上
(D) 將過去強調「由上而下」的政策執行翻轉為「由下而上」

答案：**B**

【解析】(1) 福利提供的資源分配過程中，資源集中於何處？決定資源分配的權力由誰掌握？是否引進市場機制？其基本理念與方向可二分為「集中化」與「分散化」兩個向度，集中化是指包含福利生產、服務輸送、福利提供等角色與因應所需的資源和相關權力，皆集中於中央政府手中。由中央統一管制統籌運用，原為許多福利國家的運作模式，但由於中央政府的福利提供常因缺乏「競爭效率」機制，並易受「政治競爭」因素的影響，導致財政危機，且缺乏對於地方性差異需求的適應。因此「分散化」的取向中，強調必須將權力與資源由中央移至地方，甚至再由地方政府將資源分散到鄉鎮市、社區中，營造由下而上的福利決策模

143

選擇題 Multiple Choice Question

式，強調基層工作人員與福利使用者的參與。選項(B)有誤。

(2) 分散化可提供地方更高的自主性，以提出創新的或切合地方特殊需要的福利服務，且可降低科層弊端與福利支出成本，並達到較高的可近性等優點。

34 下列何者並非是新公共管理所著重的特點？　　（112年第二次專技社工師）
(A)多元選擇　　(B)服務效率　　(C)消費者至上　　(D)大政府

答案：**D**

【解析】選項(D)有誤，大政府為左派的觀點，新公共管理屬於右派。

35 目前在新管理主義的趨勢下，有關傳統科層—專業主義面臨的挑戰，下列敘述何者錯誤？　　（112年第二次專技社工師）
(A) 專業角色的界線受到民間和志願部門的影響，而其專業權力被迫受到重新界定
(B) 因為要求使用契約或是績效測量，而使得其專業責信受到挑戰
(C) 專業決策會受到新式充權的大眾所挑戰
(D) 專業者與管理者之間的界線依然清楚劃分

答案：**D**

【解析】(1) 選項(D)有誤。在新管理主義的趨勢下，因專業者和管理者之間界線的模糊，專業內的團結已進一步地遭到侵蝕。

36 提出福利的社會分工（Social Division of Welfare）是下列那位學者？
　　　　　　　　　　　　　　　　　　　（113年第一次專技社工師）
(A)笛姆斯（R. Titmuss）　　　　(B)希爾（M. Hill）
(C)詹森（N. Johnson）　　　　　(D)馬歇爾（T. H. Marshall）

答案：**A**

【解析】英國學者笛姆斯（Richard Titmuss）1958年〈福利的社會分工〉（Social Division of Welfare）論文提出，社會分工形式包括：社會福利、財稅福利、職業福利。

Chapter 5 福利國家的危機與轉型及全球化

Multiple Choice Question　選擇題

37 英國保守黨在2010年重新執政之後，提出了所謂的大社會（Big Society）的概念，最主要強調下列那一個福利供給部門？　（113年第一次專技社工師）
(A)家庭　　　(B)市場部門　　　(C)志願部門　　　(D)國家部門

答案：**C**

【解析】2010年英國卡麥隆政府上臺，開啟「大社會」計畫，藉由社區與志願服務團體培力、公民投入社會行動、開放參與公共服務執行等措施，建立道德經濟學的道路。卡麥隆對於強大社會、家庭與社區的重視，以及強調慈善機構、自助團體及志願服務組織，讓公民社會成為管制性政府官僚及競爭性市場機制的另一力量。

38 私有化往往會涉及到福利服務的契約化，下列敘述何者比較正確？
（113年第一次專技社工師）

(A)無法促進福利輸送系統的效率與效益
(B)可以提升社會服務的民主化機制
(C)無法解決缺乏競爭
(D)無法促進福利服務的個別需求

答案：**B**

【解析】福利國家私有化被支持的理由：
(1) 競爭有助於提高效率。選項(A)、(C)有誤。
(2) 助長私人投資。公部門的支出轉移給私人自行儲蓄或投資，有助於資本形成。
(3) 服務較具彈性，吻合各種不同團體的需求。選項(D)有誤。
(4) 增加消費者的選擇自由。
(5) 民間組織的技術性往往先進於政府機構。
(6) 民間提供的服務成本較低。
(7) 可以激發社區居民的參與意識，以提升社會服務的民主化機制。選項(B)屬之。

選擇題 Multiple Choice Question

39 針對新管理主義（new managerialism）的可能缺失，丹哈特夫婦（R. Denhardt and J. Denhardt）提下列何種觀點加以補充？

（113年第一次專技社工師）

(A)新公共行政　　(B)新福利行政　　(C)新公共服務　　(D)新保守行政

答案：**C**

【解析】有鑑於公共行政長期以來向管理主義過分傾斜的危機，有志之士不斷呼籲致力尋找新的公共行政價值，重建社群主義與憲政精神，藉以矯治過分偏重管理主義的不當價值傾向。因此，Denhardt整合相關論點提出新公共服務之論述，明確指陳當代政府民主治理的七項核心命題：(1)是服務，而不是主導；(2)公共利益是主產品，而非副產品；(3)要有策略性思考，也要有民主化行動；(4)要服務公民，而非討好顧客；(5)釐清責任並不容易；(6)人的價值遠勝於生產力；(7)公民主義與公共服務的價值遠勝於企業精神，來試圖扭轉並矯正管理主義重市場而輕公共服務、重短期資源效率而輕長期社會公共利益的失衡發展。

40 在社會福利脈絡下，網絡治理（network governance）模式的使用者角色，屬於下列那一種？

（113年第一次專技社工師）

(A)公民　　(B)顧客　　(C)案主　　(D)弱勢者

答案：**A**

【解析】

比較項目	行政	管理	治理／網絡治理
理論觀點	社會民主觀點	新右派	第三路線
政策導向	福利國家	福利多元主義	最佳價值
行為主體	公部門	民間／私部門	公＋私＋公民團體
供給取向	標準／程序	效率／產出（選項	效能／影響（選項

福利國家的危機與轉型及全球化 Chapter 5

Multiple Choice Question　選擇題

關鍵人物	科層／專業人員	管理者	網絡夥伴
政府的角色	划槳者	導航者	協力夥伴
使用者的角色	案主	顧客	公民（選項(A)屬之）
經營／責信方式	層級節制	市場考驗	績效／目標導向
政策結果	政府／科層失靈	準市場失靈	社會融合

41 學者艾斯平．安德森（Esping-Andersen）指出，1990年代福利國家要面對新的社會風險，不包括下列何者？　　　　（113年第一次專技社工師）
(A)全球化　　　　　　　　　　　(B)不平等與社會排除
(C)後物質主義　　　　　　　　　(D)家庭不穩定

答案：**C**

【解析】Esping-Andersen分析指出，50年代福利國家的危機內涵是通貨膨脹與災害，而60年代則是所得不均與過度科層，而70-80年代中，停滯性通貨膨脹、失業、政府超荷（overload）與後物質主義則成為主要的危機，到了90年代以後，全球化、失業、不平等與社會排除（social exclusion）、家庭不穩定的變遷成為主要的危機與挑戰（選項(C)不屬之）。

42 社會福利學者對於全球化與福利國家發展的關係提出不同的觀點，下列何者是Gosta Esping-Andersen的主張？　　　　（113年第二次專技社工師）
(A)經由資本主義的主宰，全球化導致福利縮減
(B)全球化對福利國家只有一些小影響
(C)不同的福利國家對全球化有不同回應方式，可能維持，也可能縮減
(D)全球化與社會政策間是靜態的過程，各個福利國家有相似的發展脈絡

答案：**C**

【解析】社會福利學者對於全球化與福利國家發展之關係提出的觀點

選擇題 Multiple Choice Question

學者	觀點
Mishra	■ 經由資本主義的主宰，全球化導致福利縮減 ➤ 世界經濟的國際化意指國家自主性的衰亡，國家治理政策的可選擇性減少，以及勞工運動弱化──以上民族福利國家的主要基礎皆從根弱起。 ➤ 全球資本主義的發展造成失業及不平等的升高，創造出更多需要福利國家解決的問題。 ➤ 國際貿易與技術的改變均造成對非技術、半技術及傳統技術工人需求的顯著減少。 ➤ 國家經濟必須在世界性市場中競爭，進而造成政府與私人企業裁減社會支出的壓力。 ➤ 以上各項對於社會民主與集體主義的福利意識型態，形成往新自由主義與個人主義（的福利意識型態）挪移的壓力，造成福利國家全面緊縮而衰落。
Pierson	■ 全球化對福利國家只有一些小影響 ➤ 世界經濟變化的幅度、規模和速度，並不如所謂全面全球化理論所指稱的那樣大而快速。 ➤ 即使全球化確實發生，福利國家依然可以適應這個過程──全球化的經濟仍需要有某種類型的社會福利與政治抗衡，以消解經濟變遷的影響。 ➤ 全球化的威脅，是政府想重整福利的一項意識型態謀略，而不是一種無可抵抗的經濟性力量。

Chapter 5 福利國家的危機與轉型及全球化

Multiple Choice Question 選擇題

學者	觀點
	➢ 福利國家確在改變中，但不是全球化造成的，而是由於其他因素（如人口老化、科技、家庭結構改變、新的風險等）。
Gosta Esping-Andersen	■ 全球化對福利國家的影響仍須經由國家政治作為的中介運作 ➢ 外在的全球性力量衝擊民族福利國家而造成影響。 ➢ 某些型態的福利國家會比其他型態的福利國家在經濟競爭中具有競爭力，同時較能適應新環境。 ➢ 全世界的競爭性經濟環境，意指高薪資的國家經濟體，工作機會將流失到低薪國家，除非有效阻止。 ➢ 不同國家既有的政治與制度性安排之特色（也就是福利國家的型態），將會影響它對全球化挑戰的回應方式。 ➢ 因此，在回應全球化時，不同的福利國家會以不同的方式改變，而不只有縮減或減少福利一途。而目前社會各方的支持（工會、政治人物、選民等），可確保福利國家將以某種型態持續下去。選項(C)屬之。

43 關於福利輸送體系應採營利或非營利組織為主體，Neil Gilbert提出四個主要的參考面向，下列何者錯誤？　　　　　（113年第二次專技社工師）

(A) 個案能力（client competence）

(B) 立法環境的力量（potency of the regulatory environment）

(C) 服務標準化（standardisation of services）

(D) 組織責信（accountability of the organisation）

選擇題 Multiple Choice Question

答案：D

【解析】Neil Gilbert歸納四項條件作為選擇營利或非營利組織的參考：

(1) 服務標準化：服務需要統一的程序與標準化的產品，例如：公共衛生的疫苗接種工作，這給予他們增進經濟模式規劃的技能和營利組織的業務主動權。同時，服務的一致化特點，讓服務購買者容易監督服務輸送是否濫用，如用客製化的服務時，必須使用特定的監督技術。選項(C)屬之。

(2) 個案能力：許多社會服務的服務對象是極弱勢者，如兒童、心智障礙者以及情緒障礙者，他們並沒有能力監督福利服務的品質和可信度。這時公信力與慈善倫理對非營利機構行為的影響程度就較營利機構來得大。從這個角度來看，非營利組織較適合提供福利服務輸送。選項(A)屬之。

(3) 服務強制性：伴隨強制力的服務，例如：兒童保護服務與假釋者社會工作服務，都會嚴重威脅個人的自由。在這些服務中，服務供應者的公信力是首要考量。因為會危及個案的自由，缺乏公信力的營利組織不見得可以提供最適切的保護服務模式。。

(4) 立法環境的力量：若擁有足夠的公共立法來確保各項標準與個案保護得以維持，那麼不管是營利或非營利組織應該都可以被選擇從事服務輸送的工作。但是，必須注意的是，社會服務立法活動的範圍與力量都是有限的。選項(B)屬之。

44 國家介入社會福利供給的主要途徑，下列何者錯誤？

（113年第二次專技社工師）

(A) 政府具有決定整體政策及特定的個別服務政策的能力
(B) 國家可以直接介入給付與服務供給
(C) 法定權威機關在福利輸送上扮演著計劃及督導的重要角色
(D) 國家徵收非營利組織資源提供服務

Chapter 5 福利國家的危機與轉型及全球化

Multiple Choice Question 選擇題

答案：**D**

【解析】選項(D)有誤，國家介入社會福利供給的主要途徑之一，是與非營利組織資源合作，透過資源結合，以提供具有可近性、可及性及多元化的福利服務。國家無權徵收非營利組織提供服務。

45 關於階層式治理的敘述，下列何者錯誤？ （113年第二次專技社工師）

(A) 是根據傳統福利國家形象，由龐大科層機構，經過一長串指揮系統和正式規章程序來輸送服務

(B) 在此體系中，責信建立在監督行政與財務責任是否妥善執行的基礎上

(C) 此模式被質疑的是，幾乎不必為實際輸送的服務負責

(D) 此模式強調專業人員對同儕負責的理念

答案：**D**

【解析】責信與治理：

(1) 階層式治理（governance through hierarchy）：這是根據傳統福利國家形象，由龐大的官僚機構，經過一長串指揮系統和正式規章程序來輸送服務。在此體系中，責信建立在監督行政與財務責任是否妥善執行的基礎上。但它引起的質疑是，幾乎不必為實際輸送的服務本身負責。選項(A)、(B)、(C)屬之。

(2) 市場式治理（governance through market）：這是1980、1990年代興起的主流治理模式，曾帶動一系列基於購買者與供應者分離原則，並透過契約來輸送服務的改革。對消費者負責的想法在這段時期變得更強烈，利用排行榜、監察及績效稽核等辦法，責成經理人對組織績效負責。此處的質疑是，很難將公共服務視為個人財產，而非集體財。這個模式不重視提供社區及全體人民有效的結果。

(3) 網絡式治理（governance through network）：此處責信是經由網絡中各個行動者之間的影響與相互關係來運作。這個模式支持專業人員對同儕負責的理念（選項(D)屬之），但隨著夥伴工作的發展，以及逐漸強調跨傳統行業

選擇題 Multiple Choice Question

及組織界線工作以達到政策結果,而變得更加重要。這個模式遭到的質疑是,網絡是分散和複雜的,有許多縱橫交錯的從屬關係。從中出現的關係錯綜複雜,造成透明度不足,使政府、服務使用者或公民很難讓行動者負責。

46 學者笛姆斯(Richard Titmuss)提出福利的社會分工(Social division of welfare)包括三種來源,下例何者錯誤? (113年地方四等)
(A)家庭福利　　(B)財稅福利　　(C)職業福利　　(D)社會福利

答案:**A**

【解析】選項(A)有誤。英國學者笛姆斯(Richard Titmuss)提出的福利的社會分工(Social Division of Welfare),包括社會福利、財稅福利、職業福利等三種。

47 關於福利多元主義的敘述,下列何者錯誤? (114年第一次專技社工師)
(A)強調社會福利服務提供的分散化和多元參與
(B)社會福利服務之提供單位在地理空間的分散
(C)基於保障受服務者之權益,受服務之案主不宜參與福利服務之決策
(D)可以矯治以往福利國家之弊端

答案:**C**

【解析】「福利多元主義」是跟隨著混合經濟的概念而發展出來的,由姜生(Johnson)所提出。「福利多元主義」係立基於為解決福利國家的危機而產生的理論,企圖為福利國家的發展尋求另一新的契機,主張社會福利應由不同部門提供,包括政府、志願、商業和非正式部門,並藉由「分散化」與「參與」策略來達成福利服務供給來源多元化的目標。分散化係指不只是從中央到地方,而且也指涉地方政府需要分散到鄰里或小型的社會服務團隊;參與是指消費者參與,以及受僱者參與決策過程(選項(C)有誤),如此一來福利多元主義是有反科層及反專業的意涵。

48 有關從「科層−專業主義守門人取向」到「新管理主義顧客取向」變化的敘述,下列何者正確? (114年第一次專技社工師)

福利國家的危機與轉型及全球化　Chapter 5

Multiple Choice Question　選擇題

(A) 從需求取向，往預算取向變化
(B) 從預算沒有彈性，往預算具有彈性變化
(C) 從量身打造服務，往有效率提高服務供給量變化
(D) 從基於個人選擇，往最佳利用納稅人稅賦變化

答案：**B**

【解析】「科層－專業主義守門人取向」與「新管理主義顧客取向」之比較

科層－專業主義守門人取向	新管理主義顧客取向	說明
預算取向	需求取向	選項(A)有誤，應為從預算取向，往需求取向變化
預算無彈性／嚴格控制成本	預算彈性	選項(B)正確。
盡可能經濟且有效率地增大服務供給量	量身訂做的服務	選項(C)有誤。應為從有效率提高服務供給量，往從量身打造服務變化
限制服務的選擇和購買，以確保納稅人的錢能做最佳的運用	基於個人的選擇，可以自由地購買服務	選項(D)有誤。應為從最佳利用納稅人稅賦，往基於個人選擇變化
標準化服務	個人可影響服務的內容	—

49 有關福利服務領域中最佳價值所倡導的5Cs組合，下列何者正確？

（114年第一次專技社工師）

(A) 合作績效、競爭績效、審慎、競爭、回應
(B) 規劃績效、比較績效、避險、標準、合作
(C) 溝通績效、加乘績效、回應、召喚、避險

選擇題　Multiple Choice Question

(D)挑戰績效、比較績效、徵詢、競爭、合作

答案：**D**

【解析】5Cs 組合：

(1) 挑戰績效（challenging performance）：挑戰為何某一特定服務應被供給及何以如此提供，也要能挑戰既有的服務方式，以期藉由檢視而創新服務方式。

(2) 比較績效（comparing performance）：透過各種相關的指標與其他組織進行比較，這有助於機構彼此之間相互學習，促進績效的改善。

(3) 徵詢（consultation）：新績效標的之設定須視議題和服務性質來徵詢利害關係人的意見，這是一種參與和充權的表現。

(4) 競爭（competition）：競爭將持續作為獲得改善之必要的管理工具之一，以便能夠讓所提供的服務符合最佳價值之成本和標準的要求。

(5) 統合（co-operation）：統合是最佳價值的核心，亦即要能透過團隊、夥伴及整合的方式提供服務，這將有於服務績效的提升。

50 有關社會福利政策中網絡治理（network governance）模式之所以出現的假設情境敘述，下列何者正確？　　　　　　（114年第一次專技社工師）
(A)政府和準市場皆運作正常　　(B)政府失靈、準市場運作正常
(C)政府運作正常、準市場失靈　(D)政府失靈、準市場也失靈

答案：**D**

【解析】社會福利政策中，網絡治理模式之所以出現的假設情境敘述為政府失靈、準市場也失靈。網絡治理的發展關注於體制的多元化、分散化、彈性化等要素，重點在於治理體制的形成是要解決在地的問題與人們的需求為出發點。

51 1980年代之後，西方福利國家的福利供給開始從福利科層和專業主義轉向福利多元主義，下列敘述何者正確？　　（114年第一次專技社工師）

福利國家的危機與轉型及全球化　Chapter 5

Multiple Choice Question 選擇題

(A) 福利科層與專業主義著重競爭
(B) 福利科層與專業主義著重績效要求
(C) 福利多元主義注重服務提供的一致性
(D) 福利多元主義強調應該由不同部門提供服務

答案：**D**

【解析】(1) 選項(A)有誤。福利科層與專業主義著重規則限制，福利多元主義具有反科層及反專業的意涵，著重競爭。

(2) 選項(B)有誤。福利科層與專業主義著重依從，利多元主義具有反科層及反專業的意涵，著重績效要求。

(3) 選項(C)有誤。福利多元主義注重服務提供的多元性，主張社會福利應由不同部門提供，包括政府、志願、商業和非正式部門。

Chapter 6 台灣社會政策與立法的發展脈絡

關鍵焦點

1. 強化社會安全網計畫，包括第一、二期，計畫內容龐大，是金榜考點。考生要在短時間內將全文閱讀完，且能詳記各要點，需要花相當多的時間。請考生先研讀編者著《社會政策與社會立法（含概要）》第 6 章「台灣社會政策與社會立法的發展脈絡及組織」章節，已重新有架構的以表格化及重點的方式整理出扼要架構，以此建立全貌，才能有完整的計畫圖像，可快速掌握本計畫的精華。

2. 測驗題偏向台灣社會福利發展過程中的各項方案內容，包含憲法以及社會政策綱領之相關規定，請細心準備。

申論題 Essay Question

一、試說明「強化社會安全網第二期計畫——找出需要幫助的人」的工作重點與推動策略為何？並申論有何改進之處？（110年普考）

考點分析

本題第一個考點，考強化社會安全網第二期計畫有關的工作重點、推動策略等，屬於記憶式題型，題目難度簡單易答；另第二個提問有關對強化社會安全網計畫的評論，考生在平時關注此議題時，可從各界對此評論中加以綜整後擇要論述。本題兩個考點，均屬時事題，在編者的部落格中曾經張貼過相關文章，可讓考生掌握政策的脈動。

【解析】

一、「強化社會安全網第二期計畫」的工作重點與推動策略

強化社會安全網（第二期計畫）係要把社會安全網的漏洞補起來，把過去安全網沒接住的人找出來，茲將此期計畫之工作重點、推動策略，說明如下：

1 工作重點

第二期計畫係補強精神衛生體系，以提升精神疾病之預防與治療，減少精神疾病患者或疑似精神疾病者觸犯刑罰法律；另加強司法心理衛生服務，以利處理精神疾病，觸犯刑罰法律後之鑑定與處置，並增設司法精神醫院與病房；此外，亦建置受刑人或受監護處分之精神疾病患者出獄（院）之轉銜機制，俾利銜接社區心理衛生體系及社會安全網之各種服務體系，以降低再犯率；同時納入犯罪被害人服務。工作重點如下：

(1) 補強精神衛生體系與社區支持服務：透過布建71處社區心理衛生中心、49處精神障礙者協作模式服務據點等措施提升精神疾病之預防與治療，減少精神疾病患者或疑似精神疾病患者觸犯刑罰法律。

(2) 加強司法心理衛生服務：設置1處司法精神醫院及6處司法精神病房以執行分級、分流處遇及定期評估執行成效，並建立社區銜接機制，協助精神疾病患者逐步復歸社區。

(3) 強化跨體系、跨專業與公私協力服務整合社衛政與教育、勞政、警政、法務等體系橫向合作，並補助民間團體專業人力辦理各類專精服務方案，提升現行各服務體系效能，綿密跨網絡合作機制。

(4) 持續拓展家庭服務資源與保護服務，強化公私協力合作充實及拓展社區親職育兒支持網絡、親職合作夥伴、社區式家事商談、社區療育服務資源及鄰里方案、社區兒少支持服務方案、推廣社區兒少活動、社區身心障礙者支持方案、社區老人支持方案等，以

滿足家庭多元需求。另透過補助10處兒少保護區域醫療整合中心及推動兒少家庭促進追蹤訪視關懷服務方案、兒少保護家庭處遇服務創新方案等項目，深化保護服務工作。

(5) 提升專業傳承與加強執業安全：提供社會工作相關科系學生兼職工讀機會，提高畢業生未來投入社工職場工作意願；另於各服務中心設置保全，加強安全防護機制。

2 推動策略

(1) 策略一：擴增家庭服務資源提供可近性服務

　　A. 提升社會福利服務中心服務量能，提供專業且可及性的服務。

　　B. 強化以家庭為中心的服務與網絡合作，滿足家庭多元需求。

　　C. 積極協助經濟弱勢家庭脫貧。

　　D. 提供急難紓困家庭即時性經濟支持及多元社會服務。

(2) 策略二：優化保護服務輸送，提升風險控管

　　A. 初級預防更普及：結合公衛醫療資源，發掘潛在兒虐個案。

　　B. 完整評估更精準：提升通報準確度及精進風險預警評估機制。

　　C. 服務內涵更深化：強化以家庭為中心之多元服務與方案。

　　D. 公私協力更順暢：透過夥伴關係，提升公私協力服務量能。

　　E. 安置資源更完整：精進及擴充兒少家外安置資源。

　　F. 整合服務更有效：強化跨網絡一起工作機制。

(3) 策略三：強化精神疾病及自殺防治服務，精進前端預防及危機處理機制

　　A. 建構心理衛生三級預防策略，加強前端預防。

　　B. 結合社區醫療資源，提升疑似精神病人轉介效能。

　　C. 補實關懷訪視人力，強化精神病人社區支持服務。

　　D. 強化家庭暴力及性侵害加害人個案管理，提升處遇計畫執行

成效。

　　E. 布建家庭暴力及性侵害加害人服務資源，整合個案服務資訊。

　　F. 提升自殺通報個案服務量能，加強網絡人員自殺防治觀念。

(4) 策略四：強化部會網絡資源布建，拓展公私協力服務

　　A. 發展跨網絡多元服務資源及公私協力合作服務。

　　B. 強化社政、衛生、教育、勞政、警政、法務等各體系間的服務連結。

　　C. 結合司法心理衛生、司法保護，銜接社會安全網服務，防止再犯。

二 申論「強化社會安全網第二期計畫」可改進之處

1. 心理衛生社工的專業網絡合作機制尚待強化：心理衛生社工是「強化社會安全網第二期計畫」之精神衛生體系與社區支持的生力軍，在回應社會大眾對於司法精神體系漏洞的焦慮層面上，扮演關鍵性的角色。因此，強化社會安全網第二期計畫中之成效關鍵，應加強社會安全網與接司法心理衛生服務之介接，期待透過強化心理衛生體系，來預防精神病患犯罪，為再強化社會安全網奠定厚實基礎。

2. 社會安全網計畫之公私夥伴合作機制尚待強化：強化社會安全網計畫之實施，公部門大量進用社會工作者，導致民間團體社工人力大量流失，形成公私協力之隱憂。因此，「強化社會安全網第二期計畫」應積極培育專業人力，避免人力流失；並應結合民間資源，建立公私夥伴關係，由地方政府因地制宜，依地區需求，布建社區資源，發展多元、小型社區服務方案，提供個案處遇服務，讓民間成為公部門的資源。此外，新進社會工作者應再加強專業知能訓練，其中，督導制度之落實，是本計畫成功的重要推手。

台灣社會政策與立法的發展脈絡　Chapter 6

> **申論題** Essay Question
>
> 二、請問聯合國的人權公約如何影響臺灣的社會政策與立法發展？請舉例加以說明。
> （110年地方四等）

考點分析

本題在審題時，必須緊扣題意為聯合國的人權公約如何影響臺灣的「社會政策與立法發展」？如果公約非針對「社會政策與立法發展」有直接影響的，均非論述的範疇，例如：公約領域過於寬廣的「公民與政治權利國際公約」（International Covenant on Civil and Political Rights）、「經濟社會文化權利國際公約」（International Covenant on Economic, Social and Cultural Rights），所通過的「公民與政治權利國際公約及經濟社會文化權利國際公約施行法」、依據「聯合國反貪腐公約」通過之「聯合國反貪腐公約施行法」等。

【解析】

人權的保障與維護是現代社會最基本的普世價值，茲就聯合國的人權公約，影響我國的社會政策與立法發展，說明如下：

◆ 一 通過「消除對婦女一切形式歧視公約施行法」

我國於2011年通過「消除對婦女一切形式歧視公約施行法」，主要係針對聯合國於1979年通過之「消除對婦女一切形式歧視公約」，其內容闡明男女平等，享有一切經濟、社會、文化、公民和政治權利，締約國應採取立法及一切適當措施，消除對婦女之歧視，確保男女在教育、就業、保健、家庭、政治、法律、社會、經濟等各方面享有平等權利。一些社會關注的議題，如性別暴力防治、國籍權保障、未成年懷孕及婚姻、家庭關係中之經濟權益等，亦於近年陸續被檢視與調整。

◆ 二 通過「兒童權利公約施行法」

我國於2014年續通過「兒童權利公約施行法」，主要施行的是1989年

聯合國通過之「兒童權利公約」，為國際社會保障兒童少年人權的基本承諾。「兒童權利公約」的條款解釋適用，都要符合禁止歧視；兒童最佳利益；生命權、生存及發展權；及尊重兒童表意權等四大一般性原則。其權利範疇除兒童少年個體外，也兼及家庭及其所處環境、收出養、家外安置、少年司法體系、經濟剝削、性剝削、毒品濫用、人口販賣、中央與地方政策機制等。

三 通過「身心障礙者權利公約施行法」

我國於2014年同時通過之「身心障礙者權利公約施行法」，係依據聯合國於2006年提出之「身心障礙者權利公約」而訂定國內應行遵守的法律。在人權觀點上，身心障礙者作為世界公民的一分子，其人權保障與兒童、女性、少數民族一樣，都需要聯合國會員國家採取必要的措施給予協助。因此，身心障礙者權利公約象徵的意義包括將身心障礙者權利納入國際人權體系之一環；讓全球身心障礙者免於受傷害或受歧視；建立更有效的監督及報告機制以實踐身心障礙者權利等。

申論題 Essay Question

三、112年立法院三讀通過的「社會福利基本法」，其所稱社會福利的範圍有那些？又社會福利應本於社會包容（social inclusion）的原則，請闡述社會包容的定義為何？　　　　　　（113年普考）

考點分析

1. 本題有二個考點，第一個考點為時事題，曾經考過社會福利法的重點內容，本次係考法條內容，平時有瀏覽編者部落格及另著《社會政策與社會立法》第6章「臺灣社會政策與立法的發展脈絡」章節者，即可順利應答。
2. 第二個考點為考社會包容，這是相對於社會排除的概念，考生宜從社會排除的概念加以切入論述後，再闡述社會包容的定義，為較佳的論述方式。

【解析】

一、「社會福利基本法」所稱之社會福利範圍之說明

社會福利基本法第2條規定，本法所稱社會福利，指社會保險、社會救助、社會津貼、福利服務、醫療保健、國民就業及社會住宅之福利事項。茲將社會福利基本法有關前述福利之相關條文內容，綜整如下：

1. 社會保險：應採強制納保、社會互助及風險分擔原則，對於國民發生之保險事故，提供保險給付，促進其經濟安全及醫療照顧。
2. 社會救助：應結合就業、教育、福利服務，對於低收入戶、中低收入戶及遭受急難、災害、不利處境之國民，提供救助及緊急照顧，並協助其自立。
3. 社會津貼：應依國民特殊需求，給予定期之補充性現金給付，減輕家庭經濟負擔，使其獲得適足照顧。
4. 福利服務：應以人為本、以家庭為中心、以社區為基礎，對於有生活照顧或服務需求之國民，提供支持性、補充性、保護性或預防性之綜合性服務。
5. 醫療保健：應健全衛生醫療照護體系，提升健康照護品質，保障國民就醫權益，縮短國民健康差距，增進各該生命歷程之健康照護。
6. 國民就業：應提供就業服務、職業訓練、職業安全衛生及勞動權益保障，促進勞資協調合作及勞雇關係和諧，策進人力資源之有效運用及發展。
7. 社會住宅：應對於有居住需求之經濟或社會不利處境之國民，提供宜居之住宅、房租補助或津貼、租屋協助，保障國民居住權益。

二、社會包容定義之闡述

社會福利基本法第3條規定，社會福利應本於社會包容、城鄉均衡及永續發展之原則，並兼顧家庭及社會責任，以預防、減緩社會問題，促進國民福祉為目標。社會包容（social inclusion）是相對於社會排除（social exclusion）的概念，茲說明如下：

1. 社會排除具有之特質，包括：(1)社會排除關聯於特定的時空；(2)是一種多面向的現象：包含就業、教育、住宅、人際關係的排除，或經濟、政治、文化和社會的排除；(3)是動態的過程；(4)陷入泥淖的：不只是針對過去如何被排除，亦表示未來難以融入。觀察社會排除主要是從下列五種面向：(1)勞動市場的排除：失業或處於勞動市場的邊陲地位；(2)貧窮：只無法維生而必須依靠政府的福利救助；(3)參與團體及影響決策：指沒有投票，沒有參與政治性的團體；(4)人際關係的孤立：有限制的人際關係，或缺乏來自人際關係的支持；(5)空間的排除：是指被排除者集中居住於某區域內。簡言之，社會排除簡單的說，就是把社會成員從社會團體中排除出去的現象。然而社會福利的功能之一是促進社會的整合，就社會政策的領域來說，若個人所應享有的社會權遭到剝奪，而此種剝奪一般非個人所能控制的狀況時，稱之為社會排除。

2. 社會包容強調以社會的接納、融合、建立支持網絡、充分參與社區活動等行動來增進族群間的互動，並帶來相互了解、相互尊重與相互信任。對抗社會排除的政策，就是社會包容（social inclusion）政策，其主要目的是將社會成員盡可能地包容納入社會團體中。社會包容指的是「基於市場動力、機會自由及具內在連帶責任價值使命企業以及互動支持體系調和組織的系統，以確保開放去接近福利給付及保護社會成員」。

Chapter 6 台灣社會政策與立法的發展脈絡

Multiple Choice Question 選擇題

1 政府在民國103年修正中華民國人口政策綱領，關於其基本理念的敘述，下列何者錯誤？　　　　　　　　　　　　　　　（110年第一次專技社工師）

(A) 倡導適齡婚育，尊重生命價值，維繫家庭功能，維持合理人口結構

(B) 建立完整社會安全網，提供兒童、少年、婦女、高齡者、身心障礙者、原住民族及其他弱勢者之完善社會福利

(C) 推動環境保護及永續發展，落實個人、家庭、社區之平衡，並實施國土規劃促進人口合理分布

(D) 精進移民政策，保障移入人口基本權益，營造友善外來人口之環境，並加強與海外國人及僑民鏈結，開創多元開放的新社會

答案：**C**

【解析】中華民國人口政策綱領：
(1) 倡導適齡婚育，尊重生命價值，維繫家庭功能，維持合理人口結構。選項(A)正確。
(2) 強化國民生育保健與營養均衡、國民體能與身心健康、文化建設與教育，以提升人口素質。
(3) 提升就業能力，打造合宜勞動環境與條件，有效提高勞動參與，並保障勞動者就業安全與權益。
(4) 建立完整社會安全網，提供兒童、少年、婦女、高齡者、身心障礙者、原住民族及其他弱勢者之完善社會福利。選項(B)正確。
(5) 落實性別平等意識，建構具性別觀點的人口政策。
(6) 保障各族群基本人權，建構多元文化社會。
(7) 推動環境保護及永續發展，落實生活、生態、生產之平衡，並實施國土規劃，促進人口合理分布。選項(C)有誤。
(8) 精進移民政策，保障移入人口基本權，營造友善外來人口之環境，並加強與海外國人及僑民鏈結，開創多元開放的新社會。選項(D)正確。

2 我國1980年通過三個重要社會福利立法，不包括下列何者？
　　　　　　　　　　　　　　　（110年第一次專技社工師）

選擇題 Multiple Choice Question

(A)殘障福利法　　(B)少年福利法　　(C)老人福利法　　(D)社會救助法

答案：**B**

【解析】為了因應家庭功能的逐漸解組，滿足福利照顧、安養護及經濟安全保障，政府於民國69年（1980年）通過了「老人福利法」、「社會救助法」與「殘障福利法」（身心障礙者權益保障法的前身）等三法，成為台灣社會福利發展重要指標。選項(B)不屬之。

3 我國2012年社會福利政策綱領對於社會救助與津貼的敘述，下列何者正確？
(110年地方四等)

(A) 政府應建構以社會保險為主，社會救助為輔，社會津貼為最後一道防線的社會安全體系

(B) 社會救助應因應國民特殊的需求而設計，針對社會保險不足之處予以補充，逐步整合成國民基本所得保障

(C) 政府社會津貼之設計應以能維持國民之基本經濟生活水準

(D) 政府應建立失業給付與社會救助體系間的銜接，依低所得家庭需求提供或轉介有工作能力者相關就業服務、職業訓練或以工代賑

答案：**D**

【解析】(1) 選項(A)有誤。政府應建構以社會保險為主，社會津貼為輔，社會救助為最後一道防線的社會安全體系，並應明定三者之功能區分與整合。
(2) 選項(B)有誤。社會津貼應因應國民特殊的需求而設計，針對社會保險不足之處予以補充，逐步整合成國民基本所得保障。
(3) 選項(C)有誤。政府社會救助之設計應以能維持國民之基本經濟生活水準。

4 對於民國100年社會福利政策綱領特別揭示其內容符合公民與政治權利國際公約及經濟、社會文化權利國際公約，而此兩公約也依規定訂有施行法。下列敘述何者錯誤？
(110年第二次專技社工師)

(A) 兩公約所揭示保障人權之規定具有國內法律之效力

Chapter 6 台灣社會政策與立法的發展脈絡

Multiple Choice Question 選擇題

(B)各級政府機關行使其職權應符合兩公約有關人權之規定，避免侵害人權，保護人民不受他人侵害，並積極促進各項人權之實現
(C)政府應依兩公約規定建立人權報告制度
(D)各級政府機關應依兩公約規定之內容檢討主管之法令及行政措施，有不符合兩公約規定者，應於兩公約施行法施行後3年內完成法令制（訂）定、修正或廢止及行政措施之改進

答案：**D**

【解析】選項(D)有誤。公民與政治權利國際公約及經濟社會文化權利國際公約施行法第8條規定，各級政府機關應依兩公約規定之內容，檢討所主管之法令及行政措施，有不符兩公約規定者，應於本法施行後二年內，完成法令之制（訂）定、修正或廢止及行政措施之改進。

5. 我國101年核定之中華民國建國一百年社會福利政策綱領，係以邁向三個方向的新社會作為願景，下列何者不包括在內？ （111年第一次專技社工師）
(A)公平　　　(B)正義　　　(C)包容　　　(D)平等

答案：**D**

【解析】中華民國建國一百年社會福利政策綱領之願景：邁向公平、包容與正義的新社會。選項(D)不屬之。

6. 有關聯合國1966年公民與政治權利國際公約及經濟社會文化權利國際公約（以下合稱兩公約）的敘述，下列何者正確？ （111年普考）
(A)目前只適用於有加入聯合國的國家，在臺灣不具有法律效力
(B)兩公約所揭示的重點在於保障人權
(C)政府目前尚未撰寫人權報告制度
(D)在臺外籍人士不受兩公約的保障

答案：**B**

【解析】(1)選項(A)有誤。我國於98年制定「公民與政治權利國際公約及經濟社會文化權利國際公約施行法」。其中第1條規定，為實施聯合國一九六六年公民與政治權利國際公約（International Covenant on Civil and Political Rights）

選擇題 Multiple Choice Question

及經濟社會文化權利國際公約（International Covenant on Economic Social and Cultural Rights）（以下合稱兩公約），健全我國人權保障體系，特制定本法；第2條規定，兩公約所揭示保障人權之規定，具有國內法律之效力。

(2) 選項(C)有誤。公民與政治權利國際公約及經濟社會文化權利國際公約施行法第6條規定，政府應依兩公約規定，建立人權報告制度。我國已於2012年提交初次報告。

(3) 選項(D)有誤。公民與政治權利國際公約及經濟社會文化權利國際公約施行法第3條規定，適用兩公約規定，應參照其立法意旨及兩公約人權事務委員會之解釋。在臺外籍人士受到兩公約之保障。

7 關於臺灣社會福利服務提供方式的敘述，下列何者錯誤？

（111年第二次專技社工師）

(A) 政府會透過公設民營方式來提供社會福利服務
(B) 政府常透過委託非營利組織來提供社會福利服務
(C) 政府憑己之力即足以提供所有的社會福利服務
(D) 政府會透過方案招標方式來提供社會福利服務

答案：**C**

【解析】選項(C)有誤。社會福利服務的服務項目多元化，政府無法憑己之力提供所有的福利服務，因此，近來我國的社會福利服務，除保留少部分的公辦公營方式提供服務外，大多數的福利服務多採契約委外的方式，委託民間社會福利機構辦理。

8 下列何者未包含在民國101年版的社會福利政策綱領的內涵中？

（112年第一次專技社工師）

(A) 社會救助與津貼　　　　　(B) 福利服務
(C) 居住正義與社區營造　　　(D) 社會教育

答案：**D**

【解析】民國101年版的社會福利政策綱領，區分社會救助與津貼、社

168

會保險、福利服務、健康與醫療照護、就業安全、居住正義與社區營造等六大項目為本綱領之內涵。選項(D)不屬之。

9 有關民國110年修訂的強化社會安全網──急難紓困實施方案，下列敘述何者錯誤？ （112年地方四等）

(A) 因經濟性因素致自殺通報個案為救助對象之一
(B) 受理申請後，應於24小時內進行個案實地訪視
(C) 符合規定者，得依認定基準表發給關懷救助金1萬元至3萬元
(D) 對急迫性個案得於認定符合規定時，立即先發給5千元，並逕送核定機關於當日核定後，於48小時內發給關懷救助金餘額

答案：**D**

【解析】民國110年修訂的強化社會安全網──急難紓困實施方案，對急迫性個案得於認定符合規定時，立即先發給5,000元，並逕送核定機關於當日核定後，於24小時內發給關懷救助金餘額。選項(D)有誤，應為24小時內發給關懷救助金餘額，非48小時。

10 強化社會安全網計畫將主要服務對象家庭分為危機家庭、脆弱家庭與一般家庭等三類。下列敘述何者正確？ （112年地方四等）

(A) 脆弱家庭係指發生家暴、性侵害或弱勢族群保護等問題之家庭
(B) 危機家庭係指因各種易受傷害的風險或多重問題，造成各面向脆弱性而需多重支持與服務介入的家庭
(C) 提升兒少及成人保護事件開案率是整合保護性服務與高風險家庭服務的目標之一
(D) 降低受虐兒童少年致死人數是脆弱家庭需求面向之一

答案：**C**

【解析】(1)選項(A)、(B)有誤。強化社會安全網計畫將服務對象概略分為三類：「危機家庭」係指「發生家庭暴力、性侵害、兒少／老人／身障等保護問題的家庭」；「脆弱家庭」係指「家庭因貧窮、犯罪、失業、物質濫用、未成年親職、有嚴重身心障礙兒童需照顧、家庭照顧功能不足等易受傷

選擇題　Multiple Choice Question

害的風險或多重問題，造成物質、生理、心理、環境的脆弱性，而需多重支持與服務介入的家庭」；「一般家庭」係指「支持與照顧成員功能健全的家庭」。

(2) 選項(D)有誤。降低受虐兒童少年致死人數係危機家庭需求面向之一。

11 依據民國112年5月頒布之社會福利基本法第6條，社會救助應結合相關措施，對於低收入戶、中低收入戶及遭受急難、災害、不利處境之國民，提供救助及緊急照顧，並協助其自立。請問下列何者並非所指之相關措施？

（112年地方四等）

(A) 就業
(B) 教育
(C) 國民年金
(D) 福利服務

答案：**C**

【解析】社會福利基本法第6條規定，社會救助應結合就業、教育、福利服務，對於低收入戶、中低收入戶及遭受急難、災害、不利處境之國民，提供救助及緊急照顧，並協助其自立。選項(C)不屬之。

12 對於臺灣社會福利發展的描述，下列何者錯誤？　（113年普考）
(A) 1990年代之後，臺灣社會福利立法開始以反應國內社會問題為主
(B) 兒童福利法是我國第一個通過之社會福利專法
(C) 「兒童及少年性剝削條例」係由「兒少年福利法」修改而來
(D) 性侵害防治法是我國第一個通過與婦女人身安全有關之社會立法

答案：**C**

【解析】選項(C)有誤。「兒童及少年性剝削條例」係由「兒童及少年性交易防制條例」修改而來。

13 立法院於2023年通過下列那一部法律，期待建立一套可供各級政府推展社會福利的共通性規範，以因應我國未來社會發展的各種挑戰？

（113年普考）

Multiple Choice Question 選擇題

(A)社會福利基本法　　　　　　(B)社會福利總則法
(C)社會安全法　　　　　　　　(D)社會基本法

答案：**A**

【解析】立法院於2023年通過「社會福利基本法」，期待建立一套可供各級政府推展社會福利的共通性規範，以因應我國未來社會發展的各種挑戰。

14 下列何者係屬公部門在原有體系之下，自行以原有或新增之人力所輸送之福利服務？　　　　　　　　　　　　　（113年第二次專技社工師）
(A)家庭暴力服務方案　　　　　(B)居家照顧服務
(C)褓母平台　　　　　　　　　(D)社會安全網

答案：**D**

【解析】(1) 選項(A)家庭暴力服務方案係依據家庭暴力防治法之規定實施。
(2) 選項(B)居家照顧服務係依據長期照顧服務法之規定實施。
(3) 選項(C)褓姆平台係依據兒童及少年福利與權益保障法之規定加以建置。
(4) 選項(D)社會安全網計畫目的是要結合政府各部門的力量，建構一張綿密的安全防護網，扶持社會中的每一個個體，於其生活或所處環境出現危機時，仍能保有其生存所需的基本能力，進而抵抗並面對各種問題。社會安全網係屬公部門在原有體系之下，自行以原有或新增之人力所輸送之福利服務。

15 依我國社會福利基本法第13條規定，除其他方式外，各級政府保障國民基本生活的方式，下列敘述何者正確？　　（113年第二次專技社工師）
(A)現金給付、食物給付、社會服務、參與權力
(B)現金給付、食物給付、福利資格、守門監督
(C)現金給付、實物給付、租稅優惠、機會提供
(D)現金給付、實物給付、福利服務、福利券

選擇題 Multiple Choice Question

答案：**C**

【解析】社會福利基本法第13條規定，各級政府應以現金給付、實物給付、租稅優惠、機會提供或其他方式，保障國民基本生活。

16 依據社會福利基本法之規定，社會福利相關設施應考量服務使用者之需求，並以下列那一個原則建置？　　　　　　　　　　（113年地方四等）
(A)永續發展　　(B)多元共融　　(C)通用設計　　(D)最佳利益

答案：**C**

【解析】社會福利基本法第24條規定，各級政府應於各級國土計畫、都市計畫擬訂及通盤檢討時，將社會福利土地及空間使用需求納入規劃；社會福利相關設施，應考量服務使用者之需求，並以通用設計原則建置。

17 我國於1980年通過之「社會福利三法」，下列何者錯誤？
　　　　　　　　　　　　　　　　　　　　　　　　　（113年地方四等）
(A)兒童福利法　(B)老人福利法　(C)殘障福利法　(D)社會救助法

答案：**A**

【解析】選項(A)有誤。我國於1980年通過之「社會福利三法」，包括老人福利法、殘障福利法、社會救助法。

18 有關社會福利基本法的相關敘述，下列何者錯誤？（113年地方四等）
(A)本法所稱社會福利，指社會保險、社會救助、社會津貼、福利服務、醫療保健、國民就業及居住正義之福利事項
(B)社會保險，應採強制納保、社會互助及風險分擔原則
(C)福利服務，應以人為本、以家庭為中心、以社區為基礎
(D)中央政府應考量國家政策發展方向、經濟與社會結構變遷情況、社會福利需求及總體資源供給，訂定社會福利政策綱領，並至少每5年檢討1次

答案：**A**

【解析】選項(A)有誤。社會福利基本法第2規定，本法所稱社會福利，指社會保險、社會救助、社會津貼、福利服務、醫療保

台灣社會政策與立法的發展脈絡　Chapter 6

Multiple Choice Question　選擇題

健、國民就業及社會住宅之福利事項。

19 我國2013年頒布之人口政策白皮書，有關少子女化社會的對策總目標之敘述，何者錯誤？　　（114年第一次專技社工師）
(A) 依原住民特性，將原住民地區納入全國醫療網
(B) 營造友善家庭之職場環境
(C) 強化兒童保護體系
(D) 提升婚姻機會與重建家庭價值

答案：**A**

【解析】

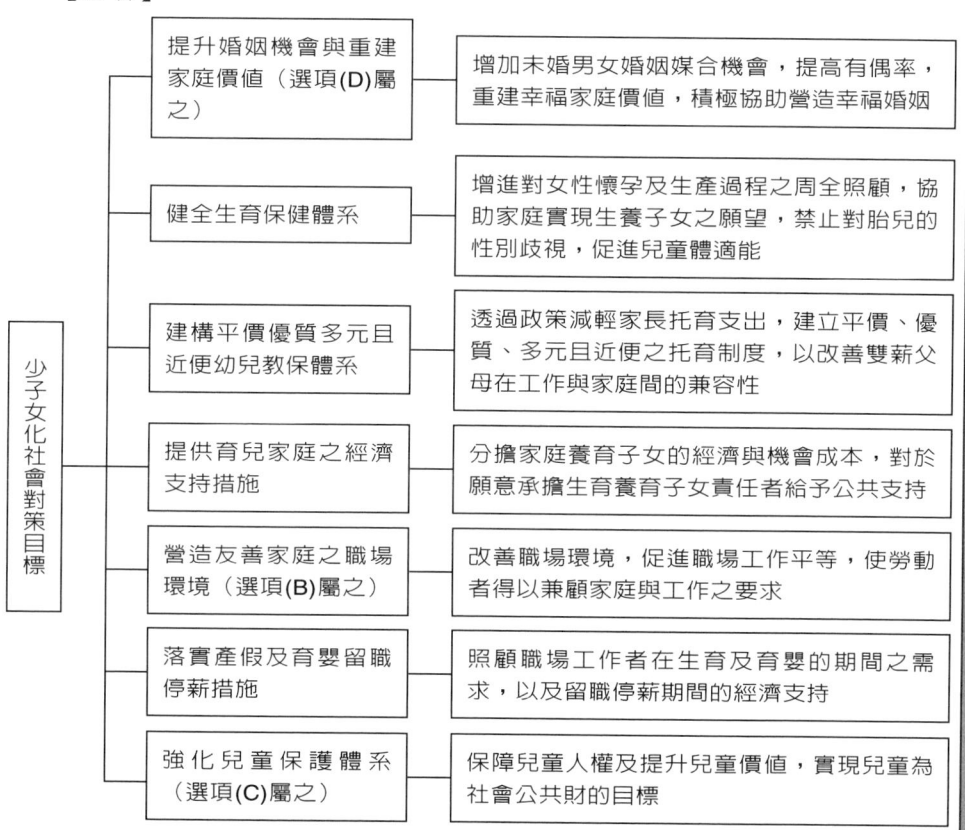

少子女化社會對策目標	項目	說明
	提升婚姻機會與重建家庭價值（選項(D)屬之）	增加未婚男女婚姻媒合機會，提高有偶率，重建幸福家庭價值，積極協助營造幸福婚姻
	健全生育保健體系	增進對女性懷孕及生產過程之周全照顧，協助家庭實現生養子女之願望，禁止對胎兒的性別歧視，促進兒童體適能
	建構平價優質多元且近便幼兒教保體系	透過政策減輕家長托育支出，建立平價、優質、多元且近便之托育制度，以改善雙薪父母在工作與家庭間的兼容性
	提供育兒家庭之經濟支持措施	分擔家庭養育子女的經濟與機會成本，對於願意承擔生育養育子女責任者給予公共支持
	營造友善家庭之職場環境（選項(B)屬之）	改善職場環境，促進職場工作平等，使勞動者得以兼顧家庭與工作之要求
	落實產假及育嬰留職停薪措施	照顧職場工作者在生育及育嬰的期間之需求，以及留職停薪期間的經濟支持
	強化兒童保護體系（選項(C)屬之）	保障兒童人權及提升兒童價值，實現兒童為社會公共財的目標

圖：少子女化社會之對策總目標

選擇題 Multiple Choice Question

20 1980年我國通過社會福利三項立法，有關其立法背景及內容之敘述，下列何者錯誤？　　　　　　　　　　　　　　（114年第一次專技社工師）
(A) 其目的在轉移1970年代之政治民主化的抗爭
(B) 緩和1978年美國與中共建交的震撼
(C) 回應聯合國老人綱領之主張
(D) 涵蓋老人福利法、殘障福利法與社會救助法

答案：**C**

【解析】1973年，為了回應聯合國兒童基金會（UNICF）的建議，第一個針對個別人口群之《兒童福利法》通過（選項(C)有誤，《兒童福利法》並非1980年我國通過社會福利三項立法之一）。1980年的社會福利三法──《社會救助法》、《老人福利法》、《殘障福利法》，則在轉移政治抗爭與1977年的中壢事件與1979年的美麗島事件，緩和1978年美國與中共建交的震撼，實際檢視社會福利三法的內容，除了整合既有政策措施與宣示性意義外，並未有較進步的福利制度，轉移社會焦點的意味甚為濃厚。

Chapter 7 社會保險之政策與立法

關鍵焦點

1. 社會安全體系的三大組成架構，各架構的特性與功能，請區辨清楚，申論題關鍵考點，測驗題亦是熱門考點。
2. 國民年金法規，申論題亦常命題。
3. 測驗題以全民健保、勞工保險、國民年金保險等三法案為最熱門考點，請考生熟讀法條。

申論題 Essay Question

一、請依據「國民年金法」，說明：(1)為何該法稱為「國民年金法」，而不稱為「國民年金保險法」？(2)該法保對被險人申請減領保險給付的規定為何？為何有此規定？(3)什麼是國民年金保險十年大限？對被保險人有何影響？ （110年地方三等）

考點分析

本題考國民年金法，有三個考點，相當需要加以思辨後，才能論述完整。第一個提問如瞭解國民年金的立法過程，則能明瞭其中的意涵；第二個提問是冷門的考點，請藉本題詳加準備；第三個提問十年大限，是時事題，在編者的部落格中即曾張貼過相關的評論，經常瀏覽編者部落格的考生，即可順利應答。

【解析】

一、為何稱為「國民年金法」，而不稱為「國民年金保險法」之說明

我國的國民年金法，雖以社會保險方式辦理，但卻非如同勞工保險、公教人員保險般，被保險人需繳納保險費盡義務後，才能享有保險給付的權利。國民年金的規劃，其一之政策目標即是整合相關的老人津貼，因此，在國民年金制度中，帶有社會津貼的部分意涵在內，據此，部分的對象在國民年金2008年10月1日開辦日起，雖尚未盡義務，即可領到年金給付。因此，該法案以「國民年金法」為法名稱，而不稱為「國民年金保險法」。

二、「國民年金法」對被險人申請減領保險給付之規定及規定之緣由

國民年金法第25條規定，被保險人得申請減領保險給付；其申請一年以一次為限。另依國民年金保險被保險人申請減領保險給付辦法之規定，減領的保險給付包括老年年金給付、身心障礙年金給付、遺屬年金給付等三種年金給付。此法有關減領年金給付之緣由，係因為了讓有需要申請縣（市）政府發放低收入戶、社會福利津貼或補助的民眾，不會因為領取國民年金給付，造成全年總所得金額超過規定的門檻，所以國民年金訂有減領給付的規定。

三、何謂國民年金保險十年大限及對被保險人之影響的說明

1. 國民年金雖屬社會保險制度，但採柔性強制納保方式辦理，對未按時繳費的被保險人，不加徵滯納金，亦不啟動強制執行。這主要考量的是國民年金的被保險人，其未若有職業者的社會保險被保險人具有經濟能力（例如：勞保、公教人員），因此，考量到被保險人的繳費能力，採柔性強制加保，對不繳費者不予強制要求，日後如有保險給付需求者予以補繳保費與利息方式，取得保險的資格，此種做法最大潛在風險就是造成「財政陷阱」。因為採柔性繳費原

社會保險之政策與立法　Chapter 7

則，繳費率為偏低，約僅60%，長期而言持之以往，財務穩健運作恐將發生問題。甚且允許10年內事後補繳保費及利息取得給付資格之措施，無形中鼓勵或助長民眾先不繳交保費，俟有保險事故發生時，再行補繳保費方式，以取得保險給付，原有社會保險預防風險的機制受到極大挑戰。

2. 國民年金法第17條規定，被保險人應繳納之保險費及利息，未依第13條及第14條規定期限繳納者，不予計入保險年資；其逾十年之部分，被保險人亦不得請求補繳。因此，對被保險人而言，年金給付係依照月投保金額乘以其保險年資，被保險人在十年大限前未繳納保費者，將喪失該期間的保險年資，未來請領年金給付的金額將會減少，不利於其老年經濟安全保障。

申論題　Essay Question

二、社會保險、社會津貼與社會救助是不同的社會安全制度，請論述這三種制度的功能有那些異同？並詳細比較其財源、受益的資格要件與給付形式有那些不同？　　　　（111年高考）

考點分析

社會安全制度，包括社會保險、社會救助、社會津貼等三種，本題在歷屆試題中，已有多次命題紀錄，考題雖屬基礎題型，但極具重要性，請考生詳加準備。

【解析】

◆ 一 社會安全制度（社會保險、社會救助、社會津貼）之功能

1. 社會保險：一般慣稱的社會保險（social insurance），即是繳保費的給付（Contributory benefits）。社會保險是政府所主辦，藉由

強制多數人口的投保行為,以分攤可能發生之生活風險,保障被保險人之經濟生活與身心健康,並具有所得重分配功能之非營利性的社會安全制度,意即政府要求符合其設定條件之國民,必須加入社會保險制度。社會保險之財源來自於保費收入,通常包括雇主、被保險人、政府等。被保險人須定期繳交保費,且當其遭遇風險事故時,社會保險制度即可提供所需之給付。社會保險是世界各國推行社福政策,保障國民經濟安全時,經常使用的方式,具有風險分攤之功能。

2. 社會救助:社會救助(social assistance)/公共救助(public assistance),是「資產調查的給付」(Means-tesed benefits)。請領給付者必須先經過資產調查,或所得調查,其資產所得低於規定水準以下,不足部分才由社會救助給付補足。社會救助之財源來自政府之稅收。社會救助之功能,包括保障國民之生存權、維持經濟市場運作、補充社會保險之不足、具財富重分配之意涵。

3. 社會津貼:社會津貼或稱為「普及式津貼」(universal allowances)或「特定人口補助」(demogrants)。此種經濟安全保障制度工具,是一種提供均等現金給付給特定目標人口群的制度,這種制度並不考慮給付對象的所得、就業與財產,而只考慮給付對象的居住(國籍或居留權)。其所得免繳費給付,也稱人口特性給付,常具有補償性質或是用來滿足額外的經濟需求,經費來自於稅收,或來自雇主和受僱者所繳納的費用。社會津貼具有普及式的社會公民權之意涵,可避免社會救助需資產調查之恥辱烙印的功能。

三 社會安全制度(社會保險、社會救助、社會津貼)之異同及相關比較

類別	社會保險	社會救助	社會津貼
受益資格(保障對象)	勞動人口及其家屬	貧窮者	特定人口群體,以老人、兒童、身心障礙者較常見

社會保險之政策與立法 **Chapter 7**

類別	社會保險	社會救助	社會津貼
對象選擇方式	加入保險制度	資產調查	社會共識基礎的公民權或居留權
制度性質	自助、互助	社會扶助	社會補充
制度功能	防貧	濟貧	防貧
制度內容	全國一致或職業別	因地制宜	全國一致
保障普及	普及性或差異	選擇性	普及性
福利模式類別	偏職業成就或功績模式	殘補福利模式	偏制度再分配模式
財源（經費來源）	保險費	政府預算	政府財稅（或保險費）
給付內容	現金給付、實務給付	現金給付、實物給付	現金給付
類別給付水準	社會保險與所得相關、維持生活水準	社會救助基本需求、次生活標準	社會津貼基本需求
風險分攤	強調	不強調	無
制度意涵	強化工作成就	恥辱、懲罰	社會權
工作誘因	佳	不足	中性
權利義務	對等	不強調	不強調

申論題　Essay Question

三、社會保險制度所提供的退休金在老年經濟安全制度扮演重要角色，請說明並分析我國的公務員、公立學校教職員、軍人、私立學校教職員、勞工及農民各有那些社會保險制度所提供的退休保障？

（111年地方四等）

Question Box 社會政策與社會立法（含概要） 搶分題庫

> **考點分析**
>
> 本題考題有關各人口類屬的社會保險退休保障制度，簡單易答，惟須注意的是農民並無以社會保險為制度的退休保障，此部分必須在論述中補充說明。

【解析】

茲將不同人口類屬的社會保險制度所提供的退休保障，說明如下：

一、公務員、公立學校教職員、私立學校教職員

1. 適用之社會保險退休保障法案：公教人員保險法
2. 適用之對象
    (1) 法定機關（構）編制內之有給專任人員。
    (2) 公立學校編制內之有給專任教職員。
    (3) 依私立學校法規定，辦妥財團法人登記，並經主管教育行政機關核准立案之私立學校編制內之有給專任教職員。

二、軍人

1. 適用之社會保險退休保障法案：軍人保險條例
2. 適用對象：現役軍官、士官、士兵。

三、勞工

1. 適用之社會保險退休保障法案：勞工保險條例
2. 適用對象：年滿十五歲以上，六十五歲以下之勞工，應以其雇主或所屬團體或所屬機構為投保單位，全部參加勞工保險為被保險人。

四、農民

1. 適用之社會保險退休保障法案：農民健康保險條例
2. 適用對象：農會會員從事農業工作，未領取相關社會保險老年給付

社會保險之政策與立法 **Chapter 7**

者；非前項農會會員，年滿十五歲以上從事農業工作之農民，未領取相關社會保險老年給付者。

3. 農民健康保險條例之保險給付，並未提供農民退休制度的保障，現行之農民退休保障，係以「老年農民福利津貼暫行條例」為依據，發放老年農民福利津貼，惟「老年農民福利津貼暫行條例」並非社會保險制度，而係社會津貼制度。

> **申論題** Essay Question
>
> 四、國民年金制度之實施，完成我國全民皆有年金之最後一塊拼圖。請探討該制度之保障模式、保障對象、給付項目，以及該制度實施以來面臨那些問題及挑戰？ （112年高考）

> **考點分析**
>
> 本題主要分為兩項考點。第一項考點偏向法規面，包括國民年金的保障模式、保障對象、給付項目；第二項考點則是有關國民年金所面臨的問題及挑戰，這部分可從法規制度面、社會保險制度面、保險財務面等面向加以論述。

【解析】

一、國年年金之保障模式、保障對象、給付項目

1. 保障模式：我國的國民年金係以社會保險為保障模式，採用國民年金保的方式辦理，確保未能於相關社會保險獲得適足保障之國民於老年、生育及發生身心障礙時之基本經濟安全，並謀其遺屬生活之安定。

    (1) 保險事故：國民年金保險之保險事故，分為老年、生育、身心障礙及死亡四種。

    (2) 保障對象：未滿六十五歲國民，在國內設有戶籍而有下列情形之

181

Question Box 　社會政策與社會立法（含概要）　搶分題庫

一者，除應參加或已參加相關社會保險者外，應參加本保險為被保險人：

(3) 年滿二十五歲，且未領取相關社會保險老年給付。

(4) 本法施行前，領取相關社會保險老年給付之年資合計未達十五年或一次領取之相關社會保險老年給付總額未達新臺幣五十萬元。但所領取勞工保險老年給付之年資或金額不列入計算。

(5) 本法施行後十五年內，領取相關社會保險老年給付之年資合計未達十五年或一次領取之勞工保險及其他社會保險老年給付總額未達新臺幣五十萬元。但勞工保險年金制度實施前，所領取勞工保險老年給付之年資或金額不列入計算

(6) 給付項目：被保險人在保險有效期間發生保險事故時，分別給與老年年金給付、生育給付、身心障礙年金給付、喪葬給付及遺屬年金給付。

三 國民年制度實施以來面臨之問題及挑戰

1 法規制度面：國民年金採取柔性強制性，對被保險人卻無罰則

關於國民年金的屬性定位，依國民年金法第七條指出，年滿25歲，除應參加或已參加相關社會保險者外，應參加本保險，即表示被保險人是被強制納入。國民年金為社會保險之一，卻無強制納保。法規中採取柔性強制原則，以致被保險人即使不繳納保費也無強制可以開立罰單的法令依據。國民年金有「應」參加的法律規範，但並未有不參加「應」處罰的強制效果，形成被保險人雖為強制參加對象，但因未有相對應不參加的罰則，以致造成「形式上」的強制性，而無「實質上」的強制性。在制度設計上，不採取強制加保原則，而是以「柔性強制」作為加保的精神，如暫時不願繳交保費，俟有給付需求，可以追溯補繳10年保費，並承認其年資。這種制度設計符合本保險被保險人人口與經濟特性，但卻為制度埋下不穩定的因子，例如：按期繳交保費的只有法定被保險人人數之一半左右，即是一例。因此，就強制性保險的完整法制來說，除了有應參

社會保險之政策與立法

加的規定外，應該也要有不參加應予處罰的相關規定，才能真正落實社會保險強制性的效果

2 **社會保險制度面：不同社會保險體系競合之挑戰**

社會保險制度面扭曲民眾的選擇意願，勞保無論在所得替代率或給付計算基礎，條件上都明顯優於國民年金。對一般民眾而言，投保勞工保險未來可領取之給付相對較高，使得一般民眾投保國民年金的意願降低，因此有部分應投保國民年金保險之民眾，藉由無一定雇主或自營者身分，透過職業工會來投保勞工保險，即使失業也繼續參加勞工保險而規避國民年金。研究指出，國民年金之給付率低於勞工保險，誘使很多的青壯人口選擇自行加入職業工會的勞保。因此，國民年金之保險對象，多以家庭主婦、非典型就業者及其他屬經濟上較為弱勢的人口群，形成學者稱國民年金為弱勢者相互取暖的保險，不利於國民年金之永續經營。

3 **保險財務面：繳費率偏低問題的挑戰**

國民年金之保險對象，以經濟弱勢者居多，其經濟相對弱勢，具繳費能力有限的情形，影響保險費的收繳率。國民年金被保險人歷年的平均繳費率約落在50%左右，相較其他社會保險繳費率偏。如再進一步檢視國民年金法，另一重要原因是欠繳保費並無罰則或加徵滯納金的規定，且設有十年緩繳保費的期限，等同於在制度上許可被保險人欠繳保費及給予緩繳保費十年的寬限期，在前述被保險人具有經濟相對弱勢的特質下，被保險人自然會選擇不繳或緩繳保費，這應該是國民年金繳費率低落的主要制度因素。而面對符合領取給付的人口逐漸增加，國民年金的財務窘迫問題更顯迫切。

Question Box

社會政策與社會立法（含概要） 搶分題庫

選擇題　Multiple Choice Question

1 關於老年保險持續性年金給付的敘述，下列何者錯誤？

(110年第一次專技社工師)

(A) 持續性年金給付比一次性給付消耗較多行政成本
(B) 持續性年金給付水準不能隨物價更動因此保障不足
(C) 持續性年金給付比一次性給付更能提供長遠保障
(D) 持續性年金給付水準可依生活水準調整

答案：**B**

【解析】選項(B)有誤。持續性年金給付水準，可於制度設計時，參照物價變動水準，於達到某一水準時予以隨物價調整。

2 下列何法是我國第一個普及性的福利立法？　　　　　(110年普考)

(A) 國民年金法　　　　　　　　(B) 全民健康保險法
(C) 老人福利法　　　　　　　　(D) 勞工保險條例

答案：**B**

【解析】1995年3月1日，我國實施全民健康保險，為我國第一個普及性的福利立法。

3 依據勞工保險條例，年滿60歲有保險年資者，得依規定請領老年給付，下列敘述何者錯誤？　　　　　　　　　　　　　　　　　　(110年普考)

(A) 保險年資合計滿15年者，請領老年年金給付
(B) 保險年資未滿15年者，請領老年一次金給付
(C) 被保險人已領取老年給付者，可重新加保但年資不累計
(D) 被保險人擔任危險工作合計滿15年，年滿55歲，並辦理離職退保者，得請領老年年金給付

答案：**C**

【解析】勞工保險條例第58條規定：

(1) 年滿六十歲有保險年資者，得依下列規定請領老年給付：

A. 保險年資合計滿十五年者，請領老年年金給付。選項(A)屬之。

B. 保險年資合計未滿十五年者，請領老年一次金給付。選

社會保險之政策與立法　Chapter 7

Multiple Choice Question　選擇題

項(B)屬之。

(2) 本條例中華民國九十七年七月十七日修正之條文施行前有保險年資者，於符合下列規定之一時，除依前項規定請領老年給付外，亦得選擇一次請領老年給付，經保險人核付後，不得變更：

A. 參加保險之年資合計滿一年，年滿六十歲或女性被保險人年滿五十五歲退職者。

B. 參加保險之年資合計滿十五年，年滿五十五歲退職者。選項(D)屬之。

C. 在同一投保單位參加保險之年資合計滿二十五年退職者。

D. 參加保險之年資合計滿二十五年，年滿五十歲退職者。

E. 擔任具有危險、堅強體力等特殊性質之工作合計滿五年，年滿五十五歲退職者。

(3) 依前二項規定請領老年給付者，應辦理離職退保。選項(C)有誤。

(4) 被保險人請領老年給付者，不受第三十條規定之限制。

(5) 第一項老年給付之請領年齡，於本條例中華民國九十七年七月十七日修正之條文施行之日起，第十年提高一歲，其後每二年提高一歲，以提高至六十五歲為限。

(6) 被保險人已領取老年給付者，不得再行參加勞工保險。

(7) 被保險人擔任具有危險、堅強體力等特殊性質之工作合計滿十五年，年滿五十五歲，並辦理離職退保者，得請領老年年金給付，且不適用第五項及第五十八條之二規定。

4　有關社會保險保費的敘述，下列何者正確？　（110年第二次專技社工師）

(A) 社會保險保費通常與給付成固定比例
(B) 社會保險保費不一定與給付成比例
(C) 社會保險保費通常與稅收成固定比例
(D) 社會保險保費通常與所得不成比例

選擇題 Multiple Choice Question

答案：**B**

【解析】社會保險費的特質之一是保險費與保險給付不成比例。社會保險重視公平性，所以保費與實際享有保險給付並不一定成比例。例如：健保高收入者繳交較多保費，但所接受的醫療服務卻是相同。選項(B)正確。

5 有關國民年金保險之保險給付規定，下列何者錯誤？
(A) 同一保險給付，不得因同一事故，重複請領
(B) 被保險人得申請減額保險給付
(C) 保險給付的請求權為2年
(D) 被保險人故意犯罪行為，致發生保險事故者，除未涉案之當序受益人外，不予保險給付

答案：**C**

【解析】《國民年金法》第28條規定，領取保險給付之請求權，自得請領之日起，因五年間不行使而消滅。

6 下列何者為我國全民健康保險法的保險人？　　　（110年地方四等）
(A) 在臺灣地區領有居留證明文件，並在臺居留滿6個月者
(B) 因公派駐國外之政府機關約聘僱人員
(C) 失蹤滿6個月者
(D) 衛生福利部中央健康保險署

答案：**D**

【解析】全民健康保險法第7條規定，本保險以衛生福利部中央健康保險署為保險人，辦理保險業務。

7 國民年金法第53條有關原住民老年年金給付之年齡適用規定，下列何者正確？　　　（110年地方四等）
(A) 年滿65歲以上
(B) 年滿60歲至未滿65歲
(C) 年滿55歲至未滿65歲
(D) 年滿55歲以上

答案：**C**

【解析】(1) 國民年金法第29條規定，被保險人或曾參加本保險者，於

社會保險之政策與立法　Chapter 7

Multiple Choice Question　**選擇題**

　　年滿六十五歲時，得請領老年年金給付。
(2) 國民年金法第53條規定：
　A.年滿五十五歲之原住民，在國內設有戶籍，且無下列各款情事者，於本法中華民國一百年六月十三日修正之條文施行後，得請領每人每月新臺幣三千元至年滿六十五歲前一個月為止，所需經費由中央原住民族事務主管機關按年度編列預算支應：
　　(A) 現職軍公教（職）及公、民營事業人員。但每月工作收入未超過勞工保險投保薪資分級表第一級者，不在此限。
　　(B) 領取政務人員、公教人員、公營事業人員月退休（職）金或軍人退休俸（終身生活補助費）。
　　(C) 已領取身心障礙者生活補助或榮民就養給付。
　　(D) 有第三十一條第一項第一款、第四款至第六款情形之一。但未產生經濟效益之原住民保留地，不列入第三十一條第一項第五款土地計算。
　B.依前項規定請領每人每月新臺幣三千元之年齡限制，於本法施行後，應配合原住民平均餘命與全體國民平均餘命差距之縮短而逐步提高最低請領年齡至六十五歲；其最低請領年齡之調高，由中央原住民族事務主管機關每五年檢討一次，並報請行政院核定之。
(3) 綜上，選項(D)正確，原住民老年年金給付之年齡適用規定，為年滿55歲至未滿65歲。

8　有關社會保險的保費與薪資關係的敘述，下列何者錯誤？

（111年第一次專技社工師）

(A) 社會保險保費經常由薪資當中扣除
(B) 社會保險保費是雇主除了薪資以外要負擔的生產成本之一
(C) 社會保險保費應該全部由政府負擔
(D) 雇主可能把應該負擔的社會保險保費轉嫁到薪資上

選擇題 Multiple Choice Question

答案：**C**

【解析】選項(C)有誤。社會保險之保費負擔比例，通常係由由勞方、資方、或政府按一定比例的負擔。如我國勞保、健保等。

9 個人儲金制是一種社會給付的型式，下列敘述何者錯誤？

（111年第一次專技社工師）

(A) 性質為強制性儲蓄
(B) 個人儲金帳戶不會更動
(C) 個人帳戶內儲金的使用，可由個人依自主意願提領運用
(D) 政府在個人儲金制中多為監督者及管理者的角色

答案：**C**

【解析】所謂公積金制（個人儲金制），通常係指依照政府規定由勞雇雙方依員工薪資所得按月提撥一定百分比充當公積金，採本金加利息儲存的一種強制儲蓄制度，而每一員工均設有其個人帳戶，在發生特定事故時，可從本身帳戶中請領其本息，以應需要。選項(C)有誤，只有在發生特定事故時才可提領使用，無法依個人依自主意願提領運用。

10 下列何者為國民年金保險的保險事故？

（111年普考）

(A) 疾病　　(B) 失業　　(C) 長照　　(D) 生育

答案：**D**

【解析】國民年金法第2條規定，國民年金保險之保險事故，分為老年、生育、身心障礙及死亡四種。被保險人在保險有效期間發生保險事故時，分別給與老年年金給付、生育給付、身心障礙年金給付、喪葬給付及遺屬年金給付。

11 有關「完全準備提存制」社會保險財務運作方式的敘述，下列何者正確？

（111年第二次專技社工師）

(A) 保險給付來自之前繳交保費的總和，具不同階級所得重分配效果
(B) 基金累積不受經濟因素的影響，長久被保險人經常可以領到更多給付
(C) 基金累積過程遭遇通貨膨脹使基金價值也變大

188

社會保險之政策與立法　Chapter 7

Multiple Choice Question　選擇題

(D)保險人長期收取的保費累積龐大基金，但是投資管理不易

答案：**D**

【解析】完全準備提存制（fund）

(1) 定義：又稱「儲金制」或「基金制」，乃是將被保險人長期所繳交之保險費提存準備，使得保險人有充足的準備金，用以因應保險事故發生時的給付需求。一般而言，長期社會保險，如年金保險，比較注重準備金的提存，意即通常會規定保險人必須繳交全部規定期間的保費，才可以領取給付。例如：公保老年給付，就必須繳足法定年數的保費後，才能獲得退休的保險給付。

(2) 優點

　A.被保險人在繳交完全保費後，一定會領到給付，滿足被保險人的安全感。

　B.保險費可以經常維持在穩定的水準，使保險財務結構健全。

　C.保費收入可以在銀行獲取利息或投資獲利，充實基金，減少被保險人的負擔。

　D.龐大的基金累積之後，可以從事社會福利事業，並且對於國家經濟有調節的功能，例如：「國家金融安定基金」的設置，就有部分來自於勞工保險基金。

(3) 缺點

　A.龐大的基金若保險人運用或投資不當，將產生極大的風險。選項(D)屬之。

　B.基金的累積過程中，所產生的通膨及薪資水準的提高，無形中將使保險基金的價值減少（選項(C)有誤），以致屆時仍無法達到完全給付的目的（選項(B)有誤）；亦可能造成被保險人雖然領到保險給付，但給付水準卻比現行生活水準低，實際保障其經濟安全的功能大打折扣。

　C.此一保險財務運作模式，在實施初期為累積高額基金，

被保險人因此必須負擔較高的保費。而且如在未來給付增加時，仍必須調整保費以為因應。

D.因為龐大準備金所帶來的假象，被保險人經常據以要求提高給付，導致寅吃卯糧的狀況。

E.在「準備提存制」中，被保險人所得之給付，大多為之前所繳交保費總和，幾乎無所得重分配之效果，是較為保守的財務運作方式。選項(A)有誤。

12 根據全民健康保險法第3條規定，政府每年負擔本保險之總經費，不得少於每年度保險經費扣除法定收入後金額之多少？　　　（111年地方四等）
(A)百分之十五
(B)百分之二十一
(C)百分之三十
(D)百分之三十六

答案：**D**

【解析】全民健康保險第3條規定，政府每年度負擔本保險之總經費，不得少於每年度保險經費扣除法定收入後金額之百分之三十六。

13 有關年金保險的現金給付水準，下列敘述何者正確？
　　　　　　　　　　　　　　　　　　　（112年第一次專技社工師）
(A)通常以被保險人的「投保薪資」作為給付計算基準
(B)給付水準與所得稅率水準存在一定關係
(C)給付水準應儘量高於退休前薪資水準
(D)給付水準不可高於社會救助給付水準

答案：**A**

【解析】(1)選項(B)有誤。年金保險的給付水準，與「投保薪資」存在一定關係。
(2)選項(C)有誤。年金保險的給付水準，低於退休前薪資水準。
(3)選項(D)有誤。年金保險的給付水準，係依據投保年資、投保金額等計算，與是否低於或高於社會救助給付水準無關。

Chapter 7 社會保險之政策與立法

選擇題 Multiple Choice Question

14 保險費是社會保險的主要財務來源，對於保險費的計算有一種是採取定額制，我國下列那一種保險制度採行定額保費制？

（112年第一次專技社工師）

(A)軍人保險　　　　　　　　(B)公教人員保險
(C)勞工保險　　　　　　　　(D)國民年金保險

答案：**D**

【解析】 選項(A)、(B)、(C)之保險費係依據被保險人之投保金額級距高低乘以均一費率，而計收不同的保費，因此，保費之高低，因人而異。選項(D)國民年金保險，雖也是採取均一費率，但被保險人並無投保金額級距，均採固定投保金額，因此，每位被保險人之保費均相同，即為定額保費制。

15 根據全民健康保險法的規定，眷屬的範圍，不包括下列何者？

（112年普考）

(A) 被保險人二親等內直系血親卑親屬成年仍在學就讀
(B) 被保險人二親等內直系血親卑親屬成年無謀生能力
(C) 被保險人之直系血親尊親屬，且無職業者
(D) 被保險人之配偶，且無職業者

答案：**A**

【解析】 全民健康保險法第2條規定，眷屬定義如下：
(1) 被保險人之配偶，且無職業者。選項(D)屬之。
(2) 被保險人之直系血親尊親屬，且無職業者。選項(C)屬之。
(3) 被保險人二親等內直系血親卑親屬未成年且無職業，或成年無謀生能力或仍在學就讀且無職業者。選項(B)屬之。

16 下列有關我國社會保險的敘述，何者錯誤？　　（112年普考）

(A) 勞工保險係屬社會保險，其財務處理方式採取「部分提存準備制」
(B) 就業保險是我國社會保險中，唯一一個依據個別風險而單一化的保險項目
(C) 開辦國民年金之目的在於，為無法參加任何社會保險之國人所設計，以補足社會安全體系的制度缺口

Question Box 社會政策與社會立法(含概要) 搶分題庫

選擇題 Multiple Choice Question

(D)公教人員保險之財務處理方式採行「完全提存準備制」

答案:B

【解析】選項(B)有誤,就業保險並非是我國社會保險中,唯一一個依據個別風險而單一化的保險項目。例如:勞工職業災害保險亦為依據個別風險而單一化的保險項目。

17 下列有關保險給付或津貼之描述,何者錯誤? (112年普考)
(A)國民年金保險提供老年年金、身心障礙年金、遺屬年金、生育給付與喪葬給付
(B)農民健康保險給予生育給付、醫療給付、身心障礙給付及老年津貼
(C)就業保險之給付包括失業給付、提早就業獎助津貼、職業訓練生活津貼、育嬰留職停薪津貼、失業被保險人及其眷屬全民健康保險保險費補助
(D)公教人員保險的保險給付為失能給付、養老給付、死亡給付、眷屬喪葬津貼、生育及育嬰留職停薪津貼

答案:B

【解析】農民健康保險條例第2條規定,農民健康保險之保險事故,分為生育、傷害、疾病、身心障礙及死亡五種;並分別給予生育給付、醫療給付、身心障礙給付及喪葬津貼。選項(B)有誤。

18 按國民年金法之規定,中央主管機關依法應補助之保險費及應負擔之款項,下列何者不是法定的籌措來源? (112年普考)
(A)供國民年金之用之公益彩券盈餘
(B)調增營業稅徵收率百分之一
(C)基本保證年金由中央主管機關編列預算支應
(D)調增營利事業所得稅百分之零點五

答案:D

【解析】國民年金法第47條規定,中央主管機關依本法規定應補助之保險費及應負擔之款項,除依規定之基本保證年金應由中央主管機關編列預算支應外,依序由下列來源籌措支應;其有

社會保險之政策與立法 Chapter 7

Multiple Choice Question 選擇題

結餘時，應作為以後年度中央政府責任準備：
(1) 供國民年金之用之公益彩券盈餘。
(2) 調增營業稅徵收率百分之一。選項(D)有誤。

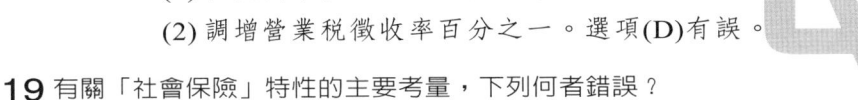

19 有關「社會保險」特性的主要考量，下列何者錯誤？

（112年第二次專技社工師）

(A) 社會互助，財源來自保險費或保險稅
(B) 預防貧窮，可維持基本的經濟安全水準
(C) 保險對象優先考量社會弱勢者
(D) 具風險分攤效果

答案：**C**

【解析】 選項(C)有誤。強制納保原則係指社會保險只要符合社會保障標的的人口群，均應強制納入。且依據大數法則，風險分攤愈少。因此，保險對象並非優先考量社會弱勢者。

20 社會保險財務制度的規劃，會針對長短期社會保險而有不同的制度，短期保險如臺灣的全民健保，其財務制度的原則為何？

（112年第二次專技社工師）

(A)隨收隨付制 (B)完全提存準備制
(C)修正提存準備制 (D)基金制

答案：**A**

【解析】 隨收隨付制（pay as you go）又稱「賦課制」，意即當時之保費收入，隨即用於當時的保險給付，而社會保險的財務僅需平衡「現在」的收支狀況即可。保險人無須提存責任準備金，而僅是維持一至數個月必要支出的意外準備金，常在短期性的健康保險制度上出現。隨收隨付的財務運作方式，透過強制保險的實施，可以保證被保險人不斷的加入，保險收入也會源源不絕。

21 有關農民退休儲金條例，下列敘述何者正確？ （112年地方四等）

(A) 退休儲金全由農民自行提繳
(B) 提繳金額依勞工每月基本工資乘以提繳比率（10%以內自行決定）計算

193

選擇題 Multiple Choice Question

(C)退休儲金採隨收隨付制

(D)儲金領取依據年金生命表，以平均餘命及利率等基礎計算所得之金額，每半年定期發給

答案：**B**

【解析】(1) 選項(A)有誤。農民退休儲金條例第3條規定，本條例所定農民退休儲金，由農民及主管機關按月共同提繳。

(2) 選項(C)有誤。農民退休儲金條例屬於社會保險性質，但其財務制度並非如健康保險等短期社會保險採隨收隨付制，因係屬於長期性社會保險，故財務制度為採部分提存制度。

(3) 選項(D)有誤。農民退休儲金條例第15條規定，農民退休儲金之領取及計算方式為退休儲金專戶本金及累積收益，依據年金生命表，以平均餘命及利率等基礎計算所得之金額，按月定期發給。

22 關於我國的年金相關政策與立法，下列何者錯誤？　　（112年地方四等）

(A)勞工保險條例之老年給付與勞工退休金條例，只能擇一領取

(B)民國106年完成之「公教人員年金改革」，重點之一為基金永續

(C)「國民年金」係針對無就業者之老年年金社會保險

(D)「老農津貼」之性質非社會保險或社會救助，而係政策性補助

答案：**A**

【解析】勞工保險條例之老年給付為社會保險，勞工退休金條例為職業年金，兩者所依據之法源不同，只要符合該條例領取資格者，均得個別領取。選項(A)所述僅能擇一領取，有誤。

23 依據國民年金法規定，當隔代教養之服務家庭，被保險人案祖父或祖母身亡且無其他親屬，下列被扶養之孫子女，何者無法請領遺屬年金給付？

（113年第一次專技社工師）

(A)19歲高中畢業後，擔任汽修技師培訓人員每月賺取基本工資之收入

(B)21歲正就讀大學，在加油站打工每月賺取未達基本工資之收入

(C)23歲正就讀研究所，擔任家教與餐飲店打工，每月賺取未達基本工資

Chapter 7 社會保險之政策與立法

Multiple Choice Question　選擇題

收入

(D)應受被保險人扶養而無謀生能力者

答案：**A**

【解析】國民年金法第40條規定，被保險人死亡者、符合規定而未及請領老年年金給付前死亡者，或領取身心障礙或老年年金給付者死亡時，遺有配偶、子女、父母、祖父母、孫子女或兄弟、姊妹者，其遺屬得請領遺屬年金給付。前項遺屬年金給付條件如下：

(1) 配偶應年滿五十五歲且婚姻關係存續一年以上。但有下列情形之一者，不在此限：
　　A.無謀生能力。
　　B.扶養第三款規定之子女者。
(2) 配偶應年滿四十五歲且婚姻關係存續一年以上，且每月工作收入未超過其領取遺屬年金給付時之基本工資。
(3) 子女應符合下列條件之一。但養子女須有收養關係六個月以上：
　　A.未成年。
　　B.無謀生能力。
　　C.二十五歲以下，在學，且每月工作收入未超過其領取遺屬年金給付時之基本工資。
(4) 父母及祖父母應年滿五十五歲，且每月工作收入未超過其領取遺屬年金給付時之基本工資。
(5) 孫子女應受被保險人扶養，並符合下列條件之一：
　　A.未成年。
　　B.無謀生能力。
　　C.二十五歲以下，在學，且每月工作收入未超過其領取遺屬年金給付時之基本工資。選項(A)有誤。
(6) 兄弟、姊妹應受被保險人扶養，並符合下列條件之一：
　　A.未成年。
　　B.無謀生能力。

選擇題 Multiple Choice Question

C. 年滿五十五歲，且每月工作收入未超過其領取遺屬年金給付時之基本工資。

24 下列何者為全民健康保險法所給付之項目？ （113年普考）
(A) 變性手術
(B) 眼鏡
(C) 成藥
(D) 因緊急傷病經醫師診斷認為必要之輸血

答案：**D**

【解析】全民健康保險法第51條規定，下列項目不列入本保險給付範圍：
(1) 依其他法令應由各級政府負擔費用之醫療服務項目。
(2) 預防接種及其他由各級政府負擔費用之醫療服務項目。
(3) 藥癮治療、美容外科手術、非外傷治療性齒列矯正、預防性手術、人工協助生殖技術、變性手術。選項(A)不屬之。
(4) 成藥、醫師藥師藥劑生指示藥品。選項(C)不屬之。
(5) 指定醫師、特別護士及護理師。
(6) 血液。但因緊急傷病經醫師診斷認為必要之輸血，不在此限。選項(D)所述，屬全民健保法給付項目。
(7) 人體試驗。
(8) 日間住院。但精神病照護，不在此限。
(9) 管灌飲食以外之膳食、病房費差額。
(10) 病人交通、掛號、證明文件。
(11) 義齒、義眼、眼鏡、助聽器、輪椅、拐杖及其他非具積極治療性之裝具。選項(B)不屬之。
(12) 其他由保險人擬訂，經健保會審議，報主管機關核定公告之診療服務及藥物。

25 下列那一項我國的年金制度屬於「確定提撥制」？ （113年普考）
(A) 勞工保險 　　　　　　　　(B) 勞工退休金新制
(C) 國民年金 　　　　　　　　(D) 公務人員保險

Chapter 7 社會保險之政策與立法

選擇題 Multiple Choice Question

答案：**B**

【解析】(1) 確定給付制（defined benefit, DB）：係指年金制度確定、保障老年給付之數額（或水準），或依其繳費年資決定給付水準（基數），及透過精算技術預估該所屬員工，或制度內全體員工退休時所需退休金給付成本後，再決定提撥期間所需提撥比率的一種制度，隨著物價等因素，會影響實際應繳費的金額。選項(A)、(C)、(D)屬之。

(2) 確定提撥制（defined contribution, DC）：係指參加退休金制度的勞工及其雇主，均依勞工薪資按月提撥一定比例（百分比）的費用到指定的帳戶（或基金）中。當勞工符合條件而退職（休）時，提領在其個人帳戶中所儲存的基金收益本息作為老年給付之用。對參加此制度的勞工及雇主（甚至政府）而言，因其提撥率或保險費，均屬事先予以確定。但「確定」並不意味其終身的提撥率均相同，而是指「提撥」即完成法定的責任。通常確定提撥制會結合完全提存準備制或個人儲金制而成為制度。選項(B)屬之。

26 對我國全民健保的描述，下列何者正確？　　　　　　（113年普考）
(A) 全民健保是我國目前唯一施行之普及性福利
(B) 社會救助法於民國100年修法後規定，中低收入戶全民健保費用為全額補助
(C) 為擴大保險費費基，二代健保的保費採家戶總所得計算
(D) 就業保險法中規定失業之被保險人及隨同被保險人辦理加保之眷屬可申請全民健康保險保險費補助

答案：**D**

【解析】(1) 選項(A)有誤。普及式福利原則是以需求的類屬、群體、地區作為提供服務的基礎，係假設所有國民都有可能面對各種風險，接受服務是一種權利。我國的勞保、公保、軍保、農保等均是普及性福利，並非只有健保是普及性福利。

選擇題 Multiple Choice Question

(2) 選項(B)有誤。社會救助法第19條規定，低收入戶參加全民健康保險之保險費，由中央主管機關編列預算補助。中低收入戶參加全民健康保險應自付之保險費，由中央主管機關補助二分之一。選項(D)所述，中低收入戶全民健保費用為全額補助，應為由中央機關補助二分之一。

(3) 選項(C)有誤。為擴大保險費費基，二代健保的保費採並非採取家戶總所得計算，而係採取按指定的六個項目收取補充保險費。全民健康保險法第31條規定，第一類至第四類及第六類保險對象有下列各類所得，應依規定之補充保險費率計收補充保險費，由扣費義務人於給付時扣取，並於給付日之次月底前向保險人繳納。但單次給付金額逾新臺幣一千萬元之部分及未達一定金額者，免予扣取：

A. 所屬投保單位給付全年累計逾當月投保金額四倍部分之獎金。
B. 非所屬投保單位給付之薪資所得。但第二類被保險人之薪資所得，不在此限。
C. 執行業務收入。但依第20條規定以執行業務所得為投保金額者之執行業務收入，不在此限。
D. 股利所得。但已列入投保金額計算保險費部分，不在此限。
E. 利息所得。
F. 租金收入。

27 我國社會保險的給付類型不包括下列何者？ （113年第二次專技社工師）
(A)現金給付　　(B)勞務給付　　(C)物質給付　　(D)膳食給付

答案：**D**

【解析】(1) 我國社會保險的給付，包括：現金給付（例如：勞工保險老年給付）、勞務給付（例如：全民健康保險的特約醫事機構提供的醫療服務）、物質給付（例如：全民健康保險提供的特殊材料給付）。

(2) 我國的社會保險並未提供膳食給付，例如：全民健康保險

社會保險之政策與立法　Chapter 7

Multiple Choice Question　選擇題

不提供管灌飲食以外之膳食給付。

28 依據國民年金法規定，關於請領身心障礙年金給付之敘述，下列何者正確？
（113年第二次專技社工師）
- (A) 經評估有工作能力的人士，被保險期間內罹患疾病經治療終止，症狀固定
- (B) 被保險人遭受傷害或罹患疾病，症狀固定且再行治療無效，並經評估有工作能力
- (C) 被保險人於保險期間遭受重傷或罹患嚴重疾病，經治療一年以上尚未痊癒，且無工作能力
- (D) 被保險人於保險期間遭受輕傷或罹患輕微疾病，經治療後已完全康復

答案：**C**

【解析】　國民年金法第33條規定，有下列情形之一者，得依規定請領身心障礙年金給付：
(1) 被保險人於本保險期間遭受傷害或罹患疾病，經治療終止，症狀固定，再行治療仍不能期待其治療效果，並經中央衛生主管機關評鑑合格之醫院診斷為重度以上身心障礙，且經評估無工作能力者。
(2) 被保險人於本保險期間所患傷病經治療一年以上尚未痊癒，如身心遺存重度以上障礙，並經合格醫院診斷為永不能復原，且經評估無工作能力者。選項(C)正確。

29 依據全民健康保險法之規定，保險對象有下列情形之一者，免自行負擔費用，但何者不包含在內？
（113年地方四等）
- (A) 藥癮治療
- (B) 分娩
- (C) 山地離島地區之就醫
- (D) 重大傷病

答案：**A**

【解析】　全民健康保險法第48條規定，保險對象有下列情形之一者，免依第43條及前條規定自行負擔費用：
(1) 重大傷病。選項(D)屬之。
(2) 分娩。選項(B)屬之。
(3) 山地離島地區之就醫。選項(C)屬之。

選擇題 Multiple Choice Question

30 下列何者為國民年金保險之保險人？　　　　　　　　　　（113年地方四等）
(A)符合投保資格的國民　　　　　　(B)衛生福利部
(C)國民年金保險局　　　　　　　　(D)勞動部勞工保險局

答案：**D**

【解析】國民年金法第4條規定，本保險之業務由中央主管機關委託勞工保險局辦理，並為保險人。

31 下例那一項社會立法中，完全沒有提到育嬰留職停薪的相關規定？
　　　　　　　　　　　　　　　　　　　　　　　　　　　（113年地方四等）
(A)勞工保險條例　　　　　　　　　(B)公教人員保險法
(C)就業保險法　　　　　　　　　　(D)性別平等工作法

答案：**A**

【解析】(1) 公教人員保險法第3條規定，本保險之保險範圍，包括失能、養老、死亡、眷屬喪葬、生育及育嬰留職停薪六項。
(2) 就業保險法第10條規定，本保險之給付，分下列五種：失業給付、提早就業獎助津貼、職業訓練生活津貼、育嬰留職停薪津貼、失業之被保險人及隨同被保險人辦理加保之眷屬全民健康保險之保險費補助。
(3) 性別平等工作法第16條規定，受僱者任職滿六個月後，於每一子女滿三歲前，得申請育嬰留職停薪，期間至該子女滿三歲止，但不得逾二年。同時撫育子女二人以上者，其育嬰留職停薪期間應合併計算，最長以最幼子女受撫育二年為限。

32 下列何者是我國首部普及性的社會福利立法？　　　　　（113年地方四等）
(A)國民年金法　　　　　　　　　　(B)全民健康保險法
(C)社會救助法　　　　　　　　　　(D)特殊境遇家庭扶助條例

答案：**B**

【解析】我國於民國83年總統公布全民健康保險法，因保險對象涵蓋全體國民，是我國首部普及性的社會福利立法。全民健康保

Chapter 7 社會保險之政策與立法

Multiple Choice Question 選擇題

險法第1條規定,為增進全體國民健康,辦理全民健康保險,以提供醫療服務,特制定本法。

33 依我國國民年金法規定,國民年金保險的保險人,目前由下列那個機關負責辦理? (114年第一次專技社工師)
(A)中央健康保險署 (B)勞工保險局
(C)社會保險司 (D)銓敘部

答案:**B**

【解析】國民年金法第4條規定,本保險之業務由中央主管機關委託勞工保險局辦理,並為保險人。

34 關於我國社會保險的敘述,下列何者錯誤? (114年第一次專技社工師)
(A) 社會保險保費常稱為薪資稅(payroll tax)
(B) 社會保險保費是公共財源的一種,具有強制性
(C) 雇主和受僱者都有維護社會保險體系的義務
(D) 國民年金不算是社會保險的一種

答案:**D**

【解析】選項(D)有誤,國民年金是社會保險的一種。國民年金法第2條規定,國民年金保險之保險事故,分為老年、生育、身心障礙及死亡四種;被保險人在保險有效期間發生保險事故時,分別給予老年年金給付、生育給付、身心障礙年金給付、喪葬給付及遺屬年金給付。

35 有關社會保險財務特性之敘述,下列何者錯誤?
(114年第一次專技社工師)
(A) 財務自給自足原則
(B) 財務管理面採完全提存準備制
(C) 保險成本估計較不易
(D) 面對弱勢及特殊的被保險人,政府以社會福利預算補助其保險費,而非免繳保費

選擇題 Multiple Choice Question

答案：B

【解析】不必完全提存準備是指社會保險，特別是年金保險，不必如同商業保險般，將被保險人未來將領取的年金另外提存保留。因為社會保險以政府為最終的責任保證者，以及可以由法律調整繳費水準、給付條件的情況下，不必完全以實體基金準備作為未來給付的保證，不必完全提存準備，有利於制度運作。選項(B)有誤。

36 依據國民年金法規定，有關不予保險給付之敘述，下列何者錯誤？

（114年第一次專技社工師）

(A) 被保險人故意造成保險事故，包括喪葬給付在內，保險人不予保險給付
(B) 被保險人故意犯罪行為，導致保險事故，除未涉案之當序受益人外，不予保險給付
(C) 被保險人配偶故意犯罪行為，導致保險事故，除未涉案之當序受益人外，不予保險給付
(D) 由於戰爭變亂而發生保險事故

答案：A

【解析】國民年金法第26條規定：
(1) 被保險人、受益人或其他利害關係人，故意造成保險事故者，除喪葬給付外，保險人不予保險給付。選項(A)有誤。
(2) 因被保險人或其父母、子女、配偶故意犯罪行為，致發生保險事故者，除未涉案之當序受益人外，不予保險給付。選項(B)、(C)屬之。
(3) 因戰爭變亂，致發生保險事故者，不予保險給付。選項(D)屬之。

Chapter 8 社會救助之政策與立法

關鍵焦點

1. 經常以社會救助法為主要考點,再請考生就考點所提問的措施在條文中的規定加以論述;及社會救助法在執行上面臨的障礙,亦為申論題常見的考點。
2. 無條件基本收入,在多項考試已有命題紀錄。
3. 測驗題大多以社會救助法為命題焦點,請務必熟讀法條。

申論題 Essay Question

一、試說明聯合國永續發展目標(Sustainable Development Goals,簡稱SDGs)的意涵為何?並以第1項目標「消除各地一切形式的貧窮」為例,申論我國社會政策可以努力的方向為何?

(110年高考)

考點分析

1. 本題所提的聯合國永續發展目標(Sustainable Development Goals,簡稱SDGs),在社會政策與社會立法中,屬於首次命題,且是屬於獨門考題,因為目前的社會政策與社會立法教科中,僅有黃源協等著《社會政策與社會立法》一書,在四版序中提及:「在政策發展上,為呼應聯合國《2030年永續發展議程》(2030 Agenda for Sustainable Development),分別於各章闡述該議程對當代各領域社會政策的重要意涵……」。因此,本考題的出處即為前揭書。

203

2. 但在前揭書並未有第一個提問有關闡述本考題所提問之聯合國永續發展目標的意涵之說明，且在前述序言中，敘明分別於各章闡述該議程對當代各領域社會政策的重要意涵，本考題的第二個提問應係落在前揭書第8章「貧窮與社會救助」章節中，但在前揭書中，僅於結論中稍以幾行描述型說明，並無特別有架構、有深度之論述。
3. 儘管如前述，考生在掌握聯合國永續發展目標第1項目標為「消除各地一切形式的貧窮」，可以從現行制度、新貧、前瞻思維等三個層次面向，由淺而深的政策層次加以切入論述未來可努力的方向，考生即可在寬廣論述空間的考題中，聚焦並定位，論述出有見地的見解。

【解析】

一 聯合國永續發展目標（SDGs）的意涵

西元2015年聯合國成立70週年之際，發表《翻轉世界：2030年永續發展議程》（Transforming our world: the 2030 Agenda for Sustainable Development）文件，作為行動指引，著眼於人（People）、地球（Planet）、繁榮（Prosperity）、和平（Peace）、夥伴關係（Partnership）等重要聯繫，促使全球團結努力，期盼至西元2030年時能夠消除貧窮與飢餓，實現尊嚴、公正、包容的和平社會、守護地球環境與人類共榮發展，以確保當代與後世都享有安居樂業的生活。為聚焦各項努力，更提出「永續發展目標（Sustainable Development Goals, SDGs）」──包括17項核心目標（Goals）及169項具體目標（Targets），鑑別出經濟、社會與環境三個面向的關鍵議題，成為全球推動永續發展的共同語言與策略架構。其所訂定之永續發展目標如下：

目標1. 消除各地一切形式的貧窮。

目標2. 消除飢餓，達成糧食安全，改善營養及促進永續農業。

Chapter 8 社會救助之政策與立法

目標3. 確保健康及促進各年齡層的福祉。

目標4. 確保有教無類、公平以及高品質的教育，及提倡終身學習。

目標5. 實現性別平等，並賦予婦女權力。

目標6. 確保所有人都能享有水及衛生及其永續管理。

目標7. 確保所有的人都可取得負擔得起、可靠的、永續的，及現代的能源。

目標8. 促進包容且永續的經濟成長，達到全面且有生產力的就業，讓每一個人都有一份好工作。

目標9. 建立具有韌性的基礎建設，促進包容且永續的工業，並加速創新。

目標10. 減少國內及國家間不平等。

目標11. 促使城市與人類居住具包容、安全、韌性及永續性。

目標12. 確保永續消費及生產模式。

目標13. 採取緊急措施以因應氣候變遷及其影響。

目標14. 保育及永續利用海洋與海洋資源，以確保永續發展。

目標15. 保護、維護及促進領地生態系統的永續使用，永續的管理森林，對抗沙漠化，終止及逆轉土地劣化，並遏止生物多樣性的喪失。

目標16. 促進和平且包容的社會，以落實永續發展；提供司法管道給所有人；在所有階層建立有效的、負責的且包容的制度

目標17. 強化永續發展執行方法及活化永續發展全球夥伴關係。

三 以聯合國永續發展目標（SDGs）有關「消除各地一切形式的貧窮」為例，申論我國社會政策可以努力的方向

1. 改善現行社會救助制度：我國的社會救助以社會救助法為主體，但在身心障礙者權益保障法、老人福利法等，亦有社會救助內容，可見整體式會救助體系之龐雜。且救助原則採取非分類原則，因為除低於最低生活費標準的家戶可申請外，另有針對兒童、身心障礙者

等予以分類救助,以其身分來界定。因此,行政成本過高,且制度設計易陷入貧窮陷阱,以及貧窮門檻調整不易。另現行社會救助過於強調親屬責任與工作倫理,另低收入戶戶數的比率,占總戶數的比率較其他已開國家為低,實為嚴苛的窮縣所致。前述的現行制度缺失,在未來社會救助法修法時,著實應思考改進,以減少貧窮。

2. 積極因應新貧現象:舊貧(old poverty)是指「社會大多數人正常生活條件處在一個經濟低度發展的社會中」。新貧(new poor)通常係指結構性變遷所導致的貧窮,這些落入社會救助行列的人們有別於過去貧民,因此被標示為新貧人口。新貧係因經濟、政治與社會等三大體制的結構性變遷所致。在全球化壓低了工資,再加上服務業的勞動彈性化需求,增加勞動的不穩定與低薪化。於是,低薪工人成為工作貧窮(working poor in-working poverty),這也就是新貧(newpoor)。工作貧窮是一個新的社會風險,新貧係因「不安全的就業,家庭結構之變遷,和社會保障的限制,而導致新形式的貧窮」。因此,從社會排除觀點也反映出落入貧窮的對象逐漸在多元當中,以往我們視為穩定的工作族群,逐漸受到工作型態的改變而危機四伏,而對於貧窮者或弱勢族群的關切不只是侷限於物質資源是否匱乏,也關注其勞動市場、社會政治參與、人際間關係的維繫等,這也是新貧階級成為社會排除人口重要一群的主要原因。據此,在消除一切形式的貧窮之努力上,應有積極因應新貧現象,以及減少社會排除之對策。

3. 前瞻思考評估納入無條件基本所得觀點:無條件基本所得主張國家保障國民可以擁有基本的經濟資源,即國家無條件地(即無需經過財力調查、亦無就業條件限制)提供予人民一個最低數額的金錢或資源,足以生存。透過提供基本所得,可以有效地消除貧困、飢餓。此觀點雖然目前仍面臨道德上爭議之辯論,但仍值得納入消除一切形式貧窮的政策倡議中加以討論。

社會救助之政策與立法　Chapter 8

申論題 Essay Question

二、請說明「無條件基本收入」（unconditional basic income）的意涵，並申論這樣的制度對原有的社會政策可能帶來的影響。

（110年第二次專技社工師）

考點分析

基本無條件所得／無條件基本所得／普及式基本所得（universal basic income, UBI）、無條件基本收入（unconditional basic income）、全民基本收入（Citizen's Basic Incom），均為同義詞。本題第一個考點自從在105年第二次專技社工師首次命題以來，已陸續在多種考試的申論題中命題，編者在所著《社會政策與社會立法》，考用出版，第8章「社會救助之政策與立法」章節中，即已特別提醒考生完整準備。另本題第二個考點，則係第一個考點之延伸思考應用，考生若對「無條件基本收入」有清楚的觀念，結合對我國現行制度加以思考，即可順利應答。

【解析】

一、「無條件基本收入」的意涵

「無條件基本收入」係由國家無條件地、即無需經過資產調查、亦無就業條件限制，而定期提供予全體人民一個最低數額的金錢或資源，保障國民可以擁有基本的經濟資源。透過提供基本所得，不但可以有效地消除貧困、飢餓，人們也可以活得有尊嚴，不必為了生存而賤售勞動力，人們的勞動是為了理念而勞動，彼等並認為國家提供基本所得可以實踐社會正義。其意涵如下：

1. 主張國家保障國民可以擁有基本的經濟資源，即國家無條件地（即無需經過財力調查、亦無就業條件限制）提供予人民一個最低數額的金錢或資源，且足以生存。透過提供基本所得，不但可以有效地消除貧困、飢餓，人們也可以活得有尊嚴，不必為了生存而賤售勞動力，而是為了理念而勞動，並實踐社會正義。

2. 主張提供無條件基本收入者,在於期待個人的收入能夠與實際的收入活動脫勾,且希望透過無條件基本所得制度,以承認公民作為社會成員的權利,即使其並未參與就業活動,仍被視為積極的公民。

3. 無條件基本收入制度乃設計以稅收作為主要的財務而運作,認為透過稅收支付,將有助於高低所得之間的重分配;給付是針對需要而提供。在個人原則的基礎上,更進一步較基本所得制度可提供予人們的自由解放,不僅是從薪資勞動中解放出來,亦可自婚姻夥伴或是不同世代成員之關係中獲得解放。

三、「無條件基本收入」對原有的社會政策可能帶來的影響之深論

1 對以工作倫理與親屬責任為主體的社會救助體制造成衝擊

社會的社會救助制度,係架構在工作倫理與親屬責任上。工作倫理在各國社會福利制度中均是被強調及重視的。在我國的給付制度中,工作倫理乃被透過所得計算而設計到福利制度中;而親屬責任指救助給付係以家戶為財產查核單元,其制度設計上納入親屬責任的概念。然而,「無條件基本收入」係由國家無條件地、即無需經過資產調查、亦無就業條件限制,而定期提供予全體人民一個最低數額的金錢或資源,保障國民可以擁有基本的經濟資源,此理念將對現行的社會救助制度造成巨大衝擊,除涉及社會安全架構的重新思考外,亦必須面臨此一社會政策在我國國情的政策接受程度。

2 面臨社會救助與社會津貼制度之競合

無條件基本所得無須進行資產調查,非屬選擇性社會福利,而係普及式社會福利,其以全體人口群體為對象,在性質上則接近於擴大式的社會津貼。因此,倘以無條件基本所得取代社會救助制度作為主體,則現行制度中的諸多特定人口的社會津貼制度,將面臨社會救助與社會津貼制度的競合。亦即,原有的社會津貼是否在無條件基本所得實施後消失,抑或是維持原有的社會津貼制度,但會形成部分人口類屬「同時領受」、「重複受益」之政策爭議,涉及各利

社會救助之政策與立法　Chapter 8

害關係人之福利權益，亦將引發社會政策公平性的爭議。

3 影響社會福利財源之整體配置

無條件基本所得制度以全民為對象之無條件、普及式給付，將面對龐大的財務規模。此財務需求如依賴於政府稅收，特別在台灣乃以受薪者之所得稅為主要稅收來源的情況下，恐將發生無法持續的窘態。且在財源短絀的情形下，實施無條件基本所得制度，將會排擠其他社會福利服務輸送方案的財源，使特定的弱勢人口將可能無法或減少獲得相關福利服務資源的機會。

申論題　Essay Question

三、對於低收入戶與中低收入戶有工作能力者的就業服務，有賴社政單位及勞政單位的聯繫合作。試論述在此過程中，社政單位與勞政單位所扮演的角色與功能為何？又兩者如何建立聯繫合作的模式？

（110年地方三等）

考點分析

本題係以社會救助法第15條規定：「直轄市、縣（市）主管機關應依需求提供或轉介低收入戶及中低收入戶中有工作能力者相關就業服務、職業訓練或以工代賑。」為楔子，引導考生思考社政單位與勞政單位之角色與功能，以及如何建立聯繫合作的模式，題目靈活度高，考驗考生的政策論述能力。在思考時，考生宜掌握法規規定、學理論述、現況建議等面向，以社會政策學科的視野分析為佳。

【解析】

一 低收入戶與中低收入戶有工作能力者的就業服務中，社政單位與勞政單位所扮演的角色與功能之說明

社會救助法第15條規定，直轄市、縣（市）主管機關應依需求提供或

轉介低收入戶及中低收入戶中有工作能力者相關就業服務、職業訓練或以工代賑。有關社政單位與勞政單位所扮演的角色與功能，說明如下：

1 社政單位所扮演的角色與功能

社政部門針對低收入戶與中低收入戶有工作能力者，扮演著資源連結的角色，連結勞政機關的就業資源，以提升其就業能力與就業機會。社政單位的理念係立基在社會投資理論上，它不反對傳統福利國家單純給錢的現金救助，但強調消極性的現金救助並不足夠，社會投資強調在福利國家現代化的過程中，社會政策的目標在於讓個人能夠透過如人力資本累積或是其他方式，以預防因就業結構和家庭型態而產生的社會與經濟風險，而且減少貧窮的世代遞移，而非消極性透過所得移轉體系補償風險發生後的後果。在這樣的理念上，協助低收入戶與中低收入戶有工作能力者的就業服務促進之資源連結上，社政單位單位扮演著協助脫貧的功能。

2 勞政單位所扮演的角色與功能之說明

勞政單位在針對低收入或中低收入有工作能力者的就業服務，扮演著重要的角色。勞政單位從從人力資本模式（human capital model）的積極性勞動政策觀點，協助其強化人力資本，改善個人技術或是重新學習技術；抑或工作優先模式（work first model）的積極性勞動政策觀點，強化其工作動機，均係對其勞動能力、勞動動機的充權，勞政單位在此過程中，扮演向上培力之人力資本投資所培養的勞動力，同時也往下銜接讓資產累積成為可能之功能。

三 低收入戶與中低收入戶有工作能力者的就業服務，社政單位與勞政單位之聯繫合作的模式建立之說明

1. 對於低收入戶與中低收入戶的就業服務，在現行組織體制分立、服務分立，尚無法整合的限制下，應發展我國勞政與社政體系合作的治理方式。我國現今針對低收入與中低收戶就業促進服務的現況，勞、社政之間只有透過公文往返轉介協調，並未建立雙方可以對接

的常態機制，至多只有臨時性的「業務聯繫會報」，缺乏針對個案的研討與會報，導致勞、社政聯繫不上轉介個案、或即使找到但卻沒有工作意願的情形，耗費時間與行政成本，同時也讓這類個案持續領取社會救助補助，形成福利體系的漏洞，因此也導致雙方並不清楚彼此之間對同一服務對象究竟提供了多少服務與給付，不利於就業促進目標的達成。

2. 因此，受限前述組織框架前提下，較為理想的制度安排方式，應在於整合勞政、社政乃至於其他資源之審查與提供，以回應當前所提供之服務與給付未能符合其需求之議題。在服務與給付的申請及審查方面，則應建立單一窗口作為提出申請、評估與檢視需求，並提出福利服務與現金給付之給付項目與水準等，再交由相關體系輸送之。由於制度係以就業為主要導向，而所提供的福利服務與現金給付項目應以協助其排除就業障礙、增進重回就業之可能、維持或提升勞動條件等為考量，故單一窗口之設置宜以勞政體系為主體，社政與其他相關體系為輔，共同檢視與評估其應獲得的服務與給付項目及水準。另外，在政策執行方面，則應完善相關的法律體系、建立治理積極性勞動力市場政策的行政體系，以能夠充分落實不同體系之間的整合，使相關政策中諸如中止或終止服務與給付的懲罰性條款能充分執行，協助評估取得服務與給付的需求程度。

申論題　Essay Question

四、請說明社會救助法中有關急難救助之申請資格條件及所提供的救助項目內容為何？並申論急難救助在社會救助中的功能。

（111年第二次專技社工師）

> **考點分析**
>
> 急難救助在申論題考題中,係首次出題,請考生藉本題詳加準備。

【解析】

一 社會救助法急難救助之申請資格條件

社會救助法第21條規定,具有下列情形之一者,得檢同有關證明,向戶籍所在地主管機關申請急難救助:

1. 戶內人口死亡無力殮葬。
2. 戶內人口遭受意外傷害或罹患重病,致生活陷於困境。
3. 負家庭主要生計責任者,失業、失蹤、應徵集召集入營服兵役或替代役現役、入獄服刑、因案羈押、依法拘禁或其他原因,無法工作致生活陷於困境。
4. 財產或存款帳戶因遭強制執行、凍結或其他原因未能及時運用,致生活陷於困境。
5. 已申請福利項目或保險給付,尚未核准期間生活陷於困境。
6. 其他因遭遇重大變故,致生活陷於困境,經直轄市、縣(市)主管機關訪視評估,認定確有救助需要。

二 社會救助法急難救助提供的救助項目內容

1. 現金救助:社會救助法第23條規定,以現金給付為原則。現金給付包括喪葬救助、傷病救助、生活救助等項目。
2. 車資補助:社會救助法第22條規定,流落外地,缺乏車資返鄉者,當地主管機關得依其申請酌予救助。
3. 葬埋協助:社會救助法第24條規定,死亡而無遺屬與遺產者,應由當地鄉(鎮、市、區)公所辦理葬埋。

三 急難救助在社會救助中的功能

1. **保障國民的生存權**：急難救助是指對家庭遭逢重大變故，如天然災害或意外，而陷入暫時性的困乏中，所提供的暫時性協助。急難救助有助於國民面對暫時性的變故，唯急難救助多屬非常態方案、臨時性的做法。透過急難救助，可以保障國民在遭受緊急危難時獲得立即性的協助，以保障其生存權；且相較於生活扶助從提出申請到核發，需要一定的行政流程，往往無法應付突發事故的緊急救助需求，而急難救助之行政流程通常會大幅縮短，以達及時救助之效果。

2. **補充不符社會救助資格或社會保險之不足**：急難救助之資格審核，較社會救助之生活服務寬鬆，具有當人民無法取得低收資格時，最後一道防線救助的功能。此外，在社會保險給付項目中，與急難救助最常見的三大事由，包括：死亡、失業、罹患重病，均有高度相關，申請人是否具備請領社會保險給付之資格、請領額度等，為評估其是否生活陷困之重大資訊，且基於社會救助之輔助性、補充性原則，急難救助也應補充社會保險或津貼之不足。

申論題 Essay Question

五、請說明目前社會救助法對於社會救助申請者戶籍地和居住地的規定，並分析此規定對社會救助申請人可能造成的影響。

（112年地方三等）

考點分析

社會救助法的相關修法，已經討論多時，主要的討論爭議重點包括：家戶內人口的列入標準、虛擬所得設算制度、戶籍地和居住地合一。本題係考其中有關戶籍地和居住地合一的相關規定，以及此項規定對申請者的影響，命題旨意清楚，題目架構不大，考生考前研讀法規及搭配政策思考，即可順利應答。

【解析】

◆ 一 社會救助法對於社會救助申請者戶籍地和居住地的相關規定

1. 社會救助法第4條：本法所稱低收入戶，指經申請戶籍所在地直轄市、縣（市）主管機關審核認定，符合家庭總收入平均分配全家人口，每人每月在最低生活費以下，且家庭財產未超過中央、直轄市主管機關公告之當年度一定金額者。申請時，其申請戶之戶內人口均應實際居住於戶籍所在地之直轄市、縣（市），且最近一年居住國內超過一百八十三日；其申請時設籍之期間，不予限制。

2. 社會救助法第4-1條：本法所稱中低收入戶，指經申請戶籍所在地直轄市、縣（市）主管機關審核認定，符合：(1)家庭總收入平均分配全家人口，每人每月不超過最低生活費一點五倍，且不得超過所得基準；(2)家庭財產未超過中央、直轄市主管機關公告之當年度一定金額。

3. 社會救助法第5條：家庭應計算人口範圍，除申請人外，包括：(1)配偶；(2)一親等之直系血親；(3)同一戶籍或共同生活之其他直系血親；(4)前三款以外，認列綜合所得稅扶養親屬免稅額之納稅義務人。

4. 社會救助法第10條規定：低收入戶得向戶籍所在地直轄市、縣（市）主管機關申請生活扶助。

◆ 二 社會救助申請者戶籍地和居住地的規定對申請人造成的影響

1. 戶籍地與居住地不一致，無法申請生活扶助：我國的社會救助制度要求申請者的戶籍地與居住地必須一致，才能夠申請社會救助，但這樣的規定使許多無家者、無法入籍的租屋族以及新住民難以取得社會救助的保障。因此，即便申請者生活明顯困難，若未能滿足「居戶同一」，則無法申請社會救助，成為福利資源的孤兒。此外，許多新住民在台灣實際上已在工作繳稅，但在申請福利時卻被

排除在外,形成差別待遇,或是有些新住民有扶養幼兒的需求,但因其未取得國籍或戶籍而無法申請社會救助,亦影響該新住民及其子女的生存權保障。

2. 籍在人不在,增添申請救助的難度:現代社會中,常見因就業、求學等原因,產生所謂「籍在人不在」的情形;而那些離開家鄉,前往異地奮鬥的成年子女,在歷經歲月洗滌,往往與父母或兄弟姊妹分居二地,各自經營家庭,都有可能算進了家庭人口,增添申請救助的難度。因此在未來修法時,應將戶籍制度無法充分反映居住事實的現況納入政策思考。

申論題　Essay Question

六、試述社會救助法所訂的救助對象、認定標準及扶助項目。

(113年第二次專技社工師)

考點分析

本題考社會救助法,考題基本架構仍以法規的架構為主,考題難度不高,但須條述及歸納法條,需要具有綜整能力,考生請多加練習。

【解析】

一　社會救助法的救助對象之說明

社會救助法第1條規定:為照顧低收入戶、中低收入戶及救助遭受急難或災害者,並協助其自立,特制定本法。故社會救助法的救助對象,包括低收入戶、中低收入戶,遭受急難或災害者等。

三、社會救助法的認定標準之說明

1 對低收入戶的認定標準

社會救助法第4條規定：本法所稱低收入戶，指經申請戶籍所在地直轄市、縣（市）主管機關審核認定，符合家庭總收入平均分配全家人口，每人每月在最低生活費以下，且家庭財產未超過中央、直轄市主管機關公告之當年度一定金額者。

2 對中低收入戶的認定標準

社會救助法第4-1條規定：本法所稱中低收入戶，指經申請戶籍所在地直轄市、縣（市）主管機關審核認定，符合下列規定者：

(1) 家庭總收入平均分配全家人口，每人每月不超過最低生活費一點五倍，且不得超過前條第三項之所得基準。

(2) 家庭財產未超過中央、直轄市主管機關公告之當年度一定金額。

3 對遭受急難者之認定標準

社會救助法第21條規定：具有下列情形之一者，得檢同有關證明，向戶籍所在地主管機關申請急難救助：

(1) 戶內人口死亡無力殮葬。

(2) 戶內人口遭受意外傷害或罹患重病，致生活陷於困境。

(3) 負家庭主要生計責任者，失業、失蹤、應徵集召集入營服兵役或替代役現役、入獄服刑、因案羈押、依法拘禁或其他原因，無法工作致生活陷於困境。

(4) 財產或存款帳戶因遭強制執行、凍結或其他原因未能及時運用，致生活陷於困境。

(5) 已申請福利項目或保險給付，尚未核准期間生活陷於困境。

(6) 其他因遭遇重大變故，致生活陷於困境，經直轄市、縣（市）主管機關訪視評估，認定確有救助需要。

4 對遭受災害者之認定標準

社會救助法第25條規定：人民遭受水、火、風、雹、旱、地震及其

他災害，致損害重大，影響生活者，予以災害救助。

三 社會救助法的扶助項目之說明

社會救助法第2條規定：本法所稱社會救助，分生活扶助、醫療補助、急難救助及災害救助。茲將各項扶助項目內容說明如下：

1 生活扶助

(1) 生活扶助以現金給付為原則。但因實際需要，得委託適當之社會救助機構、社會福利機構或其他家庭予以收容。

(2) 低收入戶成員中有下列情形之一者，主管機關得依其原領取現金給付之金額增加補助，但最高不得逾百分之四十：A.年滿六十五歲；B.懷胎滿三個月；C.領有身心障礙手冊或身心障礙證明。

2 醫療補助

(1) 具有下列情形之一者，得檢同有關證明，向戶籍所在地主管機關申請醫療補助：A.低收入戶之傷、病患者；B.患嚴重傷、病，所需醫療費用非其本人或扶養義務人所能負擔者。

(2) 低收入戶參加全民健康保險之保險費，由中央主管機關編列預算補助。

(3) 中低收入戶參加全民健康保險應自付之保險費，由中央主管機關補助二分之一。

3 急難救助

(1) 急難救助以現金給付為原則。

(2) 死亡而無遺屬與遺產者，應由當地鄉（鎮、市、區）公所辦理葬埋

(3) 流落外地，缺乏車資返鄉者，當地主管機關得依其申請酌予救助。

4 災害救助

直轄市或縣（市）主管機關應視災情需要，依下列方式辦理災害救助：

(1) 協助搶救及善後處理。

(2) 提供受災戶膳食口糧。

(3) 給予傷、亡或失蹤濟助。

(4) 輔導修建房舍。

(5) 設立臨時災害收容場所。

(6) 其他必要之救助。

Chapter 8 社會救助之政策與立法

Multiple Choice Question 選擇題

1 關於社會津貼制度的給付原則,下列何者正確?
(A)社會津貼的給付原則是身分取得
(B)社會津貼的給付原則是個別需求
(C)社會津貼的給付原則是資產調查
(D)社會津貼的給付原則是保障生存權 （110年第一次專技社工師）

答案:**A**

【解析】(1) 選項(B)、(C)有誤。領取社會津貼給付之資格以「身分認定」為標準,並非如社會救助的「所得高低」,所以不需經過社會救助的資產調查手段。社會津貼保障對象為社會特殊群體,在整體生活機會的維持上較屬弱勢團體。因此,社會津貼的給付原則並非是依據個別需求及資產調查。

(2) 選項(D)有誤。「社會津貼」是對社會特殊群體所提供的現金給付、費用補助與費用優免,其目的在於達成社會特殊群體的生活機會平等。

2 有關低收入戶資格之審查規定,下列何者錯誤?
(A)最低生活費用標準參照當地區最近一年每人可支配所得中位數60%定之
(B)家庭財產包括動產及不動產
(C)戶內人口,均應實際居住於戶籍所在地
(D)最近一年居住國內超過180天者 （110年第一次專技社工師）

答案:**D**

【解析】選項(D)有誤。社會救助法第4條規定,低收入戶資格之審查規定,其申請戶之戶內人口均應實際居住於戶籍所在地之直轄市、縣（市）,且最近一年居住國內超過一百八十三日;其申請時設籍之期間,不予限制。

3 下列何者為社會救助業務之中央主管機關? （110年第一次專技社工師）
(A)內政部 (B)勞動部 (C)行政院 (D)衛生福利部

選擇題 Multiple Choice Question

答案：**D**

【解析】社會救助法第3條規定，本法所稱主管機關：在中央為衛生福利部；在直轄市為直轄市政府；在縣（市）為縣（市）政府。本法所定事項，涉及各目的事業主管機關職掌者，由各目的事業主管機關辦理。

4 國民年金保險之月投保金額調整的依據為何？（110年第一次專技社工師）
(A)基本工資　　　　　　　　　(B)薪資成長指數
(C)消費者物價指數　　　　　　(D)與勞工保險同步調整

答案：**C**

【解析】國民年金法第11條規定，本保險之月投保金額，於本法施行第一年，依勞工保險投保薪資分級表第一級定之；第二年起，於中央主計機關發布之消費者物價指數累計成長率達百分之五時，即依該成長率調整之。

5 社會救助法中關於自立脫貧的敘述，下列何者正確？（110年普考）
(A)由中央依稅收，統一辦理積極自立脫離貧窮的方案
(B)參與自立脫貧的家戶，不以中低收入戶為限
(C)參與自立脫貧的家戶，因措施所增加的收入不計入家庭總收入
(D)自立脫貧的家戶不能請領福利資格的生活津貼

答案：**C**

【解析】(1)選項(A)、(B)有誤；選項(C)正確。社會救助法第15-1條規定，直轄市、縣（市）主管機關為協助低收入戶及中低收入戶積極自立，得自行或運用民間資源辦理脫離貧窮相關措施。參與前項措施之低收入戶及中低收入戶，於一定期間及額度內因措施所增加之收入及存款，得免計入第四條第一項之家庭總收入及家庭財產，最長以三年為限，經評估有必要者，得延長一年；其增加收入及存款之認定、免計入之期間及額度之限制等事項之規定，由直轄市、縣（市）主管機關定之。

(2)選項(D)有誤。自立脫貧的家戶，其因措施所增加之收入

社會救助之政策與立法

Chapter 8

Multiple Choice Question 選擇題

及存款，得免計入第4條第1項之家庭總收入及家庭財產，最長以三年為限，經評估有必要者，得延長一年。如符合此條件者及生活津貼發給標準者，仍可請領福利資格的生活津貼。

6 低收入戶及中低收入戶中有工作能力者接受政府轉介相關就業服務，而增加的工作收入，最長於多久期間內得免計入家庭總收入？　（110年普考）
   (A) 1年　　　(B) 2年　　　(C) 3年　　　(D) 5年

   答案：**C**

   【解析】社會救助法第15條規定，直轄市、縣（市）主管機關應依需求提供或轉介低收入戶及中低收入戶中有工作能力者相關就業服務、職業訓練或以工代賑。參與前項服務措施之低收入戶及中低收入戶，於一定期間及額度內因就業（含自行求職）而增加之收入，得免計入第四條第一項及第四條之一第一項第一款之家庭總收入，最長以三年為限，經評估有必要者，得延長一年；其增加收入之認定、免計入之期間及額度之限制等事項之規定，由直轄市、縣（市）主管機關定之。

7 社會救助法中規定「有工作能力」未就業者，依基本工資計算其工作收入。下列敘述何者正確？　（110年普考）
   (A) 18歲以下人口皆不列入計算
   (B) 25歲以下青年因在學而致不能工作者，不列入計算
   (C) 18歲到20歲，雖未繼續升學，不列入計算
   (D) 婦女自分娩後1個月到6個月內，因生產致不能工作者，不列入計算

   答案：**B**

   【解析】社會救助法第5-3條規定，本法所稱有工作能力，指十六歲以上，未滿六十五歲，而無下列情事之一者：
   (1) 二十五歲以下仍在國內就讀空中大學、大學院校以上進修學校、在職班、學分班、僅於夜間或假日上課、遠距教學以外學校，致不能工作。選項(B)正確。
   (2) 身心障礙致不能工作。

221

選擇題 Multiple Choice Question

(3) 罹患嚴重傷、病，必須三個月以上之治療或療養致不能工作。
(4) 因照顧特定身心障礙或罹患特定病症且不能自理生活之共同生活或受扶養親屬，致不能工作。
(5) 獨自扶養六歲以下之直系血親卑親屬致不能工作。
(6) 婦女懷胎六個月以上至分娩後二個月內，致不能工作；或懷胎期間經醫師診斷不宜工作。
(7) 受監護宣告。

8 有關社會救助給付原則，下列敘述何者正確？　（110年第二次專技社工師）
(A) 以個人為救助單位原則
(B) 需經過資產調查原則
(C) 財源來自公益彩券原則
(D) 只提供現金給付

答案：**B**

【解析】(1) 選項(A)有誤。社會救助係以家戶為救助單位。
(2) 選項(C)有誤。社會救助之財源來自稅收。
(3) 選項(D)有誤。社會救助以現金給付為原則，亦提供實物給付。

9 依社會救助法第5條之1規定，有關家庭總收入中工作收入之計算，下列何者錯誤？　（110年第二次專技社工師）
(A) 有工作能力未就業者，依基本工資核算
(B) 未列入臺灣地區職類別薪資調查報告各職類者，依製造業每月平均經常性薪資核算
(C) 參加建教合作計畫所領取的職業技能訓練生活津貼者，不列入收入計算
(D) 參加政府主辦之全日職業訓練，其領取之職業訓練生活津貼列入收入計算

答案：**B**

【解析】社會救助法第5-1條規定：
(1) 第四條第一項及第四條之一第一項第一款所稱家庭總收入，指下列各款之總額：
A. 工作收入，依下列規定計算：
(A) 已就業者，依序核算：

社會救助之政策與立法

Multiple Choice Question 選擇題

　　　　a. 依全家人口當年度實際工作收入並提供薪資證明核算。無法提出薪資證明者，依最近一年度之財稅資料所列工作收入核算。

　　　　b. 最近一年度之財稅資料查無工作收入，且未能提出薪資證明者，依臺灣地區職類別薪資調查報告各職類每人月平均經常性薪資核算。

　　　　c. 未列入臺灣地區職類別薪資調查報告各職類者，依中央勞工主管機關公布之最近一次各業初任人員每月平均經常性薪資核算。選項(B)有誤。

　　(B) 有工作能力未就業者，依基本工資核算。但經公立就業服務機構認定失業者或五十五歲以上經公立就業服務機構媒介工作三次以上未媒合成功、參加政府主辦或委辦全日制職業訓練，其失業或參加職業訓練期間得不計算工作收入，所領取之失業給付或職業訓練生活津貼，仍應併入其他收入計算。但依高級中等學校建教合作實施及建教生權益保障法規定參加建教合作計畫所領取之職業技能訓練生活津貼不予列計。

　　B. 動產及不動產之收益。

　　C. 其他收入：前二款以外非屬社會救助給付之收入。

(2) 前項第一款第一目之二及第一目之三工作收入之計算，原住民應依中央原住民族事務主管機關公布之原住民就業狀況調查報告，按一般民眾主要工作所得與原住民主要工作所得之比例核算。但核算結果未達基本工資者，依基本工資核算。

(3) 第一項第一款第一目之二、第一目之三及第二目工作收入之計算，十六歲以上未滿二十歲或六十歲以上未滿六十五歲者，依其核算收入百分之七十計算；身心障礙者，依其核算收入百分之五十五計算。

(4) 第一項第三款收入，由直轄市、縣（市）主管機關認定之。

選擇題 Multiple Choice Question

(5) 申請人家庭總收入及家庭財產之申報,直轄市、縣(市)主管機關得予訪查;其有虛偽不實之情形者,除撤銷低收入戶或中低收入戶資格外,並應以書面限期命其返還已領之補助。

10 有關社會救助法相關規定,下列何者錯誤? （110年第二次專技社工師）
(A) 保育人員為社會救助業務的責任通報人
(B) 社會救助法所訂的救助項目,與其他社會福利法律性質相同者,依其他法律規定辦理
(C) 依社會救助法或其他法令所領取的救助金額的總額,不得超過當年政府公告的基本工資
(D) 提供不實的資料致領取救助者,主管機關應命其追還所領取的補助

答案：**B**

【解析】社會救助法第7條規定,本法所定救助項目,與其他社會福利法律所定性質相同時,應從優辦理,並不影響其他各法之福利服務。

11 社會救助法相關規定,下列何者錯誤? （110年地方四等）
(A) 社會救助分為生活扶助、醫療補助、急難救助、災害救助
(B) 執行社會救助業務,各級主管機關應設專責單位或置專責人員
(C) 救助項目與其他社會福利法律所定相同時應從優辦理
(D) 每人每月所領取政府核發之救助總金額不得超過當年政府公告之最低生活費用標準

答案：**D**

【解析】選項(D)有誤。社會救助法第8條規定,依本法或其他法令每人每月所領取政府核發之救助總金額,不得超過當年政府公告之基本工資。

12 依據社會救助法,地方主管機關為協助低收入戶及中低收入戶積極自立,得自行或運用民間資源辦理脫離貧窮相關措施。低收入戶及中低收入戶因措施所增加之收入及存款,得免計入家庭總收入及家庭財產之豁免期限為何?
（110年地方四等）

(A) 最長以1年為限，經評估有必要者，得延長1年
(B) 最長以2年為限，經評估有必要者，得延長1年
(C) 最長以3年為限，經評估有必要者，得延長1年
(D) 最長以4年為限，經評估有必要者，得延長1年

答案：**C**

【解析】社會救助法第15-1條，直轄市、縣（市）主管機關為協助低收入戶及中低收入戶積極自立，得自行或運用民間資源辦理脫離貧窮相關措施。參與前項措施之低收入戶及中低收入戶，於一定期間及額度內因措施所增加之收入及存款，得免計入第四條第一項之家庭總收入及家庭財產，最長以三年為限，經評估有必要者，得延長一年；其增加收入及存款之認定、免計入之期間及額度之限制等事項之規定，由直轄市、縣（市）主管機關定之。

13 社會救助法有關生活扶助之規定，下列何者錯誤？　　　（110年地方四等）
(A) 以現金給付為原則
(B) 現金給付得依收入差別訂定等級
(C) 現金給付金額每3年調整一次
(D) 消費者物價指數成長率為零或負數時，不予調整

答案：**C**

【解析】社會救助法第11條規定：
(1) 生活扶助以現金給付為原則。但因實際需要，得委託適當之社會救助機構、社會福利機構或其他家庭予以收容。
(2) 前項現金給付，中央、直轄市主管機關並得依收入差別訂定等級；直轄市主管機關並應報中央主管機關備查。
(3) 第一項現金給付所定金額，每四年調整一次（選項(C)有誤），由中央、直轄市主管機關參照中央主計機關發布之最近一年消費者物價指數較前次調整之前一年消費者物價指數成長率公告調整之。但成長率為零或負數時，不予調整。

Question Box

社會政策與社會立法（含概要） 搶分題庫

選擇題　Multiple Choice Question

14 關於老年農民福利津貼暫行條例之相關規定，下列何者錯誤？

（110年地方四等）

(A) 中央主管機關為行政院農業委員會
(B) 申領者參加農民健康保險之年資合計滿15年以上
(C) 為普及式津貼
(D) 津貼之發放，經審查合格後，自受理申請日當月起算

答案：**C**

【解析】(1) 老年農民福利津貼暫行條例第3條規定，本條例所稱老年農民，應符合下列各款資格條件：
　　A. 年滿六十五歲國民，在國內設有戶籍，且於最近三年內每年居住超過一百八十三日者。
　　B. 申領時參加農民健康保險之農民且加保年資合計十五年以上者，或已領取勞工保險老年給付之漁會甲類會員且會員年資合計十五年以上者。
(2) 老年農民福利津貼暫行條例第4條規定，符合前條資格條件之老年農民，得申請發給福利津貼。經宣導一年後，自中華民國一百零二年一月一日起，始申請領取福利津貼之老年農民，有下列情形之一者不予發給，或停止發給至其原因消失之當月止。但一百零二年一月一日前已領取福利津貼之老年農民，不適用之：
　　A. 財稅機關提供中央主管機關公告年度之農業所得以外之個人綜合所得稅各類所得總額，合計新臺幣五十萬元以上。
　　B. 個人所有土地及房屋價值，合計新臺幣五百萬元以上。
(3) 選項(C)有誤。老年農民福利津貼針對老年農民領取福利津貼，訂有排富條款，因此非普及式津貼。

15 各項社會福利措施的受益資格均訂有所得門檻，下列何者敘述正確？

（110年地方四等）

(A) 中低收入戶家庭成員減免學雜費：家庭總收入平均分配全家人口，每人每月未超過政府當年公布最低生活費一倍，且家庭財產未超過中央主管機關

公告之一定金額

(B) 特殊境遇家庭緊急生活扶助：家庭總收入平均分配全家人口，每人每月未超過政府當年公布最低生活費二倍及臺灣地區平均每人每月消費支出一點五倍，且家庭財產未超過中央主管機關公告之一定金額

(C) 中低收入老人生活津貼：家庭總收入平均分配全家人口，每人每月未超過政府當年公布最低生活費二倍及臺灣地區平均每人每月消費支出一點五倍

(D) 國民年金保險費由政府負擔百分之五十五：家庭總收入平均分配全家人口，每人每月未超過政府當年公布最低生活費二倍及臺灣地區平均每人每月消費支出一點五倍

答案：**D**

【解析】(1) 社會救助法第4-1條規定，本法所稱中低收入戶，指經申請戶籍所在地直轄市、縣（市）主管機關審核認定，符合下列規定者：A.家庭總收入平均分配全家人口，每人每月不超過最低生活費一點五倍（選項(A)有誤），且不得超過前條第三項之所得基準；B.家庭財產未超過中央、直轄市主管機關公告之當年度一定金額。

(2) 特殊境遇家庭扶助條例第4條規定，本條例所稱特殊境遇家庭，指申請人其家庭總收入按全家人口平均分配，每人每月未超過政府當年公布最低生活費二點五倍（選項(B)有誤）及臺灣地區平均每人每月消費支出一點五倍，且家庭財產未超過中央主管機關公告之一定金額，並具符合法定情形之一者。

(3) （中低收入老人生活津貼發給辦法第2條規定，家庭總收入係按全家人口平均分配之金額，每人每月未超過中央主管機關或直轄市主管機關當年公布最低生活費標準之二點五倍（選項(C)有誤），且未超過臺灣地區平均每人每月消費支出之一點五倍。但有特殊情形，經直轄市、縣（市）主管機關報中央主管機關專案核定者，不在此限。

16 17世紀荷蘭殖民臺灣期間，其處理臺灣的貧窮問題之作法與目的，下列敘述何者錯誤？　　　　　　　　　　　　　　　　（111年第一次專技社工師）

選擇題 Multiple Choice Question

(A) 基於基督教教義精神
(B) 無償提供原住民穀物
(C) 目的在宣揚荷屬東印度公司的善行
(D) 防止人們道德敗壞

答案：**B**

【解析】荷蘭人對臺灣貧窮問題的處理，有強烈社會控制及公司商業利益考量，因此，荷屬東印度公司很少提供無償的現金與實物救濟，通常要原住民購買穀物或於他日再行償還（選項(B)有誤），希望人民最終能夠自立自助。救濟的主要目的為：
(1) 基於基督教教義精神。
(2) 宣揚公司善行。
(3) 防止人們道德敗壞，維護社會安定。
(4) 減少人民因飢荒而過度獵殺動物，影響動物性商品（如鹿皮）出口。
(5) 避免因飢荒與貧窮而迫使傳教、徵稅中斷。

17 社會救助法對於遊民安置與輔導，期待建立結合跨機關共同輔導體系，下列何單位不包含在其中？　　　　　　　　　　　　　　（111年第一次專技社工師）

(A) 交通單位　　　(B) 法務單位　　　(C) 衛政單位　　　(D) 警政單位

答案：**A**

【解析】社會救助法第17條規定：
(1) 警察機關發現無家可歸之遊民，除其他法律另有規定外，應通知社政機關（單位）共同處理，並查明其身分及協助護送前往社會救助機構或社會福利機構安置輔導；其身分經查明者，立即通知其家屬。不願接受安置者，予以列冊並提供社會福利相關資訊。
(2) 有關遊民之安置及輔導規定，由直轄市、縣（市）主管機關定之。
(3) 為強化遊民之安置及輔導功能，應以直轄市、縣（市）為單位，並結合警政、衛政、社政、民政、法務及勞政機關

Chapter 8 社會救助之政策與立法

Multiple Choice Question　選擇題

（單位），建立遊民安置輔導體系，並定期召開遊民輔導聯繫會報。選項(A)不屬之。

18 社會救助法第19條規定，中低收入戶參加全民健康保險應自付之保險費，由中央主管機關補助多少費用？　　　　　　　　　　（111年普考）
(A)二分之一　　(B)三分之一　　(C)四分之一　　(D)五分之一

答案：A

【解析】社會救助法第19條規定，低收入戶參加全民健康保險之保險費，由中央主管機關編列預算補助。中低收入戶參加全民健康保險應自付之保險費，由中央主管機關補助二分之一。其他法令有性質相同之補助規定者，不得重複補助。

19 下列有關社會救助法生活扶助金額調整的敘述，何者正確？　（111年普考）
(A)每2年調整1次　　　　　　(B)每3年調整1次
(C)每4年調整1次　　　　　　(D)每5年調整1次

答案：C

【解析】社會救助法第11條規定，生活扶助以現金給付為原則。但因實際需要，得委託適當之社會救助機構、社會福利機構或其他家庭予以收容。前項現金給付，中央、直轄市主管機關並得依收入差別訂定等級；直轄市主管機關並應報中央主管機關備查。現金給付所定金額，每四年調整一次，由中央、直轄市主管機關參照中央主計機關發布之最近一年消費者物價指數較前次調整之前一年消費者物價指數成長率公告調整之。但成長率為零或負數時，不予調整。

20 下列何者不是社會救助法第5條所訂的家庭人口計算範圍？
　　　　　　　　　　　　　　　　　　　（111年第二次專技社工師）
(A) 配偶
(B) 一至三親等的直系血親
(C) 認列綜合所得稅撫養親屬免稅額之納稅義務人
(D) 共同生活之其他直系血親

229

選擇題　Multiple Choice Question

答案：B

【解析】社會救助法第5條規定，所訂家庭其應計算人口範圍，除申請人外，包括下列人員：
(1) 配偶。選項(A)屬之。
(2) 一親等之直系血親。選項(B)有誤。
(3) 同一戶籍或共同生活之其他直系血親。選項(D)屬之。
(4) 前三款以外，認列綜合所得稅扶養親屬免稅額之納稅義務人。選項(C)屬之。

21 依據社會救助法第16條之3規定，國內經濟情形發生重大變故時，中央主管機關得視實際需要，針對中低收入戶提供下列何種扶助？

（111年第二次專技社工師）

(A)急難貸款　　(B)安置服務　　(C)緊急紓困　　(D)短期生活扶助

答案：D

【解析】社會救助法第16-3條規定：
(1) 國內經濟情形發生重大變化時，中央主管機關得視實際需要，針對中低收入戶提供短期生活扶助。
(2) 前項扶助之內容、申請條件、程序及其他應遵行事項之辦法，由中央主管機關定之。

22 根據社會救助法之規定，有關工作能力與收入之相關敘述，下列何者錯誤？

（111年地方四等）

(A) 有工作能力未就業者，依基本工資百分之八十核算
(B) 經公立就業服務機構認定失業者或五十五歲以上經公立就業服務機構媒介工作三次以上未媒合成功、參加政府主辦或委辦全日制職業訓練，其失業或參加職業訓練期間得不計算工作收入
(C) 已就業且符合社會救助法第5條之1第1款第1目之二及之三工作收入之計算，十六歲以上未滿二十歲者，依其核算收入百分之七十計算
(D) 已就業且符合社會救助法第5條之1第1款第1目之二及之三工作收入之計算，身心障礙者，依其核算收入百分之五十五計算

230

社會救助之政策與立法 Chapter 8

Multiple Choice Question 選擇題

答案：**A**

【解析】社會救助法第5-1條規定，所稱家庭總收入，指下列各款之總額：

一、工作收入，依下列規定計算：

(1) 已就業者，依序核算：

　A.依全家人口當年度實際工作收入並提供薪資證明核算。無法提出薪資證明者，依最近一年度之財稅資料所列工作收入核算。

　B.最近一年度之財稅資料查無工作收入，且未能提出薪資證明者，依臺灣地區職類別薪資調查報告各職類每人月平均經常性薪資核算。

　C.未列入臺灣地區職類別薪資調查報告各職類者，依中央勞工主管機關公布之最近一次各業初任人員每月平均經常性薪資核算。

(2) 有工作能力未就業者，依基本工資核算（選項(A)有誤）。但經公立就業服務機構認定失業者或五十五歲以上經公立就業服務機構媒介工作三次以上未媒合成功、參加政府主辦或委辦全日制職業訓練，其失業或參加職業訓練期間得不計算工作收入，所領取之失業給付或職業訓練生活津貼，仍應併入其他收入計算。但依高級中等學校建教合作實施及建教生權益保障法規定參加建教合作計畫所領取之職業技能訓練生活津貼不予列計。

23 社會救助法中所稱有工作能力，係指十六歲以上，未滿六十五歲，而無下列何種情事者？　　　　　　　　　　　　　　　　（111年地方四等）

(A) 二十五歲以下仍在國內就讀空中大學、大學院校以上進修學校、在職班、學分班、僅於夜間或假日上課、遠距教學等學校

(B) 獨自扶養六歲以上之直系血親卑親屬致不能工作

(C) 婦女懷胎三至六個月，致不能工作

(D) 罹患嚴重傷、病，必須三個月以上之治療或療養致不能工作

選擇題 Multiple Choice Question

答案：**D**

【解析】社會救助法第5-3條規定，本法所稱有工作能力，指十六歲以上，未滿六十五歲，而無下列情事之一者：
(1) 二十五歲以下仍在國內就讀空中大學、大學院校以上進修學校、在職班、學分班、僅於夜間或假日上課、遠距教學以外學校，致不能工作。選項(A)有誤，除符合前述就學條件外，須致不能工作。
(2) 身心障礙致不能工作。
(3) 罹患嚴重傷、病，必須三個月以上之治療或療養致不能工作。選項(D)正確。
(4) 因照顧特定身心障礙或罹患特定病症且不能自理生活之共同生活或受扶養親屬，致不能工作。
(5) 獨自扶養六歲以下之直系血親卑親屬致不能工作。選項(B)有誤，應為六歲以下。
(6) 婦女懷胎六個月以上至分娩後二個月內，致不能工作；或懷胎期間經醫師診斷不宜工作。選項(C)有誤。
(7) 受監護宣告。

24 社會救助法第5條之1，有關工作收入之計算，下列何者錯誤？

（112年第一次專技社工師）

(A) 有工作能力未就業者，依基本工資核算
(B) 參加建教合作計畫所領取的職業訓練及生活津貼，亦列入工作收入計算
(C) 已就業者，財務資料並無工作收入，但未能提出薪資證明，依臺灣地區職類別薪資調查報告各職類每人每月平均經常性薪資核算
(D) 已就業者，依全家人口當年度實際工作收入並提供薪資證明核算之

答案：**B**

【解析】社會救助法第5-1條規定，工作收入，依下列規定計算：
(1) 已就業者，依序核算：
　A. 依全家人口當年度實際工作收入並提供薪資證明核算。無法提出薪資證明者，依最近一年度之財稅資料所列工作收入核算。

社會救助之政策與立法　Chapter 8

Multiple Choice Question　選擇題

　　　B. 最近一年度之財稅資料查無工作收入，且未能提出薪資證明者，依臺灣地區職類別薪資調查報告各職類每人月平均經常性薪資核算。

　　　C. 未列入臺灣地區職類別薪資調查報告各職類者，依中央勞工主管機關公布之最近一次各業初任人員每月平均經常性薪資核算。

　(2) 有工作能力未就業者，依基本工資核算。但經公立就業服務機構認定失業者或五十五歲以上經公立就業服務機構媒介工作三次以上未媒合成功、參加政府主辦或委辦全日制職業訓練，其失業或參加職業訓練期間得不計算工作收入，所領取之失業給付或職業訓練生活津貼，仍應併入其他收入計算。但依高級中等學校建教合作實施及建教生權益保障法規定參加建教合作計畫所領取之職業技能訓練生活津貼不予列計。選項(B)有誤。

25 有關社會救助法第10條及第11條中對於生活扶助的相關規定，下列何者正確？　　　　　　　　　　　　　　（112年第一次專技社工師）
(A) 地方主管機關應自生活扶助受理申請之日起7日內派員調查
(B) 申請生活扶助經核准者，自核准之當月生效
(C) 生活扶助以現金給付為原則，但因實際需要，得委託適當的機構或其他家庭予以收容
(D) 由中央主管機關統一訂定現金給付等級

答案：**C**

【解析】(1) 社會救助法第10條規定：

　　　A. 低收入戶得向戶籍所在地直轄市、縣（市）主管機關申請生活扶助。

　　　B. 直轄市、縣（市）主管機關應自受理前項申請之日起五日內，派員調查申請人家庭環境、經濟狀況等項目後核定之；必要時，得委由鄉（鎮、市、區）公所為之。選項(A)有誤。

　　　C. 申請生活扶助，應檢附之文件、申請調查及核定程序等

選擇題 Multiple Choice Question

事項之規定，由直轄市、縣（市）主管機關定之。
D.前項申請生活扶助經核准者，溯自備齊文件之當月生效。選項(B)有誤。
(2) 社會救助法第11條規定：
A.生活扶助以現金給付為原則。但因實際需要，得委託適當之社會救助機構、社會福利機構或其他家庭予以收容。
B.前項現金給付，中央、直轄市主管機關並得依收入差別訂定等級；直轄市主管機關並應報中央主管機關備查。選項(D)有誤。

26 根據社會救助法的規定，申請低收入戶時，其申請戶之戶內人口均應實際居住於戶籍所在地之直轄市、縣（市），最近1年居住國內的日數，必須超過幾日？　　　　　　　　　　　　　　　　　　　　　　（112年普考）
(A)189日　　　(B)186日　　　(C)183日　　　(D)180日

答案：**C**

【解析】社會救助法第4條規定，依社會救助法規定申請時，其申請戶之戶內人口均應實際居住於戶籍所在地之直轄市、縣（市），且最近一年居住國內超過一百八十三日；其申請時設籍之期間，不予限制。

27 社會救助法第5條之3明定，本法所稱有工作能力，指16歲以上，未滿65歲者；但有7款排除條件可不適用有工作能力者。請問下述那個條件不在此7款中？　　　　　　　　　　　　　　　　　　　　　　（112年普考）
(A)20歲以下仍在國內就讀空中大學、大學院校以上進修學校、在職班、學分班、僅於夜間或假日上課、遠距教學以外學校，致不能工作
(B)因照顧特定身心障礙或罹患特定病症且不能自理生活之共同生活或受扶養親屬，致不能工作
(C)婦女懷胎6個月以上至分娩後2個月內，致不能工作；或懷胎期間經醫師診斷不宜工作
(D)獨自扶養6歲以下之直系血親卑親屬致不能工作

Chapter 8 社會救助之政策與立法

Multiple Choice Question 選擇題

答案：**A**

【解析】 社會救助法第5-3條規定，本法所稱有工作能力，指十六歲以上，未滿六十五歲，而無下列情事之一者：

(1) 二十五歲以下仍在國內就讀空中大學、大學院校以上進修學校、在職班、學分班、僅於夜間或假日上課、遠距教學以外學校，致不能工作。選項(A)有誤，應為25歲以下，而非題意所述20歲以下。

(2) 身心障礙致不能工作。

(3) 罹患嚴重傷、病，必須三個月以上之治療或療養致不能工作。

(4) 因照顧特定身心障礙或罹患特定病症且不能自理生活之共同生活或受扶養親屬，致不能工作。選項(B)屬之。

(5) 獨自扶養六歲以下之直系血親卑親屬致不能工作。選項(D)屬之。

(6) 婦女懷胎六個月以上至分娩後二個月內，致不能工作；或懷胎期間經醫師診斷不宜工作。選項(C)屬之。

(7) 受監護宣告。

28 有關臺灣「社會救助」的特性，下列何者錯誤？

（112年第二次專技社工師）

(A) 財源來自稅收
(B) 接受救助者需經資產調查，存在污名效果
(C) 屬於事後救貧措施，提供最低生活保障
(D) 救助金額有其普遍一致性，不因受救助者個別差異的影響

答案：**D**

【解析】 選項(D)有誤。個別差異資格要件與給付水準係指社會救助雖然訂有貧窮線，但是社會救助人員還是可以透過自由裁量權來決定申請者是否合於社會救助之資格，以及所核發的救助金額。

29 有關社會救助法第15條中就業服務之規定，下列何者錯誤？

（112年第二次專技社工師）

235

選擇題 Multiple Choice Question

(A)給予有工作能力者相關就業服務、職業訓練或以工代賑
(B)視需要給予創業貸款利息補貼、交通補助、臨時托育及日間照顧津貼等補助
(C)因就業而增加之收入，得全數免列入家庭總收入計算
(D)不願接受服務或接受後不願工作者，主管機關不予扶助

答案：C

【解析】社會救助法第15條規定，低收入戶及中低收入戶，於一定期間及額度內因就業（含自行求職）而增加之收入，得免計入之家庭總收入，最長以三年為限，經評估有必要者，得延長一年。

30 社會救助法第5條之3對有無具備工作能力的認定，下列何者錯誤？

（112年第二次專技社工師）

(A)身心障礙者均視為無工作能力
(B)具有工作能力之年齡條件認定範圍為16歲以上未滿65歲
(C)獨自撫養6歲以下之直系血親卑親屬致不能工作者，視為無工作能力
(D)受監護宣告者視為無工作能力

答案：A

【解析】社會救助法第5條之3規定，本法所稱有工作能力，指十六歲以上，未滿六十五歲，而無下列情事之一者：
(1) 二十五歲以下仍在國內就讀空中大學、大學院校以上進修學校、在職班、學分班，僅於夜間或假日上課、遠距教學以外學校，致不能工作。
(2) 身心障礙致不能工作。選項(A)有誤。
(3) 罹患嚴重傷、病，必須三個月以上之治療或療養致不能工作。
(4) 因照顧特定身心障礙或罹患特定病症且不能自理生活之共同生活或受扶養親屬，致不能工作。
(5) 獨自扶養六歲以下之直系血親卑親屬致不能工作。
(6) 婦女懷胎六個月以上至分娩後二個月內，致不能工作；或

Chapter 8 社會救助之政策與立法

Multiple Choice Question 選擇題

懷胎期間經醫師診斷不宜工作。
(7) 受監護宣告。

31 我國社會救助法自民國99年以來的變革修訂內容與實施狀況,下列何者錯誤？
（112年地方四等）
(A) 新增「中低收入戶」認定標準,以擴大救助對象
(B) 修改資格,讓低收入戶及中低收入戶之家庭成員就讀高教領域者,得申請減免學雜費
(C) 新增「犯罪被害人及其家人」為社會救助對象
(D) 修改「最低生活費」計算方式,依可支配所得中位數60%定之

答案：**C**

【解析】社會救助法並未將「犯罪被害人及其家人」為社會救助對象之規定。選項(C)有誤。

32 我國社會救助法有設計關於兒少福利之特殊項目及服務,但多屬地方政府得視財力決定是否辦理之項目,而非法定應予辦理。下列何者非屬上述項目？
（112年地方四等）
(A) 產婦及嬰兒營養補助　　(B) 托兒補助
(C) 教育補助　　　　　　　(D) 電腦補助

答案：**D**

【解析】社會救助法第16條規定,直轄市、縣（市）主管機關得視實際需要及財力,對設籍於該地之低收入戶或中低收入戶提供下列特殊項目救助及服務：
(1) 產婦及嬰兒營養補助。選項(A)屬之。
(2) 托兒補助。選項(B)屬之。
(3) 教育補助。選項(C)屬之。
(4) 喪葬補助。
(5) 居家服務。
(6) 生育補助。
(7) 其他必要之救助及服務。

237

選擇題 Multiple Choice Question

33 關於社會津貼的敘述，下列何者錯誤？　　　（113年第一次專技社工師）
(A)社會津貼為一種非繳保費、非資產調查的一種制度
(B)社會津貼的給付資格通常根據人口屬性或補償原則
(C)社會津貼的行政通常由政府主導
(D)社會津貼的財源通常來自社會保險基金

答案：**D**

【解析】選項(D)有誤。社會津貼的財源通常來自稅收。

34 依社會救助法或其他法令，每人每月所領取政府核發之救助總金額，不得超過下列那一項當年政府公告的標準？　（113年第一次專技社工師）
(A)最低生活費
(B)失業給付
(C)中央勞工主管機關公布之最近一次各業初任人員每月平均經常性薪資
(D)基本工資

答案：**D**

【解析】社會救助法第8條規定，依本法或其他法令每人每月所領取政府核發之救助總金額，不得超過當年政府公告之基本工資。

35 死亡而無遺屬與遺產者，應由當地鄉（鎮、市、區）公所辦理葬埋，屬於下列何項社會救助給付？　　　（113年普考）
(A)急難救助　　(B)醫療補助　　(C)生活扶助　　(D)災害救助

答案：**A**

【解析】社會救助法第四章「急難救助」，該法第25條規定，死亡而無遺屬與遺產者，應由當地鄉（鎮、市、區）公所辦理葬埋。

36 下列那一項不是我國社會救助方案的特質？（113年第二次專技社工師）
(A)給付資格的審核強調親屬責任
(B)提供給付的過程容易產生污名化
(C)給付水準強調社會適當性原則
(D)主要財源為政府一般稅收

社會救助之政策與立法

Multiple Choice Question 選擇題

答案：**C**

【解析】(1) 社會救助的功能（特質、原則）：

A. 低收入水準：社會救助受益對象是所得或資產低於「最低維持水準所得」以下的人口群，也就是所得低於「貧窮線」或是貧窮門檻、貧窮水準，在貧窮指數以下的國民。

B. 資產調查：社會救助的申請者必須接受所得與資產調查，決定其所得或資產是否合於低收入標準。也就是說，個人或家庭的收入與資產高於低收入標準者，即表示個人或家庭有能力維生，不符合社會救助的資格要件。

C. 個別差異資格要件與給付水準：雖然訂有貧窮線，但是社會救助人員還是可以透過自由裁量權來決定申請者是否合於社會救助之資格，也就是說，收入、資產、工作能力之計算，以及需求之評估，都留下救助人員的主觀判斷空間，即使是再精細的指導原則都很難涵蓋所有細節，若救助人員缺乏專業與倫理，將導致申請者權益受損，或是不公平。

D. 較少合格原則：也就是窮人所獲得的給付不能比最低工資的勞動者所得高，過高的社會救助將影響工作意願。因此，社會救助合格對象極小化。

E. 工作倫理：這是延伸自較少合格原則，低收入者只允許享有低薪勞工之工作所得以下的生活水準。立基於每個人都有責任透過工作以維持個人或家庭的生計，領取社會救助的窮人中有工作能力者，就應該參與勞工以賺取工資，始能免於造成福利依賴（welfare dependency）或貧窮陷阱（poverty traps）。

F. 烙印化（stigmatization）：不能經由工作以維持個人或家庭生計者，他們所獲得的給付是一種慈善或施捨。社會救助方案只有貧民才能申請，依Timuss的看法，這種烙印化方案最大的危險在於弱化社會團結，也就是資產調查式的社會救助方案深化了社會階層化。選項(B)屬

之。

G. 親屬責任：在伊莉莎白濟貧法中強調親屬（親戚、夫妻、父母、兒子）負有基本照顧與支持自家窮人的責任。當家庭無力自我維持時，社會大眾才有必要提供協助，這項規定一直延續到近代的社會救助方案。選項(A)屬之。

H. 政府稅收支應：當代社會救助的財源通常由中央與地方稅收支應，且非指定用途稅，也就是從政府稅入中編列預算來支應，社會救助是維持生計的最後手段。選項(D)屬之。

(2) 選項(C)所述給付水準強調社會適當性原則，為社會保險的功能（特質、原則），非社會救助的功能（特質、原則）

37 依社會救助法之規定，當低收入戶或中低收入戶參與直轄市、縣（市）主管機關所辦理的脫離貧窮相關措施，而增加收入及存款時，得免計入資產調查之計算，其免計入資產調查的時間，若無延長或特別規定，最長以幾年為限？ （113年第二次專技社工師）
(A)1年　　　　(B)2年　　　　(C)3年　　　　(D)4年

答案：C

【解析】社會救助法第15條規定：
(1) 直轄市、縣（市）主管機關應依需求提供或轉介低收入戶及中低收入戶中有工作能力者相關就業服務、職業訓練或以工代賑。
(2) 直轄市、縣（市）主管機關得視需要提供低收入戶及中低收入戶創業輔導、創業貸款利息補貼、求職交通補助、求職或職業訓練期間之臨時托育及日間照顧津貼等其他就業服務與補助。
(3) 參與第一項服務措施之低收入戶及中低收入戶，於一定期間及額度內因就業（含自行求職）而增加之收入，得免計入第四條第一項及第四條之一第一項第一款之家庭總收

Chapter 8 社會救助之政策與立法

Multiple Choice Question 選擇題

入,最長以三年為限,經評估有必要者,得延長一年;其增加收入之認定、免計入之期間及額度之限制等事項之規定,由直轄市、縣(市)主管機關定之。

(4) 不願接受第一項之服務措施,或接受後不願工作者,直轄市、縣(市)主管機關不予扶助。其他法令有性質相同之補助規定者,不得重複領取。

38 社會救助法規定,有關家庭應計算人口範圍,不包含下列何者?

（113年第二次專技社工師）

(A) 同一戶籍或共同生活的其他直系血親
(B) 配偶
(C) 認列綜合所得稅扶養親屬免稅額之納稅義務人
(D) 在學領有公費者

答案: **D**

【解析】 社會救助法第5條規定,所定家庭,其應計算人口範圍,除申請人外,包括下列人員:
(1) 配偶。選項(B)屬之。
(2) 一親等之直系血親。
(3) 同一戶籍或共同生活之其他直系血親。選項(A)屬之。
(4) 前三款以外,認列綜合所得稅扶養親屬免稅額之納稅義務人。選項(C)屬之。

39 依據社會救助法之規定,最低生活費的計算基準係指由政府所公布當地區最近1年的何項指標?

（113年地方四等）

(A) 每人消費支出60%
(B) 政府公告的基本工資60%
(C) 每人可支配所得中位數60%
(D) 每人可支配所得平均數60%

答案: **C**

【解析】 社會救助法第4條規定:
(1) 本法所稱低收入戶,指經申請戶籍所在地直轄市、縣(市)主管機關審核認定,符合家庭總收入平均分配全家人口,每人每月在最低生活費以下,且家庭財產未超過中

央、直轄市主管機關公告之當年度一定金額者。

(2) 前項所稱最低生活費,由中央、直轄市主管機關參照中央主計機關所公布當地區最近一年每人可支配所得中位數百分之六十定之,並於新年度計算出之數額較現行最低生活費變動達百分之五以上時調整之。直轄市主管機關並應報中央主管機關備查。

(3) 前項最低生活費之數額,不得超過同一最近年度中央主計機關所公布全國每人可支配所得中位數(以下稱所得基準)百分之七十,同時不得低於台灣省其餘縣(市)可支配所得中位數百分之六十。

40 下列何者非屬社會津貼制度的特質? （114年第一次專技社工師）
(A) 對符合某種資格之人口群均可領取
(B) 財務規模大,行政成本也高
(C) 採取假定需求原則
(D) 給付採取定額均一給付

答案:**B**

【解析】社會津貼的特質:
(1) 基於公民權利或居留權的普及式給付:社會津貼不若社會保險般以繳交保險費作為權利資格,而是以國民(團體成員)的社會權為基礎,強化社會整合,減少區隔化。只要符合社會津貼所界定的特定人口類屬,即可領取。選項(A)屬之。
(2) 採取需求假定原則:社會津貼如同社會保險般,即依人口類屬而推定有特定的需求而提供給付,也不若社會救助般透過財力調查之審查來判斷需求。選項(C)屬之。
(3) 津貼給付以滿足基本生活保障為原則:社會津貼雖如同社會保險般採取需求假定原則,但給付水準並不如社會保險般採取適當水準,而是基本水準。
(4) 給付採取定額均一給付:在給付上,社會津貼不若社會保險般可能會考慮被保險人的薪資水準而採取與所得相關的

Chapter 8 社會救助之政策與立法

Multiple Choice Question　選擇題

　　給付。社會津貼給付乃採取定額的均一給付，即每位領取者的給付是固定的。僅有家庭（兒童）津貼會依兒童數而有差異，但相同兒童數的家庭所領給付仍是相同的。選項(D)屬之。

(5) 財源來自一般稅收：社會津貼的財源以來自政府稅收民主，少數國家的制度，其社會津貼的財源來自社會保險費。

(6) 所需財務規模較大，但行政成本低：社會津貼相對於社會救助而言，因無需進行個案審查，其行政費用較低。但給付人數常較社會救助多，而出現財務規模較大的情況。但是，社會津貼與社會保險相較下，因社會保險的給付水準較高且對象常較多，社會保險的財務規模仍較社會津貼為大。選項(B)有誤。

41 依社會救助法之規定，低收入戶成員符合特定情形者，主管機關得依其原領取現金給付之金額增加補助，上述特定情形不包含下列何者？

（114年第一次專技社工師）

(A) 年滿65歲
(B) 懷胎滿3個月
(C) 罹患嚴重傷病
(D) 領有身心障礙手冊或身心障礙證明

答案：**C**

【解析】社會救助法第12條規定，低收入戶成員中有下列情形之一者，主管機關得依其原領取現金給付之金額增加補助，但最高不得逾百分之四十：
(1) 年滿六十五歲。選項(A)屬之。
(2) 懷胎滿三個月。選項(B)屬之。
(3) 領有身心障礙手冊或身心障礙證明。選項(D)屬之。

42 社會救助法內對社會救助機構之規定，下列何者錯誤？

（114年第一次專技社工師）

(A) 社會救助機構，除利用各種社會福利機構外，地方主管機關得視需要自行

選擇題 Multiple Choice Question

　　設立或輔導民間設立
(B) 政府依規定設立之社會救助機構，不收任何費用
(C) 私立社會救助機構，經許可設立後，應於6個月內辦理財團法人登記，有正當理由者得申請延長6個月
(D) 接受政府委託安置之社會救助機構，非有正當理由者，不得拒絕依法之委任安置

答案：**C**

【解析】社會救助法第29條規定，設立私立社會救助機構，應申請當地主管機關許可，經許可設立者，應於三個月內辦理財團法人登記；其有正當理由者，得申請主管機關核准延期三個月。選項(C)有誤。

Chapter 9 就業安全暨勞動福利之政策與立法

關鍵焦點

1. 工作福利必須有清楚的觀念。
2. 測驗題以就業保險法、性別平等工作法為主要命題焦點。

申論題 Essay Question

一、請分別說明「工作福利」（welfare to work）與「資產累積」（asset accumulation）的意涵，並請列舉評述臺灣推動「工作福利」與「資產累積」的相關法規或方案。（111年地方三等）

考點分析

工作福利、資產累積這二個概念，是社會政策與社會立法考科中的核心基礎觀念，且在某些適用對象上，兩者具有觀念的扣連，在編者著《社會政策與社會立法》一書中，即已叮嚀考生紮實準備；另應用前述二個觀念，緊扣我國的相關法規或方案，考題具有鑑別力。

【解析】

一 工作福利（welfare to work）

1 工作福利的意涵

工作福利源自於美國為解決有依賴兒童家庭補助的「福利依賴」問題，而進行的福利改革，試圖以就業作為福利給付的條件。工作福

利國家強調國家施壓給失業者，以取消福利為手段，迫使他們再進入勞動市場，即使低薪工作也在所不惜。使能國家或活化國家則是從普及的社會保障給付提供給勞工的社會公民權，轉型為市場取向的特定對象給付，以促進勞動市場參與個人責任。從此，活化成為一種新的勞動市場典範，歐洲也進入工作福利幻覺，將工作福利視為挽救失業的萬靈丹。

2 我國推動工作福利的相關法規或方案之列舉與評述

(1) 社會救助法第15-1條規定，直轄市、縣（市）主管機關應依需求提供或轉介低收入戶及中低收入戶中有工作能力者相關就業服務、職業訓練或以工代賑。不願接前述服務措施，或接受後不願工作者，直轄市、縣（市）主管機關不予扶助。此法條即為欲領取社會救助各項扶助，有工作能力者，必須接受就業服務措施，否則無法領受相關給付，此即必須有工作，才能獲得福利的工作福利方案。

(2) 就業保險法提供失業給付，就業保險法第15條規定，被保險人無相關規定情事，但不接受公立就業服務機構推介之工作，或不接受公立就業服務機構之安排，參加就業諮詢或職業訓練，公立就業服務機構應拒絕受理失業給付之申請。

三、「資產累積」（asset accumulation）

1 資產累積的的意涵

Sherraden認為傳統以「收入所得」為基礎的社會救助政策，是透過政府、家庭及就業三項經濟來源所衍生的收入，來維持低收入戶的最低生活所需，其所形成的福利效果僅能在短期內提升被投資的低收入戶之消費水準，但在長期的福利效果上卻無法積極協助他們脫離貧窮，走向長期性的經濟自立。Sherraden認為家庭所累積的資產有些是來自世代親人的移轉、有些來自家人的投資、有些來自家人的工作所得，需要一段時間的累積，而不論資產的多寡，都是家庭遭遇危機或困境時發揮緩衝及救急效應的主要支柱，有助於家

Chapter 9 就業安全暨勞動福利之政策與立法

庭長期的經濟穩定性。基於此思考，Sherraden因而提出以「資產累積」為基礎的福利理論，強調透過政府、家庭及就業三項經濟來源所衍生的收入，可以協助低收入戶累積資產，而所累積的資產不但可以維持其短期性的生活消費水準，還可以提高其長期性的消費水準，最終可以協助其獲得長期性的經濟自立。

2 我國推動資產累積的相關法規或方案之列舉與評述

(1) 為協助低收入戶及中低收入戶脫貧，我國訂定協助積極自立脫離貧窮實施辦法，並推動脫離貧窮相關措施，包括教育投資、就業自立、資產累積、社區產業、社會參與等方式。主要是結合各項資源，以及政府相關部門及民間團體，建立合作服務體系，培力社會資本以達到脫貧之目標。

(2) 我國制定兒童及少年未來教育與發展帳戶條例，主要目的是為提升兒童及少年平等接受良好教育與生涯發展之機會，協助資產累積、教育投資及就業創業，以促進其自立發展。藉由自行存入其兒少教育發展帳戶之款項，搭配政府相對提撥款，累積兒少的資產。

申論題 Essay Question

二、性別工作平等法的制定目的，旨在保障性別工作權之平等，消除性別歧視，促進性別地位實質平等。請問在促進工作平等與營造友善家庭之職場環境上，該法有那些具體的規範？試申述之。

（112年普考）

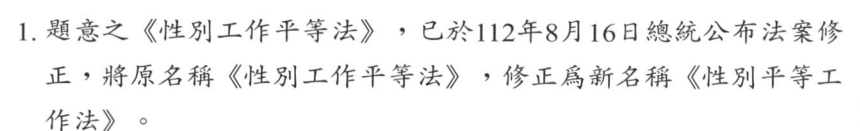

考點分析

1. 題意之《性別工作平等法》，已於112年8月16日總統公布法案修正，將原名稱《性別工作平等法》，修正為新名稱《性別平等工作法》。
2. 本題為考法規題，係考《性別工作平等法》第三章促進工作平等措施之相關法規內容，已綜整於解析中。

【解析】

茲將《性別平等工作法》促進工作平等與營造友善家庭之職場環境之具體規範，綜整說明如下：

一 生理假

女性受僱者因生理日致工作有困難者，每月得請生理假1日，全年請假日數未逾3日，不併入病假計算，其餘日數併入病假計算。前項併入及不併入病假之生理假薪資，減半發給。

二 產假、陪產假

雇主於女性受僱者分娩前後，應使其停止工作，給予產假8星期；妊娠3個月以上流產者，應使其停止工作，給予產假4星期；妊娠2個月以上未滿3個月流產者，應使其停止工作，給予產假1星期；妊娠未滿2個月流產者，應使其停止工作，給予產假5日。受僱者妊娠期間，雇主應給予產檢假5日。受僱者於其配偶分娩時，雇主應給予陪產假5日。產檢假及陪產假期間，薪資照給。

三 育嬰留職停薪

1. 可申請育嬰留職停薪：受僱者任職滿6個月後，於每一子女滿3歲前，得申請育嬰留職停薪，期間至該子女滿3歲止，但不得逾2年。同時撫育子女2人以上者，其育嬰留職停薪期間應合併計算，最長以最幼子女受撫育2年為限。受僱者於育嬰留職停薪期間，得繼續參加原有之社會保險，原由雇主負擔之保險費，免予繳納；原由受僱者負擔之保險費，得遞延3年繳納。

2. 育嬰留職停薪申請復職權益之保障：受僱者於育嬰留職停薪期滿後，申請復職時，除有下列情形之一，並經主管機關同意者外，雇主不得拒絕：(1)歇業、虧損或業務緊縮者；(2)雇主依法變更組織、解散或轉讓者；(3)不可抗力暫停工作在一個月以上者；(4)業務性質變更，有減少受僱者之必要，又無適當工作可供安置者。

四 設置哺（集）乳室、托兒措施

僱用受僱者一百人以上之雇主，應提供下列設施、措施：1.哺（集）乳室；2.托兒設施或適當之托兒措施。

五 哺乳時間

子女未滿2歲須受僱者親自哺（集）乳者，除規定之休息時間外，雇主應每日另給哺（集）乳時間60分鐘；受僱者於每日正常工作時間以外之延長工作時間達1小時以上者，雇主應給予哺（集）乳時間30分鐘；前二項哺（集）乳時間，視為工作時間。

六 工作時間之減少及調整

受僱於僱用30人以上雇主之受僱者，為撫育未滿3歲子女，得向雇主請求為下列二款事項之一：1.每天減少工作時間1小時；減少之工作時間，不得請求報酬；2.調整工作時間。

七 家庭照顧假

受僱者於其家庭成員預防接種、發生嚴重之疾病或其他重大事故須親自照顧時，得請家庭照顧假；其請假日數併入事假計算，全年以七日為限。家庭照顧假薪資之計算，依各該事假規定辦理。

八 雇主不得為不利之處分

受僱者依法規規定為請求時，雇主不得拒絕。受僱者依法規之請求時，雇主不得視為缺勤而影響其全勤獎金、考績或為其他不利之處分。

九 再就業協助

主管機關為協助因結婚、懷孕、分娩、育兒或照顧家庭而離職之受僱者獲得再就業之機會，應採取就業服務、職業訓練及其他必要之措施。

Question Box 社會政策與社會立法（含概要） 搶分題庫

選擇題　Multiple Choice Question

1 依據就業保險法投保對象的規定，排除了某些人員，下列敘述何者錯誤？

（110年普考）

(A)排除參加公教人員保險的對象
(B)排除參加勞工保險的對象
(C)排除參加軍人保險的對象
(D)排除已領有公教人員保險養老給付的對象

答案：**B**

【解析】 就業保險法第5條規定：
(1) 年滿十五歲以上，六十五歲以下之下列受僱勞工，應以其雇主或所屬機構為投保單位，參加本保險為被保險人：
　A.具中華民國國籍者。
　B.與在中華民國境內設有戶籍之國民結婚，且獲准居留依法在臺灣地區工作之外國人、大陸地區人民、香港居民或澳門居民。
(2) 前項所列人員有下列情形之一者，不得參加本保險：
　A.依法應參加公教人員保險或軍人保險。選項(A)、(C)正確。
　B.已領取勞工保險老年給付或公教人員保險養老給付。選項(B)有誤；選項(D)正確。
　C.受僱於依法免辦登記且無核定課稅或依法免辦登記且無統一發票購票證之雇主或機構。
(3) 受僱於二個以上雇主者，得擇一參加本保險。

2 臺灣的就業安定基金也是辦理相關就業促進的重要財源之一，有關其用途下列敘述何者錯誤？　（110年第二次專技社工師）
(A)辦理加強實施職業訓練及就業資訊等事項
(B)辦理失業輔助及失業保險規劃事項
(C)辦理外國人聘僱管理事項
(D)提供家庭暴力受害者訴訟之法律服務

Chapter 9 就業安全暨勞動福利之政策與立法

Multiple Choice Question　選擇題

答案：**D**

【解析】 就業安定基金收支保管及運用辦法第5條規定，本基金之用途如下：
(1) 辦理加強實施職業訓練及就業資訊等事項。選項(A)屬之。
(2) 辦理加強實施就業安定及就業促進等事項。
(3) 辦理創業貸款事項。
(4) 辦理失業輔助及失業保險規劃事項。選項(B)屬之。
(5) 辦理獎助雇主配合推動就業安定事項。
(6) 辦理提升勞工福祉事項。
(7) 辦理外國人聘僱管理事項。選項(C)屬之。
(8) 辦理技能檢定、技能競賽及就業甄選等事項。
(9) 補助直轄市及縣（市）政府辦理有關促進國民就業、職業訓練及外國人在中華民國境內工作管理事項。
(10) 勞工權益基金支出。
(11) 管理及總務支出。
(12) 其他有關支出。

3 對於性別工作平等法的條文內容，下列敘述何者錯誤？

（110年第二次專技社工師）

(A) 雇主與受僱者之約定優於本法者，從其約定
(B) 本法於公務人員、教育人員及軍職人員，亦適用之
(C) 本法於雇主依勞動基準法規定招收之技術生及準用技術生規定者，除適用高級中等學校建教合作實施及建教生權益保障法規定之建教生外，亦適用之
(D) 實習生於實習期間遭受性騷擾時，並不適用本法之規定

答案：**D**

【解析】 性別工作平等法第2條規定（編按：112年8月6日總統公布：原名稱「性別工作平等法」，修正為「性別平等工作法」）：
(1) 雇主與受僱者之約定優於本法者，從其約定。選項(A)屬

251

選擇題 Multiple Choice Question

之。
(2) 本法於公務人員、教育人員及軍職人員，亦適用之。但第三十三條、第三十四條、第三十八條及第三十八條之一之規定，不在此限。選項(B)屬之。
(3) 公務人員、教育人員及軍職人員之申訴、救濟及處理程序，依各該人事法令之規定。
(4) 本法於雇主依勞動基準法規定招收之技術生及準用技術生規定者，除適用高級中等學校建教合作實施及建教生權益保障法規定之建教生外，亦適用之。但第十六條及第十七條之規定，不在此限。選項(C)屬之。
(5) 實習生於實習期間遭受性騷擾時，適用本法之規定。選項(D)有誤。

4 關於就業保險法，下列敘述何者錯誤？ （110年地方四等）
(A) 就業保險給付項目包括：失業給付、提早就業獎助津貼、職業訓練生活津貼、育嬰留職停薪津貼、失業之被保險人及其眷屬的健保費補助
(B) 失業給付按申請人離職辦理就業保險退保之當月起前6個月平均月投保薪資60%按月發給，最長發給6個月
(C) 領取保險給付之請求權，自得請領之日起，因1年間不行使而消滅
(D) 受僱於2個以上雇主者，得擇一參加就業保險

答案：**C**

【解析】 選項(C)有誤。就業保險法第24條規定，領取保險給付之請求權，自得請領之日起，因二年間不行使而消滅。

5 下列何者不是性別工作平等法所規範的促進性別平等措施？ （111年普考）
(A) 女性受僱者因生理日致工作有困難者，每月得請生理假1日
(B) 雇主鼓勵女性受僱者參與性騷擾相關教育訓練
(C) 受僱者於其家庭成員發生嚴重之疾病須親自照顧時，得請家庭照顧假
(D) 雇主於女性受僱者分娩前後，應使其停止工作，給予產假8星期

答案：**B**

【解析】 選項(B)所述為性騷擾防治法之防制性騷擾範疇。性騷擾防治

Chapter 9 就業安全暨勞動福利之政策與立法

Multiple Choice Question　選擇題

法第8條規定，機關、部隊、學校、機構或僱用人應定期舉辦或鼓勵所屬人員參與防治性騷擾之相關教育訓練。

6 下列有關勞動基準法對工資的敘述，何者錯誤？　　（111年普考）
(A)工資由勞雇雙方議定之，但不得低於基本工資
(B)基本工資由地方主管機關設基本工資審議委員會核定
(C)工資之給付，應以法定通用貨幣為之
(D)工資應全額直接給付勞工

答案：B

【解析】勞動基準法第21條規定，工資由勞雇雙方議定之。但不得低於基本工資。前項基本工資，由中央主管機關設基本工資審議委員會擬訂後，報請行政院核定之。基本工資審議委員會之組織及其審議程序等事項，由中央主管機關另以辦法定之。

7 關於社會企業的概念，下列敘述何者錯誤？　（111年第二次專技社工師）
(A)強調公共部門提供服務的重要性
(B)社會企業組織是變遷的代理人
(C)運作模式具有提高財務穩定性的優點
(D)能提高服務品質，提供工作機會給弱勢族群以及促進組織專業化

答案：A

【解析】根據經濟合作暨開發組織（OECD）的定義：「社會企業係指任何可以產生公共利益的私人活動，具有企業精神策略，以達成特定經濟或社會目標，而非以利潤極大化為主要追求，且有助於解決社會排除及失業問題的組織。」換言之，社會企業雖具有企業外貌，然因具有公益本質，故就組織型態而言，社會企業乃被視為企業與社會部門間的混合組織。選項(A)有誤。

8 受僱者於育嬰留職停薪期滿後，申請復職時，除有下列情形之一，並經主管機關同意者外，雇主不得拒絕。依據性別工作平等法規定，下列敘述何者錯誤？　　　　　　　　　　　　　　　　　　　（111年第二次專技社工師）

253

選擇題 Multiple Choice Question

(A) 歇業、虧損或業務緊縮者
(B) 雇主依法變更組織、解散或轉讓者
(C) 不可抗力暫停工作在三個月以上者
(D) 業務性質變更,有減少受僱者之必要,又無適當工作可供安置者

答案:**C**

【解析】性別工作平等法第17條規定,受僱者於育嬰留職停薪期滿後,申請復職時,除有下列情形之一,並經主管機關同意者外,雇主不得拒絕:
(1) 歇業、虧損或業務緊縮者。選項(A)屬之。
(2) 雇主依法變更組織、解散或轉讓者。選項(B)屬之。
(3) 不可抗力暫停工作在一個月以上者。選項(C)有誤。
(4) 業務性質變更,有減少受僱者之必要,又無適當工作可供安置者。選項(D)屬之。

9 依據性別工作平等法之規定,促進工作平等措施之內容,下列敘述何者錯誤? （111年地方四等）
(A) 女性受僱者因生理日致工作有困難者,每月得請生理假一日,全年請假日數未逾三日,不併入病假計算,其餘日數併入病假計算
(B) 受僱者任職滿六個月後,於每一子女滿三歲前,得申請育嬰留職停薪,期間至該子女滿三歲止,但不得逾一年
(C) 雇主於女性受僱者分娩前後,應使其停止工作,給予產假八星期;妊娠三個月以上流產者,應使其停止工作,給予產假四星期
(D) 受僱者妊娠期間,雇主應給予產檢假七日;受僱者陪伴其配偶妊娠產檢或其配偶分娩時,雇主應給予陪產檢及陪產假七日

答案:**B**

【解析】選項(B)有誤。性別工作平等法第16條規定,受僱者任職滿六個月後,於每一子女滿三歲前,得申請育嬰留職停薪,期間至該子女滿三歲止,但不得逾二年。同時撫育子女二人以上者,其育嬰留職停薪期間應合併計算,最長以最幼子女受撫育二年為限。

Chapter 9 就業安全暨勞動福利之政策與立法

Multiple Choice Question 選擇題

10 性別工作平等法之立法目的為保障性別工作權之平等，貫徹憲法消除性別歧視、促進性別地位實質平等之精神。下列何者不是該法規範之內容？

（111年地方四等）

(A)性別歧視之禁止　　　　　　(B)性侵害犯罪之防治
(C)性騷擾之防治　　　　　　　(D)促進工作平等措施

答案：**B**

【解析】(1) 性別工作平等法第1條規定，為保障性別工作權之平等，貫徹憲法消除性別歧視、促進性別地位實質平等之精神，爰制定本法。

(2) 性別工作平等法包括：總則（第一章）、性別歧視之禁止（第二章）（選項(A)屬之）、性騷擾之防治（第三章）（選項(C)屬之）、促進工作平等措施（第四章）（選項(D)屬之）、救濟及申訴程序（第五章）、罰則（第六章）、附則（第七章）。

11 依據就業保險法的規定，失業給付的請領條件為被保險人於非自願離職辦理退保當日前3年內，保險年資合計滿1年以上，具有工作能力及繼續工作意願，向公立就業服務機構辦理求職登記，自求職登記之日起幾日內仍無法推介就業或安排職業訓練，才可請領？

（112年普考）

(A)30日　　　(B)16日　　　(C)15日　　　(D)14日

答案：**D**

【解析】就業保險法第25條規定，公立就業服務機構受理求職登記後，應辦理就業諮詢，並自求職登記之日起十四日內推介就業或安排職業訓練。未能於該十四日內推介就業或安排職業訓練時，公立就業服務機構應於翌日完成失業認定，並轉請保險人核發失業給付。

12 為保障遭遇職業災害勞工及其家屬之生活，加強職業災害預防及職業災害勞工重建，於民國111年5月1日正式施行勞工職業災害保險及保護法。下列有關該法的敘述，何者錯誤？

（112年普考）

(A)目的在藉由制定專法，整合勞工保險條例的職業災害保險，以及職業災害

選擇題 Multiple Choice Question

　　勞工保護法的規定，以促進社會安全
(B) 被保險人若遭遇職業傷病事故，得請領醫療、傷病、失能、死亡及失蹤等保險給付
(C) 擴大納保範圍，將受僱登記有案事業單位勞工，不論僱用人數全部強制納保
(D) 實際從事勞動之雇主、高級中等學校建教合作實施及建教生權益保障法規定之建教生，屬於自願加保對象

答案：**D**

【解析】勞工職業災害保險及保護法第6條規定：
(1) 年滿十五歲以上之下列勞工，應以其雇主為投保單位，參加本保險為被保險人：
　　A. 受僱於領有執業證照、依法已辦理登記、設有稅籍或經中央主管機關依法核發聘僱許可之雇主。
　　B. 依法不得參加公教人員保險之政府機關（構）、行政法人及公、私立學校之受僱員工。
(2) 下列人員準用前規定參加本保險：
　　A. 勞動基準法規定之技術生、事業單位之養成工、見習生及其他與技術生性質相類之人。
　　B. 高級中等學校建教合作實施及建教生權益保障法規定之建教生。選項(D)有誤，高級中等學校建教合作實施及建教生權益保障法規定之建教生，屬於自願加保對象，為強制投保對象。
　　C. 其他有提供勞務事實並受有報酬，經中央主管機關公告者。

13 關於請領老年給付或退休金之年齡標準，下列敘述何者錯誤？

（112年普考）

(A) 請領國民年金老年年金給付，必須年滿65歲
(B) 依勞工保險條例第58條規定，年滿60歲有保險年資者，得請領勞工保險老年給付，但自民國97年7月17日修正之條文施行之日起，第10年提高1歲，其後每2年提高1歲，以提高至65歲為限

(C) 依勞工退休金條例第24條，勞工年滿65歲，得依下列規定之方式請領退休金：一、工作年資滿15年以上者，選擇請領月退休金或一次退休金。
二、工作年資未滿15年者，請領一次退休金
(D) 老年農民福利津貼之請領年齡，必須年滿65歲

答案：C

【解析】勞工退休金條例第24條規定，勞工年滿六十歲（選項(C)所述有誤，應為年滿六十歲，而非年滿六十五歲），得依下列規定之方式請領退休金：
(1) 工作年資滿十五年以上者，選擇請領月退休金或一次退休金。
(2) 工作年資未滿十五年者，請領一次退休金。

14 關於近年來職業退休金相關立法的發展，下列描述何者錯誤？

（112年普考）

(A) 民國111年三讀通過之公務人員個人專戶制退休資遣撫卹法規定，其適用對象為民國112年7月1日以後之初任公務人員，不包括已退休及現職人員
(B) 我國為民國112年7月1日以後之初任公務人員重新建立退撫制度，採行確定提撥制，搭配設立個人退休金專戶，並於其在職期間與政府共同按月撥繳退撫儲金費用
(C) 為保障農民老年生活，於民國110年1月1日施行農民退休儲金條例，設立農民退休儲金個人專戶，由農民與政府共同提繳退休儲金
(D) 我國農民之老年經濟安全保障制度，由農民健康保險提供的老年農民福利津貼，以及農民退休儲金共構而成

答案：D

【解析】選項(D)有誤，我國農民之老年經濟安全保障制度，係由老年農民福利津貼暫行條例提供的老年農民福利津貼，以及農民退休儲金條例提供的農民退休儲金共構而成。

15 依據性別工作平等法第27條規定，下列敘述何者錯誤？

（112年第二次專技社工師）

(A) 受僱者或求職者，因第12條有關性騷擾事宜，受有損害者由雇主及行為

Question Box

社會政策與社會立法（含概要） 搶分題庫

選擇題　Multiple Choice Question

人連帶負損害賠償責任
(B)雇主證明其已遵守本法所定之各種防治性騷擾之規定，且對該事情之發生已盡力防止仍不免發生者，雇主不負賠償責任
(C)雇主賠償損害時，對於為性騷擾之行為人無求償權
(D)被害人因第12條之情事致生法律訴訟，於受司法機關通知到庭期間，雇主應給予公假

答案：**C**

【解析】(1) 112年8月16日總統公布原法案名稱「性別工作平等法」，修正為「性別平等工作法」。
性別工作平等法第27條規定：
A. 受僱者或求職者因遭受性騷擾，受有財產或非財產上損害者，由雇主及行為人連帶負損害賠償責任。但雇主證明其已遵行本法所定之各種防治性騷擾之規定，且對該事情之發生已盡力防止仍不免發生者，雇主不負損害賠償責任。
B. 如被害人依前項但書之規定不能受損害賠償時，法院因其聲請，得斟酌雇主與被害人之經濟狀況，令雇主為全部或一部之損害賠償。
C. 雇主賠償損害時，對於性騷擾行為人，有求償權。選項(C)有誤。

16 下列關於性別平等工作法規定之敘述，何者正確？　　（113年普考）
(A)實習生於實習期間遭受性騷擾時，不適用性別平等工作法規定
(B)僱用受僱人10人以上未達30人之雇主，為防治性騷擾的發生，應訂定申訴管道，並在工作場所公開揭示
(C)雇主為受僱人提供教育訓練時，得因性別而有差別待遇
(D)雇主對於受僱者陪產假期間的薪資，無須支付

答案：**B**

【解析】(1) 選項(A)有誤。性別平等工作法第2條規定，實習生於實習期間遭受性騷擾時，適用本法之規定。

Chapter 9 就業安全暨勞動福利之政策與立法

Multiple Choice Question 選擇題

(2) 選項(C)有誤。性別平等工作法第8條規定，雇主為受僱者舉辦或提供教育、訓練或其他類似活動，不得因性別或性傾向而有差別待遇。

(3) 選項(D)有誤。性別平等工作法第15條規定，產檢假、陪產檢及陪產假期間，薪資照給。

17 依據性別平等工作法所規範之促進性別平等相關措施，下列何者錯誤？
　　　　　　　　　　　　　　　　　　　　　　　　（113年地方四等）

(A) 僱用受僱者10人以上未達30人者，應訂定申訴管道，並在工作場所公開揭示

(B) 受僱者任職滿1年後，於每一子女滿3歲前，得申請育嬰留職停薪，期間至該子女滿3歲止，但不得逾2年

(C) 受僱者陪伴其配偶妊娠產檢或其配偶分娩時，雇主應給予陪產檢及陪產假7日，陪產檢及陪產假期間，薪資照給

(D) 僱用受僱者100人以上之雇主，應提供哺（集）乳室和托兒設施或適當之托兒措施

答案：**B**

【解析】選項(B)有誤。性別平等工作法第16條規定，受僱者任職滿六個月後，於每一子女滿三歲前，得申請育嬰留職停薪，期間至該子女滿三歲止，但不得逾二年。同時撫育子女二人以上者，其育嬰留職停薪期間應合併計算，最長以最幼子女受撫育二年為限。

18 有關最低工資之敘述，下列何者錯誤？　　　　（113年地方四等）

(A) 最低工資應經由最低工資審議會審議

(B) 最低工資之審議，應參採國民所得及平均每人所得年增率擬訂調整幅度

(C) 行政院已核定自民國114年1月1日起每月最低工資為新臺幣28,590元，每小時最低工資為190元

(D) 最低工資法自民國113年1月1日施行，其他法規關於基本工資之規定，適用本法最低工資之規定

選擇題　Multiple Choice Question

答案：**B**

【解析】最低工資法第9條規定，最低工資之審議，應參採消費者物價指數年增率擬訂調整幅度。

19 在福利混合經濟的論述中，納入透過稅賦形式所提供的福利服務與給付，以減輕家戶與個人的負擔。我國並未提供下列何種稅賦福利？

（114年第一次專技社工師）

(A)長期照顧服務費抵減
(B)人身保險費抵減
(C)工作所得租稅抵減（EITC）
(D)依附者扶養抵減

答案：**C**

【解析】工作所得租稅抵減／薪資所得租稅補貼制度（Earn Income Tax Credit；EITC）：面對貧窮的問題，傳統福利政策易產生依賴的弊端，福利制度較完善的西方國家，鑒於受補助者過度依賴相關社會福利救助，逐漸由傳統的福利制度（welfare）改革成工作福利制度（workfare），以達到人助自助的目的。美國柯林頓總統執政期間實施之薪資所得租稅補貼制度（EITC），其目的是為了協助低所得家庭（尤其有孩童之低所得家庭），藉由此一制度脫離貧窮。EITC它是一項降低稅負與薪資補貼二種功能的措施，亦是負所得稅（Negative Income Tax；NIT）概念具體實現。一個符合資格條件的家庭，每多賺取一元的勞動所得，政府便相對給予一定比率的稅額抵減。EITC的對象鎖定在低收入貧窮家庭，須有勞動所得才能享有抵減或補助，且對非勞動所得予以限制。EITC是一種將社會福利與所得稅結合的制度，利用納稅義務人每年申報的綜合所得稅資料，只要符合所設定的標準與條件，即可請領所得稅額的扣抵或補貼。

Chapter 10 兒童及少年福利之政策與立法

關鍵焦點

1. 兒童權利公約是金榜考點,建立對此公約的熟悉度,非常重要。
2. 兒童及少年福利與權益保障法,申論題的考點量,仍持續保持重要性。
3. 兒童及少年性剝削防制條例,為關鍵考點。
4. 曝險少年為新興考點。
5. 測驗題以兒童及少年福利與權益保障法、兒童及少年性剝削防制條例、少年事件處理法等為命題焦點。

申論題　Essay Question

一、請說明依據「兒童及少年性剝削防制條例」有那些行為就可視為對兒童及少年的性剝削,以及政府對受害的兒童及少年可以提供那些具體的保護措施。　　　　　　　　（110年第一次專技社工師）

考點分析

本考題係聚焦於兒童及少年性剝削防制條例「受害」的兒童及少年,論述時有關預防的相關措施,應予排除。本題係就兒童及少年性剝削防制條例第二章救援及保護、第三章安置及服務之分類綜整論述。

【解析】

一、「兒童及少年性剝削防制條例」對兒童及少年的性剝行為之界定

依第2條之規定，本條例所稱兒童或少年性剝削，係指下列行為之一：

1. 使兒童或少年為有對價之性交或猥褻行為。
2. 利用兒童或少年為性交、猥褻之行為，以供人觀覽。
3. 拍攝、製造兒童或少年為性交或猥褻行為之圖畫、照片、影片、影帶、光碟、電子訊號或其他物品。
4. 使兒童或少年坐檯陪酒或涉及色情之伴遊、伴唱、伴舞等行為。

二、政府對受性剝削兒童及少年提供之具體保護措施

1 通報制度

醫事人員、社會工作人員、教育人員、保育人員、移民管理人員、移民業務機構從業人員、戶政人員、村里幹事、警察、司法人員、觀光業從業人員、電子遊戲場業從業人員、資訊休閒業從業人員、就業服務人員及其他執行兒童福利或少年福利業務人員，知有應保護之兒童或少年，或知有犯罪嫌疑人，應即向當地直轄市、縣（市）主管機關或所定機關或人員報告。

2 網際網路保護措施

網際網路平臺提供者、網際網路應用服務提供者及電信事業知悉或透過網路內容防護機構、其他機關、主管機關而知有犯罪嫌疑情事，應先行移除該資訊，並通知警察機關且保留相關資料至少九十天，提供司法及警察機關調查。

3 司法陪同制度

(1) 警察及司法人員於調查、偵查或審判時，詢（訊）問被害人，應通知直轄市、縣（市）主管機關指派社會工作人員陪同在場，並得陳述意見。被害人於案件偵查、審判中，已經合法訊問，其陳述明確別無訊問之必要者，不得再行傳喚。

兒童及少年福利之政策與立法　Chapter 10

(2) 被害人於偵查或審理中受詢（訊）問或詰問時，其法定代理人、直系或三親等內旁系血親、配偶、家長、家屬、醫師、心理師、輔導人員或社會工作人員得陪同在場，並陳述意見。於司法警察官或司法警察調查時，亦同。

4 **人身安全保護制度**

(1) 性剝削案件之證人、被害人、檢舉人、告發人或告訴人，除依法保護外，經檢察官或法官認有必要者，得準用證人保護法之規定。

(2) 偵查及審理中訊問兒童或少年時，應注意其人身安全，並提供確保其安全之環境與措施，必要時，應採取適當隔離方式為之，另得依聲請或依職權於法庭外為之。於司法警察官、司法警察調查時，亦同。

5 **隱私保護制度**

(1) 宣傳品、出版品、廣播、電視、網際網路或其他媒體不得報導或記載有被害人之姓名或其他足以識別身分之資訊。

(2) 行政及司法機關所製作必須公開之文書，不得揭露足以識別前項被害人身分之資訊。但法律另有規定者，不在此限。

6 **安置及輔導處遇服務**

(1) 檢察官、司法警察官及司法警察查獲及救援被害人後，應於二十四小時內將被害人交由當地直轄市、縣（市）主管機關處理。直轄市、縣（市）主管機關應即評估被害人就學、就業、生活適應、人身安全及其家庭保護教養功能，經列為保護個案者，為下列處置：

A. 通知父母、監護人或親屬帶回，並為適當之保護及教養。

B. 送交適當場所緊急安置、保護及提供服務。

C. 其他必要之保護及協助。

(2) 直轄市、縣（市）主管機關依前條緊急安置被害人，應於安置起七十二小時內，評估有無繼續安置之必要，經評估無繼續安

置必要者，應不付安置，將被害人交付其父母、監護人或其他適當之人；經評估有安置必要者，應提出報告，聲請法院裁定。法院受理前項聲請後，認無繼續安置必要者，應裁定不付安置，並將被害人交付其父母、監護人或其他適當之人；認有繼續安置必要者，應交由直轄市、縣（市）主管機關安置於兒童及少年福利機構、寄養家庭或其他適當之醫療、教育機構，期間不得逾三個月。

(3) 被害人經安置後，主管機關應每三個月進行評估。經評估無繼續安置、有變更安置處所或為其他更適當處遇方式之必要者，得聲請法院為停止安置、變更處所或其他適當處遇之裁定。經法院裁定安置期滿前，直轄市、縣（市）主管機關認有繼續安置之必要者，應於安置期滿四十五日前，向法院提出評估報告，聲請法院裁定延長安置，其每次延長之期間不得逾一年。但以延長至被害人年滿二十歲為止。被害人於安置期間年滿十八歲，經評估有繼續安置之必要者，得繼續安置至期滿或年滿二十歲。

(4) 經法院依裁定之被害人，直轄市、縣（市）主管機關應指派社會工作人員進行輔導處遇，期間至少一年或至其年滿十八歲止。

(5) 直轄市、縣（市）主管機關對於免除、停止或結束安置，無法返家之被害人，應依兒童及少年福利與權益保障法為適當之處理。

(6) 父母、養父母或監護人對未滿十八歲之子女、養子女或受監護人犯特定之罪者，被害人、檢察官、被害人最近尊親屬、直轄市、縣（市）主管機關、兒童及少年福利機構或其他利害關係人，得向法院聲請停止其行使、負擔父母對於被害人之權利義務，另行選定監護人。對於養父母，並得請求法院宣告終止其收養關係。法院依前項規定選定或改定監護人時，得指定直轄市、縣（市）主管機關、兒童及少年福利機構或其他適當之人

為被害人之監護人。

(7) 直轄市、縣（市）主管機關得令被害人之父母、監護人或其他實際照顧之人接受八小時以上五十小時以下之親職教育輔導，並得實施家庭處遇計畫。

(8) 直轄市、縣（市）主管機關應對有特定情形之被害人進行輔導處遇及追蹤，並提供就學、就業、自立生活或其他必要之協助，其期間至少一年或至其年滿二十歲止。

申論題　Essay Question

二、依據我國兒童及少年性剝削防制條例，所稱之兒童或少年性剝削行為為何？並申論如何防制兒童或少年性剝削之產生？

（110年普考）

考點分析

本題考《兒童及少年性剝削防制條例》之相關內容，係典型的法規題，屬基礎題型。

【解析】

一 《兒童及少年性剝削防制條例》所稱之「兒童或少年性剝削行為」之定義

《兒童及少年性剝削防制條例》第2條規定，本條例所稱兒童或少年性剝削，係指下列行為之一：

1. 使兒童或少年為有對價之性交或猥褻行為。
2. 利用兒童或少年為性交、猥褻之行為，以供人觀覽。
3. 拍攝、製造兒童或少年為性交或猥褻行為之圖畫、照片、影片、影

帶、光碟、電子訊號或其他物品。

4. 使兒童或少年坐檯陪酒或涉及色情之伴遊、伴唱、伴舞等行為。

🔺 《兒童及少年性剝削防制條例》對如何防制兒童或少年性剝削產生之相關作為

1 救援與保護機制

(1) **各機關應設立專責單位**：各地方法院檢察署及警察機關應指定經專業訓練之專責人員辦理。

(2) **提供各項必要服務**：衛預防兒童及少年遭受性剝削，直轄市、縣（市）主管機關對於脫離家庭之兒童及少年應提供緊急庇護、諮詢、關懷、連繫或其他必要服務。

(3) **建立責任通報制度**：醫事人員、社會工作人員、教育人員、保育人員、移民管理人員、移民業務機構從業人員、戶政人員、村里幹事、警察、司法人員、觀光業從業人員、電子遊戲場業從業人員、資訊休閒業從業人員、就業服務人員及其他執行兒童福利或少年福利業務人員，知有應保護之兒童或少年受性剝削人，應即向權責機關或人員報告。

(4) **規範網際網路平臺業者責任**：網際網路平臺提供者、網際網路應用服務提供者及電信事業知悉或透過網路內容防護機構、其他機關、主管機關而知有犯罪嫌疑情事，應先行移除該資訊，並通知警察機關且保留相關資料至少九十天，提供司法及警察機關調查。

(5) 專業人員陪同偵訊機制

　A. 警察及司法人員於調查、偵查或審判時，詢（訊）問被害人，應通知直轄市、縣（市）主管機關指派社會工作人員陪同在場，並得陳述意見。

　B. 被害人於偵查或審理中受詢（訊）問或詰問時，其法定代理人、直系或三親等內旁系血親、配偶、家長、家屬、醫師、

兒童及少年福利之政策與立法　Chapter 10

心理師、輔導人員或社會工作人員得陪同在場，並陳述意見。於司法警察官或司法警察調查時，亦同。

C. 偵查及審理中訊問兒童或少年時，應注意其人身安全，並提供確保其安全之環境與措施，必要時，應採取適當隔離方式為之，另得依聲請或依職權於法庭外為之。

(6) 個人資料保護機制

A. 宣傳品、出版品、廣播、電視、網際網路或其他媒體不得報導或記載有被害人之姓名或其他足以識別身分之資訊。

B. 行政及司法機關所製作必須公開之文書，不得揭露足以識別前項被害人身分之資訊。但法律另有規定者，不在此限。

2 安置及服務機制

(1) 提供保護個案相關處置：檢察官、司法警察官及司法警察查獲及救援被害人後，應於二十四小時內將被害人交由當地直轄市、縣（市）主管機關處理。直轄市、縣（市）主管機關應即評估被害人就學、就業、生活適應、人身安全及其家庭保護教養功能，經列為保護個案者，為下列處置：

A. 通知父母、監護人或親屬帶回，並為適當之保護及教養。

B. 送交適當場所緊急安置、保護及提供服務。

C. 其他必要之保護及協助。

(2) 設置中途學校：中央教育主管機關及中央主管機關應聯合協調直轄市、縣（市）主管機關設置安置被害人之中途學校。中途學校應聘請社會工作、心理、輔導及教育等專業人員，並結合民間資源，提供選替教育及輔導。

(3) 暫停親權行使：父母、養父母或監護人對未滿十八歲之子女、養子女或受監護人所犯特定之法條之罪者，被害人、檢察官、被害人最近尊親屬、直轄市、縣（市）主管機關、兒童及少年福利機構或其他利害關係人，得向法院聲請停止其行使、負擔父母對於被害人之權利義務，另行選定監護人。

(4) 實施親職教育：直轄市、縣（市）主管機關得令被害人之父母、監護人或其他實際照顧之人接受八小時以上五十小時以下之親職教育輔導，並得實施家庭處遇計畫。

申論題　Essay Question

三、請說明政府推動兒童及少年未來教育與發展帳戶的理由，並請申論目前執行的情況與改進之處？　（110年第二次專技社工師）

考點分析

本題有二個考點，第一個考點是相當基礎的考點，編者在所著《社會政策與社會立法》，考用出版，第8章「兒童及少年福利之之政策與立法」章節中，即已畫上榜首提點，提醒考生有條理的準備。另第二個考點，請藉本題建立相關執行概況，是較偏向實務面的考點；第三個考點，考生亦可能在考場上與第二個提問有著相同的猶豫，但考生無須被此膠著情境困住，應轉換思考，以兒童及少年未來教育與發展帳戶最常被外界討論的事項進行政策面的總體評論，即可論述出有架構的內容，此發展帳戶最常被各界討論的界是開戶率一直偏低，以及適用的兒少對象過於狹窄等議題。

【解析】

● 政府推動兒童及少年未來教育與發展帳戶的理由

為消弭類此世代貧窮的社會現象，鼓勵低收入戶以儲蓄來累積資產，始能脫離不斷循環之資源耗盡處境。根據美國學者許拉登（Sherraden）提出資產累積福利理論，主張透過制度性的機制設計，結合公私部門，協助與促進低收入家戶形成與累積資產，增強其抗貧性，走向自立。許拉登及其研究團隊提出，儲蓄和資產累積對於兒童的學習成就和發展機會有正向影響，包括提升學業成就、升大學及降低中輟等。對兒童、少年及家長的教育期待也有正向影響，為能透過

兒童及少年福利之政策與立法　Chapter 10

積極性措施解決貧窮問題，因此，政府規劃推動兒童及少年未來教育與發展帳戶，自106年6月起開辦。「兒童與少年未來教育及發展帳戶」就是結合教育投資及資產累積兩種策略來設計，解決兒童貧窮的問題。兒童貧窮是社會正義的議題，設立本帳戶也是國家經濟發展潛力的投資，兒童與少年未來教育及發展帳戶」以鼓勵家長及早為兒童儲存未來的教育基金，除投資貧窮家庭兒童、少年的教育資本，降低他們的貧窮背景對兒童及少年的影響，增加未來的發展機會。政策推動的理由有四：

1 投資取向的脫貧策略

傳統的濟貧策略或政策大多是提供現金補助，可以維持貧窮家戶一定的消費水準，是一種消費取向的協助，為積極促進經濟自立，105年訂定《協助積極自立脫離貧窮實施辦法》，本教育及發展帳戶運用資產累積及教育投資兩種策略，長期來看可提高其消費水準，進而經濟獨立。

2 世代正義的議題

目前政府的社會福利總支出約占政府總支出的20%，但其中用於兒童、少年及家庭方面的支出遠遠低於對老人的支出投資，任由個別家庭負起兒少照顧的責任，以致兒童及少年的身心發展和教育投資個別差異極大，反映了家庭社經地位間不均的事實。聯合國公約也確認人人有權享受社會保障，世界銀行並認為投資兒童及少年的人力資本是解決跨世代問題的希望。

3 資產貧窮是家戶所得分配不均的核心

從家戶儲蓄的五等分資料可以看出，家庭收入前面20%家戶的平均儲蓄金額水準逐年拉高，但家庭收入最後的20%家戶之平均儲蓄金額不但低，且甚至有多年的平均金額呈負數。因此，經濟弱勢家庭子女無法累積資產，預為生涯規劃作準備，是需要社會資源的投入，培養其儲蓄的習慣，以累積資產。

4 機會成本的議題

為了協助大專學生就學的學費貸款，政府目前每年必須提供大量的助學貸款利息補貼。本教育及發展帳戶是未雨綢繆，兒童及少年先由政府與家庭合作一起儲蓄未來的學費，也就是投資兒童自身的未來，如此有足夠教育經費再升學，降低政府每年學貸補貼利息的負擔。

◆ 兒童及少年未來教育與發展帳戶目前執行的情況與改進之處

1 開戶率偏低，應提升開戶率

以執行情況分析，106年6月開辦當年累計開戶率為31%，歷經近五年的執行，至110年12月止，開戶率累計僅達46%，相較之下，僅提升15個百分點。其中雖有108年12月、109年12月累計開戶率分別為49%、54%，看各年度之開戶率均不理想，顯見符合資格者可能面臨不知道有兒少發展教育帳戶之情事，亦或在開戶的管道上，不甚方便，以致影響其開戶意願。因此，可藉由多元管道宣導，提升開戶率，並增加存款管道，減少存款障礙，提升儲蓄的便利性，以提升開戶率。

2 擴增兒少發展帳戶適用對象

兒童及少年未來教育與發展帳戶第6條規定，本條例適用對象為符合下列條件之一之兒童及少年：具社會救助法所定之低收入戶或中低收入戶資格，且於中華民國一百零五年一月一日以後出生者；依據兒童及少年福利與權益保障法相關規定安置二年以上，由法院指定直轄市、縣（市）主管機關、兒童及少年福利機構負責人為監護人者；其他經中央主管機關公告指定者。然而，應思考的是，資格第一款係以具社會救助法所定之低收入戶或中低收入戶資格之兒少為主，但此一刀切的規定，排除了無法接近政府資源其他弱勢兒少，例如：近貧戶的經濟弱勢兒少、脆弱家庭兒少、危機家庭兒少等。因此，改進之處為修正原條例的適用對象規範，以減少兒少落入貧窮的風險。

Chapter 10 兒童及少年福利之政策與立法

> **申論題** Essay Question
>
> 四、聯合國於1989年11月通過兒童權利公約（Convention on the rights of the Child, CRC），CRC對各締約國皆具有約束力。請問：(1)為保障兒童相關權益，CRC提出那些普遍性的指導原則？(2)CRC彰顯出那些兒童權益保障的發展趨勢？(3)請列舉任何兩項我國與兒童及少年權益保障的相關立法名稱，並說明其立法目的。
> （111年地方三等）

考點分析

本題的前二個提問，是基本的考點，考題無變化性；第三個提問，考生則以所熟稔的法規進行明，即可順利應答。

【解析】

一、為保障兒童相關權益，CRC提出之普遍性的指導原則

1 禁止歧視他人

公約第2條規定：「不因兒童、父母或法定監護人之種族、膚色、性別、語言、宗教、政治或其他見解、民族、族裔或社會背景、財產、身心障礙、出生或其他身分地位之不同而有所歧視。」該原則強調機會均等，任何一位兒童都應享有適足生活水準的同等機會，不得遭受任何有形或無形的歧視或懲罰。

2 兒童最佳利益

公約第3條第1項指出：「所有關係兒童之事務，……均應以兒童最佳利益為優先考量。」此一原則是針對由公私社會福利機構、法院、行政機關或立法機關之作為或決定。

3 生存與發展權

公約第6條揭示：國家應「承認兒童有與生俱有之生存權利」，以及「應盡最大可能確保兒童之生存與發展」。在此發展權不僅是指身體健康，還包括：心理、情緒、認知、社會與文化方面的發展。

4 意見表達與參與權

公約第12條規定：國家「應確保有形成其自己意見能力之兒童有權就影響其本身之所有事物自由表示其意見，其所表示之意見應依其年齡與成熟度給予適當的看待。」此一原則的主要觀點在於：兒童有權表達其心聲，其意見應獲得認真的考慮，尤其是對兒童有影響的司法或行政程序事項。

二 CRC所彰顯之兒童權益保障發展趨勢

1. 從「家務事」到「國家及國際社會共同的責任」：兒少福利和權益的保障，並非只是兒少個人或父母的「家務事」，而是整個國家及國際社會所應共同關切的。

2. 從「差別待遇」到「機會均等」：兒童不再因其種族、膚色、性別、國籍、宗教等之不同，而遭受不公平的對待，家庭、社會及政府給予每位兒童的機會應是均等的。

3. 從「生存權」到「發展權」：給予兒童營造的生活環境，除物質層次的基本生存保障外，亦應擴及至心理和發展的層次。

4. 從「附屬地位」到「獨立個體」：兒童不應被視為是附屬於成人或家庭的個體，其所表達的意見，應視其成熟程度予以適切的尊重。

5. 從「保護客體」到「權利主體」：藉由兒童權利的相對義務履行者發展其尊重、保護及滿足兒童權利的能力，以及兒童主張權利的能力，始能促進所有兒童權利之實現。

Chapter 10 兒童及少年福利之政策與立法

三、請列舉任何兩項我國與兒童及少年權益保障的相關立法名稱,並說明其立法目的

1. 兒童及少年福利與權益保障法:本法之立法目的,係為促進兒童及少年身心健全發展,保障其權益,增進其福利,特制定本法。此法除保障了兒童及少年最低生活照顧、健康、安全、教育及保護等基本需求外,並對兒童及少年的身分權、表意權、安全權、文化休閒權、社會參與權及閱聽權等,透過法律給予權益之保障。

2. 兒童及少年性剝削防制條例:本法之立法目的,係為防制兒童及少年遭受任何形式之性剝削,保護其身心健全發展,特制定本條例。此法主要是為了保護兒童及少年避免受到任何形式的性剝削和性迫害,並透過預防與處置並重,以預防性剝削風險或二度傷害。

申論題 Essay Question

五、青年貧窮是近年引起社會關注的重要議題之一。請申論造成青年貧窮問題的原因有那些?有那些具體作法有助於改善青年貧窮問題?
(111年高考)

考點分析

以往有關貧窮的考題,均屬於較傳統的命題方式,多聚焦在貧窮的理論、法規、弱勢者之貧窮等面向,本次命題首次聚焦在青年貧窮,為較少見的命題方式。以題幹分析,考題範圍架構較大,且必須思考的層面較多,並須結合相關的社會政策層面思考,考題難度較高,請考生藉本題加以準備。

【解析】

過往對於貧窮的理解,主要在於沒有工作收入而陷入貧窮處境,因此群體大多聚焦在老弱殘幼,但「新貧」則主要指有工作卻仍然處在貧窮困境。當「新貧」、「工作貧窮」的現象開始出現時,青年世代陷

入工作貧窮，或因為低薪而陷入困境的狀態也開始逐漸浮現。茲將造成青年貧窮問題的原因、具體改善的做法，綜整說明如下：

一 產業結構改變，國內多數產業薪資偏低

1. 原因：在全球化下國際分工的生產模式下，企業將人力密集型產業生產工作外移至人力成本較低之國家，因此，台灣的產業以高科技業為主的薪資待遇較佳，相反的，大多數的產業為其他低技術的服務業，其薪資待遇普遍偏低，致使青年從學校畢業後，所能賺取的薪資所得極低，因而產生青年貧窮現象。

2. 做法：雖然工作低薪與工作貧窮不能完全畫上等號，但根據調查顯示，青年低薪者所負擔的生活開銷已占所得2/3，不利其累積財富資本，而教育訓練僅占收入約4%，因低薪問題使其能運用於提升自我能力訓練的資金有限，難以增加自身競爭力。建議政府應採取積極勞動市場政策（Active Labor Market Policies, ALMPs），透過投資多面向的職業培訓計畫，以提升青年的就業技能。

二 高教普及化，青年未能具有職場知能

1. 原因：我國在高教普及化後，產業升級與轉型所產生之人力缺口，並沒有如預期般持續增加，勞動市場出現供需落差，青年普遍面對到的問題是高等教育報酬遞減，及勞動錯置使得其需下修薪資條件以換取工作。

2. 做法：除持續推動對青年就業的以學用合一為核心主軸外，政府應積極給予企業誘因，以使其提供青年體驗職場的場域，共同開發工作機會，也鼓勵企業聘僱青年並採取先僱後訓的政策，並持續鼓勵企業聘僱並培訓青年者，依據企業給予青年的薪資，按比例給予補助。一方面希望達到鼓勵企業聘僱，並在職場內直接培訓青年的效果，使得青年得以直接學習職場所需之技能，另一方面，也可在一定程度上保障青年薪資達到可接受的標準。此外，在青年勞動供給政策方面，應持續強化及整合各大專院校的職涯輔導，增強學校與職場對接的部分，則加強產學合作，培養符合產業所需的技能，減

兒童及少年福利之政策與立法　Chapter 10

少學用落差。除職能培養及工作場域提供外，也應著重在青年創業的扶持，不論是創意發想訓練或是資源的提供等，亦透過社區營造與社區結合，激發青年學子的創意火花，藉由理解社會需求尋找新的工作契機與創業機會，以創造薪資的無限可能。

三、以非典型就業因應青年失業，形成低薪惡性循環

1. 原因：我國於2004年通過人力派遣服務業發展綱領及行動方案，將人力派遣定位為新興發展服務業，迎合當時全球勞動市場自由化、彈性化的趨勢，認為放寬非典型就業之限制並擴大其彈性，可以促進就業，解決我國當時失業率嚴重之問題，並以人力派遣較自由的美國作為參考學習標的，試圖強化當時尚未健全的派遣勞動市場。根據行政院主計總處人力運用調查報告統計，2019年時國內已有高達81萬人從事非典型勞動。根據調查，非典型勞動者與一般勞動者薪資差異高達約40%左右。當企業能夠以較低成本聘僱到人力時，便會降低對一般員工加薪的意願，長久下來限縮了薪資成長的機會與空間。在青年非典型就業部分，台灣15至29歲的青年非典型就業者，約占總體非典型就業者人數的1/3左右，其中又以初入社會的年紀區間20至24歲之人數最為大宗。

2. 作法：建議政府應強化勞動法制之研修，主要因現行勞動法制對於非典型就業的保護相當有限，使得從事非典型勞動的青年被迫面對不穩定的就業環境及低薪條件，青年勞工不但無法享有全職勞工之保障外，更易在經濟危機之際承受失業之風險。

申論題　Essay Question

六、請問兒童及少年福利與權益保障法，對發展遲緩兒童明定有那些具體的福利與保障措施？並請檢析執行的困境。　（112年高考）

> **考點分析**
>
> 本題有二項提問，第一個提問是考兒童及少年福利與權益保障法，對發展遲緩兒童明定有那些具體的福利與保障措施，為法規題；第二項提問為針對兒童及少年福利與權益保障法對發展遲緩兒童之措施的執行困境之檢析，本題偏向政策實務題，請考生藉本題建立完整觀念。

【解析】

一、兒童及少年福利與權益保障法對發展遲緩兒童明定之具體福利與保障措施

1. 建立通報系統：直轄市、縣（市）政府，應建立整合性服務機制，建立發展遲緩兒童早期通報系統，並提供早期療育服務。另依施行細則之規定，本法所稱早期療育，指由社會福利、衛生、教育等專業人員以團隊合作方式，依未滿六歲之發展遲緩兒童及其家庭之個別需求，提供必要之治療、教育、諮詢、轉介、安置與其他服務及照顧。

2. 提供醫療費用協助：直轄市、縣（市）政府針對發展遲緩兒童之扶養義務人無力支付醫療費用之補助。

3. 建立指紋資料：疑似發展遲緩、發展遲緩或身心障礙兒童及少年之父母或監護人，得申請警政主管機關建立指紋資料。

4. 支持性服務：政府應建立六歲以下兒童發展之評估機制，對發展遲緩兒童，應按其需要，給予早期療育、醫療、就學及家庭支持方面之特殊照顧。

5. 通報機制：各類社會福利、教育及醫療機構，發現有疑似發展遲緩兒童，應通報直轄市、縣（市）主管機關。直轄市、縣（市）主管機關應將接獲資料，建立檔案管理，並視其需要提供、轉介適當之服務。

兒童及少年福利之政策與立法　Chapter 10

三 兒童及少年福利與權益保障法有關發展遲緩兒童措施之執行困境

1 進入通報轉介中心時程過晚，錯失早期治療良機

早期療育是結合兒童發展之觀點，兒童愈年幼時，利用其大腦可塑性愈大時，給予早期治療之理念。但檢視衛生福利部111年早期療育通報之個案統計資料，發現2歲以下的通報個案數僅占14.5%，2至3歲則為27.1%，其餘為3歲以上占58.4%。前述的通報年齡偏高，因其進入通報暨個案管理中心之時程過晚，將影響並錯失早期治療之良機。因此，加強落實早期發現、早期治療觀念之宣導，讓社會大眾能夠瞭解早期療育的重要性，並接納發展遲緩兒童或身心障礙兒童暨其家庭，間接也鼓勵這些群體有意願尋資源與協助。另一個延遲發展遲緩兒童或身心障礙兒童進入通報的管道，有可能是因為主要照顧者未具相關專業知能，足以懷疑其孩子在發展方面可能面臨遲緩或障礙之困境。因此，加強主要照顧者初步篩檢的專業知能，特別是協助家長或保母能夠有一簡易的評估指標，藉以判讀孩子確實有需要被轉介與通報之需要，以得進入早期療育體系。

2 家長尋求或使用相關資源受挫，影響早期療育成效

當發展遲緩兒童進入通報轉介中心後，早期療育的重頭戲才開始，家長開始要帶著孩子密集地與醫療院所接觸，並視醫療鑑定結果接受後續的療育服務，但是實務工作發現，醫療或社會資源供需不平衡，讓亟需早期療育的家長與孩子耗盡時間等待，或是與時間賽跑，而影響早期療育之成效。因此，服務模式的多元化，讓服務的可近性與可得性提升，使得家長能使用到早期療育的資源，以滿足家庭暨兒童的個別性需求。此外，應建構以家庭為主之早期療育服務方案，其觀點是認為兒童生長於家庭，屬於家庭的一員，但現行早期療育服務未能以家庭為中心，僅以兒童為主要的服務對象，服務本身確實可減輕家庭的照顧壓力，但片面且零星的服務，使得服務效能大打折扣。因此，早期療育之政策規劃與福利服務提供，其焦點必須著重在以家庭為中心，藉以增強家庭照顧兒童之能力，提

高早期療育服務的效能。

> **申論題** Essay Question
>
> 七、針對弱勢家庭、發展遲緩等特殊兒少，政府整合各項資源，推動各項補助措施及支持服務，讓特殊兒少能在成長路上獲得協助並優質成長。以下請就特殊需求兒少的補助措施及支持服務提出論述。
> （112年地方四等）

考點分析

本題主要係聚焦弱勢家庭、發展遲緩等特殊兒少，並以補助措施、支持服務等二類為論述內容，考生可參考「我國少子女化對策計畫」中有關「特殊需求兒少的支持服務」之內容加以應用及延伸論述。

【解析】

投資兒童就是投資國家的未來，除對所有兒童提供一般性友善環境外，針對弱勢、發展遲緩等特殊兒少，政府在積極平等原則下，規劃支持家庭政策。茲就特殊需求兒少的補助措施及支持服務論述如下：

一 弱勢家庭兒少福利措施

1. 相關補助措施：衛生福利部訂有「弱勢兒童及少年生活扶助與托育及醫療費用補助辦法」，弱勢兒少生活扶助之補助對象包括：(1)遭遇困境之中低收入戶內兒童、少年；(2)因懷孕或生育而遭遇困境之兒童、少年及其子女；(3)其他經縣（市）主管機關評估無力撫育及無扶養義務人或撫養義務人無力維持其生活之兒童及少年。前述補助措施協助提供現金補助，以協助經濟弱勢家庭無力撫育之子女，改善其生活與度過困境，免於因經濟困難造成生活擔憂，使經濟弱勢兒少健康成長。

兒童及少年福利之政策與立法　Chapter 10

2. 提供之支持性服務：為扶助貧窮弱勢家庭自立，政府採社會投資取向積極性社會救助策略，制定《兒童及少年未來教育與發展帳戶條例》，透過政府與貧窮家庭共同合作，符合資格之家長為孩子每年最高存入1萬5,000元，政府即提撥同額款項，藉由鼓勵貧窮家庭長期（18年）儲蓄，並提供理財教育、家庭服務等配套做法，為孩童累積未來教育及發展之基金，增加弱勢兒童未來接受高等教育及生涯發展機會，以減少貧窮世代循環問題，同時，降低貧窮家庭與兒少可能遭遇之風險。

◆ 發展遲緩兒少之福利措施

1. 相關補助措施：政府提供發展遲緩兒童療育費及交通費，每月提供低收入家庭兒童、非低收入家庭現金補助，以協助家長將孩子送去接受療育服務。

2. 提供之支持性服務：持續推動「發展遲緩兒童社區療育服務實施計畫」，逐年擴充服務區域，降低療育資源缺乏地區之數量，並擬具「療育資源缺乏地區布建計畫」，結合地方政府共同挹注資源於前開衛政、社政、教育體系早療資源共同缺乏地區，改善偏鄉早療資源不足。此外，研訂社區療育及到宅服務工作指引及品質管理指標，積極提升對發展遲緩兒童及其家庭之專業服務成效

申論題 Essay Question

八、少年事件處理法於112年7月1日起，針對「曝險少年」，有所謂的「行政輔導先行」機制。請說明何謂「曝險少年」？何謂「行政輔導先行」機制？　　　　　　　　　　　　　　　　（113年普考）

考點分析

強化社會安全網計畫（第二期）的「策略四：強化部會網絡資源步建，拓展私協力服務」，在其分述中，所提出之「強化少年輔導工作網路連結」中，即有曝險少年行政輔導先行制度。少年事件處理法108年修法，並自112年7月1日起，針對「曝險少年」實施「行政輔導先行」機制。此部分的時事，有瀏覽編者的部落格者，即可有清楚的概念。

【解析】

一、何謂「曝險少年」之說明

1. 108年少事法三讀通過，將原第3條「虞犯」之名稱改以「曝險少年」取代，並採行所謂行政先行措施取代司法處遇。至此，對於有觸法之虞的少年，不再以「虞犯」稱之，而將之視為「曝險少年」，認為他們可能暴露於危險中，是需要被協助的一群；其次，縮減司法介入事由，從原本的七類，減為三類，即僅餘「無正當理由經常攜帶危險器械」、「有施用毒品或迷幻物品之行為而尚未觸犯刑罰法律」、「有預備犯罪或犯罪未遂而為法所不罰之行為」。

2. 前述三類行為在立法說明中將之納為「少年曝險行為」（adolescent risk exposure behavior），即為曝險少年。少年曝險行為意指少年暴露在高犯罪、疾病風險情境下的行為，例如：使用毒品、飲酒、不安全性活動、性交易、加入幫派、與有犯罪習性之人交往、職業賭博、危險駕駛等；且其通常與脆弱性（vulnerability）關聯，包括個人認知、情緒、家庭、社會、環境等面向的。

二、何謂「行政輔導先行」機制之說明

1. 108年少事法三讀通過，其中一項重大轉變是建置曝險少年行政輔導先行機制，對於曝險少年於修法四年後，即112年7月1日起施行。曝險少年將由縣市政府所屬跨局處的少年輔導委員會，先行結

兒童及少年福利之政策與立法 Chapter 10

合相關資源，對少年施以適當期間之輔導，如評估有必要，亦可請求少年法院處理，若行政輔導有效，即毋庸再以司法介入，此即落實「行政輔導先行，以司法為後盾」之精神。

2. 縣市政府所屬跨局處的少年輔導委員會，對於少年曝險行為具有承接個案、整合相關資源、適當期間輔導、具備輔導專業、請求法院處理之5大功能，以落實以行政為先行、司法為後盾之去司法標籤化之立法目的。「行政輔導先行」機制係從福利補足及權利主體的角度出發，結合福利、教育、心理、醫療等各類相關資源，施以適當期間之輔導，如評估確有必要，亦可請求少年法院處理，若行政輔導有效，少年復歸正軌生活，即無庸再以司法介入，以減少司法標籤化對少年成長造成的負面影響。

選擇題 Multiple Choice Question

1 根據兒童及少年福利與權益保障法，下列敘述何者錯誤？
 (A) 從事收出養媒合服務，以經主管機關許可之財團法人、公私立兒童及少年安置、教養機構為限
 (B) 收出養媒合服務者應評估安排收養人與兒童、少年先行共同生活或儘快接觸
 (C) 收出養媒合服務者從事收出養媒合服務，得向收養人收取服務費用
 (D) 有關收出養媒合服務之收費項目、基準及其他遵行事項之辦法，由中央主管機關定之
（110年第一次專技社工師）

答案：**B**

【解析】兒童及少年福利與權益保障法第15條規定，收出養媒合服務者應評估並安排收養人與兒童、少年先行共同生活或漸進式接觸。

2 有關社會給付優先受益者的敘述，下列何者錯誤？
（110年第一次專技社工師）
 (A) 生活機會不足者應是社會給付的優先受益者
 (B) 社會弱勢者應是社會給付的優先受益對象
 (C) 繳所得稅較高者應是社會給付的優先受益對象
 (D) 遭受社會排除者應是社會給付的優先受益對象

答案：**C**

【解析】社會給付優先係針對生活機會、社會弱勢、社會排除對象的優先受益原則，而非以繳所得稅較高者優先，因為，繳所得稅較高者，通常在非社會之弱勢者。

3 依據兒童及少年福利與權益保障法，私人或團體辦理兒童及少年福利機構，以向當地主管機關申請設立許可者為限，其有對外勸募行為或享受租稅減免者，最遲應於設立許可之日起多久時間內辦理財團法人登記？
（110年第一次專技社工師）
 (A) 1個月　　 (B) 3個月　　 (C) 6個月　　 (D) 1年

兒童及少年福利之政策與立法　Chapter 10

Multiple Choice Question　選擇題

答案：C

【解析】兒童及少年福利與權益保障法第82條規定，私人或團體辦理兒童及少年福利機構，以向當地主管機關申請設立許可者為限；其有對外勸募行為或享受租稅減免者，應於設立許可之日起六個月內辦理財團法人登記。未於前項期間辦理財團法人登記，而有正當理由者，得申請核准延長一次，期間不得超過三個月；屆期不辦理者，原許可失其效力。

4 依據兒童及少年未來教育與發展帳戶條例，所謂開戶人是指下列何者？
（110年第一次專技社工師）

(A)指兒童及少年的監護人
(B)指兒童及少年的最近親屬
(C)指完成開立兒少教育發展帳戶之兒童或少年
(D)指由法院指定之相關主管機關或機構的監護人

答案：C

【解析】兒童及少年未來教育與發展帳戶條例第3條規定，開戶人指完成開立兒少教育發展帳戶之兒童或少年。

5 依據兒童及少年福利與權益保障法，下列那一個狀況，明文規定社會工作人員應陪同兒童與少年接受訪談、訊問或身體檢查？（110年普考）

(A)兒童與少年進行身心障礙重建評估時
(B)兒童與少年進行早期療育之特殊照顧時
(C)兒童與少年在收出養媒合期間時
(D)兒童與少年在安置期間時

答案：D

【解析】兒童及少年福利與權益保障法第61條規定，安置期間，非為貫徹保護兒童及少年之目的，不得使其接受訪談、偵訊、訊問或身體檢查。兒童及少年接受訪談、偵訊、訊問或身體檢查，應由社會工作人員陪同，並保護其隱私。

Question Box

社會政策與社會立法（含概要） 搶分題庫

選擇題　Multiple Choice Question

6 依據兒童及少年福利與權益保障法規定，對於執行兒少福利業務人員，在執行業務知悉兒少有安置和保護的情況，應向主管機關通報，至遲不得超過幾小時？（110年普考）

(A)4　　(B)24　　(C)48　　(D)72

答案：**B**

【解析】兒童及少年福利與權益保障法第53條規定，醫事人員、社會工作人員、教育人員、保育人員、教保服務人員、警察、司法人員、移民業務人員、戶政人員、村（里）幹事及其他執行兒童及少年福利業務人員，於執行業務時知悉兒童及少年有下列情形之一者，應立即向直轄市、縣（市）主管機關通報，至遲不得超過二十四小時：
(1) 施用毒品、非法施用管制藥品或其他有害身心健康之物質。
(2) 充當第四十七條第一項場所之侍應。
(3) 遭受第四十九條第一項各款之行為。
(4) 有第五十一條之情形。
(5) 有第五十六條第一項各款之情形。

7 依據兒童及少年福利與權益保障法規定，政府應建立幾歲以下兒童發展之評估機制，提供早期療育特殊照顧？（110年普考）

(A)1歲　　(B)3歲　　(C)5歲　　(D)6歲

答案：**D**

【解析】兒童及少年福利與權益保障法第31條規定，政府應建立六歲以下兒童發展之評估機制，對發展遲緩兒童，應按其需要，給予早期療育、醫療、就學及家庭支持方面之特殊照顧。

8 依據兒童及少年福利與權益保障法之規定，酒家、特種咖啡茶室、成人用品零售店、限制級電子遊戲場及其他涉及賭博、色情、暴力等經主管機關認定足以危害兒童及少年身心健康之場所，應距離幼兒園、國民中小學、高中、職校多少公尺以上，並檢附證明文件，經商業登記主管機關登記後，始得營業？（110年普考）

Chapter 10 兒童及少年福利之政策與立法

Multiple Choice Question 選擇題

(A)100公尺　　(B)200公尺　　(C)300公尺　　(D)500公尺

答案：**B**

【解析】兒童及少年福利與權益保障法第47條規定，兒童及少年不得出入酒家、特種咖啡茶室、成人用品零售店、限制級電子遊戲場及其他涉及賭博、色情、暴力等經主管機關認定足以危害其身心健康之場所。前項之場所應距離幼兒園、國民中小學、高中、職校二百公尺以上，並檢附證明文件，經商業登記主管機關登記後，始得營業。

9 108年修正少年事件處理法，以曝險少年來去除標籤效應，這項修法的重點，下列敘述何者正確？　　　　　　　　　　　　　　　（110年普考）
(A)將現行7類事由增加為13類，以涵蓋曝險少年的行為範圍
(B)司法介入先於行政輔導，讓少年儘速回歸正途
(C)以福利補足和權利主體的角度，來看待曝險少年
(D)未來曝險少年將先由少年福利服務中心結合各類資源進行輔導，必要時請求少年法院協助處理

答案：**C**

【解析】(1) 選項(A)有誤。本次修法縮減司法介入事由，由原來的七類，減為三類。本次修正並依照本院釋字第664號解釋揭示司法介入事由的明確性要求，刪除現行規定7類事由中的4類，僅餘「無正當理由經常攜帶危險器械」、「有施用毒品或迷幻物品之行為而尚未觸犯刑罰法律」、「有預備犯罪或犯罪未遂而為法所不罰之行為」等3類行為，作為辨識曝險少年的行為徵兆。

(2) 選項(B)有誤。建置曝險少年行政輔導先行機制，在此次修法後，曝險少年將由縣市政府所屬跨局處的少年輔導委員會，結合福利、教育、心理、醫療等各類相關資源，施以適當期間之輔導，如評估確有必要，亦可請求少年法院處理，若行政輔導有效，少年復歸正軌生活，即無庸再以司法介入；因此，新制實施後，將以「行政輔導先行，以

選擇題 Multiple Choice Question

司法為後盾」的原則，協助曝險少年不離生活常軌，不受危險環境危害。

(3) 選項(D)有誤。修正後是以福利補足及權利主體的角度看待曝險少年，因而少年若自覺有觸法風險，可自行向少年輔導委員會求助，體現尊重少年主體權，並稍彌補社會安全網覺察不足之處。

10 1989年聯合國大會通過兒童權利公約（CRC），對各締約國具有法令的約束力，對於該公約的內容，下列敘述何者錯誤？ （110年第二次專技社工師）
(A) 締約國應尊重本公約所揭櫫之權利，確保其管轄範圍內的每一兒童均享有此等權利
(B) 所有關係兒童之事務，無論是由公私社會福利機構、法院、行政機關或立法機關之作為，均應以兒童最佳利益為優先考量
(C) 締約國應採取一切適當的立法、行政及其他措施，實現本公約所確認之各項權利
(D) 締約國承認兒童有與生俱來之生活權，並盡最大可能確保兒童的生存與發展

答案：**D**

【解析】兒童權利公約第6條：
(1) 締約國確認每個兒童均有固有的生命權。選項(D)前段所述「生活權」有誤，應為「生命權」。
(2) 締約國應最大限度地確保兒童的存活與發展。

11 依據兒童及少年福利與權益保障法規定，主管機關應至少每幾年對兒童及少年身心發展、社會參與、生活及需求現況進行調查、統計及分析並公布結果？ （110年第二次專技社工師）
(A) 2年　　　(B) 3年　　　(C) 4年　　　(D) 5年

答案：**C**

【解析】兒童及少年福利與權益保障法第13條規定：
(1) 中央衛生主管機關應進行六歲以下兒童死亡原因回溯分析，並定期公布分析結果。

Chapter 10 兒童及少年福利之政策與立法

Multiple Choice Question 選擇題

(2) 主管機關應每四年對兒童及少年身心發展、社會參與、生活及需求現況進行調查、統計及分析,並公布結果。

12 依據兒童及少年福利與權益保障法規定,直轄市、縣(市)主管機關對兒童及少年因家庭發生重大變故,致無法正常生活於其家庭者,得提供寄養服務。因受寄養家庭或安置機構提供兒童及少年必要服務所需之生活費、衛生保健費、學雜費等,得向下列何者收取? (110年第二次專技社工師)
(A)直轄市、縣(市)主管機關　　(B)寄養家庭
(C)兒童及少年福利機構　　　　　(D)扶養義務人

答案:**D**

【解析】兒童及少年福利與權益保障法第52條規定:
(1) 兒童及少年有下列情事之一者,直轄市、縣(市)主管機關得依其父母、監護人或其他實際照顧兒童及少年之人之申請或經其同意,協調適當之機構協助、輔導或安置之:
A. 違反第四十三條第一項、第四十七條第一項規定或從事第四十八條第一項禁止從事之工作,經其父母、監護人或其他實際照顧兒童及少年之人盡力禁止而無效果。
B. 有偏差行為,情形嚴重,經其父母、監護人或其他實際照顧兒童及少年之人盡力矯正而無效果。
(2) 前項機構協助、輔導或安置所必要之生活費、衛生保健費、學雜費、代收代辦費及其他相關費用,由扶養義務人負擔;其收費規定,由直轄市、縣(市)主管機關定之

13 依據兒童及少年福利與權益保障法規定,直轄市、縣(市)主管機關應辦理居家式托育服務,所謂居家式托育服務,指兒童由其幾親等內親屬以外人員,於居家環境中提供收費之托育服務? (110年第二次專技社工師)
(A)一親等　　(B)二親等　　(C)三親等　　(D)四親等

答案:**C**

【解析】兒童及少年福利與權益保障法第25條規定,所稱居家式托育服務,指兒童由其三親等內親屬以外之人員,於居家環境中提供收費之托育服務。

選擇題 Multiple Choice Question

14 依兒童及少年性剝削防制條例第10條規定，有關兒少性剝削被害人偵查或審理受詢問時，得陪同在場者不包括下列何者？　（110年第二次專技社工師）
(A)學校班導師
(B)三親等內旁系血親
(C)社工人員
(D)法定代理人

答案：**A**

【解析】兒童及少年性剝削防制條例第10條規定，被害人於偵查或審理中受詢（訊）問或詰問時，其法定代理人、直系或三親等內旁系血親、配偶、家長、家屬、醫師、心理師、輔導人員或社會工作人員得陪同在場，並陳述意見。於司法警察官或司法警察調查時，亦同。

15 兒童及少年性剝削防制條例第22條有關中途學校之相關規定，下列何者錯誤？　（110年地方四等）
(A)中途學校由中央教育主管機關與中央主管機關聯合協調直轄市、縣（市）主管機關設置之
(B)中途學校應聘請社會工作、心理、輔導及教育人員，提供選替教育與輔導
(C)中途學校學生之學籍及畢業證書，由中途學校發給
(D)安置對象逾國民教育階段者，中途學校提供其繼續教育

答案：**C**

【解析】選項(C)有誤。兒童及少年性剝削防制條例第22條規定，中途學校學生之學籍應分散設於普通學校，畢業證書應由該普通學校發給。

16 依據兒童及少年福利與權益保障法規定，中央衛生主管機關應進行幾歲以下兒童死亡原因回溯分析，並定期公布分析結果？　（110年地方四等）
(A)3歲
(B)4歲
(C)6歲
(D)7歲

答案：**C**

【解析】兒童及少年福利與權益保障法第13條規定，中央衛生主管機關應進行六歲以下兒童死亡原因回溯分析，並定期公布分析結果。

Chapter 10 兒童及少年福利之政策與立法

Multiple Choice Question 選擇題

17 有關兒童及少年福利與權益保障法，對發展遲緩及身心障礙兒少所提供服務措施，下列何者錯誤？ （110年地方四等）
(A) 得申請建立指紋資料
(B) 指紋檔案資料建立為衛生福利部權責
(C) 提供個別化家庭服務計畫
(D) 通報及轉介服務

答案：**B**

【解析】 兒童及少年福利與權益保障法第30條規定，疑似發展遲緩、發展遲緩或身心障礙兒童及少年之父母或監護人，得申請警政主管機關建立指紋資料。

18 執行兒童及少年福利業務人員，於知悉兒童少年有施用毒品情形，應立即通報，請問通報時間至遲不得超過多久？ （110年地方四等）
(A)12小時　　　(B)24小時　　　(C)36小時　　　(D)48小時

答案：**B**

【解析】 兒童及少年福利與權益保障法第53條規定，醫事人員、社會工作人員、教育人員、保育人員、教保服務人員、警察、司法人員、移民業務人員、戶政人員、村（里）幹事及其他執行兒童及少年福利業務人員，於執行業務時知悉兒童及少年有下列情形之一者，應立即向直轄市、縣（市）主管機關通報，至遲不得超過二十四小時：
(1) 施用毒品、非法施用管制藥品或其他有害身心健康之物質。
(2) 充當第四十七條第一項場所之侍應。
(3) 遭受第四十九條第一項各款之行為。
(4) 有第五十一條之情形。
(5) 有第五十六條第一項各款之情形。
(6) 遭受其他傷害之情形。

19 兒童及少年未來教育與發展帳戶條例之相關規定，下列何者錯誤？
（110年地方四等）

選擇題 Multiple Choice Question

(A) 開戶人指完成開立兒少教育發展帳戶之兒少家長
(B) 適用對象為低收入戶或中低收入戶資格者,且於民國105年1月1日以後出生者
(C) 辦理兒少教育發展帳戶工作所需費用,除政府相對提撥款費用由中央政府編列外,其餘由各級政府編列預算支應
(D) 中央主管機關應每年公布申請結果,每4年就辦理情形進行研究並公布結果

答案:**A**

【解析】兒童及少年未來教育與發展帳戶條例第3條規定,開戶人指完成開立兒少教育發展帳戶之兒童或少年。

20 政府及團體處理兒童及少年相關事務時,下列何者是優先考量的因素?
(111年第一次專技社工師)
(A) 以兒童及少年最少限制作為優先考量
(B) 以兒童及少年之最佳利益為優先考量
(C) 以減緩兒童及少年失能為優先考量
(D) 以父母期待為優先考量

答案:**B**

【解析】兒童及少年福利與權益保障法第5條規定,政府及公私立機構、團體處理兒童及少年相關事務時,應以兒童及少年之最佳利益為優先考量,並依其心智成熟程度權衡其意見;有關其保護及救助,並應優先處理。

21 依據兒童及少年福利與權益保障法規定,下列何者不是我國兒童及少年福利經費的來源?
(111年第一次專技社工師)
(A) 團體捐贈
(B) 國民年金保險保費
(C) 私人捐贈
(D) 各級政府年度預算及社會福利基金

Chapter 10 兒童及少年福利之政策與立法

Multiple Choice Question 選擇題

答案：**B**

【解析】兒童及少年福利與權益保障法第12條規定，兒童及少年福利經費之來源如下：
(1) 各級政府年度預算及社會福利基金。選項(D)屬之。
(2) 私人或團體捐贈。選項(A)、(C)屬之。
(3) 依本法所處之罰鍰。
(4) 其他相關收入。

22 依據兒童及少年性剝削防制條例，關於安置及服務之內容，下列何者錯誤？

（111年第一次專技社工師）

(A) 檢察官、司法警察官及司法警察查獲及救援被害人後，應於24小時內將被害人交由當地直轄市、縣（市）主管機關處理
(B) 直轄市、縣（市）主管機關若依法緊急安置被害人，應於安置起1週內，評估有無繼續安置之必要，經評估有安置必要者，應提出報告，聲請法院裁定
(C) 兒童或少年遭受性剝削或有遭受性剝削之虞者，如無另犯其他之罪，不適用少年事件處理法及社會秩序維護法規定
(D) 直轄市、縣（市）主管機關得令被害人之父母、監護人或其他實際照顧之人接受8小時以上50小時以下之親職教育輔導，並得實施家庭處遇計畫

答案：**B**

【解析】兒童及少年性剝削防制條例第16條規定：
(1) 直轄市、縣（市）主管機關依前條緊急安置被害人，應於安置起七十二小時內，評估有無繼續安置之必要，經評估無繼續安置必要者，應不付安置，將被害人交付其父母、監護人或其他適當之人；經評估有安置必要者，應提出報告，聲請法院裁定。選項(B)有誤。
(2) 法院受理前項聲請後，認無繼續安置必要者，應裁定不付安置，並將被害人交付其父母、監護人或其他適當之人；認有繼續安置必要者，應交由直轄市、縣（市）主管機關安置於兒童及少年福利機構、寄養家庭或其他適當之醫療、教育機構，期間不得逾三個月。

選擇題 Multiple Choice Question

(3) 安置期間,法院得依職權或依直轄市、縣(市)主管機關、被害人、父母、監護人或其他適當之人之聲請,裁定停止安置,並交由被害人之父母、監護人或其他適當之人保護及教養。

(4) 直轄市、縣(市)主管機關收到第二項裁定前,得繼續安置。

23 依據兒童及少年性剝削防制條例,關於中途學校之設置,下列敘述何者正確? （111年第一次專技社工師）

(A)中途學校應聘請社會工作、心理、輔導及教育等專業人員,並結合民間資源,提供選替教育及輔導

(B)中途學校之設立與員額編制準則,由法務部定之

(C)安置對象逾國民教育階段者,中途學校不得提供其繼續教育

(D)中途學校學生之畢業證書應由該中途學校獨立頒發

答案：**A**

【解析】兒童及少年性剝削防制條例第22條規定：

(1) 中央教育主管機關及中央主管機關應聯合協調直轄市、縣(市)主管機關設置安置被害人之中途學校。

(2) 中途學校之設立,準用少年矯正學校設置及教育實施通則規定辦理;中途學校之員額編制準則,由中央教育主管機關會同中央主管機關定之。選項(B)有誤。

(3) 中途學校應聘請社會工作、心理、輔導及教育等專業人員,並結合民間資源,提供選替教育及輔導。選項(A)正確。

(4) 中途學校學生之學籍應分散設於普通學校,畢業證書應由該普通學校發給。選項(D)有誤。

(5) 前二項之課程、教材及教法之實施、學籍管理及其他相關事項之辦法,由中央教育主管機關定之。

(6) 安置對象逾國民教育階段者,中途學校得提供其繼續教育。選項(C)有誤。

Chapter 10 兒童及少年福利之政策與立法

Multiple Choice Question 選擇題

24 依據兒童及少年福利與權益保障法相關規定安置幾年以上，由法院指定直轄市、縣（市）主管機關、兒童及少年福利機構負責人為監護人者，符合兒童及少年未來教育與發展帳戶條例之適用對象？　（111年普考）
(A)4年　　　　(B)3年　　　　(C)2年　　　　(D)1年

答案：**C**

【解析】兒童及少年未來教育與發展帳戶條例第6條規定，本條例適用對象為符合下列條件之一之兒童及少年：
(1) 具社會救助法所定之低收入戶或中低收入戶資格，且於中華民國一百零五年一月一日以後出生者。
(2) 依據兒童及少年福利與權益保障法相關規定安置二年以上，由法院指定直轄市、縣（市）主管機關、兒童及少年福利機構負責人為監護人者。
(3) 其他經中央主管機關公告指定者。

25 若縣市主管機關將司法警察所救援之兒少性剝削被害人列為保護個案，下列何者不是法定處置方式？　（111年普考）
(A) 通知學校老師帶回，並為適當保護及教育
(B) 送交適當場所緊急安置、保護及提供服務
(C) 通知父母帶回，並為適當保護及教養
(D) 通知監護人帶回，並為適當保護及教養

答案：**A**

【解析】兒童及少年性剝削防制條例第15條規定：
(1) 檢察官、司法警察官及司法警察查獲及救援被害人後，應於二十四小時內將被害人交由當地直轄市、縣（市）主管機關處理。
(2) 前項直轄市、縣（市）主管機關應即評估被害人就學、就業、生活適應、人身安全及其家庭保護教養功能，經列為保護個案者，為下列處置：
A. 通知父母、監護人或親屬帶回，並為適當之保護及教養。選項(A)有誤；選項(C)、(D)屬之。

選擇題 Multiple Choice Question

B. 送交適當場所緊急安置、保護及提供服務。選項(B)屬之。

C. 其他必要之保護及協助。

26 下列有關少年法院訊問之少年為聽覺、語言障礙者時得採取方式之敘述，何者正確？ （111年普考）

(A) 除由通譯傳譯外，不得以文字或其他適當方式詢問或訊問
(B) 除由通譯傳譯外，不得以手語或其他方式詢問或訊問
(C) 除由通譯傳譯外，不得以其他方式詢問或訊問
(D) 除由通譯傳譯外，並得以文字、手語或其他適當方式詢問或訊問

答案：**D**

【解析】少年事件處理法第3-1條規定，少年不通曉詢問或訊問之人所使用之語言者，應由通譯傳譯之。其為聽覺、語言或多重障礙者，除由通譯傳譯外，並得以文字、手語或其他適當方式詢問或訊問，亦得許其以上開方式表達。

27 依據兒童及少年福利與權益保障法，任何人不得於網際網路散布或傳送有害兒童及少年身心健康之內容，未採取明確可行之防護措施或未配合網際網路平台提供者之防護機制，使兒童及少年得以接取或瀏覽，將被處以下列那一種範圍的罰鍰？ （111年第二次專技社工師）

(A) 新臺幣10萬元以上20萬元以下
(B) 新臺幣10萬元以上30萬元以下
(C) 新臺幣10萬元以上40萬元以下
(D) 新臺幣10萬元以上50萬元以下

答案：**D**

【解析】(1) 兒童及少年福利與權益保障法第46-1條規定，任何人不得於網際網路散布或傳送有害兒童及少年身心健康之內容，未採取明確可行之防護措施，或未配合網際網路平台提供者之防護機制，使兒童及少年得以接取或瀏覽。

(2) 兒童及少年福利與權益保障法第94條規定，違反第四十六條之一之規定者，處新臺幣十萬元以上五十萬元以下罰

Chapter 10 兒童及少年福利之政策與立法

Multiple Choice Question 選擇題

鍰,並公布其姓名或名稱及命其限期改善;屆期未改善者,得按次處罰;情節嚴重者,並得勒令停業一個月以上一年以下。

28 依據兒童及少年福利與權益保障法規定,下列何者不是法院在認可兒童及少年之收養決定時得參考的措施? （111年第二次專技社工師）
(A)收養人接受障礙身分鑑定　　(B)收養人接受親職準備教育課程
(C)收養人接受精神鑑定　　(D)收養人接受酒癮檢測

答案：**A**

【解析】兒童及少年福利與權益保障法第17條規定,法院認可兒童及少年之收養前,得採行下列措施,供決定認可之參考:
(1) 命直轄市、縣（市）主管機關、兒童及少年福利機構、其他適當之團體或專業人員進行訪視,提出訪視報告及建議。
(2) 命收養人與兒童及少年先行共同生活一段期間;共同生活期間,對於兒童及少年權利義務之行使或負擔,由收養人為之。
(3) 命收養人接受親職準備教育課程、精神鑑定、藥、酒癮檢測或其他維護兒童及少年最佳利益之必要事項;其費用由收養人自行負擔。選項(B)、(C)、(D)屬之。
(4) 命直轄市、縣（市）主管機關調查被遺棄兒童及少年身分資料。

29 依據兒童及少年性剝削防制條例第26條規定,下列敘述何者錯誤? （111年第二次專技社工師）
(A)兒童或少年如另犯其他之罪,應先依第15條規定移送直轄市、縣（市）主管機關處理後,再依少年事件處理法移送少年法院（庭）處理
(B)兒童或少年遭受性剝削或有遭受性剝削之虞者,如無另犯其他之罪,不適用少年事件處理法規定
(C)兒童或少年遭受性剝削或有遭受性剝削之虞者,如無另犯其他之罪,不適用社會秩序維護法規定
(D)兒童或少年如另犯其他之罪,應直接依少年事件處理法移送少年法院

選擇題 Multiple Choice Question

（庭）處理

答案：D

【解析】(1) 兒童及少年性剝削防制條例第15條規定

A. 檢察官、司法警察官及司法警察查獲及救援被害人後，應於二十四小時內將被害人交由當地直轄市、縣（市）主管機關處理。

B. 前項直轄市、縣（市）主管機關應即評估被害人就學、就業、生活適應、人身安全及其家庭保護教養功能，經列為保護個案者，為下列處置：

　(A) 通知父母、監護人或親屬帶回，並為適當之保護及教養。

　(B) 送交適當場所緊急安置、保護及提供服務。

　(C) 其他必要之保護及協助。

C. 前項被害人未列為保護個案者，直轄市、縣（市）主管機關得視其需求，轉介相關服務資源協助。

D. 前二項規定於直轄市、縣（市）主管機關接獲報告、自行發現或被害人自行求助者，亦同。

(2) 兒童及少年性剝削防制條例第26條規定

A. 兒童或少年遭受性剝削或有遭受性剝削之虞者，如無另犯其他之罪，不適用少年事件處理法及社會秩序維護法規定。選項(B)、(C)屬之。

B. 前項之兒童或少年如另犯其他之罪，應先依第十五條規定移送直轄市、縣（市）主管機關處理後，再依少年事件處理法移送少年法院（庭）處理。選項(A)屬之；選項(D)有誤。

30 依據兒童及少年未來教育與發展帳戶條例第22條規定，直轄市、縣（市）主管機關得對連續幾個月內未存款之開戶人、法定代理人或最近親屬，進行輔導及提供相關協助？　　　　　　　　　　　　　（111年第二次專技社工師）

(A) 1至3個月　　(B) 2至4個月　　(C) 3至6個月　　(D) 4至6個月

答案：**C**

【解析】兒童及少年未來教育與發展帳戶條例第22條規定，直轄市、縣（市）主管機關得結合民間資源，運用社會工作人員，對連續三至六個月未存款之開戶人、法定代理人或最近親屬，進行輔導及提供相關協助。

31 為防止兒童及少年接觸有害其身心發展之網際網路內容，兒童及少年福利與權益保障法明訂規範予以防護，相關防護措施下列何者錯誤？

（111年地方四等）

(A) 兒童及少年上網安全教育宣導
(B) 辦理兒童及少年使用網際網路之行為觀察
(C) 禁止兒童及少年過度使用手機及電腦等資訊設備
(D) 推動網際網路平臺提供者建立自律機制

答案：**C**

【解析】兒童及少年福利與權益保障法第46條規定，為防止兒童及少年接觸有害其身心發展之網際網路內容，由通訊傳播主管機關召集各目的事業主管機關委託民間團體成立內容防護機構，並辦理下列事項：
(1) 兒童及少年使用網際網路行為觀察。選項(B)屬之。
(2) 申訴機制之建立及執行。
(3) 內容分級制度之推動及檢討。
(4) 過濾軟體之建立及推動。
(5) 兒童及少年上網安全教育宣導。選項(A)屬之。
(6) 推動網際網路平臺提供者建立自律機制。選項(D)屬之。
(7) 其他防護機制之建立及推動。

32 兒童及少年福利與權益保障法第23條規定，對於無力撫育其未滿幾歲之子女或受監護人者，視需要予以托育、家庭生活扶助或醫療補助？

（111年地方四等）

(A) 三歲　　　(B) 六歲　　　(C) 十二歲　　　(D) 十八歲

Question Box

社會政策與社會立法（含概要） 搶分題庫

選擇題 Multiple Choice Question

答案：C

【解析】兒童及少年福利與權益保障法第23條規定，直轄市、縣（市）政府，應建立整合性服務機制，並鼓勵、輔導、委託民間或自行辦理下列兒童及少年福利措施：

(1) 建立早產兒通報系統，並提供追蹤、訪視及關懷服務。

(2) 建立發展遲緩兒童早期通報系統，並提供早期療育服務。

(3) 辦理兒童托育服務。

(4) 對兒童、少年及其家庭提供諮詢服務。

(5) 對兒童、少年及其父母辦理親職教育。

(6) 對於無力撫育其未滿十二歲之子女或受監護人者，視需要予以托育、家庭生活扶助或醫療補助。選項(C)屬之。

(7) 對於無謀生能力或在學之少年，無扶養義務人或扶養義務人無力維持其生活者，予以生活扶助、協助就學或醫療補助，並協助培養其自立生活之能力。

(8) 早產兒、罕見疾病、重病兒童、少年及發展遲緩兒童之扶養義務人無力支付醫療費用之補助。

(9) 對於不適宜在家庭內教養或逃家之兒童及少年，提供適當之安置。

(10) 對於無依兒童及少年，予以適當之安置。

(11) 對於因懷孕或生育而遭遇困境之兒童、少年及其子女，予以適當之安置、生活扶助、醫療補助、托育補助及其他必要協助。

(12) 辦理兒童課後照顧服務。

(13) 對結束安置無法返家之少年，提供自立生活適應協助。

(14) 辦理兒童及少年安全與事故傷害之防制、教育、宣導及訓練等服務。

(15) 其他兒童、少年及其家庭之福利服務。

33 根據少年事件處理法之規定，少年法院分設刑事庭、保護庭、調查保護處、公設輔佐人室，並應配置心理測驗員、心理輔導員及佐理員。請問前述三類人員配置在那一個單位？ （111年地方四等）

(A)調查保護處 　　　　　　　　　(B)公設輔佐人室

(C)保護庭　　　　　　　　　(D)所有單位都可以配置

答案：**A**

【解析】　少年事件處理法：
(1) 第5-1條規定，少年法院分設刑事庭、保護庭、調查保護處、公設輔佐人室，並應配置心理測驗員、心理輔導員及佐理員。
(2) 第5-2條規定，心理測驗員、心理輔導員及佐理員配置於調查保護處。

34 依據兒童及少年福利與權益保障法規定，關於托嬰中心的敘述，下列何者正確？　　　　　　　　　　　　　　　　（112年第一次專技社工師）
(A) 托嬰中心應為其收托之兒童辦理職災保險
(B) 托嬰中心依法得裝設監視錄影設備
(C) 托嬰中心應為其收托之兒童辦理全民健康保險
(D) 托嬰中心依法應裝設監視錄影設備

答案：**D**

【解析】　兒童及少年福利與權益保障法第77-1條規定，托嬰中心應裝設監視錄影設備。

35 依據兒童及少年福利與權益保障法規定，兒童及少年有下列何項情形時，直轄市、縣（市）主管機關必要時得進行緊急安置？
　　　　　　　　　　　　　　　　（112年第一次專技社工師）
(A) 兒童及少年有立即接受醫療之必要，而未就醫
(B) 兒童及少年吸菸、飲酒、嚼檳榔
(C) 兒童及少年觀看有害其身心健康之暴力出版品
(D) 兒童及少年超過合理時間持續使用電子類產品

答案：**A**

【解析】　兒童及少年福利與權益保障法第56條規定，兒童及少年有下列各款情形之一者，直轄市、縣（市）主管機關應予保護、安置或為其他處置；必要時得進行緊急安置：

選擇題 Multiple Choice Question

(1) 兒童及少年未受適當之養育或照顧。
(2) 兒童及少年有立即接受醫療之必要，而未就醫。選項(A)屬之。
(3) 兒童及少年遭受遺棄、身心虐待、買賣、質押，被強迫或引誘從事不正當之行為或工作。
(4) 兒童及少年遭受其他迫害，非立即安置難以有效保護。

36 兒童及少年未來教育與發展帳戶的用途，不包括下列何者？

（112年第一次專技社工師）

(A)資產累積　　(B)教育投資　　(C)就業創業　　(D)健康照護

答案：**D**

【解析】兒童及少年未來教育與發展帳戶第1條規定，為提升兒童及少年平等接受良好教育與生涯發展之機會，建立兒童及少年未來教育與發展帳戶制度，協助資產累積、教育投資及就業創業，以促進其自立發展，特制定本條例。選項(D)不屬之。

37 兒童及少年未來教育與發展帳戶條例主要是立基於下列何種福利理論觀點？

（112年第一次專技社工師）

(A)社會發展理論　　　　　(B)公民資格理論
(C)資產累積理論　　　　　(D)人權理論

答案：**C**

【解析】兒童及少年未來教育與發展帳戶係立基於資產累積理論。Sherraden認為以「收入所得」為基礎的社會救助政策，是透過政府、家庭及就業三項經濟來源所衍生的收入，來維持低收入戶的最低生活所需，其所形成的福利效果，僅能在短期內提升被投資的低收入戶之消費水準，但在長期的福利效果上，卻無法積極協助他們脫離貧窮，走向長期性的經濟自立。Sherraden認為，家庭所累積的資產有些是來自世代親人的移轉、有些來自家人的投資、有些來自家人的工作所得，是需要一段時間的累積，而不論資產的多寡，都是家庭遭遇危機或困境時發揮緩衝及救急效應的主要支柱，有助於家庭

兒童及少年福利之政策與立法

Chapter 10

Multiple Choice Question　選擇題

長期的經濟穩定性。基於此思考，Sherraden因而提出以「資產累積」為基礎的福利理論，強調透過政府、家庭及就業三項經濟來源所衍生的收入，可以協助低收入戶累積資產，而所累積的資產不但可以維持其短期性的生活消費水準，還可以提高其長期性的消費水準，最終可以協助其獲得長期性的經濟自立。

38 根據兒童及少年福利與權益保障法的規定，兒童及少年不得吸菸、飲酒、嚼檳榔。任何人均不得販賣、交付或供應菸、酒、檳榔予兒童及少年。如果有販賣、交付或供應酒或檳榔予兒童及少年者，將遭受到多少金額的罰鍰？

（112年普考）

(A) 新臺幣1萬元以上10萬元以下
(B) 新臺幣1萬元以上5萬元以下
(C) 新臺幣2萬元以上5萬元以下
(D) 新臺幣2萬元以上10萬元以下

答案：**A**

【解析】兒童及少年福利與權益保障法第91條規定，販賣、交付或供應酒或檳榔予兒童及少年者，處新臺幣一萬元以上十萬元以下罰鍰。

39 政府為落實聯合國公民與政治權利國際公約、經濟社會文化權利國際公約、消除對婦女一切形式歧視公約、兒童權利公約及身心障礙者權利公約，分別制定施行法，並明定須定期提出國家報告。請問下列那一個公約施行法明定，每5年提出國家報告？

（112年普考）

(A) 兒童權利公約施行法
(B) 消除對婦女一切形式歧視公約施行法
(C) 身心障礙者權利公約施行法
(D) 公民與政治權利國際公約及經濟社會文化權利國際公約施行法

答案：**A**

【解析】(1)兒童權利公約施行法第7條規定，政府應建立兒童及少年權利報告制度，於本法施行後二年內提出第一次國家報

選擇題 Multiple Choice Question

告，其後每五年提出國家報告，並邀請相關專家學者及民間團體代表審閱，政府應依審閱意見檢討、研擬後續施政。

(2) 消除對婦女一切形式歧視公約施行法第6條規定，政府應依公約規定，建立消除對婦女一切形式歧視報告制度，每四年提出國家報告，並邀請相關專家學者及民間團體代表審閱，政府應依審閱意見檢討、研擬後續施政。

(3) 身心障礙者權利公約施行法第7條規定，政府應依公約規定建立身心障礙者權利報告制度，於本法施行後二年提出初次國家報告；之後每四年提出國家報告，並邀請相關專家學者及民間團體代表審閱。

(4) 公民與政治權利國際公約及經濟社會文化權利國際公約施行法：無提出國家報告之規定。

40 兒童及少年福利與權益保障法第14條規定，胎兒出生後7日內，下列何種身分者，應將其出生之相關資料通報衛生主管機關備查？　（112年普考）
(A)父母或監護人　　　　　　(B)村（里）幹事
(C)戶政人員　　　　　　　　(D)接生人

答案：**D**

【解析】兒童及少年福利與權益保障法第14條規定，胎兒出生後七日內，接生人應將其出生之相關資料通報衛生主管機關備查；其為死產者，亦同。

41 根據兒童及少年性剝削防制條例的規定，直轄市、縣（市）主管機關得令遭受性剝削或疑似遭受性剝削之兒童或少年之父母、監護人或其他實際照顧之人，接受多少時數之親職教育輔導，並得實施家庭處遇計畫？

（112年普考）

(A)10小時以上50小時以下　　(B)8小時以上50小時以下
(C)6小時以上50小時以下　　 (D)4小時以上50小時以下

答案：**B**

【解析】兒童及少年性剝削防制條例第29條規定，直轄市、縣（市）

Chapter 10 兒童及少年福利之政策與立法

Multiple Choice Question 選擇題

主管機關得令被害人之父母、監護人或其他實際照顧之人接受八小時以上五十小時以下之親職教育輔導，並得實施家庭處遇計畫。

42 下列何者是兒童及少年福利與權益保障法所規範的經費來源？
（112年第二次專技社工師）

(A)就業安定基金　　　　　　(B)菸捐
(C)依照該法所定之罰鍰　　　(D)全民健保保費

答案：**C**

【解析】 兒童及少年福利與權益保障法第12條規定，兒童及少年福利經費之來源如下：
(1) 各級政府年度預算及社會福利基金。
(2) 私人或團體捐贈。
(3) 依本法所處之罰鍰。選項(C)屬之。
(4) 其他相關收入。

43 依兒童及少年性剝削防制條例第19條的條文內容，法院於相關事證調查完竣後7日內對被害人之裁定，下列何者錯誤？　（112年第二次專技社工師）

(A) 認無安置必要者，應不付安置，並交付父母、監護人或其他適當之人
(B) 被害人為無合法有效之停（居）留許可之外國人、大陸地區人民、香港、澳門居民或臺灣地區無戶籍國民，逕行遣返
(C) 認為有安置必要者，應裁定安置於直轄市、縣（市）主管機關自行設立或委託之兒童及少年福利機構、寄養家庭、中途學校或其他適當之醫療、教育機構期間不得逾2年
(D) 其他適當之處遇方式

答案：**B**

【解析】 兒童及少年性剝削防制條例第19條規定，法院依聲請，於相關事證調查完竣後七日內對被害人為下列裁定：
(1) 認無安置必要者應不付安置，並交付父母、監護人或其他適當之人。其為無合法有效之停（居）留許可之外國人、大陸地區人民、香港、澳門居民或臺灣地區無戶籍國民，

303

選擇題 Multiple Choice Question

亦同。選項(A)屬之；選項(B)有誤。
(2) 認有安置之必要者，應裁定安置於直轄市、縣（市）主管機關自行設立或委託之兒童及少年福利機構、寄養家庭、中途學校或其他適當之醫療、教育機構，期間不得逾二年。選項(C)屬之。
(3) 其他適當之處遇方式。選項(D)屬之。

44 有關衛生福利部推動「兒少及家庭社區支持服務方案（守護家庭小衛星）」的目標，下列敘述何者錯誤？　（112年地方四等）
(A) 適時強化與原生家庭維繫，協助少年返家或在社區中穩定成長
(B) 建置兒少及家庭社區服務據點，強化家庭之陪伴與支持資源
(C) 發展因地制宜的預防性、支持性及發展性服務方案，協助家庭照顧功能發揮
(D) 發展公私協力服務模式，提升家庭支持服務之廣度與深度

答案：**A**

【解析】「兒少及家庭社區支持服務方案（守護家庭小衛星）」的方案目標：
(1) 建置兒少及家庭社區服務據點（簡稱小衛星），強化家庭之陪伴與支持資源。選項(B)屬之。
(2) 發展因地制宜的預防性、支持性及發展性服務方案，促進兒少身心健全發展，協助家庭照顧功能發揮。選項(C)屬之。
(3) 發展公私協力服務模式，提升家庭支持服務之廣度與深度，建構以家庭為中心、社區為基礎的整合性支持服務體系。選項(D)屬之。

45 有關兒童及少年福利與權益保障法，下列敘述何者正確？
（112年地方四等）
(A) 居家式托育服務係指由其四親等內親屬以外者於居家環境中提供收費托育服務
(B) 曾犯家庭暴力罪者均不得提供居家式托育服務
(C) 公寓大廈管理服務人員於執行業務時知悉6歲以下兒童未依規定辦理預防

Chapter 10 兒童及少年福利之政策與立法

Multiple Choice Question 選擇題

接種，致有未獲適當照顧之虞，應通報當地主管機關
(D)地方主管機關接獲通報應立即進行分級分類處理（如緊急安置等），不得超過48小時

答案：**C**

【解析】(1) 兒童及少年福利與權益保障法第25條規定，直轄市、縣（市）主管機關應辦理居家式托育服務之管理、監督及輔導等相關事項。前項所稱居家式托育服務，指兒童由其三親等內親屬以外之人員，於居家環境中提供收費之托育服務。選項(A)有誤。

(2) 兒童及少年福利與權益保障法第26-1條規定：
①有下列情事之一，不得擔任居家式托育服務提供者：
A. 曾犯性侵害犯罪防治法第二條第一項之罪、性騷擾防治法第二十五條之罪、兒童及少年性交易防制條例之罪、兒童及少年性剝削防制條例之罪，經緩起訴處分或有罪判決確定。但未滿十八歲之人，犯刑法第二百二十七條之罪者，不在此限。
B. 曾犯毒品危害防制條例之罪，經緩起訴處分或有罪判決確定。
C. 第四十九條各款所定行為之一，經有關機關查證屬實。
D. 行為違法或不當，其情節影響收托兒童權益重大，經主管機關查證屬實。
E. 有客觀事實認有傷害兒童之虞，經直轄市、縣（市）主管機關認定不能執行業務。
F. 受監護或輔助宣告，尚未撤銷。
G. 曾犯家庭暴力罪，經緩起訴處分或有罪判決確定之日起五年內。選項(B)有誤。
②第一項第五款原因消失後，仍得依本法規定申請擔任居家式托育服務提供者。

(3) 兒童及少年福利與權益保障法第53條規定，醫事人員、社會工作人員、教育人員、保育人員、教保服務人員、警

305

選擇題 Multiple Choice Question

察、司法人員、移民業務人員、戶政人員、村（里）幹事及其他執行兒童及少年福利業務人員，於執行業務時知悉兒童及少年有下列情形之一者，應立即向直轄市、縣（市）主管機關通報，至遲不得超過二十四小時：

①施用毒品、非法施用管制藥品或其他有害身心健康之物質。

②充當第四十七條第一項場所之侍應。

③遭受第四十九條第一項各款之行為。

④有第五十一條之情形。

⑤有第五十六條第一項各款之情形。

⑥遭受其他傷害之情形。

(4) 兒童及少年福利與權益保障法第54條規定，醫事人員、社會工作人員、教育人員、保育人員、教保服務人員、警察、司法人員、移民業務人員、戶政人員、村（里）幹事、村（里）長、公寓大廈管理服務人員及其他執行兒童及少年福利業務人員，於執行業務時知悉六歲以下兒童未依規定辦理出生登記、預防接種或兒童及少年家庭遭遇經濟、教養、婚姻、醫療或其他不利處境，致兒童及少年有未獲適當照顧之虞，應通報直轄市、縣（市）主管機關。選項(C)屬之。

(5) 兒童及少年福利與權益保障法第56條規定，兒童及少年有下列各款情形之一者，直轄市、縣（市）主管機關應予保護、安置或為其他處置；必要時得進行緊急安置：

①兒童及少年未受適當之養育或照顧。

②兒童及少年有立即接受醫療之必要，而未就醫。

③兒童及少年遭受遺棄、身心虐待、買賣、質押，被強迫或引誘從事不正當之行為或工作。

④兒童及少年遭受其他迫害，非立即安置難以有效保護。

(6) 兒童及少年保護通報與分級分類處理及調查辦法第2條規定，醫事人員、社會工作人員、教育人員、保育人員、教保服務人員、警察、司法人員、移民業務人員、戶政人

Chapter 10 兒童及少年福利之政策與立法

Multiple Choice Question　選擇題

員、村（里）幹事及其他執行兒童及少年福利業務人員，於執行業務時知悉兒童及少年有下列情形之一者，應立即填具通報表，以網際網路、電信傳真或其他科技設備傳送等方式，通報直轄市、縣（市）主管機關，至遲不得逾二十四小時；情況緊急時，得先以言詞、電話通訊方式通報，並於知悉起二十四小時內填具通報表，送直轄市、縣（市）主管機關：
　①施用毒品、非法施用管制藥品或其他有害身心健康之物質。
　②充當本法第四十七條第一項場所之侍應。
　③遭受本法第四十九條第一項各款之行為。
　④有本法第五十一條之情形。
　⑤有本法第五十六條第一項各款之情形。
　⑥遭受其他傷害之情形。
(7) 兒童及少年保護通報與分級分類處理及調查辦法第5條規定，直轄市、縣（市）主管機關於知悉或接獲第二條、第三條通報時，應於二十四小時內進行評估後，分級如下：
　①第一級：有第二條第一項第五款情形，須立即給予保護、安置或為其他處置，或必須進行緊急安置者。選項(D)有誤，所述「如緊急安置等」，應立即給予保護、安置或為其他處置。
　②第二級：有第二條第一項第一款至第六款情形，非屬前款案件者。

46 自民國112年起，凡是已滿18歲者，均可享有比往年同齡者更多之權利與承擔更多責任。請問下列何者不屬於民國112年滿18歲者可獨立行使之權利？

（112年地方四等）

(A)租房子簽契約　　　　　(B)選舉罷免總統
(C)辦手機門號　　　　　　(D)結婚

答案：**B**

【解析】總統副總統選舉罷免法第11條規定，中華民國自由地區人

307

選擇題 Multiple Choice Question

民,年滿二十歲,有選舉權。因此,選舉罷免總統,需年滿二十歲。

47 關於我國兒童及少年福利與權益保障法內容與國際政策之敘述,下列何者錯誤? （112年地方四等）

(A) 該法所稱兒童,指未滿12歲之人
(B) 該法要求主管機關欲推動兒童及少年福利政策,應諮詢兒少代表
(C) 該法要求相關行業人員於執行業務時,知悉6歲以下兒童未依規定辦理出生登記或預防接種,擔心有兒童疏忽之虞,應通報地方主管機關
(D) 聯合國「永續發展目標（SDGs）」的第三項目標「健康與福祉」,包含消除新生兒與6歲以下兒童的可預防死亡率

答案：**D**

【解析】聯合國「永續發展目標（SDGs）」的第三項目標為「確保健康及促進各年齡層的福祉」,其中包括「在西元2030年前,消除可預防的新生兒以及五歲以下兒童的死亡率。」選項(D)有誤。

48 依兒童及少年福利與權益保障法之規定,下列何者不是法定取得居家式托育服務提供者資格的條件? （113年第一次專技社工師）

(A) 成年人
(B) 修畢托育人員專業訓練課程,並領有結業證書
(C) 大學以上幼兒保育、家政、護理相關學程、科、系、所畢業
(D) 取得保母人員技術士證

答案：**C**

【解析】兒童及少年福利與權益保障法第26條規定,居家式托育服務提供者應為成年（選項(A)屬之）,並具備下列資格之一：
(1) 取得保母人員技術士證。選項(D)屬之。
(2) 高級中等以上學校幼兒保育、家政、護理相關學程、科、系、所畢業。選項(C)有誤。
(3) 修畢托育人員專業訓練課程,並領有結業證書。選項(B)屬之。

兒童及少年福利之政策與立法　Chapter 10

Multiple Choice Question　**選擇題**

49 依兒童及少年福利與權益保障法之規定,「兒童及少年福利機構」包括下列那些類別?①托嬰中心　②幼兒園　③感化教育機構　④心理輔導或家庭諮詢機構
（113年第一次專技社工師）
(A)①②　　(B)①④　　(C)②③　　(D)③④

答案：**B**

【解析】兒童及少年福利與權益保障法第75條規定,兒童及少年福利機構分類如下:
(1) 托嬰中心。題意①屬之。
(2) 早期療育機構。
(3) 安置及教養機構。
(4) 心理輔導或家庭諮詢機構。題意④屬之。
(5) 其他兒童及少年福利機構。

50 依據兒童及少年福利與權益保障法規定,下列關於居家式托育服務之敘述何者正確?
（113年普考）
(A) 居家式托育服務係指兒童由家人於居家環境中照顧
(B) 居家托育服務提供者須向民間社會福利相關單位辦理登記
(C) 已成年且取得保母人員技術士證者,具備擔任居家式托育服務提供者之資格
(D) 受監護宣告尚未撤銷者,也可提供居家式托育服務

答案：**C**

【解析】(1) 選項(A)有誤。兒童及少年福利與權益保障法第25條規定,所稱居家式托育服務,指兒童由其三親等內親屬以外之人員,於居家環境中提供收費之托育服務。
(2) 選項(B)有誤。兒童及少年福利與權益保障法第26條規定,居家式托育服務提供者,應向直轄市、縣（市）主管機關辦理登記。
(3) 兒童及少年福利與權益保障法第26-1條規定,有下列情事之一,不得擔任居家式托育服務提供者:
A. 曾犯性侵害犯罪防治法第二條第一項之罪、性騷擾防治

選擇題 Multiple Choice Question

法第二十五條之罪、兒童及少年性交易防制條例之罪、兒童及少年性剝削防制條例之罪，經緩起訴處分或有罪判決確定。但未滿十八歲之人，犯刑法第二百二十七條之罪者，不在此限。

B. 曾犯毒品危害防制條例之罪，經緩起訴處分或有罪判決確定。

C. 有第四十九條各款所定行為之一，經有關機關查證屬實。

D. 行為違法或不當，其情節影響收托兒童權益重大，經主管機關查證屬實。

E. 有客觀事實認有傷害兒童之虞，經直轄市、縣（市）主管機關認定不能執行業務。

F. 受監護或輔助宣告，尚未撤銷。選項(D)有誤。

G. 曾犯家庭暴力罪，經緩起訴處分或有罪判決確定之日起五年內。

51 依據兒童及少年性剝削防制條例規定，檢察官、司法警察官及司法警察查獲及救援被害人後，應於幾小時內將被害人交由當地直轄市、縣（市）主管機關處理？　　　　　　　　　　　　　　　（113年普考）

(A)12小時　　　(B)24小時　　　(C)72小時　　　(D)48小時

答案：**B**

【解析】兒童及少年性剝削防制第15條規定，檢察官、司法警察官及司法警察查獲及救援被害人後，應於二十四小時內將被害人交由當地直轄市、縣（市）主管機關處理。

52 在「兒童及少年福利與權益保障法」中有關兒童收出養的規定，下列何者錯誤？　　　　　　　　　　　　　　　　　　　　　　（113年普考）

(A) 收出養媒合服務者得向收養人收取服務費用
(B) 出養旁系姻親六親等以內，不需委託收出養媒合服務者代覓適當之收養人
(C) 兒童出養以國內收養人優先收養為原則
(D) 教養機構可從事收出養媒合服務

兒童及少年福利之政策與立法　Chapter 10

Multiple Choice Question　選擇題

答案：**B**

【解析】兒童及少年福利與權益保障法第16條規定，父母或監護人因故無法對其兒童及少年盡扶養義務而擬予出養時，應委託收出養媒合服務者代覓適當之收養人。但下列情形之出養，不在此限：
(1) 旁系血親在六親等以內及旁系姻親在五親等以內，輩分相當。選項(B)所述有誤，出養旁系姻親應為五親等以內。
(2) 夫妻之一方收養他方子女。

53 我國推動的兒童及少年未來教育與發展帳戶，下列敘述何者正確？
（113年普考）

(A) 中途退出此帳戶的兒童及少年不可以領走政府提撥款
(B) 適用對象限與監護人居住之18歲以下兒少者，以確定未來繳費能力
(C) 低收入戶家庭18歲以下兒少需參加，屬社會保險之強制原則
(D) 該筆基金可適用於學童18歲前各級學校學雜費之支出，提升兒少教育能力

答案：**A**

【解析】(1) 兒童及少年未來教育與發展帳戶第6條規定，本條例適用對象為符合下列條件之一之兒童及少年（選項(B)有誤，未規定適用對象限與監護人居住）：
　A. 具社會救助法所定之低收入戶或中低收入戶資格，且於中華民國一百零五年一月一日以後出生者。
　B. 依據兒童及少年福利與權益保障法相關規定安置二年以上，由法院指定直轄市、縣（市）主管機關、兒童及少年福利機構負責人為監護人者。
　C. 其他經中央主管機關公告指定者。
(2) 社會救助法規範各地方政府結合社會資源並評估受助者需求，辦理教育投資、就業自立、資產累積、社區產業、社會參與等脫貧方案，期使受救助家庭脫離困境積極自立。而兒少教育發展帳戶使受益對象更加普及，可減少貧窮循環問題。兒童及少年未來教育與發展帳戶，主要是以資產

311

選擇題 Multiple Choice Question

累積脫貧的方式加以推動,而非社會保險之強制原則。選項(C)有誤。社會保險之強制原則,係指強制納保,並訂有未依規定納保者的罰則,惟兒童及少年未來教育與發展帳戶並非社會保險,係採用積極鼓勵的方式,及未訂有罰則。兒童及少年未來教育與發展帳戶第1條規定,為提升兒童及少年平等接受良好教育與生涯發展之機會,建立兒童及少年未來教育與發展帳戶制度,協助資產累積、教育投資及就業創業,以促進其自立發展,特制定本條例。

(3) 兒童及少年未來教育與發展帳戶第16條規定

A. 直轄市、縣(市)主管機關應於開戶人滿十八歲一個月前,通知其檢具儲金用途相關證明辦理兒少教育發展帳戶款項之請領並結清帳戶。選項(D)前段所述有誤,需於開戶人滿十八歲一個月前,才可申請提領。

B. 前項儲金用途,以助於開戶人就學、就業、職業訓練或創業為限。直轄市、縣(市)主管機關審查開戶人提出之儲金用途相關證明符合前述儲金用途者,轉請中央主管機關辦理提領開戶人兒少教育發展帳戶儲金並結清帳戶。未提出儲金用途相關證明、經審查不符前述儲金用途或開戶人自存款總額未達中央主管機關撥入之開戶金金額者,轉請中央主管機關辦理提領自存款及其利息並結清帳戶。

54 對於「兒童及少年性剝削防制條例」,下列何者描述錯誤? (113年普考)

(A) 民國104年因應我國簽署兒童權利公約(CRC)更名而來
(B) 法規中規定為完善保護兒童,安置方式可以多元化進行
(C) 規定收容兒少機構在兒童離開安置機構後,需進行一年的追蹤輔導
(D) 主管機關需於緊急安置被害人一週內,評估有無繼續安置之必要

答案: **D**

【解析】選項(D)有誤,兒童及少年性剝削防制條例第16條規定,直轄市、縣(市)主管機關依前條緊急安置被害人,應於安置起七十二小時內,評估有無繼續安置之必要,經評估無繼續安

Chapter 10 兒童及少年福利之政策與立法

Multiple Choice Question 選擇題

置必要者,應不付安置,將被害人交付其父母、監護人或其他適當之人;經評估有安置必要者,應提出報告,聲請法院裁定。

55 根據兒童及少年福利與權益保障法之規定,關於收出養媒合服務之敘述,下列何者錯誤? （113年第二次專技社工師）
(A) 收出養媒合服務者從事收出養媒合服務,不得向收養人收取服務費用
(B) 收出養媒合服務者應評估並安排收養人與兒童、少年先行共同生活或漸進式接觸
(C) 從事收出養媒合服務,以經主管機關許可之財團法人、公私立兒童及少年安置、教養機構為限
(D) 收出養媒合服務者之資格條件、申請程序、許可之發給、撤銷與廢止許可、服務範圍、業務檢查與其管理、停業、歇業、復業,由中央主管機關定之

答案：**A**

【解析】 兒童及少年福利與權益保障法第15條規定：
(1) 從事收出養媒合服務,以經主管機關許可之財團法人、公私立兒童及少年安置、教養機構（以下統稱收出養媒合服務者）為限。
(2) 收出養媒合服務者應評估並安排收養人與兒童、少年先行共同生活或漸進式接觸。
(3) 收出養媒合服務者從事收出養媒合服務,得向收養人收取服務費用。選項(A)有誤。
(4) 第一項收出養媒合服務者之資格條件、申請程序、許可之發給、撤銷與廢止許可、服務範圍、業務檢查與其管理、停業、歇業、復業、第二項之服務、前項之收費項目、基準及其他應遵行事項之辦法,由中央主管機關定之。

56 根據兒童及少年福利與權益保障法之規定,當父母、監護人或實際照顧兒童及少年之人有接受親職教育輔導之必要時,主管機關得命其接受多少小時的親職教育輔導? （113年第二次專技社工師）
(A) 4小時以上,50小時以下 　　(B) 4小時以上,60小時以下

選擇題 Multiple Choice Question

(C)8小時以上，60小時以下　　　(D)8小時以上，80小時以下

答案：A

【解析】兒童及少年福利與權益保障法第102條規定，父母、監護人或實際照顧兒童及少年之人有接受親職教育輔導的必要時，主管機關應命其接受四小時以上五十小時以下之親職教育輔導。

57 依據我國現行兒童及少年性剝削防制條例，關於安置與服務之敘述，下列何者錯誤？　　　　　　　　　　　　　　　　（113年第二次專技社工師）

(A)檢察官、司法警察官及司法警察查獲及救援被害人後，應於24小時內將被害人交由當地直轄市、縣（市）主管機關處理

(B)直轄市、縣（市）主管機關依本條例第15條緊急安置被害人，應於安置起72小時內，評估有無繼續安置之必要

(C)受緊急安置之被害人，法院認有繼續安置必要者，期間不得逾6個月

(D)直轄市、縣（市）主管機關應於被害人安置後45日內，向法院提出審前報告，並聲請法院裁定

答案：C

【解析】兒童及少年性剝削防制條例第16條規定：

(1) 直轄市、縣（市）主管機關依前條緊急安置被害人，應於安置起七十二小時內，評估有無繼續安置之必要，經評估無繼續安置必要者，應不付安置，將被害人交付其父母、監護人或其他適當之人；經評估有安置必要者，應提出報告，聲請法院裁定。

(2) 法院受理前項聲請後，認無繼續安置必要者，應裁定不付安置，並將被害人交付其父母、監護人或其他適當之人；認有繼續安置必要者，應交由直轄市、縣（市）主管機關安置於兒童及少年福利機構、寄養家庭或其他適當之醫療、教育機構，期間不得逾三個月。選項(C)有誤。

Chapter 10　兒童及少年福利之政策與立法

Multiple Choice Question　選擇題

58 根據兒童及少年福利與權益保障法之規定，少年需年滿幾歲有進修或就業意願者，主管機關應視其性向及志願，輔導其進修、接受職業訓練或就業？
（113年地方四等）

(A)12歲　　　(B)15歲　　　(C)16歲　　　(D)18歲

答案：**B**

【解析】兒童及少年福利與權益保障法第34條規定，少年年滿十五歲或國民中學畢業，有進修或就業意願者，教育、勞工主管機關應視其性向及志願，輔導其進修、接受職業訓練或就業。

59 有關法定年齡之定義，下列何者錯誤？　（113年地方四等）
(A)中高齡者及高齡者就業促進法定義中高齡者為年滿45歲至65歲之人
(B)勞動基準法定義青年為年滿12歲以上之人
(C)兒童及少年福利與權益保障法定義兒童及少年，指未滿18歲之人；所稱兒童，指未滿12歲之人；所稱少年，指12歲以上未滿18歲之人
(D)兒童權利公約定義兒童為未滿18歲之人

答案：**B**

【解析】選項(B)有誤，勞動基準法無對「青年」之法定年齡定義。兒童及少年福利與權益保障法第2條規定，本法所稱兒童及少年，指未滿十八歲之人；所稱兒童，指未滿十二歲之人；所稱少年，指十二歲以上未滿十八歲之人。

60 依兒童及少年福利與權益保障法之規定，主管機關應邀集兒童及少年福利相關學者或專家、民間相關機構、團體代表、目的事業主管機關代表、兒童及少年代表，協調、研究、審議、諮詢及推動兒童及少年福利政策。關於其組成比例之規定，下列敘述何者正確？　（114年第一次專技社工師）
(A)兒童及少年福利相關學者、專家、民間相關機構、團體代表、兒童及少年代表不得少於三分之一，單一性別不得少於三分之一
(B)兒童及少年福利相關學者、專家、民間相關機構、團體代表、兒童及少年代表不得少於三分之一，單一性別不得少於四分之一
(C)兒童及少年福利相關學者、專家、民間相關機構、團體代表、兒童及少年代表不得少於二分之一，單一性別不得少於二分之一

選擇題 Multiple Choice Question

(D) 兒童及少年福利相關學者、專家、民間相關機構、團體代表、兒童及少年代表不得少於二分之一，單一性別不得少於三分之一

答案：D

【解析】兒童及少年福利與權益保障法第10條規定：
(1) 主管機關應以首長為召集人，邀集兒童及少年福利相關學者或專家、民間相關機構、團體代表、目的事業主管機關代表、兒童及少年代表，協調、研究、審議、諮詢及推動兒童及少年福利政策。
(2) 前項兒童及少年福利相關學者、專家、民間相關機構、團體代表、兒童及少年代表不得少於二分之一，單一性別不得少於三分之一。

61 依兒童及少年福利與權益保障法，關於兒童及少年施用毒品的規定，下列敘述何者錯誤？　　　　　　　　　　　　　　　　（114年第一次專技社工師）
(A) 戶政人員或村（里）幹事知悉兒童及少年施用毒品時，具有通報義務
(B) 直轄市、縣（市）主管機關受理案件後，應提出調查報告
(C) 直轄市、縣（市）主管機關得對兒童及少年進行訪視。訪視顯有困難或兒童及少年行蹤不明，經警察機關處理、尋查未果，涉有犯罪嫌疑者，得經司法警察機關報請檢察機關處理
(D) 直轄市、縣（市）主管機關於接獲通報兒童及少年施用毒品時，應立即進行分級分類處理，至遲不得超過48小時

答案：D

【解析】(1) 兒童及少年福利與權益保障法第53條規定，醫事人員、社會工作人員、教育人員、保育人員、教保服務人員、警察、司法人員、移民業務人員、戶政人員、村（里）幹事及其他執行兒童及少年福利業務人員，於執行業務時知悉兒童及少年有下列情形之一者，應立即向直轄市、縣（市）主管機關通報，至遲不得超過二十四小時（選項(D)有誤）：
A. 施用毒品、非法施用管制藥品或其他有害身心健康之物

兒童及少年福利之政策與立法

Chapter 10

Multiple Choice Question 選擇題

　　　質。
　　B. 充當第四十七條第一項場所之侍應。
　　C. 遭受第四十九條第一項各款之行為。
　　D. 有第五十一條之情形。
　　E. 有第五十六條第一項各款之情形。
　　F. 遭受其他傷害之情形。

(2) 四十七第一項：兒童及少年不得出入酒家、特種咖啡茶室、成人用品零售店、限制級電子遊戲場及其他涉及賭博、色情、暴力等經主管機關認定足以危害其身心健康之場所。

(3) 四十九條第一項各款之行為：任何人對於兒童及少年不得有下列行為：
　　A. 遺棄。
　　B. 身心虐待。
　　C. 利用兒童及少年從事有害健康等危害性活動或欺騙之行為。
　　D. 利用身心障礙或特殊形體兒童及少年供人參觀。
　　E. 利用兒童及少年行乞。
　　F. 剝奪或妨礙兒童及少年接受國民教育之機會。
　　G. 強迫兒童及少年婚嫁。
　　H. 拐騙、綁架、買賣、質押兒童及少年。
　　I. 強迫、引誘、容留或媒介兒童及少年為猥褻行為或性交。
　　J. 供應兒童及少年刀械、槍砲、彈藥或其他危險物品。
　　K. 十一、利用兒童及少年拍攝或錄製暴力、血腥、色情、猥褻、性交或其他有害兒童及少年身心健康之出版品、圖畫、錄影節目帶、影片、光碟、磁片、電子訊號、遊戲軟體、網際網路內容或其他物品。
　　L. 十二、迫使或誘使兒童及少年處於對其生命、身體易發生立即危險或傷害之環境。
　　M. 十三、帶領或誘使兒童及少年進入有礙其身心健康之場

選擇題 Multiple Choice Question

　　　　所。
　　N.十四、強迫、引誘、容留或媒介兒童及少年為自殺行為。
　　O.十五、其他對兒童及少年或利用兒童及少年犯罪或為不正當之行為。
(4) 五十一條之情形：父母、監護人或其他實際照顧兒童及少年之人，不得使六歲以下兒童或需要特別看護之兒童及少年獨處或由不適當之人代為照顧。
(5) 五十六條第一項各款之情形：兒童及少年有下列各款情形之一者，直轄市、縣（市）主管機關應予保護、安置或為其他處置；必要時得進行緊急安置：
　　A.兒童及少年未受適當之養育或照顧。
　　B.兒童及少年有立即接受醫療之必要，而未就醫。
　　C.兒童及少年遭受遺棄、身心虐待、買賣、質押，被強迫或引誘從事不正當之行為或工作。
　　D.兒童及少年遭受其他迫害，非立即安置難以有效保護。

62 依據兒童及少年福利與權益保障法規定，下列何者得申請警政機關建立指紋資料作為失蹤協尋用途？　　　（114年第一次專技社工師）
(A)遭遇家暴者　　　　　　　　(B)身心失能者
(C)身心障礙兒童的監護人　　　(D)遭遇性剝削的少年

答案：**C**

【解析】兒童及少年福利與權益保障法第30條規定：
(1) 疑似發展遲緩、發展遲緩或身心障礙兒童及少年之父母或監護人，得申請警政主管機關建立指紋資料。
(2) 前項資料，除作為失蹤協尋外，不得作為其他用途之使用。

63 依據兒童及少年性剝削防制條例所稱之「性剝削」，不包括下列何者？　　　（114年第一次專技社工師）
(A) 使兒童或少年為有對價之性交或猥褻行為
(B) 對兒童或少年性心理之輔導

Chapter 10 兒童及少年福利之政策與立法

Multiple Choice Question 選擇題

(C) 利用兒童或少年為性交、猥褻之行為，以供人觀覽
(D) 使兒童或少年坐檯陪酒或涉及色情之伴遊、伴唱、伴舞等行為

答案：**B**

【解析】 兒童及少年性剝削防制條例第2條規定，本條例所稱兒童或少年性剝削，指下列行為之一者：

(1) 使兒童或少年為有對價之性交或猥褻行為。選項(A)屬之。

(2) 利用兒童或少年為性交或猥褻之行為，以供人觀覽。選項(C)屬之。

(3) 拍攝、製造、重製、持有、散布、播送、交付、公然陳列、販賣或支付對價觀覽兒童或少年之性影像、與性相關而客觀上足以引起性慾或羞恥之圖畫、語音或其他物品。

(4) 使兒童或少年坐檯陪酒或涉及色情之伴遊、伴唱、伴舞或其他類似行為。選項(D)屬之。

Chapter 11 身心障礙者福利之政策與立法

關鍵焦點

1. 身心障礙者權利公約,是本章的金榜考點。
2. 身心障礙者權益保障法,就法條的論述考點,仍具有相當的比重。
3. 測驗題以身心障礙者權益保障法為主要命題焦點,請務必細心準備。

申論題 Essay Question

一、社會福利政策中對於特定族群有「積極性差別待遇」(Positive Discrimination)或稱「肯定行動」(Affirmative Action)的實施。試說明此策略的理論基礎為何?並請就「身心障礙者權益保障法」中關於身心障礙者就業權益的規定,論述此策略的執行與成效。 （110年地方三等）

考點分析

積極性差別待遇（Positive Discrimination）之概念基礎觀念,尤常用於身心障礙者、原住民族等相關特定人口上,本考題係將身心障礙者就業權益的規定。結合積極性差別待遇加以論述,考生如對身心障礙者權益保障法有清楚的理解,即可綜整應用論述。

【解析】

➡ 積極性差別待遇之理論基礎

積極性差別待遇（PositiveDiscrimination）,或稱為肯定行動

321

（Affirmative Action），是指對於支持或反對某人而做的區別性考量或對待。此種區別乃是基於該人所屬的群體階級或範疇（category），而非基於其特質。例如：種族、宗教、性向，以致採取互不容忍與差別待遇。一般人對於特定種族、性別或團體的差別待遇，大多採取負性消極的評價態度。但從社會功能的觀點來看，在某種情況下，適度的積極性差別待遇是必要的，例如：針對特定族群給予的就業雇用比率保障制度。

二、以積極性差別待遇論述「身心障礙者權益保障法」中關於身心障礙者就業權的執行與成效

1. 提供個別化職業重建服務之積極性措施

A. 身心障礙者權益保障法規定，各級勞工主管機關應參考身心障礙者之就業意願，由職業重建個案管理員評估其能力與需求，訂定適切之個別化職業重建服務計畫，並結合相關資源，提供職業重建服務，必要時得委託民間團體辦理。職業重建服務，包括職業重建個案管理服務、職業輔導評量、職業訓練、就業服務、職務再設計、創業輔導及其他職業重建服務。身心障礙者因為障礙類別繁多，因此無法以單一的職業重建服務計畫進行，必須針對每一位身心障礙者進行個別化的職業重建設計，以使其能進入職場，故積極性差別待遇的論點進行制度設計，可收職業重建之成效，減少身障者的社會排除現象。

B. 身心障礙者權益保障法規定，對於具有就業意願及就業能力，而不足以獨立在競爭性就業市場工作之身心障礙者，應依其工作能力，提供個別化就業安置、訓練及其他工作協助等支持性就業服務。各級勞工主管機關對於具有就業意願，而就業能力不足，無法進入競爭性就業市場，需長期就業支持之身心障礙者，應依其職業輔導評量結果，提供庇護性就業服務。身心障礙者在工作的學習上，常會有較一般工作者較慢學習上手的情況，為避免匆促進入職場引發挫折，因此，以積極性差別待遇論點進行制度設

計，先以庇護性就業加以輔導，對身心障礙者日後進入一般職場，具有非常好的成效，具有擴大身障者社會參與之功能。

2. **定額僱用制度以保障就業機會之積極性措施**

    身心障礙者權益保障法規定，各級政府機關、公立學校及公營事業機構員工總人數在三十四人以上者，進用具有就業能力之身心障礙者人數，不得低於員工總人數百分之三；私立學校、團體及民營事業機構員工總人數在六十七人以上者，進用具有就業能力之身心障礙者人數，不得低於員工總人數百分之一，且不得少於一人。政府機關（構）及公營事業自行或委託辦理諮詢性電話服務工作，電話值機人數在十人以上者，除其他法規另有規定外，應進用視覺功能障礙者達電話值機人數十分之一以上。但因工作性質特殊或進用確有困難，報經電話值機所在地直轄市、縣（市）勞工主管機關同意者，不在此限。以積極性差別待遇範定應進用身障者比率，實施多年以來，各公民營公司行號、機構等依定額機制大多依規進用，如未能依規進用，主管機關亦公布未足額企業名稱，形成對該企業社會形象建立的壓力，均有助於擴增身心障礙者的就業機會。

3. **鼓勵身心障礙者參加公務人員考試之積極性措施**

    身心障礙者權益保障法規定，各級政府機關、公立學校及公營事業機構為進用身心障礙者，應洽請考試院依法舉行身心障礙人員特種考試，並取消各項公務人員考試對身心障礙人員體位之不合理限制。此為政府部門以積極性的差別待遇之論點，另我國舉辦特種考試的方式進用身障者，目前每年均辦理，成效良好。

4. **保障薪資不受剝削之積極性措施**

    身心障礙者權益保障法規定，進用身心障礙者之機關（構），對其所進用之身心障礙者，應本同工同酬之原則，不得為任何歧視待遇，其所核發之正常工作時間薪資，不得低於基本工資。庇護性就業之身心障礙者，得依其產能核薪；其薪資，由進用單位與庇護性就業者議定，並報直轄市、縣（市）勞工主管機關核備。這是以積極性差待遇之論點，保障身障者的薪資，具有避免身障者被剝削之

積極性功能。

5. **提供場地優惠之積極性措施**

   身心障礙者權益保障法規定，因應身心障礙者權益保障法原規定：「非視覺功能障礙者，不得從事按摩業。」違憲，增訂醫療機構、車站、民用航空站、公園營運者及政府機關（構），提供場地供視覺功能障礙者從事按摩或理療按摩工作者應予優惠之條款。這是以積極性差待遇之論點，透過提供場地優惠的方式，以使身障者能在市場上更具有競爭力。

申論題 Essay Question

二、我國「身心障礙者權益保障法」的立法目的之一為保障身心障礙者「平等參與社會、政治、經濟、文化等之機會」。請申論造成身心障礙者無法平等參與社會與經濟的可能因素有那些？以及國家可以採取那些作法來保障與促進身心障礙者平等參與社會與經濟之機會？　　　　　　　　　　　　　　　　　　（111年普考）

考點分析

以普考來說，本題是偏難的考題。本題有二個提問，在審題時，必須思考：

1. 第一個提問：並非是考看待身心障礙者的純理論觀點，例如：醫療模式、社會模式、人權模式等，但可以思考將前述觀點融入本提問的相關論述中，以及從較寬廣的面向思考此提問。

2. 第二個提問：並非要身心障礙者權益保障法中所臚列的相關法條，如此應答則未能契合考題意旨。應答的層次必須拉高，並緊扣一個提問的原因，帶入與身心障礙有關的加以論述，會更具有論述說服力。

身心障礙者福利之政策與立法　Chapter 11

【解析】

茲將造成身心障礙者無法平等參與社會與經濟的可能因素，及國家可以採取保障與促進身心障礙者平等參與社會與經濟之機會的相關作法，綜整說明如下：

一、社會排除現象，影響身心障礙者之社會參與

1. 原因：身心障礙者無論是何種原因致殘，社會上長期對其仍是秉持者憐憫的慈善觀點，也對其帶有偏見、歧視與刻板印象，認為身心障礙者是對家人、社會之依賴者，而背負汙名，致使身心障礙者無法形成自我的肯定，而難以融入社會，形成社會排除（social inclusive）。

2. 作法：社會排除之過程是動態的而且是多面向的，它們不只是和失業或與低所得有關，同時也和住宅條件、教育與機會水準、健康、歧視、公民權，以及與地方社區整合有關。社會福利的功能之一就是促進社會的整合，國家應持續在法制面上檢討與修正相關的立法，以減少對身心障礙者的社會排除現象；誠如美國學者Zola所提出之普同主義（Universalism），認為身心障礙者的障礙經驗，是每個人必須經歷的人生經驗之生命歷程，因此，國家應該積極提升社會看待身心障礙者的觀念，不應將身心障礙者視為社會的負擔，應以社會包容增進身心障礙者之社會參與。

二、缺乏友善的身心障礙職場環境，難以提升經濟

1. 原因：就業是一個人維持經濟生活的財務來源。身心障礙者權益保障法對於公民營機構訂有定額僱用的機制，以創造身心障礙者的就業機會，以及目前有許多的身心障礙者的社區日間作業設施（亦稱小型作業所），以輔導身心障礙者就業。但許多原本即具有就業能力的身心障礙者，卻因為身體的因素，致使面臨職場環境上的扞格不入而影響就業。

2. 作法：國家應積極的鼓勵企業提升身心障礙者的職場環境設施，給與企業的適當工作職場改善補助，以滿足身心障礙者的職場需

求。國家可透過政策以獎勵企業進行的「合理調整」（reasonable accommodation），藉由增加身心障礙者的就業率，以提升其經濟安全。一般而言，「無障礙／可及性」是由整體來設計規劃，是職場在聘用員工之前就該有的，可是有些身心障礙者的需求較為特殊，是「無障礙／可及性」的標準沒有考慮到的，這時便需要「合理調整」來為特定員工到任後的需要做個別調整。「合理調整」包括物理空間設備設施、工作內容或流程上的調整。工作內容或流程的調整等。

◆三 支持性服務未落實，難以參與社區

1. 原因：身心障礙者的支持性服務，主要係協助身心障礙者融入社區生活，但我國現行的支持性服務，雖然所提供諸多的服務項目，但各項目之間呈現片段、不連續，以及服務分散等；雖然諸多的服務規劃，已從醫療模式觀點轉變為社會模式觀點，但仍未全面轉變並落實為以人權模式的前瞻政策思維。

2. 作法：人權模式（Human Right Model）的觀點，主張「任何關於我們的事情，都要有我們參與／沒有我們的參與，就不要幫我們做決定）」（Nothing about us, without us）出發，將「人」置於中心，而非他的損傷。人權模式的目的之一，在於促進社會參與，而「自立生活」（independently living），就是展現人權模式的作法之一。傳統服務（如居家服務）是以醫療模式觀點及專家主導為中心，自立生活是改變過去專業主導，以及「照顧」的意識型態，取而代之為服務使用者主導的服務，即個人協助，強調服務使用者主導服務，目的在促使障礙者自決、自主。目前國內對於身心障礙者的自立生活推動極緩，宜加強推動，以促進身心障礙者參與社會。

申論題 Essay Question

三、請問身心障礙者權益保障法有那些特色？並分析法規執行上值得檢討及改善之處？ （112年高考）

Chapter 11 身心障礙者福利之政策與立法

考點分析

本題為就身心障礙者權益保障法有哪些特色,以及分析該法規執行上值得檢討及改善之處,為記憶型考點,考題無變化性。考題出處為黃源協等著《社會政策與社會立法》,雙葉書廊。

【解析】

一、身心障礙者權益保障法的特色

1 以ICF為基礎的身心障礙者資格認定,有助於提供個別化的專業服務

該法運用ICF於障礙者福利服務資格認定,將障礙視為人與環境互動下的產物,而非個人或社會迫面因素所造成,這種以全人觀點完整蒐集障礙者生活經驗,提供專業人員了解障礙者身體與社會功能,以及促進或阻礙參與的環境因素,將可作為跨專業合作的共同語言與概念架構,提供跨專業團隊成員進行權益保障及福利服務需求評估的基礎,促進專業間的溝通及對案主問題解決的協力合作,進而提供以全人觀點規劃而成之個別化的專業服務。

2 保障身心障礙者之人格及合法權益,有助於公平正義原則的實現

該法明確規範身心障礙者保障範疇,含括保健醫療權益、教育權益、就業權益、支持服務、經濟安全及保護服務等。這些規範有助於身心障礙者展現自己能力,摒棄障礙者傳統依賴的角色,進而在符合社會公平正義的環境下,開創獨立自上的生活。

3 促進身心障礙者的積極性福利,可避免社會排除的效應

該法強調欲讓障礙者依其實際需要獲得最適當的輔導與安置、醫療復健服務、個人及家庭的照顧服務等較為消極性的福利措施外,亦強調維護障礙者的教育、就業及各項社會參與權益等積極性做法,將可提供身心障礙者適性的服務與支持,進而避免讓身心障礙者出現社會排除的各種負向效應。

4 提供社區為基礎的照顧服務，體現社區融合的理念

該法所列之個人及家庭照顧服務的支持，許多面向強調透過社區照顧的模式，提供障礙者及其家庭必要的照顧與支持，並鼓勵庇護工場與社區居住的設立；再加上規定應讓身心節礙者有公平合理接受教育機會與應考的條件，以及欲讓身心障礙者獲得就業技能與機會、社會參與以及豐富文化與精神生活，這些規定相當程度地彰顯臺灣對障礙者的照顧，已朝向社區照顧及社區融合的理念邁進。

5 強調公私協力關係，有助於整合性服務的提供

該法明定主管機關的職責外，亦納入多元的目的事業主管機關，除有助於政府部門的明確分工外，亦可避免因各部門過於本位主義所造成之推諉塞責的弊端。另外，該法亦強調結合民間資源，提供各項支持性服務、無障礙個別化重建服務等。這種強調公私部門分工與合作的協力夥伴關係，將可為提供身心障礙者個別化與整合性的服務奠定穩固的基礎。

6 建構身心障礙者的無障礙生活環境，可避免有形或無形的歧視

該法明定各項新建公共建築物、活動場所及大眾運輸工具之無障礙設施設備，將有助於排除身心障礙者物理環境的障礙，增進日常生活的機能。另外，該法之「反歧視條款」亦明定傳播媒體對身心障礙者的相關報導，不得有歧視性的稱呼或描述。這些規範將可導正社會對身心障礙者的偏見或誤解，進而減輕身心障礙者就學、就養、就業、就醫及社會參與等方面的心理障礙。

三、身心障礙者權益保障法執行值得檢討及改善之處

1 建構以社區為基礎之完整的資源網絡與服務體系

身心障礙者需求的多元性與複雜性，使得其福利服務需涉及社政、衛生、教育、勞政、建設、工務、國民住宅及交通等機關，且必須藉由跨專業的團隊，始能有效提供必要的服務。然而，社政、教育、衛政及勞政等部門之間的欠缺協調與統整，造成福利服務輸送的重複與零散。提供身心障礙者友善的服務，落實在地化服務，以

Chapter 11　身心障礙者福利之政策與立法

促進身心障礙者在社區中自立發展，是身心障礙者權益保障的重要發展方向。為達此目標，主管機關應能積極扮演統整、協調資源，並建構以社區為基礎的資源網絡與服務體系，以期讓資源能夠在可近、可及與有效的前提下，提供身心障礙者所需的服務。

2 建構社區照顧服務之質與量的穩固基礎

傳統機構化照顧呈現制式的服務，不僅服務品質低落，也容易造成與社區的隔閡，甚至導致機構成為社區中的孤島。社區照顧的服務輸送模式，提供使用者多元選擇的機會，也強化服務的彈性、可近性和可接受性。然而，社區照顧的豐富與多元是要建立在健全的社區環境中才能實踐。所謂「健全的社區環境」，是指社區基本設施的健全，社區資源能夠滿足居民的生活保障和特殊性服務，鄰里關係得以維持，以及居民對於社區事務決策參與的機會。環顧國內前述四項社區照顧環境仍不夠理想，再加上社區領袖及專業人才缺乏，社區資源未能有效開發與運用，皆使得社區照顧的基礎仍不甚健全，易造成身心障礙者多元化生活福利服務的支持仍顯不足，而無法落實社區生活照顧的理想。社區照顧已成為身心障礙者照顧的重要發展趨勢，未來宜從質與量的面向健全社區照顧的環境。

3 落實以ICF觀點為基礎的身心障礙者權益保障法

以《身心障礙者權益保障法》取代《身心障礙者保護法》，不僅代表臺灣對聯合國《障礙者權利公約》的重視，也是一種尊重身心障礙者權益的表現，更是我國人權上的一項重大里程碑。另外，參考WHO頒布的ICF由功能導向替代過去疾病導向的資格確認方式，亦使社會對於身心障礙的看法不再侷限在生理之損傷。觀念的改變意味著需求的變革，身心障礙者的需求不再只是滿足生理需求即可，其需求與一般民眾相同，皆需要往社會參與及自我實現邁進。為此，政府及民間部門必須共同致力於各項相關規定的落實，始能實現該法所追求之崇高理想與目標：「維護身心障礙者之權益，保障其平等參與社會、政治、經濟、文化等機會，促進其自立及發展。」

4 構築邁向社會融合及自立自主的通道

身心障礙者的權益保障不再僅是救助或就養之消極性的措施，無論是政策或相關立法，皆已朝向對就學與就業之積極性作為的重視。然而，徒法不足以自行，無障礙設施未能有效改善、僱用差額補助未能合理運用、主動為身心障礙者爭取就業機會過於消極，以及經費預算與行政能力未能有效配合，皆使得身心障礙者的就業困難重重。身心障礙者不是「非障礙家人」的附屬品，任何制度的設計皆應重視其獨立性，及促進身心障礙者的社會參與權益。就業與就學不僅是身心障礙者社會融合的重要管道，也是邁向自立與自主的不二法門。未來宜強化政策與法令的落實，以利尚有潛能的身心障礙者，建構具邁向社會融合與自立自主的通道。

5 營造促進全民參與之無障礙的生活空間與環境

公平及機會均等是身心障礙者權益保障的趨勢，也是政策和立法上的重心，其目的是要建立一個全民參與的社會。然而，身心障礙者卻可能因「物理之牆」（如居家或社區環境的物理障礙）、「制度之牆」（如就學或就業考試之障礙）、「資訊之牆」（如資訊無法取得之障礙者）、以及「心理之牆」（對身心障礙者之不尊重與不接納）而阻礙其社會參與的機會。強化建築物無障礙環境，落時法令對障礙者追求自立自主過程的保護，提供身礙者所需的資訊，以及促進社會大眾對障礙者的尊重與接納，是為破除身心障礙者「跨越障礙，全面參與」之阻礙的務實作為。

6 定位身心障礙者權益保障法與長照十年計畫2.0的照顧服務

長期照顧和障礙者各有其不同的政策目標、服務評估標準，但《身心障礙者權益保障法》與《長照十年計畫2.0》在照顧服務的給付上卻明顯雷同，例如：《長照十年計畫2.0》的居家照顧服務和《身心障礙者權益保障法》的居家服務。儘管《長照十年計畫2.0》納入49歲以下障礙者，前後差異是在障礙者失能前仍使用《身心障礙者權益保障法》，失能後（無關年紀）都可使用長照給付。但《身心障礙者權益保障法》並未排除服務失能障礙者，失能障礙者是否既

身心障礙者福利之政策與立法　Chapter 11

可使用《身心障礙者權益保障法》，又能同時使用長照給付？抑或是一定要使用長照服務？這之間失能者服務與障礙者服務的定位和價值差異（或相同）的政策解釋，無論是在《身心障礙者權益保障法》還是在長照政策中，都還是相當缺乏的。基於障礙者的權益及國家整體資源的有效運用，對於兩者之間的照顧選擇或銜接，宜有較為明確的定位。

> **申論題** Essay Question
>
> 四、請說明「自立生活」（independent living）的意義，以及個人助理（personal assistants）制度在身心障礙者的自立生活中所扮演的角色。
> （112年地方三等）

考點分析

「自立生活」（independent living）、個人協助／個人助理（personal assistants）等概念，在歷屆試題中已曾有命題紀錄，考題命題意旨明確，範圍限縮，簡單易答。

【解析】

一、自立生活的意義

歐洲自立生活網絡（European Network on Independent Living, ENIL）於2012年公告「自立生活」的定義為：「自立生活是人權為基礎的障礙政策在日常生活的實踐。透過多元的環境使障礙者掌控自己的生活，包含住哪裡、與誰同住、如何生活的選擇與決定機會，服務具有可獲取性與可及性，且基於平等、自由及知後同意，並使障礙者日常生活具有彈性。自立生活需要物理環境、交通、資訊可及，輔助科技與個人協助及提供社區為基礎的服務。障礙者不論其性別、年齡與支持需求程度，皆應有自立生活的權利。」

331

三 個人助理制度在身心障礙者的自立生活中所扮演的角色

1. 個人協助我國稱為「個人助理服務」。歐洲自立生活網絡聯盟（European Network on Independent Living, ENIL）針對個人助理服務的定義為：「個人助理服務是指自立生活的工具，意指提供障礙者現金以購買個人協助服務，目的是提供必要性協助。個人助理服務是依據個人生活情境的個別情況、個人需求評量而建立。個人助理服務必須是針對障礙者目前，也就是她／他居住的國家、區域，以一般薪水的水準，障礙者有權利去招募、去訓練及管理她／他聘請的個人助理，提供障礙者所需的支持。個人助理服務必須是針對障礙者的需求，是障礙者可選擇的服務模式。個人助理服務亦由領有薪水的個人助理提供服務，政府提供現金給使用者購買其個人助理服務，除支付個人助理薪水外，也應含括雇主（使用者）、行政支出、同儕支持等費用支出。

2. 個人助理服務在身心障礙者的自立生活中，支持協助身心障礙者日常生活，取代當下已發展的服務（如居家服務），目的在促使障礙者自主生活、平權融入社區。個人助理服務協助障礙者自己可以選擇由誰來協助、協助的內容、如何協助、在哪裡協助，強調選擇、控制及自主，由障礙者選擇其自主生活。同時，個人助理服務並非於教養機構或居住型的場所提供，個人助理服務是指由障礙者來控制、管理，並實現其自決、自立的目標下所發展的服務。個人助理服務的發展不只與自立生活運動同步，更是自立生活運動的產出，目的在促進障礙者自主生活及社會融入，打破過去醫療模式及專家主導的服務，取而代之為服務使用者主導。亦即，個人助理服務扮演著呼應自立生活運動的目標，促使障礙者的人權、社會融入及自主落實的重要角色。

Chapter 11 身心障礙者福利之政策與立法

申論題 Essay Question

五、我國在2014年通過實施身心障礙者權利公約施行法,反歧視（Antidiscrimination）是該公約重要核心價值之一。請說明我國目前有那些與身心障礙者相關的反歧視規定,並分析這些規定是否真能達到反歧視的效果。 （112年地方三等）

考點分析

本題以反歧視（Antidiscrimination）作為楔子,以引導考生思考我國與身心障礙者相關的反歧視規定是否落實,此考題題目架構偏大,在論述上要能聚焦,才能論述有架構、內容言之有物。考生可採《身心障礙者權益保障法》第16條有關對身心障礙者不得有歧視對待之總括性條文為主體,再就相關條文加以整理引用,及結合自身對相關條文落實的見解加以論述,即可順利應答。

【解析】

茲以《身心障礙者權益保障法》第16條「身心障礙者之人格及合法權益,應受尊重及保障,對其接受教育、應考、進用、就業、居住、遷徙、醫療等權益,不得有歧視之對待。」之規定,說明我國目前有關身心障礙者相關的反歧視規定,並就這些規定是否真能達到反歧視的效果分析如下：

一 教育權益面向

第27條規定：「各級教育主管機關應根據身心障礙者人口調查之資料,規劃特殊教育學校、特殊教育班或以其他方式教育不能就讀於普通學校或普通班級之身心障礙者,以維護其受教育之權益。」「各級學校對於經直轄市、縣（市）政府鑑定安置入學或依各級學校入學方式入學之身心障礙者,不得以身心障礙、尚未設置適當設施或其他理由拒絕其入學。」目前身心障礙者的入學上,雖以回歸主流至一般普通學校接受教育為主,但其中仍隱含部分個案以障礙類別、障礙程

度等為由,要求障礙者進入特殊學校接受教育的歧視情形,未來尚須加強學校各項硬體配合及教育人員觀念之翻轉,以避免歧視之情形發生。

◆二 應考權益面向

《身心障礙者權益保障法》第16條規定:「公、私立機關(構)、團體、學校與企業公開辦理各類考試,應依身心障礙應考人個別障礙需求,在考試公平原則下,提供多元化適性協助,以保障身心障礙者公平應考機會。」;同法第30條規定:「各級教育主管機關辦理身心障礙者教育及入學考試時,應依其障礙類別、程度、學習及生活需要,提供各項必需之專業人員、特殊教材與各種教育輔助器材、無障礙校園環境、點字讀物及相關教育資源,以符公平合理接受教育之機會與應考條件。」目前許多考場提供無障礙的環境,以供身心障礙考生應考,但卻仍有不符障礙生實際需求的情形。其中,針對考試時間的延長,不應以統一規定的時間為限(常見為延長20分鐘),而是應依據考生的實際需求,以避免歧視的情形發生。

◆三 進用權益面向

《身心障礙者權益保障法》第40條規定:「進用身心障礙者之機關(構),對其所進用之身心障礙者,應本同工同酬之原則,不得為任何歧視待遇,其所核發之正常工作時間薪資,不得低於基本工資。」同法第38條規定:「各級政府機關、公立學校及公營事業機構員工總人數在三十四人以上者,進用具有就業能力之身心障礙者人數,不得低於員工總人數百分之三。私立學校、團體及民營事業機構員工總人數在六十七人以上者,進用具有就業能力之身心障礙者人數,不得低於員工總人數百分之一,且不得少於一人。」儘管法規規定進用員工時不應因其有身心障礙而拒絕進用,且訂有身心障礙者定額進用制度,但在實務上,許多雇主考量身心障礙者的工作能力,多係進用輕度的身心障礙者,而對於障礙程度較高的身心障礙者多不願意進用,仍是形成相對歧視的情形。

四　就業權益面向

《身心障礙者權益保障法》第33條規定：「各級勞工主管機關應參考身心障礙者之就業意願，由職業重建個案管理員評估其能力與需求，訂定適切之個別化職業重建服務計畫，並結合相關資源，提供職業重建服務，必要時得委託民間團體辦理。前項所定職業重建服務，包括職業重建個案管理服務、職業輔導評量、職業訓練、就業服務、職務再設計、創業輔導及其他職業重建服務。」目前政府提供的職務再設計，係為協助身心障礙者排除工作障礙，以提升工作效能、工作條件、提供就業所需之輔具及調整工作方法的措施，但此職務再設計是鼓勵性質，而非強制規定，且申請者不包含障礙員工本人，雇主若是不提出申請，也不會遭受處罰，因此，造成身心障礙員工的職場環境不如一般員工般友善之歧視情形。

五　居住權益面向

《身心障礙者權益保障法》第82條規定：「直轄市、縣（市）主管機關、相關身心障礙福利機構，於社區中提供身心障礙者居住安排服務，遭受居民以任何形式反對者，直轄市、縣（市）政府應協助其排除障礙。」在居住正義上，除了給予身心障礙者租屋津貼相關補助外，政府在興建社會住宅上，常面臨周遭居民的抗爭，以社會住宅的興建會影響該地區房價為由加以反對，以及許多身心障礙機構為照顧身心障礙者所設立的居住機構，亦同樣遭受居民的抗議，此皆為歧視身障者居住正義的情形。

六　遷徙權益面向

《身心障礙者權益保障法》第16條規定：「公共設施場所營運者，不得使身心障礙者無法公平使用設施、設備或享有權利。」；同法第56條規定：「公共停車場應保留百分之二停車位，作為行動不便之身心障礙者專用停車位，車位未滿五十個之公共停車場，至少應保留一個身心障礙者專用停車位。非領有專用停車位識別證明者，不得違規占用。」；同法第60條規定：「視覺、聽覺、肢體功能障礙者由合格

導盲犬、導聾犬、肢體輔助犬陪同或導盲犬、導聾犬、肢體輔助犬專業訓練人員於執行訓練時帶同幼犬，得自由出入公共場所、公共建築物、營業場所、大眾運輸工具及其他公共設施。」目前對於公共設施場所設置身障停車位，整體上已相當落實，唯仍有少數因導盲犬進入餐廳或其他場所被拒絕的歧視情形出現；至於人行道的設計對身心障礙者的不友善，以及身心障礙者代步車禁止於道路行駛，造成身心障礙者行的困難等，均屬歧視情形，有待進一步改善。

七 醫療權益面向

《身心障礙者權益保障法》第6條規定：「主管機關受理身心障礙者申請鑑定時，應交衛生主管機關指定相關機構或專業人員組成專業團隊，進行鑑定並完成身心障礙鑑定報告。」；同法第7條規定：「主管機關應於取得衛生主管機關所核轉之身心障礙鑑定報告後，籌組專業團隊進行需求評估。前項需求評估，應依身心障礙者障礙類別、程度、家庭經濟情況、照顧服務需求、家庭生活需求、社會參與需求等因素為之。」及同法第23條規定：「醫院應為身心障礙者設置服務窗口，提供溝通服務或其他有助於就醫之相關服務。」目前透過ICF制度，對於身心障礙者的需求採用社會模式加以評估，取代以往醫療模式的評估模式所存在的歧視情形，然而，在身心障礙者的需求服務提供上，受限於服務提供的時數、區域及財源等因素，僅能滿足身心障礙者部分需求的歧視情形，對於身障礙者要與非身心障礙者達到相同的社會融合，仍有努力的空間。

申論題 Essay Question

六、依據身心障礙者權益保障法規定，身心障礙者自2012年起必須全面以聯合國世界衛生組織所頒布的「國際健康功能與身心障礙分類系統（International Classification of Functioning, Disability and Health, ICF）」換領身心障礙證明。請說明ICF模式的意涵，以及落實ICF模式對身心障礙者的優勢為何？　　（113年地方四等）

身心障礙者福利之政策與立法 Chapter 11

> **考點分析**
>
> 本題考ICF，第一個提問有關ICF模式的意涵，已曾有申論題命題紀錄，且為ICF的核心觀念，考題簡單易答；第二個提問為落實ICF模式對身心障礙者的優勢，為首次在申論題命題，考驗考生的綜整能力，考題難度較高，請考生藉本題詳加準備。

【解析】

一 ICF模式意涵之說明

1. ICF使用主要目的在改變過去使用損傷（impairment）、殘障（handicap）等負向名詞，而使用身體的結構與功能（body structure & function）、活動（activity）及參與（participation）等中性陳述；其次更大的改變在於將「環境因素」放入分類考量中，認同「環境因素」角色的重要性，會影響甚或對人的障礙（disability）帶來阻撓（barrier），環境可能對一個人健康狀況會產生更大障礙或是可以維護功能扮演重要角色，即個人健康狀況是否會對此人的「活動」和「社會參與」帶來阻礙，則取決於「環境」是扮演促進者（facilitator），抑或是阻撓者（barrier）角色。

2. ICF重新看待「身心障礙」的定義，不再僅將身心障礙侷限於個人的疾病及損傷，同時須納入環境因素與障礙後的影響，使服務提供者更可貼近身心障礙者的需求。簡言之，ICF整合醫療與社會模式，是一個「生理心理社會」（biopsychosocial）策略，重視生理上的「健康」以及個人和社會層面的「活動」與「參與」等三度空間的關係

二 落實ICF模式對身心障礙者的優勢之說明

1. ICF認同障礙是社會文化建構的：ICF認同來自「社會文化」對「損傷」的影響；「障礙」是大環境社會態度的結果，是個人（健康）和背景因素（環境和個人）的交互產物。ICF認為看一個人的身體

（body）必須檢視社會建構。

2. ICF是強調多元面向的：ICF強調生理的檢視要建基在社會環境；整合生理、社會結構；ICF是協助健康專業工作者以生心理社會觀點，而非只是生理醫療觀點描述障礙／失能。

3. ICF是以人權為基礎的：ICF是強調權益為基礎的模式，同時ICF強調受評者的意見參與。

4. ICF是去醫療化的：ICF強調損傷（impairment）是如何和社會文化交互作用，同時批評指出生物醫學觀點，只看「病」不看「人」，醫生的角色只看「障礙／失能」，及失功能的身體與「偏差」、「不正常」（異常）。ICF放入社會模式觀點，以互動模式（interactive）取代過去唯一的醫療模式觀點，引進「背景因素」（contextual factors）。

5. ICF重視活動與參與：ICF係以促進服務品質、受評者融入社區、自立生活，以受評者生活品質提升為目標，ICF重視活動與參與，亦即，重視受評者在社區自立生活。

6. ICF重視受評者生活經驗：執行ICF者不能只強調生理醫學訓練，而是應當重視受評者和專業工作者的互動，及不同專業彼此之間的互動；而彼此間的對話要不斷的繼續；也要改變過去傳統醫生與病人的階層關係，強調受評者的「日常生活」經驗。

Chapter 11 身心障礙者福利之政策與立法

Multiple Choice Question 選擇題

1 依據身心障礙者權益保障法規定，身心障礙者之緊急保護安置，不得超過幾小時？　　　　　　　　　　　　　　　　　　（110年第一次專技社工師）
(A)8小時　　　　(B)24小時　　　　(C)36小時　　　　(D)72小時

答案：**D**

【解析】身心障礙者權益保障法第80條規定，身心障礙者之緊急保護安置，不得超過七十二小時；非七十二小時以上之安置，不足以保護身心障礙者時，得聲請法院裁定繼續保護安置。繼續保護安置以三個月為限；必要時，得聲請法院裁定延長之。

2 依據身心障礙者權益保障法規定，各級勞工目的事業主管機關須協助視覺功能障礙者從事按摩及理療按摩工作，下列關於視覺功能障礙者就業權益的敘述，何者錯誤？　　　　　　　　　　　　　　　　　　（110年第一次專技社工師）
(A)醫療機構得僱用視覺功能障礙者於特定場所從事非醫療按摩工作
(B)醫療機構、車站、民用航空站、公園營運者及政府機關（構），得提供場所供非視覺功能障礙者從事按摩或理療按摩工作
(C)提供場地供視覺功能障礙者從事按摩或理療按摩工作者應予優惠
(D)各級勞工目的事業主管機關應自行或結合民間資源，輔導提升其專業技能、經營管理能力，並補助其營運所需相關費用

答案：**B**

【解析】選項(B)有誤。身心障礙者權益保障法第46條規定，醫療機構、車站、民用航空站、公園營運者及政府機關（構），不得提供場所供非視覺功能障礙者從事按摩或理療按摩工作。其提供場地供視覺功能障礙者從事按摩或理療按摩工作者應予優惠。

3 有關安置兒少性剝削被害人之中途學校的敘述，下列何者正確？
(A)中途學校學生之學籍應該設於中途學校
(B)中途學校之設立，準用社會福利機構設置標準
(C)中途學校學生之畢業證書應由中途學校發給
(D)中途學校提供被害人選替教育及輔導　　　　（110年第一次專技社工師）

選擇題 Multiple Choice Question

答案：D

【解析】兒童及少年性剝削防制條例第22條規定：
(1) 中央教育主管機關及中央主管機關應聯合協調直轄市、縣（市）主管機關設置安置被害人之中途學校。
(2) 中途學校之設立，準用少年矯正學校設置及教育實施通則規定辦理（選項(B)有誤）；中途學校之員額編制準則，由中央教育主管機關會同中央主管機關定之。
(3) 中途學校應聘請社會工作、心理、輔導及教育等專業人員，並結合民間資源，提供選替教育及輔導。選項(D)正確。
(4) 中途學校學生之學籍應分散設於普通學校（選項(A)有誤），畢業證書應由該普通學校發給（選項(C)有誤）。

4. 關於身心障礙者權益保障法中通報處理之相關規定，下列何者錯誤？
（110年第一次專技社工師）
(A) 醫事人員、社會工作人員、教育人員、警察人員、公寓大廈管理服務人員及其他執行身心障礙服務業務人員，負法定通報責任
(B) 負法定通報責任人之通報時間，至遲不得超過24小時
(C) 直轄市、縣（市）主管機關知悉或接獲通報後，應自行或委託其他機關、團體進行訪視、調查，至遲不得超過24小時
(D) 直轄市、縣（市）主管機關受理案件後4日內提出調查報

答案：A

【解析】選項(A)有誤。身心障礙者權益保障法第76條規定，醫事人員、社會工作人員、教育人員、警察人員、村（里）幹事及其他執行身心障礙服務業務人員，知悉身心障礙者有符合各款情形之一者，應立即向直轄市、縣（市）主管機關通報，至遲不得超過二十四小時。

5. 關於身心障礙者權益保障法，下列那一項規定，實踐了全人觀點，將障礙視為是人與環境互動下的產物？
（110年普考）
(A) 有關通報和保護的規定
(B) 有關生涯轉銜和連續性服務的規定

Chapter 11 身心障礙者福利之政策與立法

Multiple Choice Question 選擇題

(C)以ICF做為障礙者的福利服務資格認定
(D)有關障礙者家庭生活品質之照顧服務的規定

答案：**C**

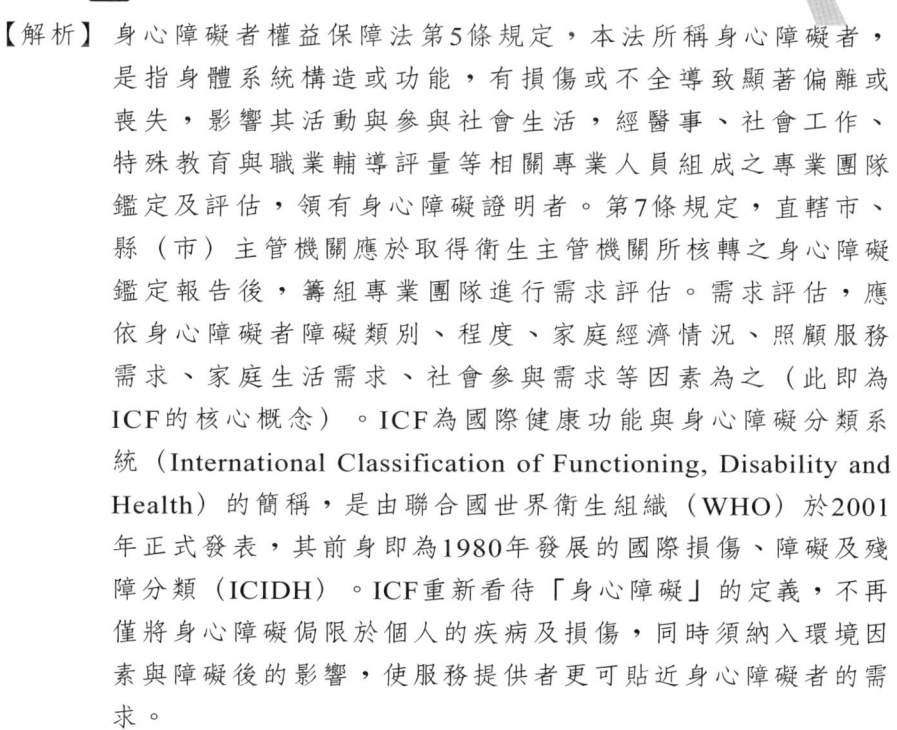

【解析】身心障礙者權益保障法第5條規定，本法所稱身心障礙者，是指身體系統構造或功能，有損傷或不全導致顯著偏離或喪失，影響其活動與參與社會生活，經醫事、社會工作、特殊教育與職業輔導評量等相關專業人員組成之專業團隊鑑定及評估，領有身心障礙證明者。第7條規定，直轄市、縣（市）主管機關應於取得衛生主管機關所核轉之身心障礙鑑定報告後，籌組專業團隊進行需求評估。需求評估，應依身心障礙者障礙類別、程度、家庭經濟情況、照顧服務需求、家庭生活需求、社會參與需求等因素為之（此即為ICF的核心概念）。ICF為國際健康功能與身心障礙分類系統（International Classification of Functioning, Disability and Health）的簡稱，是由聯合國世界衛生組織（WHO）於2001年正式發表，其前身即為1980年發展的國際損傷、障礙及殘障分類（ICIDH）。ICF重新看待「身心障礙」的定義，不再僅將身心障礙侷限於個人的疾病及損傷，同時須納入環境因素與障礙後的影響，使服務提供者更可貼近身心障礙者的需求。

6 村（里）幹事是若發現其村（里）內有身心障礙者遭遇下列何類事項，不是村（里）幹事需進行責任通報的範圍？　　　　　　　　　　（110年普考）
(A)有人利用身心障礙者行乞或供人參觀
(B)有人利用身心障礙者為犯罪或不正當之行為
(C)身心障礙者遭人身心虐待
(D)身心障礙者遭人詐欺財物

答案：**D**

【解析】(1)身心障礙者權益保障法第76條規定醫事人員、社會工作人員、教育人員、警察人員、村（里）幹事及其他執行身心

選擇題 Multiple Choice Question

障礙服務業務人員，知悉身心障礙者有第75條各款情形之一者，應立即向直轄市、縣（市）主管機關通報，至遲不得超過二十四小時。

(2) 身心障礙者權益保障法第75條規定，對身心障礙者不得有下列行為：
A. 遺棄。
B. 身心虐待。選項(C)屬之。
C. 限制其自由。
D. 留置無生活自理能力之身心障礙者於易發生危險或傷害之環境。
E. 利用身心障礙者行乞或供人參觀。選項(A)屬之。
F. 強迫或誘騙身心障礙者結婚。
G. 其他對身心障礙者或利用身心障礙者為犯罪或不正當之行為。選項(B)屬之。

7 身心障礙者權利公約（CRPD）影響全球身心障礙者之權利保障，其八大原則下列何者錯誤？　　　　　　　　　　　　　（110年第二次專技社工師）
(A) 尊重他人，尊重他人自己做的決定
(B) 充分融入社會
(C) 機會均等
(D) 尊重老人，保障身心障礙老人的權利

答案：**D**

【解析】聯合國身心障礙者權利公約的一般原則（八大原則）：
(1) 尊重個人的固有尊嚴和個人的自主，包括自由做出自己的選擇，以及個人的自立。選項(A)屬之。
(2) 不歧視。
(3) 充分有效地參與和融入社會。選項(B)屬之。
(4) 尊重差異，接受身心障礙是人的多樣性與人性的一部分。
(5) 機會均等。選項(C)屬之。
(6) 無障礙。
(7) 男女平等。

Chapter 11 身心障礙者福利之政策與立法

Multiple Choice Question 選擇題

(8) 尊重身心障礙兒童逐漸發展的能力，並尊重身心障礙兒童保持其身分特徵的權利。選項(D)有誤。

8 依據身心障礙者權益保障法規定，主管機關應遴聘（派）身心障礙者或其監護人代表、身心障礙福利學者或專家、民意代表與民間相關機構、團體代表及各目的事業主管機關代表辦理身心障礙者權益保障事項；其中遴聘身心障礙者或其監護人代表及民間相關機構、團體代表，不得少於多少比例？
（110年第二次專技社工師）

(A)二分之一　　(B)三分之一　　(C)四分之一　　(D)五分之一

答案：**B**

【解析】身心障礙者權益保障法第10條規定：
(1) 主管機關應遴聘（派）身心障礙者或其監護人代表、身心障礙福利學者或專家、民意代表與民間相關機構、團體代表及各目的事業主管機關代表辦理身心障礙者權益保障事項；其中遴聘身心障礙者或其監護人代表及民間相關機構、團體代表之比例，不得少於三分之一。
(2) 前項之代表，單一性別不得少於三分之一。

9 身心障礙者係指身體系統構造或功能，有損傷或不全導致顯著偏離或喪失，影響其活動與參與社會生活，經相關專業人員組成之專業團隊鑑定及評估，領有身心障礙證明者。依據身心障礙者權益保障法，上述身體系統構造或功能之損傷或不全之規定，共計幾款？
（110年第二次專技社工師）

(A)6款　　(B)8款　　(C)12款　　(D)15款

答案：**B**

【解析】身心障礙者權益保障法第5條規定，本法所稱身心障礙者，指下列各款身體系統構造或功能，有損傷或不全導致顯著偏離或喪失，影響其活動與參與社會生活，經醫事、社會工作、特殊教育與職業輔導評量等相關專業人員組成之專業團隊鑑定及評估，領有身心障礙證明者：
(1) 神經系統構造及精神、心智功能。
(2) 眼、耳及相關構造與感官功能及疼痛。

選擇題 Multiple Choice Question

(3) 涉及聲音與言語構造及其功能。
(4) 循環、造血、免疫與呼吸系統構造及其功能。
(5) 消化、新陳代謝與內分泌系統相關構造及其功能。
(6) 泌尿與生殖系統相關構造及其功能。
(7) 神經、肌肉、骨骼之移動相關構造及其功能。
(8) 皮膚與相關構造及其功能。

10 有關無障礙生活環境等相關權益的規劃、推動及監督事項，屬於下列那個主管機關的權責？　　　　　　　　　　　　　（111年第一次專技社工師）
(A)中央社福衛生主管機關　　　　(B)金融主管機關
(C)建設、工務及住宅主管機關　　(D)科技主管機關

答案：**C**

【解析】身心障礙者權益保障法第2條規定，建設、工務、住宅主管機關負責身心障礙者住宅、公共建築物、公共設施之總體規劃與無障礙生活環境等相關權益之規劃、推動及監督等事項。

11 依據身心障礙者權益保障法規定，關於導盲犬的敘述，下列何者正確？
　　　　　　　　　　　　　　　　　　　　（111年第一次專技社工師）
(A) 營業場所不得對導盲犬之使用人收取額外費用
(B) 營業場所基於衛生問題必要時可拒絕導盲犬進入
(C) 營業場所基於成本因素必要時可對導盲犬之行動加以限制
(D) 營業場所基於衛生問題必要時可附加導盲犬進入條件

答案：**A**

【解析】身心障礙者權益保障法第60條規定：
(1) 視覺、聽覺、肢體功能障礙者由合格導盲犬、導聾犬、肢體輔助犬陪同或導盲犬、導聾犬、肢體輔助犬專業訓練人員於執行訓練時帶同幼犬，得自由出入公共場所、公共建築物、營業場所、大眾運輸工具及其他公共設施。
(2) 前項公共場所、公共建築物、營業場所、大眾運輸工具及其他公共設施之所有人、管理人或使用人，不得對導盲幼犬、導聾幼犬、肢體輔助幼犬及合格導盲犬、導聾犬、肢體輔助犬收取額外費用，且不得拒絕其自由出入或附加其

身心障礙者福利之政策與立法　Chapter 11

Multiple Choice Question　選擇題

他出入條件。選項(A)正確；選項(B)、(C)、(D)均為拒絕自由出入或附加其他出入條件，有誤。
(3) 導盲犬、導聾犬、肢體輔助犬引領視覺、聽覺、肢體功能障礙者時，他人不得任意觸摸、餵食或以各種聲響、手勢等方式干擾該導盲犬、導聾犬及肢體輔助犬。
(4) 有關合格導盲犬、導聾犬、肢體輔助犬及其幼犬之資格認定、使用管理、訓練單位之認可、認可之撤銷或廢止及其他應遵行事項之辦法，由中央主管機關定之。

12 依據身心障礙者權益保障法，有關身心障礙者申請鑑定之相關規定，下列何者錯誤？　（111年第一次專技社工師）
(A) 由專業團隊鑑定及評估，專業人員包括醫事、社工、特殊教育及職業輔導評量的專家
(B) 鑑定報告，至遲應於完成後7日送達申請人戶籍所在地的衛生主管機關
(C) 身心障礙鑑定之項目，符合全民健康保險法規定給付者，應以保險支付
(D) 身心障礙類別之程度分級、鑑定向度及基準、鑑定方法、工具及作業方式，由中央衛生主管機關定之

答案：**B**

【解析】身心障礙者權益保障法第6條規定：
(1) 直轄市、縣（市）主管機關受理身心障礙者申請鑑定時，應交衛生主管機關指定相關機構或專業人員組成專業團隊，進行鑑定並完成身心障礙鑑定報告。
(2) 前項鑑定報告，至遲應於完成後十日內送達申請人戶籍所在地之衛生主管機關。衛生主管機關除核發鑑定費用外，至遲應將該鑑定報告於十日內核轉直轄市、縣（市）主管機關辦理。選項(B)有誤。

13 為落實身心障礙的僱用保障，身心障礙者權益保障法第38條規定，各級政府機關、公立學校及公營事業機構員工總人數在34人以上者，進用具有就業能力之身心障礙者人數，不得低於員工總人數百分之多少？　（111年普考）
(A)二　　　　　(B)三　　　　　(C)四　　　　　(D)五

Question Box 社會政策與社會立法（含概要） 搶分題庫

選擇題 Multiple Choice Question

答案：B

【解析】身心障礙者權益保障法第38條規定，各級政府機關、公立學校及公營事業機構員工總人數在三十四人以上者，進用具有就業能力之身心障礙者人數，不得低於員工總人數百分之三。私立學校、團體及民營事業機構員工總人數在六十七人以上者，進用具有就業能力之身心障礙者人數，不得低於員工總人數百分之一，且不得少於一人。

14 依據身心障礙者權益保障法有關身心障礙者支持服務之規定，下列敘述何者錯誤？　　　　　　　　　　　　　　　　（111年第二次專技社工師）
(A) 身心障礙者搭乘國內大眾運輸工具，憑身心障礙證明，應予半價優待
(B) 身心障礙者經需求評估結果，認需人陪伴者，其必要陪伴者以1人為限，得享有優待措施
(C) 國內航空業者除民航主管機關所訂之安全因素外，不認同身心障礙者可單獨旅行，而特別要求應有陪伴人共同飛行者，得向陪伴人收費
(D) 大眾運輸工具，身心障礙者得優先乘坐，其優待措施並不得有設籍之限制

答案：C

【解析】身心障礙者權益保障法第58條規定：
(1) 身心障礙者搭乘國內大眾運輸工具，憑身心障礙證明，應予半價優待。選項(A)屬之。
(2) 身心障礙者經需求評估結果，認需人陪伴者，其必要陪伴者以一人為限，得享有前項之優待措施。選項(B)屬之。
(3) 第一項之大眾運輸工具，身心障礙者得優先乘坐，其優待措施並不得有設籍之限制。選項(D)屬之。
(4) 國內航空業者除民航主管機關所訂之安全因素外，不認同身心障礙者可單獨旅行，而特別要求應有陪伴人共同飛行者，不得向陪伴人收費。選項(C)有誤。

15 有關身心障礙者權益保障法第6、7條所訂鑑定及需求評估的相關規定，下列何者錯誤？　　　　　　　　　　　　　　（111年第二次專技社工師）
(A) 應指定相關機關或專業人員組成專業團隊，進行評鑑，並完成鑑定報告
(B) 鑑定報告，至遲應於7日內送達申請人戶籍所在地的衛生主管機關

Chapter 11 身心障礙者福利之政策與立法

Multiple Choice Question 選擇題

(C)鑑定服務的必要診察、診斷或檢查費用，由政府編列預算支應

(D)需求評估應依障礙類別、程度、家庭經濟狀況、照顧服務需求、家庭生活需求及社會參與需求等因素為之

答案：**B**

【解析】(1) 身心障礙者權益保障法第6條

  A.直轄市、縣（市）主管機關受理身心障礙者申請鑑定時，應交衛生主管機關指定相關機構或專業人員組成專業團隊，進行鑑定並完成身心障礙鑑定報告。選項(A)屬之。

  B.前項鑑定報告，至遲應於完成後十日內送達申請人戶籍所在地之衛生主管機關。衛生主管機關除核發鑑定費用外，至遲應將該鑑定報告於十日內核轉直轄市、縣（市）主管機關辦理。選項(B)有誤。

  C.第一項身心障礙鑑定機構或專業人員之指定、鑑定人員之資格條件、身心障礙類別之程度分級、鑑定向度與基準、鑑定方法、工具、作業方式及其他應遵行事項之辦法，由中央衛生主管機關定之。

  D.辦理有關身心障礙鑑定服務必要之診察、診斷或檢查等項目之費用，應由直轄市、縣（市）衛生主管機關編列預算支應，並由中央衛生主管機關協調直轄市、縣（市）衛生主管機關公告規範之。選項(C)屬之。

  E.前項身心障礙鑑定之項目符合全民健康保險法之規定給付者，應以該保險支應，不得重複申領前項費用。

(2) 身心障礙者權益保障法第7條

  A.直轄市、縣（市）主管機關應於取得衛生主管機關所核轉之身心障礙鑑定報告後，籌組專業團隊進行需求評估。

  B.前項需求評估，應依身心障礙者障礙類別、程度、家庭經濟情況、照顧服務需求、家庭生活需求、社會參與需求等因素為之。選項(D)屬之。

選擇題 Multiple Choice Question

C. 直轄市、縣（市）主管機關對於設籍於轄區內依前項評估合於規定者，應核發身心障礙證明，據以提供所需之福利及服務。

D. 第一項評估作業得併同前條鑑定作業辦理，有關評估作業與鑑定作業併同辦理事宜、評估專業團隊人員資格條件、評估工具、作業方式及其他應遵行事項之辦法，由中央主管機關會同中央衛生主管機關定之。

16 依身心障礙者權益保障法第18條規定，地方主管機關應建立通報系統，並由各目的事業主管機關負責彙送資訊，以掌握身心障礙者的情況，負責身心障礙人口異動資訊之主管機關為何？　（111年第二次專技社工師）
(A)衛生主管機關　　　　　　　　(B)社政主管機關
(C)警政主管機關　　　　　　　　(D)戶政主管機關

答案：**D**

【解析】身心障礙者權益保障法第18條規定，直轄市、縣（市）主管機關應建立通報系統，並由下列各級相關目的事業主管機關負責彙送資訊，以掌握身心障礙者之情況，適時提供服務或轉介：
(1) 衛生主管機關：疑似身心障礙者、發展遲緩或異常兒童資訊。
(2) 教育主管機關：疑似身心障礙學生資訊。
(3) 勞工主管機關：職業傷害資訊。
(4) 警政主管機關：交通事故資訊。
(5) 戶政主管機關：身心障礙者人口異動資訊。

17 根據身心障礙者權益保障法有關就業權益之規定，下列敘述何者錯誤？
（111年地方四等）
(A) 私立學校、團體及民營事業機構員工總人數在六十七人以上者，進用具有就業能力之身心障礙者人數，不得低於員工總人數百分之一，且不得少於一人
(B) 進用重度以上身心障礙者，每進用一人以二人核計
(C) 從事部分工時工作，其月領薪資達勞動基準法按月計酬之基本工資數額二

身心障礙者福利之政策與立法　**Chapter 11**

Multiple Choice Question　選擇題

分之一以上者,進用二人得以一人計入身心障礙者人數及員工總人數
(D)各級政府機關、公立學校及公營事業機構員工總人數在三十四人以上者,進用具有就業能力之身心障礙者人數,不得低於員工總人數百分之二

答案：**D**

【解析】選項(D)有誤。身心障礙者權益保障法第38條規定,各級政府機關、公立學校及公營事業機構員工總人數在三十四人以上者,進用具有就業能力之身心障礙者人數,不得低於員工總人數百分之三。私立學校、團體及民營事業機構員工總人數在六十七人以上者,進用具有就業能力之身心障礙者人數,不得低於員工總人數百分之一,且不得少於一人。

18 身心障礙者權益保障法規定醫院應為住院之身心障礙者提供出院準備計畫,其內容不包括下列那一項？　（111年地方四等）
(A)居家照護建議　　　　　　　　(B)社區醫療資源轉介服務
(C)休閒及文化活動建議　　　　　(D)輔具評估及使用建議

答案：**C**

【解析】身心障礙者權益保障法第23條規定,醫院應為住院之身心障礙者提供出院準備計畫；出院準備計畫應包括下列事項：
(1) 居家照護建議。選項(A)屬之。
(2) 復健治療建議。
(3) 社區醫療資源轉介服務。選項(B)屬之。
(4) 居家環境改善建議。
(5) 輔具評估及使用建議。選項(D)屬之。
(6) 轉銜服務。
(7) 生活重建服務建議。
(8) 心理諮商服務建議。
(9) 其他出院準備相關事宜。

19 依據身心障礙者權益保障法規定,關於身心障礙者需求評估,下列敘述何者錯誤？　（112年第一次專技社工師）
(A)身心障礙者評估作業必須與身心障礙者鑑定作業分開辦理

選擇題 Multiple Choice Question

(B) 身心障礙者需求評估，應依其障礙類別、程度、社會參與需求等因素為之
(C) 身心障礙者評估作業可以與身心障礙者鑑定作業併同辦理
(D) 身心障礙者需求評估，應依其家庭經濟情況、照顧服務需求等因素為之

答案：**A**

【解析】身心障礙者權益保障法第7條規定：
(1) 直轄市、縣（市）主管機關應於取得衛生主管機關所核轉之身心障礙鑑定報告後，籌組專業團隊進行需求評估。
(2) 前項需求評估，應依身心障礙者障礙類別、程度、家庭經濟情況、照顧服務需求、家庭生活需求、社會參與需求等因素為之。
(3) 直轄市、縣（市）主管機關對於設籍於轄區內依前項評估合於規定者，應核發身心障礙證明，據以提供所需之福利及服務。
(4) 第一項評估作業得併同前條鑑定作業辦理（選項(A)有誤），有關評估作業與鑑定作業併同辦理事宜、評估專業團隊人員資格條件、評估工具、作業方式及其他應遵行事項之辦法，由中央主管機關會同中央衛生主管機關定之。

20 依據身心障礙者權益保障法規定，有關經濟安全保障方式，下列何者正確？
（112年第一次專技社工師）

(A) 個人帳戶制度　　　　　(B) 全民健康保險
(C) 商業微型保險　　　　　(D) 年金保險制度

答案：**D**

【解析】身心障礙者權益保障法第70條規定，身心障礙者經濟安全保障，採生活補助、日間照顧及住宿式照顧補助、照顧者津貼、年金保險等方式（選項(D)屬之），逐步規劃實施。

21 依據身心障礙者權益保障法規定，下列何者不屬於身心障礙者的無障礙服務措施？
（112年第一次專技社工師）

(A) 提供聽覺功能障礙國民無障礙閱讀觀看電視
(B) 學校所建置之網站應通過無障礙檢測，並取得認證標章

身心障礙者福利之政策與立法　Chapter 11

Multiple Choice Question　選擇題

(C)大眾運輸工具應規劃設置便於障礙者行動與使用之無障礙設施及設備
(D)在每個公車站，聘請專人將輪椅使用者抬上公車

答案：**D**

【解析】(1) 身心障礙者權益保障法第52條規定，公共資訊無障礙係指應對利用網路、電信、廣播、電視等設施者，提供視、聽、語等功能障礙國民無障礙閱讀、觀看、轉接或傳送等輔助、補助措施。選項(A)、(B)屬之。
(2) 身心障礙者權益保障法第53條規定，運輸營運者應於所服務之路線、航線或區域內，規劃適當路線、航線、班次、客車（機船）廂（艙），提供無障礙運輸服務。大眾運輸工具應規劃設置便於各類身心障礙者行動與使用之無障礙設施及設備。選項(C)屬之。

22 身心障礙者憑身心障礙證明進入收費之風景區、康樂場所或文教設施，根據身心障礙者權益保障法的規定，其費用的收取，下列敘述何者正確？
（112年普考）

(A)民營者，應予免費
(B)公營，應予免費；公設民營，應予半價
(C)公營、公設民營與民營者，均應予免費
(D)公營、公設民營者，應予免費

答案：**D**

【解析】身心障礙者權益保障法第59條規定，身心障礙者進入收費之公營或公設民營風景區、康樂場所或文教設施，憑身心障礙證明應予免費；其為民營者，應予半價優待。

23 依據身心障礙者權益保護法規定，身心障礙者遭受遺棄、身心虐待、限制其自由，直轄市、縣（市）主管機關應予緊急保護、安置或為其他必要之處置，安置期間所必要之費用應由誰支付？　　（112年第二次專技社工師）
(A)遺棄身心障礙者、身心虐待、限制身心障礙者自由之人
(B)受委託之身心障礙福利機構
(C)身心障礙者

選擇題 Multiple Choice Question

(D)中央主管機關

答案：A

【解析】(1) 題意所述「身心障礙者權益保『護』法」，法規名稱有誤，應為「身心障礙者權益保『障』法」。

(2) 身心障礙者權益保障法

A. 第78條

(A) 身心障礙者遭受第七十五條各款情形之一者，情況危急非立即給予保護、安置或其他處置，其生命、身體或自由有立即之危險或有危險之虞者，直轄市、縣（市）主管機關應予緊急保護、安置或為其他必要之處置。

(B) 直轄市、縣（市）主管機關為前項緊急保護、安置或為其他必要之處置時，得請求檢察官或當地警察機關協助。

B. 第79條

(A) 前條之緊急安置服務，得委託相關身心障礙福利機構辦理。安置期間所必要之費用，由前條第一項之行為人支付。

(B) 前項費用，必要時由直轄市、縣（市）主管機關先行支付，並檢具支出憑證影本及計算書，請求前條第一項之行為人償還。

(C) 前項費用，經直轄市、縣（市）主管機關以書面定十日以上三十日以下期間催告償還，而屆期未償還者，得移送法院強制執行。

24 依身心障礙者權益保障法第13條規定，對於障礙鑑定及需求評估有異議者，應至遲於收到通知書之次日起幾日內提出重新鑑定及需求評估？

（112年第二次專技社工師）

(A) 10日　　(B) 20日　　(C) 30日　　(D) 60日

Chapter 11 身心障礙者福利之政策與立法

Multiple Choice Question 選擇題

答案：**C**

【解析】(1) 身心障礙者權益保障法第13條規定，身心障礙者對障礙鑑定及需求評估有異議者，應於收到通知書之次日起三十日內，以書面向直轄市、縣（市）主管機關提出申請重新鑑定及需求評估，並以一次為限。依前項申請重新鑑定及需求評估，應負擔百分之四十之相關作業費用；其異議成立者，應退還之。

(2) 逾期申請第一項重新鑑定及需求評估者，其相關作業費用，應自行負擔。

25 有關身心障礙者權益保障法中就業權益的規定，下列何者錯誤？

（112年第二次專技社工師）

(A) 勞工主管機關應參考身心障礙者就業意願，訂定適切個別化職業重建服務計畫
(B) 職業重建服務內容包括個案管理服務、職業輔導評量、職業訓練、就業服務及職務再設計
(C) 對於具有就業意願，而就業能力不足，無法進入競爭性就業市場者，提供支持性的就業服務
(D) 各項職業重建服務，得由身心障礙者本人或其監護人向各級勞工主管機關提出申請

答案：**C**

【解析】選項(C)有誤。身心障礙者權益保障法第34條規定，各級勞工主管機關對於具有就業意願，而就業能力不足，無法進入競爭性就業市場，需長期就業支持之身心障礙者，應依其職業輔導評量結果，提供庇護性就業服務。

26 有關大眾運輸工具設置博愛座，下列敘述何者正確？ （112年地方四等）

(A) 法源依據來自老人福利法
(B) 法源依據來自身心障礙者權益保障法
(C) 法源依據來自兒童及少年福利與權益保障法
(D) 並無法源依據，是大眾愛心及公民道德的展現

353

選擇題　Multiple Choice Question

答案：B

【解析】選項(B)正確。身心障礙者權益保障法第53條規定，大眾運輸工具應規劃設置便於各類身心障礙者行動與使用之無障礙設施及設備。未提供對號座之大眾運輸工具應設置供身心障礙者及老弱婦孺優先乘坐之博愛座，其比率不低於總座位數百分之十五，座位應設於鄰近車門、艙門或出入口處，至車門、艙門或出入口間之地板應平坦無障礙，並視需要標示或播放提醒禮讓座位之警語。

27 依據身心障礙者權益保障法規定，下列何者不是身心障礙者個人支持及照顧服務的辦理目標？　　　　　　　　　　　（113年第一次專技社工師）
(A)促進障礙者自立生活　　　　(B)促進障礙者社會參與
(C)增加障礙者失能程度　　　　(D)促進障礙者生活品質

答案：C

【解析】身心障礙者權益保障法第50條規定，直轄市、縣（市）主管機關應依需求評估結果辦理下列服務，提供身心障礙者獲得所需之個人支持及照顧，促進其生活品質、社會參與及自立生活（選項(C)不屬之）：
(1) 居家照顧。
(2) 生活重建。
(3) 心理重建。
(4) 社區居住。
(5) 婚姻及生育輔導。
(6) 日間及住宿式照顧。
(7) 家庭托顧。
(8) 課後照顧。
(9) 自立生活支持服務。
(10) 其他有關身心障礙者個人照顧之服務。

28 依據身心障礙者權益保障法規定，下列何者為直轄市、縣（市）主管機關掌理的事項？　　　　　　　　　　　　　　（113年第一次專技社工師）
(A) 全國身心障礙福利服務相關專業人員訓練之規劃事項

Chapter 11 身心障礙者福利之政策與立法

Multiple Choice Question 選擇題

(B) 全國身心障礙者資料統整及福利服務整合事項
(C) 民間參與身心障礙福利服務之推動及協助事項
(D) 國際身心障礙福利服務權益保障業務之聯繫、交流及合作事項

答案：**C**

【解析】(1) 身心障礙者權益保障法第3條規定，中央主管機關掌理下列事項：

A. 全國性身心障礙福利服務權益保障政策、法規與方案之規劃、訂定及宣導事項。
B. 對直轄市、縣（市）政府執行身心障礙福利服務權益保障之監督及協調事項。
C. 中央身心障礙福利經費之分配及補助事項。
D. 對直轄市、縣（市）身心障礙福利服務之獎助及評鑑之規劃事項。
E. 身心障礙福利服務相關專業人員訓練之規劃事項。選項(A)屬之。
F. 國際身心障礙福利服務權益保障業務之聯繫、交流及合作事項。選項(D)屬之。
G. 身心障礙者保護業務之規劃事項。
H. 全國身心障礙者資料統整及福利服務整合事項。選項(B)屬之。
I. 全國性身心障礙福利機構之輔導、監督及全國評鑑事項。
J. 輔導及補助民間參與身心障礙福利服務之推動事項。
K. 其他全國性身心障礙福利服務權益保障之策劃及督導事項。

(2) 身心障礙者權益保障法第4條規定，直轄市、縣（市）主管機關掌理下列事項：

A. 中央身心障礙福利服務權益保障政策、法規及方案之執行事項。
B. 直轄市、縣（市）身心障礙福利服務權益保障政策、自

355

選擇題 Multiple Choice Question

治法規與方案之規劃、訂定、宣導及執行事項。
C. 直轄市、縣（市）身心障礙福利經費之分配及補助事項。
D. 直轄市、縣（市）身心障礙福利服務之獎助與評鑑之規劃及執行事項。
E. 直轄市、縣（市）身心障礙福利服務相關專業人員訓練之規劃及執行事項。
F. 身心障礙者保護業務之執行事項。
G. 直轄市、縣（市）轄區身心障礙者資料統整及福利服務整合執行事項。
H. 直轄市、縣（市）身心障礙福利機構之輔導設立、監督及評鑑事項。
I. 民間參與身心障礙福利服務之推動及協助事項。選項(C)屬之。
J. 其他直轄市、縣（市）身心障礙福利服務權益保障之策劃及督導事項。

29 下列何者不是身心障礙者權益保障法中，主管機關辦理身心障礙者權益保障事項所應遴聘的對象？（113年第一次專技社工師）
(A) 民意代表
(B) 醫療院所代表
(C) 身心障礙者或其監護人代表
(D) 身心障礙福利學者或專家

答案：**B**

【解析】身心障礙者權益保障法第10條規定，主管機關應遴聘（派）身心障礙者或其監護人代表、身心障礙福利學者或專家、民意代表與民間相關機構、團體代表及各目的事業主管機關代表辦理身心障礙者權益保障事項；其中遴聘身心障礙者或其監護人代表及民間相關機構、團體代表之比例，不得少於三分之一。前項之代表，單一性別不得少於三分之一。選項(B)不屬之。

30 依據身心障礙者權益保障法規定，下列對於身心障礙者支持服務之敘述，何者錯誤？（113年普考）

(A) 身心障礙者支持服務，應依多元連續服務原則規劃辦理
(B) 身心障礙者搭乘國內大眾交通工具，且經評估結果，認需人陪伴時，該必要陪伴者以一人為限，得享有票價八折優待
(C) 身心障礙福利機構應投保公共意外責任險及具有履行營運之擔保能力，以保障身心障礙者權益
(D) 各級主管機關應輔導視覺功能障礙者設立以從事按摩為業務之勞動合作社

答案：**B**

【解析】身心障礙者權益保障法第58條規定：
(1) 身心障礙者搭乘國內大眾運輸工具，憑身心障礙證明，應予半價優待。
(2) 身心障礙者經需求評估結果，認需人陪伴者，其必要陪伴者以一人為限，得享有前項之優待措施。選項(B)有誤。

31 依據身心障礙者權利公約規定，下列何者非屬一般原則明定之內容？

（113年第二次專技社工師）

(A) 不歧視　　　(B) 結果均等　　　(C) 無障礙　　　(D) 機會均等

答案：**B**

【解析】身心障礙者權利公約第3條（一般原則），本公約之原則是：
(1) 尊重固有尊嚴、包括自由做出自己選擇之個人自主及個人自立。
(2) 不歧視。選項(A)屬之。
(3) 充分有效參與及融合社會。
(4) 尊重差異，接受身心障礙者是人之多元性之一部分與人類之一分子。
(5) 機會均等。選項(D)屬之。
(6) 無障礙。選項(C)屬之。
(7) 男女平等。
(8) 尊重身心障礙兒童逐漸發展之能力，並尊重身心障礙兒童保持其身分認同之權利。

選擇題　Multiple Choice Question

32 依據身心障礙者權益保障法之規定，各級政府至少應每幾年舉辦身心障礙者生活狀況等需求評估及服務調查研究，並應出版、公布調查研究結果？

（113年第二次專技社工師）

(A)5年　　(B)6年　　(C)7年　　(D)10年

答案：**A**

【解析】身心障礙者權益保障法第11條規定：
(1) 各級政府應至少每五年舉辦身心障礙者之生活狀況、保健醫療、特殊教育、就業與訓練、交通及福利等需求評估及服務調查研究，並應出版、公布調查研究結果。
(2) 行政院每十年辦理全國人口普查時，應將身心障礙者人口調查納入普查項目。

33 依據身心障礙者權益保障法規定，下列何者不是身心障礙福利經費來源？

（113年第二次專技社工師）

(A) 私人或團體捐款
(B) 勞工保險基金
(C) 社會福利基金
(D) 各級政府按年編列之身心障礙福利預算

答案：**B**

【解析】身心障礙者權益保障法第12條規定，身心障礙福利經費來源如下：
(1) 各級政府按年編列之身心障礙福利預算。選項(D)屬之。
(2) 社會福利基金。選項(C)屬之。
(3) 身心障礙者就業基金。
(4) 私人或團體捐款。選項(A)屬之。
(5) 其他收入。

34 依據身心障礙者權益保障法之規定，為因應身心障礙者提前老化，應建立提早退休之機制，請問該項業務屬於那個單位的權責？　　（113年地方四等）

(A) 內政部　　(B) 國民健康署　　(C) 衛生福利部　　(D) 勞動部

身心障礙者福利之政策與立法 Chapter 11

Multiple Choice Question 選擇題

答案：**D**

【解析】身心障礙者權益保障法第2條規定，本法主管機關及各目的事業主管機關權責劃分如下：

(1) 主管機關：身心障礙者人格維護、經濟安全、照顧支持與獨立生活機會等相關權益之規劃、推動及監督等事項。

(2) 衛生主管機關：身心障礙者之鑑定、保健醫療、醫療復健與輔具研發等相關權益之規劃、推動及監督等事項。

(3) 教育主管機關：身心障礙者教育權益維護、教育資源與設施均衡配置、專業服務人才之培育等相關權益之規劃、推動及監督等事項。

(4) 勞工主管機關：身心障礙者之職業重建、就業促進與保障、勞動權益與職場安全衛生等相關權益之規劃、推動及監督等事項。題意為與勞動權益有關，為勞動部之權責。

(5) 建設、工務、住宅主管機關：身心障礙者住宅、公共建築物、公共設施之總體規劃與無障礙生活環境等相關權益之規劃、推動及監督等事項。

(6) 交通主管機關：身心障礙者生活通信、大眾運輸工具、交通設施與公共停車場等相關權益之規劃、推動及監督等事項。

(7) 財政主管機關：身心障礙者、身心障礙福利機構及庇護工場稅捐之減免等相關權益之規劃、推動及監督等事項。

(8) 金融主管機關：金融機構對身心障礙者提供金融、商業保險、財產信託等服務之規劃、推動及監督等事項。

(9) 法務主管機關：身心障礙者犯罪被害人保護、受刑人更生保護與收容環境改善等相關權益之規劃、推動及監督等事項。

(10) 警政主管機關：身心障礙者人身安全保護與失蹤身心障礙者協尋之規劃、推動及監督等事項。

(11) 體育主管機關：身心障礙者體育活動、運動場地及設施設備與運動專用輔具之規劃、推動及監督等事項。

(12) 文化主管機關：身心障礙者精神生活之充實與藝文活動

選擇題 Multiple Choice Question

參與之規劃、推動及監督等事項。

(13) 採購法規主管機關：政府採購法有關採購身心障礙者之非營利產品與勞務之規劃、推動及監督等事項。

(14) 通訊傳播主管機關：主管身心障礙者無障礙資訊和通訊技術及系統、網路平台、通訊傳播傳輸內容無歧視等相關事宜之規劃、推動及監督等事項。

(15) 科技研究事務主管機關：主管身心障礙者輔助科技研發、技術研究、移轉、應用與推動等事項。

(16) 經濟主管機關：主管身心障礙輔具國家標準訂定、產業推動、商品化開發之規劃及推動等事項。

(17) 其他身心障礙權益保障措施：由各相關目的事業主管機關依職權規劃辦理。

35 依據身心障礙者權益保障法之規定，私立學校、團體及民營事業機構員工總人數在67人以上者，進用具有就業能力之身心障礙者人數，不得低於員工總人數的多少比例？　　　　　　　　　　　　　　　　　　　　（113年地方四等）
(A)1%　　　(B)2%　　　(C)3%　　　(D)4%

答案：**A**

【解析】身心障礙者權益保障法第38條規定：
(1) 各級政府機關、公立學校及公營事業機構員工總人數在三十四人以上者，進用具有就業能力之身心障礙者人數，不得低於員工總人數百分之三。
(2) 私立學校、團體及民營事業機構員工總人數在六十七人以上者，進用具有就業能力之身心障礙者人數，不得低於員工總人數百分之一，且不得少於一人。

36 身心障礙者權益保障法中有關身心障礙者就業權益之規定，下列敘述何者錯誤？　　　　　　　　　　　　　　　　　（114年第一次專技社工師）
(A) 身心障礙者之機關（構），對其所進用之身心障礙者，應本同工同酬之原則
(B) 各級政府機關、公立學校及公營事業機構員工總人數在34人以上者，進用具有就業能力之身心障礙者人數，不得低於員工總人數2%

(C) 經職業輔導評量符合庇護性就業之身心障礙者，由辦理庇護性就業服務之單位提供工作，並由雙方簽訂書面契約

(D) 私立學校、團體及民營事業機構員工總人數在67人以上者，進用具有就業能力之身心障礙者人數，不得低於員工總人數1%，且不得少於1人

答案：**B**

【解析】身心障礙者權益保障法第38條規定：

(1) 各級政府機關、公立學校及公營事業機構員工總人數在三十四人以上者，進用具有就業能力之身心障礙者人數，不得低於員工總人數百分之三。選項(B)有誤。

(2) 私立學校、團體及民營事業機構員工總人數在六十七人以上者，進用具有就業能力之身心障礙者人數，不得低於員工總人數百分之一，且不得少於一人。

37 依據身心障礙者權益保障法之規定，主管機關受理身心障礙者申請鑑定，鑑定報告完成後至遲應於幾日內送達申請人戶籍所在地之衛生主管機關？

（114年第一次專技社工師）

(A) 45日內　　(B) 30日內　　(C) 15日內　　(D) 10日內

答案：**D**

【解析】身心障礙者權益保障法第6條規定：

(1) 直轄市、縣（市）主管機關受理身心障礙者申請鑑定時，應交衛生主管機關指定相關機構或專業人員組成專業團隊，進行鑑定並完成身心障礙鑑定報告。

(2) 前項鑑定報告，至遲應於完成後十日內送達申請人戶籍所在地之衛生主管機關。衛生主管機關除核發鑑定費用外，至遲應將該鑑定報告於十日內核轉直轄市、縣（市）主管機關辦理。

Chapter 12

家庭及婦女與人口福利之政策與立法

關鍵焦點

1. 少子女化議題，為金榜考點。
2. 家庭暴力防治法、性侵害犯罪防治法、性騷擾防治法為主要申論題及測驗題命題焦點。

申論題 Essay Question

一、試說明我國人口少子女化的趨勢為何？並申論我國有那些因應少子女化的重要政策處方？　　　　　　　　　　　　　　　（110年高考）

考點分析

因應少子化現象為近年來的重要社會政策議題，在編者的部落格中，即有相當多的報導在討論此議題，編者在各篇報導文章中，即已提醒考生詳加準備的重點，以及相關的試題演練，考前詳加準備，本題即可漂亮得分。本題主要係考「我國少子化對策計畫」之相關內容。

【解析】

一　我國人口少子女化的趨勢

1. 從高生育率到超低生育率出生嬰兒數逐漸減少：從73年起，總生育率已低於人口替代水準的2.1。75年首度進入低生育率國家（1.68）。但87年以後，總生育率已低於1.7（出生30萬人），並

一路下滑到90年的1.4,直逼超低生育率。從此,未曾再回升高於超低生育率（1.3）。近十餘年來都徘徊在1.10-1.20間。

2. 育齡婦女人數由成長轉為遞減：育齡婦女15-49歲婦女人數於89年達到高峰636.7萬人後,轉趨減少,90-104年平均每年約減少2萬人,育齡婦女人數減少,生育胎數未增,導致後續嬰兒出生數持續下滑。

二 我國少子女化新對策之重要政策處方

1. 提升生育率：為因應少子女化現象,針對0-2歲（未滿）、2-6歲（未滿）幼兒為對象,推動公共化（如社區公共托育家園、公立幼兒園及非營利幼兒園）、準公共（政府與私立幼兒園合作）政策,以及擴大發放育兒津貼等措施,運用多元方式,減輕家長育兒負擔,以達提升生育率之目標。

2. 實現性別平等（平衡就業與家庭）：為支持不同性別者兼顧工作與生活,建構性別平權的社會,使國人樂婚、願生、能養,實現性別平等。依《性別平等政策綱領》,透過完善家庭支持及友善就業環境,促進工作與家庭平衡。在減輕照顧負擔上,制定普及化、可負擔的照顧服務政策,提供平價、優質、可近性的托育照顧服務,協助任何照顧者均能持續就業。在職場推動公私部門支持友善家庭政策,積極支持員工就業,避免因家庭照顧而中斷就業或退出勞動市場。

3. 減輕家庭育兒負擔：以「0-6歲國家一起養」的精神,秉持尊重家長選擇權、保障每個孩子都獲得尊重與照顧及無縫銜接等原則,以「擴展平價教保服務」及「減輕家長負擔」為政策重點,推動三大策略,包括：(1)加速擴大公共化教保服務量；(2)以準公共機制補充平價教保：與符合一定條件的居家式托育（保母）、私立托嬰中心及私立幼兒園合作,由政府與家長共同分攤費用,加速提供平價教保服務；(3)輔以育兒津貼達到全面照顧,照顧對象由原來的0-2歲（未滿）,延伸為0-5歲（未滿）,對於未接受公共化或準公共教保服務且符合申領資格者,提供育兒津貼作為減輕家長育兒負擔的輔助措施。擴大托育公共化及建置準公共機制,與符合條件的私

立托育服務提供者簽約，補充平價托育服務的不足、減少家長每月托育費用；同時，擴大發放育兒津貼，惠及在家照顧的嬰幼兒，具體減輕家庭育兒的經濟負擔。

4. 提升嬰幼兒照顧品質：推動精進嬰幼兒照顧品質之相關措施，包括：(1)提升整體托嬰中心服務品質；(2)完善居家托育照顧服務體系；(3)建立提升品質及管理機制；(4)改善托育及教保服務人員薪資、保障勞動條件。

申論題 Essay Question

二、新冠肺炎（COVID-19）疫情爆發，防疫措施重視維持社交距離，許多日照服務個案因為防疫原因，不得不離開日照現場待在家中。對此，政府提出「防疫照顧假」來加以因應。請說明「防疫照顧假」的政策內容，並嘗試評估其實際效益。

（110年地方四等）

考點分析

新冠肺炎（COVID-19）「防疫照顧假」之內容，屬於時事題，歷經此疫情的考生，應可從媒體報導中得知相關的規定加以說明；另「防疫照顧假」的實際效益評估，可從家庭的需求、家庭經濟安全的層面論述，可更為周延。

【解析】

一、「防疫照顧假」的政策內容

「防疫照顧假」為衛生主管機關中央疫情指揮中心所下達的處分命令，是依傳染病防治法賦予指揮官的權限，視疫情需要所下達的緊急命令，因此具有法律效力，若是勞工有請假需求，雇主必須配合給假。「防疫照顧假」是為因應疫情而制定的特別規定，是在工作者原本享有的假期，如特休、事假等額外的特別休假，兩邊不相互影響。

因此，如果工作者因為防疫需求，需要請假在家防疫的家屬，可向雇主申請防疫照顧假，雇主應給予准假，且不得視為曠工、不得強制照顧人申請事假或特休，也不得因此影響照顧人之全勤獎金、退休金等原本權益。不過，因防疫照顧假為疫情間的特別假，亦不屬於公假，且疫情無法歸責於雇主，因此並未強制規定雇主給付薪資。

◆ 「防疫照顧假」的實際效益之評估

1. 依據性別工作平等法，受僱者於其家庭成員預防接種、發生嚴重之疾病或其他重大事故須親自照顧時，得請家庭照顧假；其請假日數併入事假計算，全年以七日為限；家庭照顧假薪資之計算，依各該事假規定辦理。家庭照顧假係因應家庭社會結構改變，家戶內人口數少，家庭支持力不若傳統農業家庭，因此，家庭照顧假在現代化社會，對協助家庭照顧家庭成員有其必要性，且具有實質效益。

2. 而在新冠肺炎（COVID-19）疫情爆發後，因應家庭中成員可能多方面受到疫情的影響，主管機關宣布的各項防疫措施，均可能影響到家庭成員的日常作息，例如：國中小宣布停課、幼兒園暫停收托、日照中心暫停提供服務，主要係避免群聚造成感染，致疫情擴大而影響家庭成員的健康，因此，衛生主管機關中央疫情指揮中心為防疫之必要，下達「防疫照顧假」的處分命令，以控制疫情之傳播。對於家庭而言，「防疫照顧假」係在家庭照顧假外之防疫特別假，有助於彌補照顧家庭防疫成員之給假，具有提供家庭照顧支持之政策目標，並可避免工作者擔心雇主不予准假之情形，具有實質效益。惟「防疫照顧假」美中不足的是，係為不支薪的假，對於工作者而言，如家庭中成員需要防疫照顧之日數較多，又面臨不支薪的情況，將會使得家庭照顧者面臨請假的兩難，致使政策的美意打折，而「防疫照顧假」由雇主支薪，勢必會引起企業界的反彈，致使「防疫照顧假」的政策落實推動受到阻礙。因此，主管機關應評估以其他的財源，例如：嚴重特殊傳染性肺炎防治及紓困振興特別算、就業安定基金等，以提供「防疫照顧假」期間之薪資補償，並可評估以薪資部分比率或部分日數的方式建立補助機制標準，以適

家庭及婦女與人口福利之政策與立法　Chapter 12

度維護請「防疫照顧假」期間的家庭經濟安全，將使得請「防疫照顧假」之政策實益更加落實。

申論題　Essay Question

三、許多國家紛紛採取各種措施對抗少子女化的人口變化，請說明依據2008年行政院「我國少子女化對策計畫」，衛生福利部及教育部採取那些育兒政策來對抗臺灣的少子女化趨勢？

（111年地方四等）

考點分析

本題考的是「我國少子女化對策計畫」部分部會的計畫綜整，整體上，考題難度不高，考生如具有綜整能力即可順利應答。

【解析】

在「我國少子女化對策計畫」中，有關衛生福利部及教育部相關的育兒政策來對抗臺灣的少子女化趨勢，因衛生福利部及教育部所提出之對策彼此間密切相關，茲綜整說明如下：

◆ 一 托育公共化與津貼發放

1. 擴大公共化教保服務量：積極布建公共托育家園，另鼓勵地方政府推動0至2歲公設民營托嬰中心；持續擴大2至5歲公共化教保服務量，增加就學名額。
2. 建置準公共化機制：與居家式托育（保母）、私立托嬰中心及私立幼兒園合作，由政府與家長共同分攤費用，加速提升平價教保服務機會。
3. 擴大發放0至4歲育兒津貼：照顧對象由0至2歲延伸為0至4歲，對於

未接受公共或準公共化教保服務者,提供育兒津貼為減輕家長育兒負擔之支持措施。透過擴大托育公共化、增加社區公共托育家園、非營利幼兒園,及建置準公共化機制,與私立托育服務提供者簽約成為合作對象,協力提供平價托育服務,讓家長支付托育費用不超過其家庭可支配所得的10%至15%,以減輕家長育兒費用負擔;同時,擴大發放育兒津貼,讓在家照顧嬰幼兒的家庭,也可減輕家庭育兒的經濟負擔。

二、提升嬰幼兒照顧品質

為免托育之照顧疏失或不周之情事發生,影響兒童健康與安全及家長送托意願,以致影響生育意願。在提升嬰幼兒照顧品質上,落實實托嬰中心管理機制,及完善居家托育照顧服務體系,深化居家托育服務中心輔導功能;另改善托育、教保人員薪資,保障勞動條件,以增加人員留任意願,穩定人力,維持專業服務品質。

三、友善生養的健康措施

包括孕期、產後之母嬰健康照護及不孕家庭之支持措施,及兒童健康照護之提升等。

申論題 Essay Question

四、請說明政府目前正在實施「準公共化」托育及幼兒園政策的內容,並說明這對臺灣偏低的生育率有何幫助。

(111年第一次專技社工師)

考點分析

「我國少子女對策計畫」的相關內容包含許多面向,政策目標包括提升生育率、實現性別平等、減輕家庭育兒負擔、提升嬰幼兒照顧品質等。本考題僅為諸政策目標中的一部分,且應聚焦於「準公共化」托育及幼兒園政策,其餘與「準公共化」無關者,不在論述範圍之內。

【解析】

一、政府目前正在實施「準公共化」托育及幼兒園政策的內容

1 「準公共化」托育政策之實施內容

(1) 規劃原則：地方政府依家庭之經濟能力、不同照顧方式因地制宜，訂定托育費用價格上限，與居家托育人員及托嬰中心合作並進行價格管理，將每名兒童托育費用控制在家庭可支配所得10%至15%以內（約8,000元至1萬2,000元），由政府依家庭經濟條件協助支付每月不同額度托育費用，實質減輕育兒家庭負擔。

(2) 相關配套：衛生福利部與地方政府共同研定辦理0至未滿2歲兒童托育準公共化服務與費用申報及支付作業相關規範，以辦理托育準公共化之申請、審核、退場、價格管理、費用申報及支付等相關作業。

2 「準公共化」幼兒園政策之實施內容

(1) 推動進程：採幼兒園全園參與方式辦理，評估政府財政、政策目標，並參考私立幼兒園收費現況及非營利幼兒園營運實況等，與一定收費以下幼兒園合作。

(2) 收費標準：準公共化幼兒園向幼兒父母或監護人收取費用，規定如下：

A. 一般家庭幼兒每人每月繳交不超過4,500元，第3名以上子女每人每月不超過3,500元，低收入戶及中低收入戶家庭之子女免繳費用。

B. 幼兒園之幼兒每人每月收費扣除前開家長自行繳交之費用外，所餘費用由政府補助支付。

C. 5歲幼兒免學費之補助與準公共化家長繳交之費用，採最優方式計算選擇之。

三、實施「準公共化」托育及幼兒園政策對臺灣偏低的生育率有何幫助之說明

1. 為回應家長對「托育公共化」的殷切期待，協助家庭共同分擔兒童委外照顧責任。然而，設置公設民營托嬰中心受限於場地、設備經費，不易大量複製。因此，藉由政府挹注資源介入托育服務「供給端」，提供大多數民眾可負擔且品質穩定的服務以支持家庭育兒，故採用托育準公共化機制，充分運用既有優質托育服務量能，有助於婦女找到適當的準公共化托育服務，提升近便性，且透過托育費用之補助，降低家庭負擔，提升家庭可支用所得比率，將有助於生育意願的提升。

2. 考量學齡前子女所需教養費用較高，係為少子女化關鍵因素之一，家長亟需價格合理且具一定品質、可以兼顧職場與教養子女之教保服務。因此，政府雖已加速辦理教保公共化政策，但在供應量與時程上，尚無法快速滿足家長期待，故採用「建置準公共化機制」，透過與合乎一定資格要件之私立幼兒園合作，對於加速提高平價教保服務供應量有加乘效果，可擴展家長就近選擇平價幼兒園之機會，有助於婦女返回職場賺取所得，穩定家庭經濟，且有助於生育率之提升。

申論題 Essay Question

五、依據我國家庭暴力防治法，所謂的家庭成員包含那些？針對目睹家庭暴力之兒童及少年有那些保護與服務措施？

（112年第一次專技社工師）

考點分析

本題主要是考法規，第一個提問是相當基礎的命題方式，第二個提問則是考驗考生對法規的綜整能力。

【解析】

一 我國家庭暴力防治法所包括之家庭成員

我國家庭暴力防治法所定家庭成員，包括下列各員及其未成年子女：

(1) 配偶或前配偶。

(2) 現有或曾有同居關係、家長家屬或家屬間關係者。

(3) 現為或曾為直系血親或直系姻親。

(4) 現為或曾為四親等以內之旁系血親或旁系姻親。

二 我國家庭暴力防治法針對目睹家庭暴力之兒童及少年之保護與服務措施

1 家庭暴力防治中心

提供或轉介經評估有需要之目睹家庭暴力兒童及少年身心治療、諮商、社會與心理評估及處置。

2 主管機關

(1) 醫事人員、社會工作人員、教育人員、保育人員、警察人員、移民業務人員及其他執行家庭暴力防治人員，在執行職務時知有疑似家庭暴力，應立即通報當地主管機關，至遲不得逾二十四小時。主管機關接獲通報後，應即行處理，並評估有無兒童及少年目睹家庭暴力之情事；必要時得自行或委請其他機關（構）、團體進行訪視、調查。

(2) 直轄市、縣（市）主管機關得核發家庭暴力被害人之緊急生活扶助費用、非屬全民健康保險給付範圍之醫療費用及身心治療、諮商與輔導費用等之補助，於目睹家庭暴力兒童及少年，準用之。

3 司法體系

(1) 於審理終結後，認有家庭暴力之事實且有必要者，應依聲請或依職權核發目睹家庭暴力兒童及少年通常保護令，相關保護措施包括：

A. 禁止相對人對於目睹家庭暴力兒童及少年實施家庭暴力。

B. 禁止相對人對於目睹家庭暴力兒童及少年為騷擾、接觸、跟蹤、通話、通信或其他非必要之聯絡行為。

C. 命相對人遷出目睹家庭暴力兒童之住居所；必要時，並得禁止相對人就該不動產為使用、收益或處分行為。

D. 命相對人遠離目睹家庭暴力兒童及少年或其特定家庭成員之住居所、學校、工作場所或其他經常出入之特定場所。

E. 命其他保護目睹家庭暴力兒童及少年之必要命令。

(2) 家庭暴力罪或違反保護令罪之被告經檢察官或法院訊問後，認無羈押之必要，或緩刑宣告時，命被告遵守：

A. 禁止實施家庭暴力。

B. 禁止為騷擾、接觸、跟蹤、通話、通信或其他非必要之聯絡行為。

C. 遷出住居所。

D. 命相對人遠離其住居所、學校、工作場所或其他經常出入之特定場所特定距離。

E. 其他保護安全之事項。

申論題 Essay Question

六、性侵害犯罪防治法之立法目的，旨在防治性侵害犯罪並保護被害人權益，請問該法對被害人有那些重要保護措施？ （112年高考）

考點分析

本題主要是考性侵害犯罪防治法第三章被害人保護之相關法規的綜整。

【解析】

茲將性侵害犯罪防治法對被害人的相關重要保護措施，說明如下：

一 不得拒絕診療和開立證明

醫院、診所對於被害人，不得無故拒絕診療及開立驗傷診斷書；醫院、診所對被害人診療時，應有護理人員陪同，並應保護被害人之隱私，提供安全及合適之就醫環境。

二 被害人之驗傷與取證

對於被害人之驗傷及取證，除依刑事訴訟法之規定或被害人無意識或無法表意者外，應經被害人之同意；被害人為受監護宣告或未滿12歲之人時，應經其監護人或法定代理人之同意。

三 保密及禁止揭露被害人資料

因職務或業務知悉或持有性侵害被害人姓名、出生年月日、住居所及其他足資識別其身分之資料者，除法律另有規定外，應予保密。

四 不得報導或記載被害人相關資訊

宣傳品、出版品、廣播、電視、網際網路或其他媒體不得報導或記載有被害人之姓名或其他足資辨別身分之資訊。

五 由專業訓練之專人處理

法院、檢察署、軍事法院；軍事法院檢察署、司法、軍法警察機關及醫療機構，應由經專業訓練之專人處理性侵害事件。前項專責人員，每年應至少接受性侵害防治專業訓練課程6小時以上。

六 偵察或審判之陪同者

被害人為兒童或少年時，除顯無必要者外，直轄市、縣（市）主管機關應指派社工人員於偵查或審判中陪同在場，並得陳述意見。

七 心智障礙或身心創傷被害人審判保護措施

被害人經傳喚到庭作證時,如因心智障礙或身心創傷,認當庭詰問有致其不能自由陳述或完全陳述之虞者,法官、軍事審判官應採取前項隔離詰問之措施。

八 審判不公開

性侵害犯罪之案件,審判不得公開。

九 被害人補償原則

直轄市、縣(市)主管機關得依被害人之申請,核發下列補助:1.非屬全民健康保險給付範圍之醫療費用及心理復健費用;2.訴訟費用及律師對用;3.其他費用。

Chapter 12 家庭及婦女與人口福利之政策與立法

Multiple Choice Question 選擇題

1 依據家庭暴力防治法規定，關於通常保護令之效期，下列敘述何者正確？
(A)有效期間為二年以下
(B)自核發送達隔日起生效
(C)檢察官、警察機關得聲請撤銷、變更或延長
(D)延長保護令之聲請，以延長一年以下為限　　（110年第一次專技社工師）

答案：**A**

【解析】選項選項(B)、(C)、(D)有誤。家庭暴力防治法第15條規定，通常保護令之有效期間為二年以下，自核發時起生效。通常保護令失效前，法院得依當事人或被害人之聲請撤銷、變更或延長之。延長保護令之聲請，每次延長期間為二年以下。檢察官、警察機關或直轄市、縣（市）主管機關得為前項延長保護令之聲請。

2 下列何者並非特殊境遇家庭扶助條例所定之扶助項目？
　　（110年第一次專技社工師）
(A)子女教育補助　　(B)法律訴訟補助
(C)緊急生活扶助　　(D)災害救助

答案：**D**

【解析】特殊境遇家庭扶助條例第2條規定，本條例所定特殊境遇家庭扶助，包括緊急生活扶助、子女生活津貼、子女教育補助、傷病醫療補助、兒童托育津貼、法律訴訟補助及創業貸款補助。選項(D)有誤。

3 依據家庭暴力防治法對保護令時效的說明，下列何者正確？　（110年普考）
(A)保護令除緊急保護令外，應於核發後3日內發送當事人、被害人、警察機關及直轄市、縣（市）主管機關
(B)通常保護令之有效期間為2年以下，自核發時起生效
(C)通常保護令之有效期間為3年以下，自核發時起生效
(D)保護令除緊急保護令外，應於核發後2日內發送當事人、被害人、警察機關及直轄市、縣（市）主管機關

375

Question Box 社會政策與社會立法（含概要） 搶分題庫

選擇題 Multiple Choice Question

答案：B

【解析】(1) 選項(A)、(D)有誤。家庭暴力防治法第18條規定，保護令除緊急保護令外，應於核發後二十四小時內發送當事人、被害人、警察機關及直轄市、縣（市）主管機關。

(2) 選項(C)有誤。家庭暴力防治法第15條規定，通常保護令之有效期間為二年以下，自核發時起生效。通常保護令失效前，法院得依當事人或被害人之聲請撤銷、變更或延長之。延長保護令之聲請，每次延長期間為二年以下。

4. 家庭暴力防治法乃針對家庭成員的不法侵害行為的防止，此法所謂的家庭成員，下列敘述何者錯誤？（110年普考）
(A)包含前配偶
(B)包含曾有同居關係者
(C)包含直系姻親
(D)包含六親等以內的旁系血親

答案：D

【解析】家庭暴力防治法第3條規定，本法所定家庭成員，包括下列各員及其未成年子女：
(1) 配偶或前配偶。選項(A)屬之。
(2) 現有或曾有同居關係、家長家屬或家屬間關係者。選項(B)屬之。
(3) 現為或曾為直系血親或直系姻親。選項(C)屬之。
(4) 現為或曾為四親等以內之旁系血親或旁系姻親。選項(D)有誤。

5. 根據特殊境遇家庭扶助條例，所包含的特殊境遇的家庭類型，不包括下列那一類家庭？（110年普考）
(A)家庭暴力受害家庭
(B)單親家庭
(C)祖孫家庭
(D)因債務致生活困難的家庭

答案：D

【解析】特殊境遇家庭扶助條例第4條規定，本條例所稱特殊境遇家庭，指申請人其家庭總收入按全家人口平均分配，每人每月未超過政府當年公布最低生活費二點五倍及臺灣地區平均每

Chapter 12 家庭及婦女與人口福利之政策與立法

Multiple Choice Question 選擇題

人每月消費支出一點五倍,且家庭財產未超過中央主管機關公告之一定金額,並具有下列情形之一者:

(1) 六十五歲以下,其配偶死亡,或失蹤經向警察機關報案協尋未獲達六個月以上。配偶死亡,屬於單親家庭,選項(B)屬之。

(2) 因配偶惡意遺棄或受配偶不堪同居之虐待,經判決離婚確定或已完成協議離婚登記。離婚確定或已完成協議離婚登記,屬單親家庭,選項(B)屬之。

(3) 家庭暴力受害。選項(A)屬之。

(4) 未婚懷孕婦女,懷胎三個月以上至分娩二個月內。

(5) 因離婚、喪偶、未婚生子獨自扶養十八歲以下子女或祖父母扶養十八歲以下父母無力扶養之孫子女,其無工作能力,或雖有工作能力,因遭遇重大傷病或照顧六歲以下子女或孫子女致不能工作。選項(C)屬之。

(6) 配偶處一年以上之徒刑或受拘束人身自由之保安處分一年以上,且在執行中。

(7) 其他經直轄市、縣市政府評估因三個月內生活發生重大變故導致生活、經濟困難者,且其重大變故非因個人責任、債務、自願性失業等事由。

6. 依據家庭暴力防治法第63條之1規定,被害人年滿幾歲,遭受現有或曾有親密關係之未同居伴侶施以身體或精神上不法侵害之情事者,可準用相關規定申請保護令? (110年第二次專技社工師)
(A) 15　　(B) 16　　(C) 17　　(D) 18

答案:**B**

【解析】家庭暴力防治法第63-1條規定:

(1) 被害人年滿十六歲,遭受現有或曾有親密關係之未同居伴侶施以身體或精神上不法侵害之情事者,準用第九條至第十三條、第十四條第一項第一款、第二款、第四款、第九款至第十三款、第三項、第四項、第十五條至第二十條、第二十一條第一項第一款、第三款至第五款、第二項、第

選擇題　Multiple Choice Question

二十七條、第二十八條、第四十八條、第五十條之一、第五十二條、第五十四條、第五十五條及第六十一條之規定。

(2) 前項所稱親密關係伴侶，指雙方以情感或性行為為基礎，發展親密之社會互動關係。

7 依據特殊境遇家庭扶助條例，有關特殊境遇家庭收入標準的規定，下列敘述何者正確？　　　　　　　　　　　　　（110年第二次專技社工師）

(A) 每人每月未超過政府當年公布最低生活費2.5倍及臺灣地區平均每人每月消費支出1.5倍

(B) 每人每月未超過政府當年公布最低生活費1.5倍及臺灣地區平均每人每月消費支出1.5倍

(C) 每人每月未超過政府當年公布最低生活費1.5倍及臺灣地區平均每人每月消費支出1倍

(D) 每人每月未超過政府當年公布最低生活費2.5倍及臺灣地區平均每人每月消費支出2倍

答案：**A**

【解析】特殊境遇家庭扶助條例第4條規定，本條例所稱特殊境遇家庭，指申請人其家庭總收入按全家人口平均分配，每人每月未超過政府當年公布最低生活費二點五倍及臺灣地區平均每人每月消費支出一點五倍（選項(A)正確），且家庭財產未超過中央主管機關公告之一定金額，並具有下列情形之一者：

(1) 六十五歲以下，其配偶死亡，或失蹤經向警察機關報案協尋未獲達六個月以上。

(2) 因配偶惡意遺棄或受配偶不堪同居之虐待，經判決離婚確定或已完成協議離婚登記。

(3) 家庭暴力受害。

(4) 未婚懷孕婦女，懷胎三個月以上至分娩二個月內。

(5) 因離婚、喪偶、未婚生子獨自扶養十八歲以下子女或祖父母扶養十八歲以下父母無力扶養之孫子女，其無工作能力，或雖有工作能力，因遭遇重大傷病或照顧六歲以下子

家庭及婦女與人口福利之政策與立法　Chapter 12

Multiple Choice Question　選擇題

女或孫子女致不能工作。

(6) 配偶處一年以上之徒刑或受拘束人身自由之保安處分一年以上，且在執行中。

(7) 其他經直轄市、縣市政府評估因三個月內生活發生重大變故導致生活、經濟困難者，且其重大變故非因個人責任、債務、非因自願性失業等事由。

8 依據家庭暴力防治法，關於家庭暴力案件之預防及處遇的敘述，下列何者錯誤？　　　　　　　　　　　　　　　　　　　　（110年地方四等）

(A) 警察人員處理家庭暴力案件，必要時應訪查被害人及其家庭成員，並提供必要之安全措施

(B) 醫事人員、社會工作人員、教育人員及保育人員為防治家庭暴力行為或保護家庭暴力被害人之權益，有受到身體或精神上不法侵害之虞者，得請求警察機關提供必要之協助

(C) 醫事人員、社會工作人員、教育人員、保育人員、警察人員、移民業務人員及其他執行家庭暴力防治人員，在執行職務時知有疑似家庭暴力，應立即通報當地主管機關，至遲不得逾24小時

(D) 加害人處遇計畫之執行機構不得將加害人接受處遇情事告知司法機關、被害人及其辯護人

答案：**D**

【解析】家庭暴力防治法第55條規定，加害人處遇計畫之執行機關（構）得為下列事項：

(1) 將加害人接受處遇情事告知司法機關、被害人及其辯護人。選項(D)有誤。

(2) 調閱加害人在其他機構之處遇資料。

(3) 將加害人之資料告知司法機關、監獄監務委員會、家庭暴力防治中心及其他有關機構。選項(D)有誤。

9 特殊境遇家庭扶助條例的精神是給予緊急照顧，協助其自立自強及改善生活環境。關於特殊境遇家庭扶助項目的敘述，下列何者錯誤？

　　　　　　　　　　　　　　　　　　　　（110年地方四等）

(A) 緊急生活扶助：按當年度低收入戶每人每月最低生活費用標準一倍核發，

選擇題 Multiple Choice Question

每人每次以補助3個月為原則,同一個案同一事由以補助一次為限
(B) 子女生活津貼:核發標準為每一名子女或孫子女每月補助當年度最低工資之十分之一,每年申請一次
(C) 法律訴訟補助:每一家庭同一事由以補助新臺幣5萬元為限
(D) 不以申請單一項目為限

答案:**C**

【解析】特殊境遇家庭扶助條例第11條規定,符合而無力負擔訴訟費用者,得申請法律訴訟補助。其標準最高金額以新臺幣五萬元為限。選項(C)有誤,無就每一家庭同一事由之補助金額有明文規定。

10 依據家庭暴力防治法所核發的民事保護令,不包括下列何者?
（111年第一次專技社工師）
(A) 通常保護令　　(B) 長期保護令　　(C) 緊急保護令　　(D) 暫時保護令

答案:**B**

【解析】家庭暴力防治法第9條規定,民事保護令分為通常保護令、暫時保護令及緊急保護令。選項(B)不屬之。

11 「家庭暴力防治法」中規定,法院依法准許家庭暴力加害人會面交往其未成年子女時,應審酌子女及被害人之安全,並得為一款或數款命令。下列何者錯誤?
（111年第一次專技社工師）
(A) 於特定安全場所交付子女
(B) 要求加害人準時、安全交還子女,並繳納保證金
(C) 禁止就醫就學
(D) 負擔監督會面交往費用

答案:**C**

【解析】家庭暴力防治法第45條規定,法院依法准許家庭暴力加害人會面交往其未成年子女時,應審酌子女及被害人之安全,並得為下列一款或數款命令:
(1) 於特定安全場所交付子女。選項(A)屬之。

Chapter 12 家庭及婦女與人口福利之政策與立法

Multiple Choice Question 選擇題

(2) 由第三人或機關、團體監督會面交往，並得定會面交往時應遵守之事項。

(3) 完成加害人處遇計畫或其他特定輔導為會面交往條件。

(4) 負擔監督會面交往費用。選項(D)屬之。

(5) 禁止過夜會面交往。

(6) 準時、安全交還子女，並繳納保證金。選項(B)屬之。

(7) 其他保護子女、被害人或其他家庭成員安全之條件。

12 依據家庭暴力防治法，直轄市、縣（市）主管機關得核發家庭暴力被害人之補助，包括下列何者？①緊急生活扶助費用　②訴訟及律師費用　③復健交通補助　④房屋租金費用　⑤子女教育及生活費用

（111年第一次專技社工師）

(A)①②③④　　　(B)①②③　　　(C)①②④　　　(D)①③④

答案：**C**

【解析】家庭暴力防治法第58條規定，直轄市、縣（市）主管機關得核發家庭暴力被害人下列補助：

(1) 緊急生活扶助費用。題意①屬之。

(2) 非屬全民健康保險給付範圍之醫療費用及身心治療、諮商與輔導費用。

(3) 訴訟費用及律師費用。題意②屬之。

(4) 安置費用、房屋租金費用。題意④屬之。

(5) 子女教育、生活費用及兒童托育費用。題意⑤屬之。

(6) 其他必要費用。

13 依據家庭暴力防治法第60條，高級中等以下學校每學年應實施家庭暴力防治課程，總時數最低應達幾小時？（111年第一次專技社工師）

(A)4小時　　　(B)8小時　　　(C)10小時　　　(D)12小時

答案：**A**

【解析】家庭暴力防治法第60條規定，高級中等以下學校每學年應有四小時以上之家庭暴力防治課程。但得於總時數不變下，彈性安排於各學年實施。

381

選擇題 Multiple Choice Question

14 下列何者屬於跟蹤騷擾防制法所規範的跟蹤騷擾行為？ （111年普考）
  (A)以盯梢、守候、尾隨接近特定人之住所、居所、學校、工作場所、經常出入或活動之場所
  (B)透過網路訂購貨品或服務
  (C)向親友詢問網路通訊資料
  (D)留下自己的聯絡方式給剛認識的人

答案：**A**

【解析】跟蹤騷擾防制法第3條規定，本法所稱跟蹤騷擾行為，指以人員、車輛、工具、設備、電子通訊、網際網路或其他方法，對特定人反覆或持續為違反其意願且與性或性別有關之下列行為之一，使之心生畏怖，足以影響其日常生活或社會活動：
  (1) 監視、觀察、跟蹤或知悉特定人行蹤。
  (2) 以盯梢、守候、尾隨或其他類似方式接近特定人之住所、居所、學校、工作場所、經常出入或活動之場所。選項(A)屬之。
  (3) 對特定人為警告、威脅、嘲弄、辱罵、歧視、仇恨、貶抑或其他相類之言語或動作。
  (4) 以電話、傳真、電子通訊、網際網路或其他設備，對特定人進行干擾。
  (5) 對特定人要求約會、聯絡或為其他追求行為。
  (6) 對特定人寄送、留置、展示或播送文字、圖畫、聲音、影像或其他物品。
  (7) 向特定人告知或出示有害其名譽之訊息或物品。
  (8) 濫用特定人資料或未經其同意，訂購貨品或服務。

15 家庭暴力防治法第45條規定，法院依法准許家庭暴力加害人會面交往其未成年子女時，應審酌子女及被害人之安全。有關會面的規範，下列敘述何者錯誤？ （111年普考）
  (A)於特定安全場所交付子女
  (B)可酌情過夜會面交往

家庭及婦女與人口福利之政策與立法

Multiple Choice Question　選擇題

(C) 準時、安全交還子女，並繳納保證金
(D) 完成加害人處遇計畫或其他特定輔導為會面交往條件

答案：**B**

【解析】家庭暴力防治法第45條規定，法院依法准許家庭暴力加害人會面交往其未成年子女時，應審酌子女及被害人之安全，並得為下列一款或數款命令：
(1) 於特定安全場所交付子女。選項(A)屬之。
(2) 由第三人或機關、團體監督會面交往，並得定會面交往時應遵守之事項。
(3) 完成加害人處遇計畫或其他特定輔導為會面交往條件。選項(D)屬之。
(4) 負擔監督會面交往費用。
(5) 禁止過夜會面交往。選項(B)有誤。
(6) 準時、安全交還子女，並繳納保證金。選項(C)屬之。
(7) 其他保護子女、被害人或其他家庭成員安全之條件。

16 下列對性騷擾之防治與責任的敘述，何者正確？　（111年普考）
(A) 僱用人在偵查或審理性騷擾程序中，對申訴者不得為不當之差別待遇
(B) 僱用人若知悉有性騷擾之情形時，應立刻報警才算是採取立即有效措施
(C) 組織成員人數達10人以上者，應訂定性騷擾防治措施並公開揭示之
(D) 僱用人應不定期舉辦或鼓勵所屬人員參與防治性騷擾之相關教育訓練

答案：**A**

【解析】(1) 選項(B)、(C)有誤。性騷擾防治法第7條規定，機關、部隊、學校、機構或僱用人，應防治性騷擾行為之發生。於知悉有性騷擾之情形時，應採取立即有效之糾正及補救措施。前項組織成員、受僱人或受服務人員人數達十人以上者，應設立申訴管道協調處理；其人數達三十人以上者，應訂定性騷擾防治措施，並公開揭示之。
(2) 選項(D)有誤。性騷擾防治法第8條規定，機關、部隊、學校、機構或僱用人應定期舉辦或鼓勵所屬人員參與防治性騷擾之相關教育訓練。

選擇題　Multiple Choice Question

17 依據家庭暴力防治法規定，下列那一項保護令命令內容，其執行機關並非警察機關？　　　　　　　　　　　　　　　　　　（111年第二次專技社工師）
(A) 禁止相對人對於被害人、目睹家庭暴力兒童及少年或其特定家庭成員實施家庭暴力
(B) 禁止相對人對於被害人、目睹家庭暴力兒童及少年或其特定家庭成員為騷擾、接觸、跟蹤、通話、通信或其他非必要之聯絡行為
(C) 命相對人遠離下列場所特定距離：被害人、目睹家庭暴力兒童及少年或其特定家庭成員之住居所、學校、工作場所或其他經常出入之特定場所
(D) 禁止相對人查閱被害人及受其暫時監護之未成年子女戶籍、學籍、所得來源相關資訊

答案：**D**

【解析】(1) 家庭暴力防治法第4條規定，本法所定事項，主管機關及目的事業主管機關應就其權責範圍，針對家庭暴力防治之需要，尊重多元文化差異，主動規劃所需保護、預防及宣導措施，對涉及相關機關之防治業務，並應全力配合之，其權責事項如下：
　A. 主管機關：家庭暴力防治政策之規劃、推動、監督、訂定跨機關（構）合作規範及定期公布家庭暴力相關統計等事宜。
　B. 衛生主管機關：家庭暴力被害人驗傷、採證、身心治療、諮商及加害人處遇等相關事宜。
　C. 教育主管機關：各級學校家庭暴力防治教育、目睹家庭暴力兒童及少年之輔導措施、家庭暴力被害人及其子女就學權益之維護等相關事宜。
　D. 勞工主管機關：家庭暴力被害人職業訓練及就業服務等相關事宜。
　E. 警政主管機關：家庭暴力被害人及其未成年子女人身安全之維護及緊急處理、家庭暴力犯罪偵查與刑事案件資料統計等相關事宜。
　F. 法務主管機關：家庭暴力犯罪之偵查、矯正及再犯預防等刑事司法相關事宜。

Chapter 12 家庭及婦女與人口福利之政策與立法

Multiple Choice Question 選擇題

G. 移民主管機關：設籍前之外籍、大陸或港澳配偶因家庭暴力造成逾期停留、居留及協助其在臺居留或定居權益維護等相關事宜。

H. 文化主管機關：出版品違反本法規定之處理等相關事宜。

I. 通訊傳播主管機關：廣播、電視及其他通訊傳播媒體違反本法規定之處理等相關事宜。

J. 戶政主管機關：家庭暴力被害人與其未成年子女身分資料及戶籍等相關事宜。

K. 其他家庭暴力防治措施，由相關目的事業主管機關依職權辦理。

(2) 家庭暴力防治法第14條規定，法院於審理終結後，認有家庭暴力之事實且有必要者，應依聲請或依職權核發包括下列一款或數款之通常保護令：

A. 禁止相對人對於被害人、目睹家庭暴力兒童及少年或其特定家庭成員實施家庭暴力。選項(A)，警察機關權責。

B. 禁止相對人對於被害人、目睹家庭暴力兒童及少年或其特定家庭成員為騷擾、接觸、跟蹤、通話、通信或其他非必要之聯絡行為。選項(B)，警察機關權責。

C. 命相對人遷出被害人、目睹家庭暴力兒童及少年或其特定家庭成員之住居所；必要時，並得禁止相對人就該不動產為使用、收益或處分行為。

D. 命相對人遠離下列場所特定距離：被害人、目睹家庭暴力兒童及少年或其特定家庭成員之住居所、學校、工作場所或其他經常出入之特定場所。選項(C)，警察機關權責。

E. 定汽車、機車及其他個人生活上、職業上或教育上必需品之使用權；必要時，並得命交付之。

F. 定暫時對未成年子女權利義務之行使或負擔，由當事人之一方或雙方共同任之、行使或負擔之內容及方法；必要時，並得命交付子女。

選擇題 Multiple Choice Question

G. 定相對人對未成年子女會面交往之時間、地點及方式；必要時，並得禁止會面交往。

H. 命相對人給付被害人住居所之租金或被害人及其未成年子女之扶養費。

I. 命相對人交付被害人或特定家庭成員之醫療、輔導、庇護所或財物損害等費用。

J. 命相對人完成加害人處遇計畫。

K. 命相對人負擔相當之律師費用。

L. 禁止相對人查閱被害人及受其暫時監護之未成年子女戶籍、學籍、所得來源相關資訊。選項(D)，戶政機關權責。

M. 命其他保護被害人、目睹家庭暴力兒童及少年或其特定家庭成員之必要命令。

18 下列何者不是家庭暴力防治法中規定縣市主管機關可核發給家暴被害人的補助？　　　　　　　　　　　　　　　　　　（111年第二次專技社工師）
(A)房屋租金費用　(B)求職交通費用　(C)兒童托育費用　(D)訴訟費用

答案：**B**

【解析】家庭暴力防治法第58條規定，直轄市、縣（市）主管機關得核發家庭暴力被害人下列補助：
(1) 緊急生活扶助費用。
(2) 非屬全民健康保險給付範圍之醫療費用及身心治療、諮商與輔導費用。
(3) 訴訟費用及律師費用。選項(D)屬之。
(4) 安置費用、房屋租金費用。選項(A)屬之。
(5) 子女教育、生活費用及兒童托育費用。選項(C)屬之。
(6) 其他必要費用。

19 依照特殊境遇家庭扶助條例所請領之各項津貼或補助的權利，下列敘述何者正確？　　　　　　　　　　　　　　　　　　（111年第二次專技社工師）
(A)不得作為扣押、讓與或供擔保
(B)得為扣押、讓與或供擔保

Chapter 12 家庭及婦女與人口福利之政策與立法

選擇題 Multiple Choice Question

(C) 視情況而定，決定是否扣押、讓與或供擔保
(D) 可以依法律強制執行扣押、讓與或供擔保

答案：**A**

【解析】 特殊境遇家庭扶助條例第13-1條規定，依本條例請領各項津貼或補助之權利，不得扣押、讓與或供擔保。

20 依據性侵害犯罪防治法第17條，關於司法詢問員協助詢問筆錄證據力之規定，下列敘述何者錯誤？　　　　　　　　　　　　　（111年第二次專技社工師）
(A) 保障被害人於審判中得任意依主觀意願拒絕陳述
(B) 此規定旨在兼顧性侵害案件發現真實與有效保護性侵害犯罪被害人之正當目的
(C) 被害人於審判中，若因性侵害致身心創傷無法陳述，其於檢察事務官、司法警察官或司法警察調查中所為之陳述，經證明具有可信之特別情況，且為證明犯罪事實之存否所必要者，得為證據
(D) 被害人到庭後因身心壓力於訊問或詰問時無法為完全之陳述或拒絕陳述，其於檢察事務官、司法警察官或司法警察調查中所為之陳述，經證明具有可信之特別情況，且為證明犯罪事實之存否所必要者，得為證據

答案：**A**

【解析】 (1) 性侵害犯罪防治法第15-1條規定
A. 兒童或心智障礙之性侵害被害人於偵查或審判階段，經司法警察、司法警察官、檢察事務官、檢察官或法官認有必要時，應由具相關專業人士在場協助詢（訊）問。但司法警察、司法警察官、檢察事務官、檢察官或法官受有相關訓練者，不在此限。
B. 前項專業人士於協助詢（訊）問時，司法警察、司法警察官、檢察事務官、檢察官或法官，得透過單面鏡、聲音影像相互傳送之科技設備，或適當隔離措施為之。
C. 當事人、代理人或辯護人詰問兒童或心智障礙之性侵害被害人時，準用前二項之規定。
(2) 性侵害犯罪防治法第17條，被害人於審判中有下列情形之

選擇題 Multiple Choice Question

一，其於檢察事務官、司法警察官或司法警察調查中所為之陳述，經證明具有可信之特別情況，且為證明犯罪事實之存否所必要者，得為證據：
A.因性侵害致身心創傷無法陳述。
B.到庭後因身心壓力於訊問或詰問時無法為完全之陳述或拒絕陳述。選項(A)有誤，限前述前況得拒絕陳述，而非被害人得於審判中任意依主觀意願拒絕陳述。
C.依第十五條之一之受詢問者。

21 臺灣解嚴後，於1990年代進入社會立法高度發展的時期。請問下列何者不是1990年代立法之法規？　　　　　　　　　　　　　　（111年地方四等）
(A)家庭暴力防治法
(B)性騷擾防治法
(C)全民健康保險法
(D)兒童及少年性交易防制條例

答案：**B**

【解析】1994年制定全民健康保險法；1995年制定兒童及少年性交易防制條例（2015年更名為兒童及少年性剝削防制條例）；1998年制定家庭暴力防治法；2005年制定性騷擾防治法。

22 關於性騷擾防治法中所訂定之調解程序，下列敘述何者正確？
　　　　　　　　　　　　　　　　　　　　　　　　（111年地方四等）
(A)性騷擾事件僅被害人得以書面或言詞向直轄市、縣（市）主管機關申請調解
(B)為保護性騷擾事件當事人之隱私，以言詞申請調解者，不應製作筆錄
(C)性騷擾事件之勘驗費用，由主管機關核實支付
(D)性騷擾事件調解成立者，應作成調解書

答案：**D**

【解析】(1) 選項(A)、(B)有誤。性騷擾防治法第16條規定，性騷擾事件雙方當事人得以書面或言詞向直轄市、縣（市）主管機關申請調解；其以言詞申請者，應製作筆錄。
(2) 選項(C)有誤。性騷擾防治法第17條規定，調解除勘驗費，應由當事人核實支付外，不得收取任何費用或報酬。

Chapter 12 家庭及婦女與人口福利之政策與立法

Multiple Choice Question　選擇題

23 家庭暴力防治法有關民事保護令的規定，下列敘述何者錯誤？

（111年地方四等）

(A) 民事保護令分為通常保護令、暫時保護令及緊急保護令
(B) 保護令事件得進行調解或和解
(C) 法院於受理緊急保護令之聲請後，若認為被害人有受家庭暴力之急迫危險者，應於四小時內以書面核發緊急保護令
(D) 保護令事件之審理不公開

答案：**B**

【解析】家庭暴力防治法自第13條規定，保護令事件不得進行調解或和解。

24 下列何者不屬於特殊境遇家庭扶助條例所定之特殊境遇家庭扶助項目？

（111年第一次專技社工師）

(A) 求職交通補助　　　　(B) 創業貸款補助
(C) 法律訴訟補助　　　　(D) 緊急生活扶助

答案：**A**

【解析】特殊境遇家庭扶助條例第2條規定，本條例所定特殊境遇家庭扶助，包括緊急生活扶助、子女生活津貼、子女教育補助、傷病醫療補助、兒童托育津貼、法律訴訟補助及創業貸款補助。選項(A)不屬之。

25 關於性侵害犯罪防治法之立法意旨及主管機關業務劃分，下列敘述何者錯誤？

（111年第一次專技社工師）

(A) 為防治性侵害犯罪及保護被害人權益，因而制定性侵害犯罪防治法
(B) 中央主管機關應研擬性侵害防治政策並推展性侵害防治教育
(C) 社政主管機關應主責各級學校性侵害防治教育、性侵害被害人及其子女就學權益之維護等相關事宜
(D) 直轄市、縣（市）主管機關應設性侵害防治中心並提供被害人24小時緊急救援

選擇題 Multiple Choice Question

答案：**C**

【解析】性侵害犯罪防治法第3條規定：
(1) 社政主管機關：性侵害被害人保護扶助工作、性侵害防治政策之規劃、推動、監督及定期公布性侵害相關統計等相關事宜。
(2) 教育主管機關：各級學校性侵害防治教育、性侵害被害人及其子女就學權益之維護等相關事宜。選項(C)有誤。

26 我國2021年行政院婦女權益促進委員會修訂函頒性別平等政策綱領，下列敘述何者不是其主張之理念？　　　　　　（112年第一次專技社工師）
(A) 性別平等是公平正義、永續社會的基石
(B) 社會投資是開創婦女被公平對待的重要政策
(C) 提升女性權益是促進性別平等的優先任務
(D) 性別主流化是實現施政具性別觀點的有效途徑

答案：**B**

【解析】性別平等政策綱領之理念：
(1) 性別平等是公平正義、永續社會的基石。選項(A)屬之。
(2) 提升女性權益是促進性別平等的優先任務。選項(C)屬之。
(3) 性別主流化是實現施政具性別觀點的有效途徑。選項(D)屬之。
(4) 尊重、保護與實現不同性別者在各領域的權利是國家的義務。

27 依據家庭暴力防治法，中央主管機關應每幾年公布針對家庭暴力問題、防治現況成效與需求進行之相關調查分析資料？　　　（112年第一次專技社工師）
(A) 3年　　　(B) 4年　　　(C) 5年　　　(D) 6年

答案：**B**

【解析】家庭暴力防治法第5條規定，中央主管機關應每四年對家庭暴力問題、防治現況成效與需求進行調查分析，並定期公布家庭暴力致死人數、各項補助及醫療救護支出等相關之統計分

Chapter 12 家庭及婦女與人口福利之政策與立法

Multiple Choice Question　選擇題

析資料。各相關單位應配合調查，提供統計及分析資料。

28 我國家庭暴力防治法中關於保護令之聲請，下列敘述何者錯誤？
　　　　　　　　　　　　　　　　　　　　（112年第一次專技社工師）
(A) 保護令之聲請，由被害人之住居所地、相對人之住居所地或家庭暴力發生地之地方法院管轄
(B) 法院為定管轄權，得調查被害人之住居所
(C) 保護令事件之審理以公開為原則，被害人得於審理時，聲請其個案輔導之社工人員陪同被害人在場
(D) 法院於審理終結前，得聽取直轄市、縣（市）主管機關或社會福利機構之意見

答案：**C**

【解析】　家庭暴力防治法第13條規定，保護令事件之審理不公開。

29 為維護未成年子女與家庭暴力加害人會面交往之權益，依家庭暴力防治法之相關規定，下列敘述何者錯誤？　　　　（112年第一次專技社工師）
(A) 直轄市、縣（市）主管機關應設未成年子女會面交往處所或委託其他機關（構）、團體辦理，且負擔監督會面交往之相關費用
(B) 家庭暴力加害人會面交往其未成年子女時，須於特定安全場所，由第三人或機關、團體監督會面交往
(C) 家庭暴力加害人需繳納保證金，若未準時、安全交還子女，得沒入保證金
(D) 法院如認加害人有違背命令之情形，或准許會面交往無法確保被害人或其子女之安全者，得依聲請或依職權禁止之

答案：**A**

【解析】（1）家庭暴力防治法第45條規定，法院依法准許家庭暴力加害人會面交往其未成年子女時，應審酌子女及被害人之安全，並得為下列一款或數款命令：
　　　　A. 於特定安全場所交付子女。
　　　　B. 由第三人或機關、團體監督會面交往，並得定會面交往時應遵守之事項。
　　　　C. 完成加害人處遇計畫或其他特定輔導為會面交往條件。

選擇題 Multiple Choice Question

D. 負擔監督會面交往費用。
E. 禁止過夜會面交往。
F. 準時、安全交還子女，並繳納保證金。
G. 其他保護子女、被害人或其他家庭成員安全之條件。

(2) 家庭暴力防治法第46條規定：
　A. 直轄市、縣（市）主管機關應設未成年子女會面交往處所或委託其他機關（構）、團體辦理。
　B. 前項處所，應有受過家庭暴力安全及防制訓練之人員；其設置、監督會面交往與交付子女之執行及收費規定，由直轄市、縣（市）主管機關定之。選項(A)有誤，所需費用應由加害人負擔。

30 依據特殊境遇家庭扶助條例，下列敘述何者錯誤？
（112年第一次專技社工師）
(A) 將申請傷病醫療補助資格之已自行負擔醫療費用額度由3萬元上調為5萬元
(B) 配合行政院推動組織改造，將法條中明訂之主管機關修正為衛生福利部
(C) 專供存入各項津貼或補助之專戶，專戶內之存款不得作為扣押、抵銷、供擔保或強制執行之標的
(D) 配合民法成年年齡下修為18歲，將有關創業貸款補助申請年齡規定，由「年滿20歲」修正為「成年」

答案：**A**

【解析】特殊境遇家庭扶助條例第9條規定，傷病醫療補助之標準如下：
(1) 本人及六歲以上未滿十八歲之子女或孫子女：自行負擔醫療費用超過新臺幣三萬元之部分，最高補助百分之七十，每人每年最高補助新臺幣十二萬元。選項(A)有誤。
(2) 未滿六歲之子女或孫子女：凡在健保特約之醫療院所接受門診、急診及住院診治者，依全民健康保險法第三十三條及第三十五條之規定應自行負擔之費用，每人每年最高補助新臺幣十二萬元。

Chapter 12 家庭及婦女與人口福利之政策與立法

Multiple Choice Question　選擇題

31 依據性侵害犯罪防治法，下列敘述何者錯誤？　（112年第一次專技社工師）
(A) 犯性侵害犯罪經緩起訴確定者，不得適用任何關於加害人之規定
(B) 兒童或心智障礙之性侵害被害人於偵查或審判階段，經司法警察、司法警察官、檢察事務官、檢察官或法官認有必要時，應由具相關專業人士在場協助詢（訊）問
(C) 司法人員、矯正人員及村（里）幹事人員為性侵害犯罪防治法義務通報人
(D) 直轄市、縣（市）主管機關於知悉或接獲疑似性侵害犯罪情事通報時，應立即進行分級分類處理，至遲不得超過24小時

答案：**A**

【解析】性侵害犯罪防治法第32條規定，性侵害犯罪經緩起訴處分確定者，經直轄市、縣（市）主管機關評估小組評估認有施以身心治療、輔導或教育之必要，應令其接受身心治療、輔導或教育。亦即，雖經緩起訴，但仍得適用關於加害人之相關規定，選項(A)有誤。

32 依據性侵害犯罪防治法，對於性侵害犯罪的被害人，下列服務措施何者錯誤？　（112年第一次專技社工師）
(A) 通報：醫事人員、社工人員、教育人員、保育人員、警察人員、勞政人員、司法人員、移民業務人員、矯正人員、村（里）幹事人員，於執行職務時知有疑似性侵害犯罪情事者，應立即向當地主管機關通報，至遲不得超過24小時，有關資訊並應保密
(B) 驗傷及取證：對於被害人之驗傷及取證，除依刑事訴訟法、軍事審判法之規定或被害人無意識或無法表意者外，應經被害人之同意。被害人為受監護宣告或12歲以上未滿18歲之人時，應經其監護人或法定代理人之同意
(C) 陪同偵訊：被害人之法定代理人、配偶、直系或三親等內旁系血親、家長、家屬、醫師、心理師、輔導人員或社工人員得於偵查或審判中，陪同被害人在場，並得陳述意見
(D) 給予必要補助：主管機關得依被害人之申請，核發包括非屬全民健康保險給付範圍之醫療費用及心理復健費用、訴訟費用及律師費用

選擇題 Multiple Choice Question

答案：B

【解析】性侵害犯罪防治法第17條規定，對於被害人之驗傷及採證，除依刑事訴訟法之規定或被害人無意識或無法表意者外，應經被害人之同意，並依下列規定辦理：

(1) 被害人為心智障礙者、受監護宣告或輔助宣告者，應以其可理解方式提供資訊。受監護宣告者並應取得其監護人同意。

(2) 被害人為未滿十二歲者，應經其法定代理人同意。選項(B)有誤。

33 有關英國家庭政策觀點發展之敘述，下列何者錯誤？

（113年第一次專技社工師）

(A) 家庭保守主義者認為家庭在解組中，希望政策重建傳統的家庭型態
(B) 戰後英國福利國家供給制度，其家庭生活模式為男人是全職工作者，女人是全職照顧者
(C) 家庭務實主義者認為家庭變遷，代表人們選擇自己想過的生活自由和自主權增大
(D) 1970年代，福利國家政策使得結婚者減少，而單親家庭增加

答案：C

【解析】家庭務實主義者（family pragmatists）主張這些家庭改變是社會大趨勢變動的一部分，已經難以回復。所以，政策應朝向接納與支持這些新的家庭形式。此一觀點強調，家庭功能與結構的改變，是一種跨越國家、界限、長期的變動，是社會結構變遷的一環，並非特定國家、團體、個人的意志、詮釋或偏好可以轉變的。因此，政策的目的應該是在調適及適應實際際上的變化。進言之，政策的關注應該是使男人與女人在父母角色功能及在工作上都有平等的機會，男人與女人都應該是家庭的家計所得者（breadwinners），也都是家庭的照顧者。所以，調整家庭與工作生活的方式有父母的親職假、國家提供給兒童的補助與津貼、對部分工時工作者亦有平等機會享有福利等。選項(C)有誤。

Chapter 12 家庭及婦女與人口福利之政策與立法

Multiple Choice Question 選擇題

34 網際網路平臺提供者、網際網路應用服務提供者及網際網路接取服務提供者，在知有性侵害犯罪嫌疑情事，除了應先行限制瀏覽或移除與犯罪有關之網頁資料之外，對於這些犯罪網頁資料與嫌疑人之個人資料及網路使用紀錄資料，根據性侵害犯罪防治法的規定，應保留多久的時間，以提供司法及警察機關調查？ （112年普考）

(A) 120天　　(B) 150天　　(C) 180天　　(D) 360天

答案：**C**

【解析】性侵害犯罪防治法第13條規定，網際網路平臺提供者、網際網路應用服務提供者及網際網路接取服務提供者，透過網路內容防護機構、主管機關、警察機關或其他機關，知有性侵害犯罪嫌疑情事，應先行限制瀏覽或移除與犯罪有關之網頁資料。前項犯罪網頁資料與嫌疑人之個人資料及網路使用紀錄資料，應保留一百八十日，以提供司法及警察機關調查。

35 有關特殊境遇家庭扶助條例的各項補助條件、給付金額與給付期間等規定，下列何者錯誤？ （112年普考）

(A) 子女生活津貼之核發標準，每一名子女或孫子女每月補助當年度最低工資之十分之一，每年申請一次
(B) 符合規定申請緊急生活扶助者，按當年度低收入戶每人每月最低生活費用標準一倍核發，每人每次以補助6個月為原則，同一個案同一事由以補助兩次為限
(C) 直轄市、縣（市）主管機關應於緊急生活扶助核准後，定期派員訪視其生活情形；其生活已有明顯改善者，應即停止扶助
(D) 傷病醫療補助標準，本人及6歲以上未滿18歲之子女或孫子女，自行負擔醫療費用超過新臺幣3萬元之部分，最高補助百分之七十，每人每年最高補助新臺幣12萬元

答案：**B**

【解析】特殊境遇家庭扶助條例第6條規定，符合規定申請緊急生活扶助者，按當年度低收入戶每人每月最低生活費用標準一倍核發，每人每次以補助三個月為原則，同一個案同一事由以補

選擇題 Multiple Choice Question

助一次為限。選項(B)有誤。

36 依家庭暴力防治法的規定，家庭暴力的被害人得向法院聲請保護令，而且，如果被害人為未成年人、身心障礙者或因故難以委任代理人者，法律有規定特定的人得為其向法院聲請之。請問這些特定的人，不包括下列何者？

（112年普考）

(A)其三親等以內之姻親　　　　　(B)其三親等以內之血親
(C)其學校老師　　　　　　　　　(D)其法定代理人

答案：**C**

【解析】家庭暴力防治法第10條規定，被害人得向法院聲請通常保護令、暫時保護令；被害人為未成年人、身心障礙者或因故難以委任代理人者，其法定代理人、三親等以內之血親或姻親，得為其向法院聲請之。選項(C)不屬之。

37 下列何者是目睹家庭暴力之兒童及少年的家庭處遇計畫必須包括的協助？

（112年第二次專技社工師）

(A)心理輔導　　(B)失能評估　　(C)障礙鑑定　　(D)特教鑑定

答案：**A**

【解析】兒童及少年福利與權益保障法第64條規定：
(1) 兒童及少年屬目睹家庭暴力之兒童及少年，經直轄市、縣（市）主管機關列為保護個案者，該主管機關應於三個月內提出兒童及少年家庭處遇計畫；必要時，得委託兒童及少年福利機構或團體辦理。
(2) 前項處遇計畫得包括家庭功能評估、兒童及少年安全與安置評估、親職教育、心理輔導（選項(C)屬之）、精神治療、戒癮治療或其他與維護兒童及少年或其他家庭正常功能有關之協助及福利服務方案。

38 下列何項家暴被害者可由法定代理人、三親等以內之血親或姻親為其向法院聲請家庭暴力民事保護令？　　　（112年第二次專技社工師）

(A)未成年被害者　　　　　　　　(B)女性被害者
(C)老人被害者　　　　　　　　　(D)成年被害者

家庭及婦女與人口福利之政策與立法　Chapter 12

Multiple Choice Question 選擇題

答案：**A**

【解析】家庭暴力防治法第10條規定，被害人得向法院聲請通常保護令、暫時保護令；被害人為未成年人、身心障礙者或因故難以委任代理人者，其法定代理人、三親等以內之血親或姻親，得為其向法院聲請之。

39 下列何者不是家庭暴力防治法規定因為防治家暴行為，受到身體或精神上不法侵害之虞者，可以請求警察機關提供必要協助者？
（112年第二次專技社工師）
(A)教育人員　　　　　　　　(B)社會工作人員
(C)醫事人員　　　　　　　　(D)村里幹事

答案：**D**

【解析】家庭暴力防治法第49條規定，醫事人員、社會工作人員、教育人員及保育人員為防治家庭暴力行為或保護家庭暴力被害人之權益，有受到身體或精神上不法侵害之虞者，得請求警察機關提供必要之協助。

40 按特殊境遇家庭扶助條例第11條規定，申請法律訴訟補助，應於事實發生後最遲幾個月內向戶籍所在地之主管機關申請？（112年第二次專技社工師）
(A)1個月　　　(B)2個月　　　(C)3個月　　　(D)6個月

答案：**C**

【解析】特殊境遇家庭扶助條例第11條規定，符合規定而無力負擔訴訟費用者，得申請法律訴訟補助。其標準最高金額以新臺幣五萬元為限。申請法律訴訟補助，應於事實發生後三個月內檢具相關證明、律師費用收據正本及訴訟或判決書影本各一份，向戶籍所在地之主管機關申請。

41 依據性侵害犯罪防治法第4條規定，下列何者應為社政主管機關之權責事項？（112年第二次專技社工師）
(A)性侵害被害人之保護扶助工作
(B)性侵害防治教育、性侵害被害人及其子女就學權益之維護等相關事宜

選擇題　Multiple Choice Question

(C)性侵害犯罪之偵查相關事宜

(D)性侵害被害人人身安全之維護相關事宜

答案：A

【解析】性侵害犯罪防治法第4條規定之權責：
(1) 社政主管機關：被害人保護、扶助與定期公布性侵害相關統計資料及其他相關事宜。
(2) 教育主管機關：各級學校、幼兒園性侵害防治教育、被害人與其子女就學權益之維護及其他相關事宜。
(3) 法務主管機關：性侵害犯罪偵查、矯正、徒刑執行期間治療及其他相關事宜。
(4) 警政主管機關：被害人安全維護、性侵害犯罪調查、資料統計、加害人登記、報到、查訪、查閱及其他相關事宜。

42 依據性侵害犯罪防治法，當被害人係兒童及少年或心智障礙者，於司法偵查或審判時之權益規定，下列敘述何者錯誤？　　（112年第二次專技社工師）

(A)被害人之法定代理人、配偶、直系或三親等內旁系血親、家長、家屬得於偵查或審判中，陪同被害人在場，並得陳述意見

(B)偵查或審判中，直轄市、縣（市）主管機關得不指派社工人員陪同在場

(C)兒童或心智障礙之性侵害被害人於偵查或審判階段，經司法警察、司法警察官、檢察事務官、檢察官或法官認有必要時，應由具相關專業人士在場協助詢（訊）問

(D)專業人士於協助詢（訊）問時，司法警察、司法警察官、檢察事務官、檢察官或法官，得透過單面鏡、聲音影像相互傳送之科技設備，或適當隔離措施為之

答案：B

【解析】性侵害犯罪防治法第18條規定，被害人為兒童或少年時，除顯無必要者外，直轄市、縣（市）主管機關應指派社會工作人員於偵查或審判時陪同在場，並得陳述意見。

家庭及婦女與人口福利之政策與立法　Chapter 12

Multiple Choice Question　選擇題

43 依家庭暴力防治法第50條規定，在執行職務時知有疑似家庭暴力，應立即通報當地主管機關，至遲不得逾24小時的人員，不包含下列何者？

（112年地方四等）

(A)醫事人員　　　　　　　　(B)社會工作人員
(C)里長　　　　　　　　　　(D)保育人員

答案：**C**

【解析】家庭暴力防治法第50條規定，醫事人員、社會工作人員、教育人員、教保服務人員、保育人員、警察人員、移民業務人員及其他執行家庭暴力防治人員，於執行職務時知有疑似家庭暴力情事，應立即通報當地直轄市、縣（市）主管機關，至遲不得逾二十四小時。選項(C)不屬之。

44 我國「性平三法」於民國112年7月底大幅度修法，下列敘述何者錯誤？

（112年地方四等）

(A)明確劃分三法管轄權範圍的位階：發生性騷擾事件，依序先判斷是否適用性騷擾防治法，其次性別平等工作法，最後性別平等教育法
(B)性別平等工作法新增申訴程序：要求雇主通知地方主管機關
(C)申訴和裁處時效延長：未成年者被性騷擾，申訴時效為成年後3年內
(D)軍公教人員遭受該機關最高負責人性騷擾時：應向上級機關等申訴

答案：**A**

【解析】(1)性別平等工作法第12條規定，本法所稱性騷擾，謂下列2款情形之一：

①受僱者於執行職務時，任何人以性要求、具有性意味或性別歧視之言詞或行為，對其造成敵意性、脅迫性或冒犯性之工作環境，致侵犯或干擾其人格尊嚴、人身自由或影響其工作表現。

②雇主對受僱者或求職者為明示或暗示之性要求、具有性意味或性別歧視之言詞或行為，作為勞務契約成立、存續、變更或分發、配置、報酬、考績、陞遷、降調、獎懲等之交換條件。

399

選擇題 Multiple Choice Question

(2) 性別平等教育法第2條規定，性騷擾指符合下列情形之一，且未達性侵害之程度者：
① 以明示或暗示之方式，從事不受歡迎且具有性意味或性別歧視之言詞或行為，致影響他人之人格尊嚴、學習、或工作之機會或表現者。
② 以性或性別有關之行為，作為自己或他人獲得、喪失或減損其學習或工作有關權益之條件者。

(3) 本法所稱性騷擾，指性侵害犯罪以外，對他人實施違反其意願而與性或性別有關之行為，且有下列情形之一：
① 以明示或暗示之方式，或以歧視、侮辱之言行，或以他法，而有損害他人人格尊嚴，或造成使人心生畏怖、感受敵意或冒犯之情境，或不當影響其工作、教育、訓練、服務、計畫、活動或正常生活之進行。
② 以該他人順服或拒絕該行為，作為自己或他人獲得、喪失或減損其學習、工作、訓練、服務、計畫、活動有關權益之條件。

(4) 性騷擾防治法第3條規定，性騷擾係指性侵害犯罪以外，對他人實施違反其意願而與性或性別有關之行為，且有下列情形之一者：
① 以該他人順服或拒絕該行為，作為其獲得、喪失或減損與工作、教育、訓練、服務、計畫、活動有關權益之條件。
② 以展示或播送文字、圖畫、聲音、影像或其他物品之方式，或以歧視、侮辱之言行，或以他法，而有損害他人人格尊嚴，或造成使人心生畏怖、感受敵意或冒犯之情境，或不當影響其工作、教育、訓練、服務、計畫、活動或正常生活之進行。

(5) 選項(A)有誤。性平三法依照各法所定義的性騷擾加以適用，三法管轄權範圍無適用位階區分。

45 有關遭遇性騷擾的救濟方式，下列敘述何者錯誤？　　（112年地方四等）
(A) 行為人是被害人所屬單位的最高負責人時，向社會局（處）或家防中心提

Chapter 12 家庭及婦女與人口福利之政策與立法

Multiple Choice Question 選擇題

出行政申訴
(B) 性騷擾罪為告訴乃論，需於1年內提出刑事告訴
(C) 可具狀向法院提出民事求償
(D) 可申請調解要求行為人賠償被害人受到的身心損害並回復其名譽

答案：B

【解析】(1) 性騷擾罪為告訴乃論，但其救濟方式，並非提出刑事告訴，而係依照其受性騷擾之場域而有不同的申訴期限及申訴主管單位。選項(B)有誤。

(2) 性騷擾防治法第14條規定，性騷擾事件被害人除可依相關法律請求協助外，得依下列規定提出申訴：
① 屬權勢性騷擾以外之性騷擾事件者，於知悉事件發生後二年內提出申訴。但自性騷擾事件發生之日起逾五年者，不得提出。
② 屬權勢性騷擾事件者，於知悉事件發生後三年內提出申訴。但自性騷擾事件發生之日起逾七年者，不得提出。

(3) 性騷擾防治法第14條規定，性騷擾事件發生時被害人未成年者，得於成年後三年內提出申訴。但依前項各款規定有較長之申訴期限者，從其規定。

(4) 性騷擾防治法第14條規定，申訴得以書面或言詞，依下列規定提出：
① 申訴時行為人有所屬政府機關（構）、部隊、學校：向該政府機關（構）、部隊、學校提出。
② 申訴時行為人為政府機關（構）首長、各級軍事機關（構）及部隊上校編階以上之主官、學校校長、機構之最高負責人或僱用人：向該政府機關（構）、部隊、學校、機構或僱用人所在地之直轄市、縣（市）主管機關提出。
③ 申訴時行為人不明或為前二款以外之人：向性騷擾事件發生地之警察機關提出。

選擇題 Multiple Choice Question

46 民國112年完成「數位性暴力」相關四法之修法。關於本次修法之重點,下列敘述何者錯誤? （112年地方四等）
(A) 刑法新增「性影像」之定義
(B) 性侵害犯罪防治法新增網路平臺業者須先行限制瀏覽、移除性影像相關網頁
(C) 兒童及少年性剝削防制條例擴充「性剝削」之定義,將散布、播送、交付、公然陳列或販賣兒少性影像等行為均納入
(D) 犯罪被害人權益保障法關於性影像被害人之保護服務,限於未成年者

答案：**D**

【解析】 選項(D)有誤。犯罪被害人權益保障法關於性影像被害人之保護服務,未有年齡之限制。

47 跟蹤騷擾防制法於民國111年6月開始施行。關於該法之敘述,下列何者錯誤? （112年地方四等）
(A) 警察機關受理跟蹤騷擾行為案件,應即開始調查
(B) 案件經調查,確有犯罪嫌疑,警察機關應核發書面告誡予行為人
(C) 行為人經書面告誡後2年內,再為跟蹤騷擾行為者,被害人得向法院聲請保護令
(D) 家庭成員間、現有或曾有親密關係之未同居伴侶間之跟蹤騷擾行為,亦適用本法關於保護令之規定

答案：**D**

【解析】 跟蹤騷擾防制法第3條規定,對特定人之配偶、直系血親、同居親屬或與特定人社會生活關係密切之人,以前項之方法反覆或持續為違反其意願而與性或性別無關之各款行為之一,使之心生畏怖,足以影響其日常生活或社會活動,亦為本法所稱跟蹤騷擾行為。選項(D)所述對象,不適用跟蹤騷擾防制法之規定。

48 家庭暴力防治法之保護令之聲請,是由下列何種機關負責核發? （113年第一次專技社工師）
(A)法院　　(B)檢察機關　　(C)警政機關　　(D)社政機關

Chapter 12 家庭及婦女與人口福利之政策與立法

Multiple Choice Question 選擇題

答案：**A**

【解析】家庭暴力防治第11條規定，保護令之聲請，由被害人之住居所地、相對人之住居所地或家庭暴力發生地之地方法院管轄；同法第14條規定，法院於審理終結後，認有家庭暴力之事實且有必要者，應依聲請或依職權核發保護令。

49 依據家庭暴力防治法規定，醫事人員、社會工作人員、教育人員、教保服務人員、保育人員、警察人員、移民業務人員及其他執行家庭暴力防治人員，在執行職務時知有疑似家庭暴力，應立即通報當地主管機關，至遲不得逾幾小時？　　　　　　　　　　　　　　　　　　（113年第一次專技社工師）
(A)12小時　　　(B)24小時　　　(C)36小時　　　(D)48小時

答案：**B**

【解析】家庭暴力防治法第50條規定，醫事人員、社會工作人員、教育人員、教保服務人員、保育人員、警察人員、移民業務人員及其他執行家庭暴力防治人員，於執行職務時知有疑似家庭暴力情事，應立即通報當地直轄市、縣（市）主管機關，至遲不得逾二十四小時。

50 依據家庭暴力防治法規定，下列敘述何者錯誤？
　　　　　　　　　　　　　　　　　　（113年第一次專技社工師）
(A)將目睹家暴的兒少列入保護對象
(B)將經濟上之騷擾、控制、脅迫納入家庭暴力之範疇
(C)對於加害人之處遇要求親職教育輔導
(D)將通常保護令有效期限延長為5年，且延長期間為2年

答案：**D**

【解析】家庭暴力防治法第15條規定，通常保護令之有效期間為二年以下，自核發時起生效。通常保護令有效期間屆滿前，當事人或被害人得聲請法院撤銷、變更或延長之；保護令有效期間之延長，每次為二年以下。選項(D)有誤。

選擇題 Multiple Choice Question

51 特殊境遇家庭扶助條例所稱特殊境遇家庭，指申請人其家庭總收入按全家人口平均分配，每人每月未超過政府當年公布最低生活費2.5倍及臺灣地區平均每人每月消費支出1.5倍，且家庭財產未超過中央主管機關公告之一定金額，並具有下列何種情形之一者？　　　　　　　　　（113年第一次專技社工師）
(A) 家庭暴力受害
(B) 65歲以上，其配偶死亡
(C) 懷胎3個月以上之已婚婦女
(D) 本人曾入獄服刑1年以上或受拘束人身自由之保安處分1年以上

答案：**A**

【解析】特殊境遇家庭扶助條例第4條規定，本條例所稱特殊境遇家庭，指申請人其家庭總收入按全家人口平均分配，每人每月未超過政府當年公布最低生活費二點五倍及臺灣地區平均每人每月消費支出一點五倍，且家庭財產未超過中央主管機關公告之一定金額，並具有下列情形之一者：
　A. 六十五歲以下，其配偶死亡，或失蹤經向警察機關報案協尋未獲達六個月以上。選項(B)有誤。
　B. 因配偶惡意遺棄或受配偶不堪同居之虐待，經判決離婚確定或已完成協議離婚登記。
　C. 家庭暴力受害。選項(A)屬之。
　D. 未婚懷孕婦女，懷胎三個月以上至分娩二個月內。選項(C)有誤。
　E. 因離婚、喪偶、未婚生子獨自扶養十八歲以下子女或祖父母扶養十八歲以下父母無力扶養之孫子女，其無工作能力，或雖有工作能力，因遭遇重大傷病或照顧六歲以下子女或孫子女致不能工作。
　F. 配偶處一年以上之徒刑或受拘束人身自由之保安處分一年以上，且在執行中。選項(D)有誤。
　G. 其他經直轄市、縣市政府評估因三個月內生活發生重大變故導致生活、經濟困難者，且其重大變故非因個人責任、債務、自願性失業等事由。

Chapter 12 家庭及婦女與人口福利之政策與立法

Multiple Choice Question 選擇題

52 下列何者不屬於性侵害犯罪防治法所規定之直轄市、縣（市）主管機關應設立性侵害防治中心，並協調相關機關辦理的事項？ （113年普考）
(A) 協助被害人就醫診療、驗傷和採證
(B) 轉介加害人接受更生輔導
(C) 推廣性侵害防治教育、訓練及宣導
(D) 提供12小時電話專線服務

答案：**D**

【解析】 性侵害犯罪防治法第6條規定，直轄市、縣（市）主管機關應整合所屬警政、教育、衛生、社政、勞政、新聞、戶政與其他相關機關、單位之業務及人力，設立性侵害防治中心，並協調相關機關辦理下列事項：
(1) 提供二十四小時電話專線服務。選項(D)有誤。
(2) 提供被害人二十四小時緊急救援。
(3) 協助被害人就醫診療、驗傷及採證。選項(A)屬之。
(4) 協助被害人心理治療、輔導、緊急安置與法律諮詢及服務。
(5) 協調醫療機構成立專門處理性侵害案件之醫療小組。
(6) 提供加害人身心治療、輔導或教育。
(7) 辦理加害人登記、報到、查訪及查閱。
(8) 轉介加害人接受更生輔導。選項(B)屬之。
(9) 推廣性侵害防治教育、訓練及宣導。選項(C)屬之。
(10) 召開加害人再犯預防跨網絡會議。
(11) 其他有關性侵害防治及保護事項。

53 依據家庭暴力防治法規定，下列何者屬於所謂的家庭成員？ （113年普考）
(A) 現為或曾為四親等以內血親之配偶
(B) 現為或曾為五親等以內血親之配偶
(C) 現為或曾為五親等以內血親
(D) 現為或曾為六親等以內血親

選擇題 Multiple Choice Question

答案：**A**

【解析】家庭暴力防治法第3條規定，本法所定家庭成員，包括下列各員及其未成年子女：
(1) 配偶或前配偶。
(2) 現有或曾有同居關係、家長家屬或家屬間關係者。
(3) 現為或曾為直系血親。
(4) 現為或曾為四親等以內之旁系血親。
(5) 現為或曾為四親等以內血親之配偶。選項(A)屬之。
(6) 現為或曾為配偶之四親等以內血親。
(7) 現為或曾為配偶之四親等以內血親之配偶。

54 民國113年我國進行性騷擾相關立法的修法工作，下列何者為本次修法的新增項目？ （113年普考）
(A) 通過跟蹤騷擾防制法
(B) 增加權勢性騷加重處罰
(C) 鼓勵30人以下企業單位訂定性騷擾申訴管道
(D) 當事件發生後雇主未處理、或是不服雇主的調查與懲戒結果，中央政府可介入

答案：**B**

【解析】民國113年我國進行性騷擾修法，增加權勢性騷加重處罰。權勢性騷擾是指對於因教育、訓練、醫療、公務、業務、求職或其他相類關係受自己監督、照護、指導之人，利用權勢或機會為性騷擾。

55 中央主管機關為加強推動家庭暴力及性侵害相關防治工作，依家庭暴力防治法規定應設置基金，基金經費來源下列何者錯誤？ （113年普考）
(A) 菸品健康福利捐   (B) 緩起訴處分金
(C) 認罪協商金   (D) 本法所處之罰鍰

答案：**A**

【解析】家庭暴力防治法第6條規定，中央主管機關為加強推動家庭暴力及性侵害相關防治工作，應設置基金。前項基金來源如

家庭及婦女與人口福利之政策與立法 Chapter 12

Multiple Choice Question 選擇題

下：
(1) 政府預算撥充。
(2) 緩起訴處分金。選項(B)屬之。
(3) 認罪協商金。選項(C)屬之。
(4) 本基金之孳息收入。
(5) 受贈收入。
(6) 依本法所處之罰鍰。選項(D)屬之。
(7) 其他相關收入。

56 根據家庭暴力防治法規定，下列何種保護令的核發得不經審理程序？
（113年第二次專技社工師）
(A)暫時保護令或緊急保護令　　(B)短期保護令或特別保護令
(C)通常保護令或長期保護令　　(D)通常保護令或特別保護令

答案：**A**

【解析】家庭暴力防治法第16條規定，法院核發暫時保護令或緊急保護令，得不經審理程序。

57 依據家庭暴力防治法規定，中央主管單位應設置基金，以下何者為該基金來源？①緩起訴處分金　②政府預算撥充　③認罪協商金　④教育發展基金　⑤依家庭暴力防治法所處之罰鍰　⑥遺贈稅　（113年第二次專技社工師）
(A)①②③⑤　　(B)②③④⑤　　(C)②③④⑥　　(D)①④⑤⑥

答案：**A**

【解析】家庭暴力防治法第6條規定，中央主管機關為加強推動家庭暴力及性侵害相關防治工作，應設置基金。前項基金來源如下：
(1) 政府預算撥充。題意②屬之。
(2) 緩起訴處分金。題意①屬之。
(3) 認罪協商金。題意③屬之。
(4) 本基金之孳息收入。
(5) 受贈收入。
(6) 依本法所處之罰鍰。題意⑤屬之。

選擇題 Multiple Choice Question

(7) 其他相關收入。

58 下列何者符合特殊境遇家庭扶助條例中所稱之「特殊境遇家庭」？

（113年第二次專技社工師）

(A) 申請人其家庭總收入按全家人口平均分配，每人每月為政府當年公布最低生活費2倍及臺灣地區平均每人每月消費支出1.2倍，家庭財產未超過中央主管機關公告之一定金額，且申請人為家庭暴力受害者
(B) 申請人其家庭總收入按全家人口平均分配，每人每月為政府當年公布最低生活費3倍及臺灣地區平均每人每月消費支出2.5倍，家庭財產未超過中央主管機關公告之一定金額，且申請人為家庭暴力受害者
(C) 申請人其家庭總收入按全家人口平均分配，每人每月為政府當年公布最低生活費1倍及臺灣地區平均每人每月消費支出1.2倍，家庭財產未超過中央主管機關公告之一定金額，且申請人為懷胎五個月的已婚婦女
(D) 申請人其家庭總收入按全家人口平均分配，每人每月為政府當年公布最低生活費1倍及臺灣地區平均每人每月消費支出1.2倍，家庭財產未超過中央主管機關公告之一定金額，且申請人為懷胎二個月的未婚懷孕婦女

答案：**A**

【解析】特殊境遇家庭扶助條例第4條規定，本條例所稱特殊境遇家庭，指申請人其家庭總收入按全家人口平均分配，每人每月未超過政府當年公布最低生活費二點五倍及臺灣地區平均每人每月消費支出一點五倍，且家庭財產未超過中央主管機關公告之一定金額，並具有下列情形之一者：

(1) 六十五歲以下，其配偶死亡，或失蹤經向警察機關報案協尋未獲達六個月以上。
(2) 因配偶惡意遺棄或受配偶不堪同居之虐待，經判決離婚確定或已完成協議離婚登記。
(3) 家庭暴力受害。
(4) 未婚懷孕婦女，懷胎三個月以上至分娩二個月內。
(5) 因離婚、喪偶、未婚生子獨自扶養十八歲以下子女或祖父母扶養十八歲以下父母無力扶養之孫子女，其無工作能力，或雖有工作能力，因遭遇重大傷病或照顧六歲以下子

Chapter 12 家庭及婦女與人口福利之政策與立法

Multiple Choice Question 選擇題

女或孫子女致不能工作。

(6) 配偶處一年以上之徒刑或受拘束人身自由之保安處分一年以上，且在執行中。

(7) 其他經直轄市、縣市政府評估因三個月內生活發生重大變故導致生活、經濟困難者，且其重大變故非因個人責任、債務、非因自願性失業等事由。

59 依據性侵害犯罪防治法，下列何者為衛生主管機關之權責事項？①加害人身心治療、輔導教育等相關事宜　②性侵害被害人及其子女就學權益之維護　③性侵害被害人驗傷、採證、身心治療　④性侵害防治政策之規劃與推動

（113年第二次專技社工師）

(A)①④　　　(B)③④　　　(C)①②　　　(D)①③

答案：**D**

【解析】(1) 性侵害犯罪防治法第4條規定，本法所定事項，主管機關及目的事業主管機關權責事項如下：

A. 社政主管機關：被害人保護、扶助與定期公布性侵害相關統計資料及其他相關事宜。

B. 衛生主管機關：被害人驗傷、採證、身心治療與加害人身心治療、輔導或教育及其他相關事宜。題意①、③屬之。

C. 教育主管機關：各級學校、幼兒園性侵害防治教育、被害人與其子女就學權益之維護及其他相關事宜。題意②屬之。

D. 勞動主管機關：被害人職業訓練、就業服務、勞動權益維護及其他相關事宜。

E. 警政主管機關：被害人安全維護、性侵害犯罪調查、資料統計、加害人登記、報到、查訪、查閱及其他相關事宜。

F. 法務主管機關：性侵害犯罪偵查、矯正、徒刑執行期間治療及其他相關事宜。

G. 移民主管機關：臺灣地區無戶籍國民、外國人、無國籍

選擇題 Multiple Choice Question

人民、大陸地區人民、香港或澳門居民因遭受性侵害致逾期停留、居留者，協助其在臺居留或定居權益維護，配合協助辦理後續送返事宜；加害人為臺灣地區無戶籍國民、外國人、大陸地區人民、香港或澳門居民，配合協助辦理後續遣返及其他相關事宜。

H.文化主管機關：出版品違反本法規定之處理及其他相關事宜。

I.通訊傳播主管機關：廣播、電視及其他由該機關依法管理之媒體違反本法規定之處理及其他相關事宜。

J.戶政主管機關：提供被害人與其未成年子女身分、戶籍資料及其他相關事宜。

K.其他性侵害防治措施，由相關目的事業主管機關依其權責辦理。

(2) 性侵害犯罪防治法第5條規定，中央主管機關應辦理下列事項：

A.規劃、推動、監督與訂定性侵害防治政策及相關法規。題意4屬之。

B.督導有關性侵害防治事項之執行。

C.協調各級政府建立性侵害案件處理程序、防治及醫療網絡。

D.推展性侵害防治之宣導及教育。

E.被害人個案資料與加害人身心治療、輔導或教育資料之建立、彙整、統計及管理。

F.其他性侵害防治有關事項。

60 依據性侵害犯罪防治法和兒童及少年性剝削防制條例規定，網路平台業者應盡更積極的自我監管行動之義務，犯罪網頁與嫌疑人個資及網路使用紀錄等資料，應保留幾天，以供司法及警察機關調查？　（113年地方四等）
(A)60天　　　　(B)120天　　　　(C)180天　　　　(D)200天

答案：**C**

【解析】(1)性侵害犯罪防治法第13條規定，網際網路平台提供者、網

家庭及婦女與人口福利之政策與立法

Multiple Choice Question　選擇題

際網路應用服務提供者及網際網路接取服務提供者，透過網路內容防護機構、主管機關、警察機關或其他機關，知有性侵害犯罪嫌疑情事，應先行限制瀏覽或移除與犯罪有關之網頁資料。前項犯罪網頁資料與嫌疑人之個人資料及網路使用紀錄資料，應保留一百八十日，以提供司法及警察機關調查。

(2) 兒童及少年性剝削防制條例第8條規定，網路業者透過主管機關或其他機關，知有第四章犯罪嫌疑情事，應於二十四小時內限制瀏覽或移除與第四章犯罪有關之網頁資料。前項犯罪網頁資料與嫌疑人之個人資料及網路使用紀錄資料，應保留一百八十日，以提供司法及警察機關調查。

61 特殊境遇家庭扶助條例之扶助項目，下例何者正確？　　（113年地方四等）

(A)傷病醫療補助　　　　　　(B)全民健保費補助
(C)喪葬補助　　　　　　　　(D)急難救助補助

答案：**A**

【解析】特殊境遇家庭扶助條例第2條規定，本條例所定特殊境遇家庭扶助，包括緊急生活扶助、子女生活津貼、子女教育補助、傷病醫療補助（選項(A)屬之）、兒童托育津貼、法律訴訟補助及創業貸款補助。

62 家庭暴力防治法有關民事保護令的規定，下列何者正確？

（113年地方四等）

(A) 法院只能在被害人主動提出聲請才核發緊急保護令
(B) 保護令事件得進行調解或和解
(C) 法院核發暫時保護令或緊急保護令，得不經審理程序
(D) 緊急保護令應於收到聲請24小時內以書面核發

答案：**C**

【解析】(1) 選項(A)有誤。家庭暴力防治法第12條規定，保護令之聲請，應以書面為之。但被害人有受家庭暴力之急迫危險

411

選擇題　Multiple Choice Question

者，檢察官、警察機關或直轄市、縣（市）主管機關，得以言詞、電信傳真或其他科技設備傳送之方式聲請緊急保護令，並得於夜間或休息日為之。

(2) 選項(B)有誤。家庭暴力防治法第13條規定，保護令事件不得進行調解或和解。

(3) 選項(C)正確。家庭暴力防治法第16條規定：法院核發暫時保護令或緊急保護令，得不經審理程序。

(4) 選項(D)有誤。家庭暴力防治法第16條規定，法院於受理緊急保護令之聲請後，依聲請人到庭或電話陳述家庭暴力之事實，足認被害人有受家庭暴力之急迫危險者，應於四小時內以書面核發緊急保護令，並得以電信傳真或其他科技設備傳送緊急保護令予警察機關。

63 依據跟蹤騷擾防制法之規定，下列何者錯誤？　　　（113年地方四等）
(A) 跟蹤騷擾行為案件經調查，確有犯罪嫌疑，警察機關應核發書面告誡予行為人
(B) 行為人經書面告誡後1年內，再為跟蹤騷擾行為者，被害人得向法院聲請保護令
(C) 實行跟蹤騷擾行為者，處1年以下有期徒刑、拘役或科或併科新臺幣10萬元以下罰金
(D) 違反保護令者，處3年以下有期徒刑、拘役或科或併科新臺幣30萬元以下罰金

答案：**B**

【解析】選項(B)有誤。跟蹤騷擾防制法第5條規定，行為人經警察機關依規定為書面告誡後二年內，再為跟蹤騷擾行為者，被害人得向法院聲請保護令；被害人為未成年人、身心障礙者或因故難以委任代理人者，其配偶、法定代理人、三親等內之血親或姻親，得為其向法院聲請之。

64 依據性騷擾防治法之規定，性騷擾防治事件被害人除可依相關法律請求協助外，得依規定提出申訴，下列何者錯誤？　　　（113年地方四等）
(A) 屬權勢性騷擾以外之性騷擾事件者，於知悉事件發生後2年內提出申訴

Chapter 12 家庭及婦女與人口福利之政策與立法

Multiple Choice Question 選擇題

但自性騷擾事件發生之日起逾5年者,不得提出
(B)屬權勢性騷擾事件者,於知悉事件發生後3年內提出申訴。但自性騷擾事件發生之日起逾7年者,不得提出
(C)性騷擾事件發生時被害人未成年者,得於成年後3年內提出申訴
(D)政府機關(構)、部隊、學校、警察機關及直轄市、縣(市)主管機關應於受理申訴或移送到達之日起開始調查,並應於1個月內調查完成

答案:**D**

【解析】 選項(D)有誤。性騷擾防治法第15條規定,政府機關(構)、部隊、學校、警察機關及直轄市、縣(市)主管機關應於受理申訴或移送到達之日起七日內開始調查,並應於二個月內調查完成;必要時,得延長一個月,並應通知當事人。

65 民國112年建構數位/網路性暴力保護網,完成性暴力犯罪防制四法的修法,下列何者錯誤? (113年地方四等)
(A)所謂性暴力犯罪防制四法的修正,是指「中華民國刑法」、「犯罪被害人權益保障法」、「性侵害犯罪防治法」與「兒童及少年性剝削防制條例」
(B)此次修法從被害人的需求出發,以區域聯防方式,齊力架構更完善的性別暴力防護網絡
(C)此次修法建構犯罪前刑罰嚇阻、犯罪後保護被害人、防止加害人再犯等三大防護網絡
(D)犯罪被害人權益保障法關於性影像被害人之保護服務,限於女性受害者

答案:**D**

【解析】 選項(D)有誤。犯罪被害人權益保障法,並未規定受保護者的性別。

66 依據家庭暴力防治法規定,當被害人遭受家庭暴力之急迫危險時,可申請下列何種保護令? (114年第一次專技社工師)
(A)通常保護令 (B)暫時保護令
(C)緊急保護令 (D)急迫保護令

Question Box 社會政策與社會立法（含概要）搶分題庫

選擇題 Multiple Choice Question

答案：**C**

【解析】家庭暴力防治法第12條規定，保護令之聲請，應以書面為之。但被害人有受家庭暴力之急迫危險者，檢察官、警察機關或直轄市、縣（市）主管機關，得以言詞、電信傳真或其他科技設備傳送之方式聲請緊急保護令，並得於夜間或休息日為之。

67 依據家庭暴力防治法規定，下列那一類人員並未被課以法定通報責任？

（114年第一次專技社工師）

(A)學校老師　　　　　　　　(B)里長
(C)社會工作人員　　　　　　(D)保育人員

答案：**B**

【解析】家庭暴力防治法第50條規定，醫事人員、社會工作人員、教育人員、教保服務人員、保育人員、警察人員、移民業務人員及其他執行家庭暴力防治人員，於執行職務時知有疑似家庭暴力情事，應立即通報當地直轄市、縣（市）主管機關，至遲不得逾二十四小時。選項(B)不屬之。

68 依據特殊境遇家庭扶助條例，關於緊急生活扶助之申請資格，下列敘述何者正確？

（114年第一次專技社工師）

(A)符合特殊境遇家庭條件，於事實發生後6個月內申請
(B)按當年低收入戶每人每月最低生活費用1.5倍核發
(C)每人每次補助1年為原則
(D)同一個案同一事由補助2次為限

答案：**A**

【解析】特殊境遇家庭扶助條例第6條規定：
(1) 符合規定申請緊急生活扶助者，按當年度低收入戶每人每月最低生活費用標準一倍核發，每人每次以補助三個月為原則，同一個案同一事由以補助一次為限。選項(B)、(C)、(D)有誤。
(2) 申請緊急生活扶助，應於事實發生後六個月內，檢具戶口

家庭及婦女與人口福利之政策與立法 Chapter 12

Multiple Choice Question　選擇題

名簿影本及其他相關證明文件，向戶籍所在地直轄市、縣（市）主管機關提出申請，或由鄉（鎮、市、區）公所、社會福利機構轉介申請。證明文件取得困難時，得依社工員訪視資料審核之。選項(A)正確。

69 下列何者為性侵害犯罪防治法中，直轄市、縣（市）主管機關應協調相關機關辦理之事項？①提供被害人24小時緊急救援　②訂定性侵害防治政策及相關法規　③協助被害人就醫診療、驗傷及採證　④推廣性侵害防治教育、訓練及宣導　⑤提供加害人身心治療、輔導或教育

(114年第一次專技社工師)

(A)①②③④　　　(B)①②③⑤　　　(C)①②④⑤　　　(D)①③④⑤

答案：**D**

【解析】性侵害犯罪防治法第6條規定，直轄市、縣（市）主管機關應整合所屬警政、教育、衛生、社政、勞政、新聞、戶政與其他相關機關、單位之業務及人力，設立性侵害防治中心，並協調相關機關辦理下列事項：

(1) 提供二十四小時電話專線服務。
(2) 提供被害人二十四小時緊急救援。題意①屬之。
(3) 協助被害人就醫診療、驗傷及採證。題意③屬之。
(4) 協助被害人心理治療、輔導、緊急安置與法律諮詢及服務。
(5) 協調醫療機構成立專門處理性侵害案件之醫療小組。
(6) 提供加害人身心治療、輔導或教育。題意⑤屬之。
(7) 辦理加害人登記、報到、查訪及查閱。
(8) 轉介加害人接受更生輔導。
(9) 推廣性侵害防治教育、訓練及宣導。題意④屬之。
(10) 召開加害人再犯預防跨網絡會議。
(11) 其他有關性侵害防治及保護事項。

Chapter 13 老人福利之政策與立法

關鍵焦點

1. 請建立對老人照顧議題的分析能力。
2. 老人福利法為申論題及測驗題命題焦點。高齡化社會的相關試題,例如:活躍老化、年齡歧視等為核心考點。

申論題 Essay Question

一、行政院於民國110年修訂「高齡社會白皮書」,提出高齡社會發展的四大願景:「自主」、「自立」、「共融」和「永續」。請闡述高齡者的「自主」與「自立」意旨為何?並申論國家可以採取那些政策作為,來提升高齡者的自主與自立? （111年普考）

考點分析

本題考「高齡社會白皮書」為首次命題。第一個考點為基本提問,第二個考點則為針對該白皮書有關的「自主」與「自立」之相關政策作為綜整及延伸論述。

【解析】

◆ 高齡者的「自主」與「自立」之意旨

1. 自主:國家應考量高齡者需求的異質性,引導社會各部門共同發展多元化的高齡服務,以利高齡者自主選擇。

2. 自立：國家應滿足高齡者個人的基本需求，提升生活自立，並促進社會參與和連結，保障基本人權。

◆ 國家可採取之提升高齡者的自主與自立之相關作為

1. 從各種社會調查的資料可以瞭解，高齡者具有高度的異質性。高齡者的性別、年齡、社經背景、社會網絡、家庭結構、身心狀況、資源條件、居住地區、能力興趣、福利需求與個人偏好等都不盡相同。因此，在高齡社會應發展多元化的高齡者服務方案，讓高齡者有自主選擇的空間，以滿足其異質性的需求。

2. 高齡者不應被單純視為社會的依賴者，更不應假定高齡者的身心功能與社會生活都必然朝向退化的方向發展。高齡政策的發展應能有助於提升長者的生活自立與社會連結，支持高齡者能繼續維持充滿活力的生活型態，這也是高齡者應有的基本權利。

3. 為提升高齡者健康活力、生活福祉及自主選擇權利，保障獲得優質的醫療服務與社會照顧，國家的相關作為之行動策略，著重提升高齡者身心靈健康，與醫療照顧安排之自主選擇、精進醫療照護服務、發展到宅式的健康照護、強化失智防護與照顧等，並從照顧體系的整合、照顧人力、機構照顧品質、資源配置、空間有效運用等方向著手，提升長照服務量能；同時強調運用智慧科技優化相關服務，全面增進高齡者的健康及生活品質。此外，營造在地共生社區（會）亦列為重點，透過建立高齡者在社區平等互惠的關係、支持高齡者在社區與住家自主自立生活等，實現在地老化。

4. 為讓老人享有自主、自立的生活，國家除了需要有相對的規劃及因應對策外，更是整個社會包括老人本身、家庭、民間部門和政府共同的責任。政府應積極透過跨領域、跨部會，由政府與民間公私協力、齊心投入；並於法制面、制度面、服務輸送及供給面等各面向持續努力，共同回應高齡社會的需求，支持老人自主、自立。

Chapter 13 老人福利之政策與立法

申論題 Essay Question

二、請申論老人福利法在維護老人居住正義及主動立即協助老人等服務項目,有那些重要的內容? （112年第二次專技社工師）

考點分析

本題考點題目架構偏小。在維護老人居住正義上,老人福利法之相關條文不多;在主動立即協助老人之提問,應聚焦在「主動」、「立即」,不具這兩者特性的相關條文,均非題意提問之要旨。

【解析】

茲將老人福利法在維護老人居住正義及主動立即協助老人等服務項目之重要內容,說明如下:

◆ 一 老人居住正義之項目及重要內容

1. 直轄市、縣（市）主管機關應協助中低收入老人修繕住屋或提供租屋補助。
2. 住宅主管機關應推動社會住宅,排除老人租屋障礙。
3. 為協助排除老人租屋障礙,直轄市、縣（市）住宅主管機關得擬訂計畫獎勵屋主房屋修繕費用,鼓勵屋主提供老人租屋機會。

◆ 二 主動立即協助老人之項目及重要內容

1 安置服務

(1) 老人因配偶、直系血親卑親屬或依契約負照顧義務之人有疏忽、虐待、遺棄或其他情事,致其生命、身體、健康或自由發生危難者,直轄市、縣（市）主管機關得依老人之申請或依職權予以適當保護及安置。老人對其提出告訴或請求損害賠償時,主管機關應協助之。

(2) 老人因無人扶養，致有生命、身體之危難或生活陷於困境者，直轄市、縣（市）主管機關應依老人之申請或依職權，予以適當安置。

2 通報制度

(1) 醫事人員、社會工作人員、村（里）長與村（里）幹事、警察人員、司法人員及其他執行老人福利業務之相關人員，於執行職務時知悉老人有疑似依法應通報之情況者，應通報當地直轄市、縣（市）主管機關。

(2) 直轄市、縣（市）主管機關接獲通報後，應立即處理，必要時得進行訪視調查。進行訪視調查時，得請求警察、醫療或其他相關機關（構）協助，被請求之機關（構）應予配合。

申論題 Essay Question

三、請說明「活躍老化」（active aging）的意義以及工作在活躍老化中的角色，並分析目前我國「中高齡者及高齡者就業促進法」對促進活躍老化的可能性。（112年地方三等）

考點分析

本題考的活躍老化的意義，在歷屆考題中已有命題紀錄，工作在活躍老化中的角色，則係活躍老化的社會參與概念的運用。此外，考生沿著前述的活躍老化概念，再依據「中高齡者及高齡者就業促進法」的重要內涵加以結合分述，即可有架構的論述。

【解析】

➊ 活躍老化的意義

世界衛生組織於2002年提出「活躍老化」（或譯為「活力老化」：一個政策架構），所謂活躍老化係指為增進老年期生活品質，所提供

促使健康、參與和安全達到最適機會的過程。活躍老化之觀點，係立基在聯合國基本老人人權——獨立、參與、尊嚴、照顧和自我實現的原則。此一基本老人人權之主張，促使策略計畫從「需求為主」導向（視老人為被動的主體）轉為「以權利為主」的觀點，認可老人隨著年齡增長，在所有生活層面機會的平等，並支持老人從事政治過程及參與社區生活之責任。活躍（active）指的是持續地參與社會、經濟、文化、靈性與公民事務，不只是有身體活動能力或勞動力參與。退休老人及失能老人仍有可能維持活躍，只要他們仍能積極參與家庭、同儕、社區甚至國家的活動。

◆ 二、工作在活躍老化中的角色

世界衛生組織提出活躍老化的三大架構：健康、安全、參與，以回應全世界人口老化趨勢帶來的社會衝擊，其概念尤其鼓勵老化過程中仍應持續參與社會上各項事務。歐盟提出活躍老化指標（Active Ageing Index, AAI），用以測量國家活躍老化情形以作為政策參考，區分為四大構面：就業、社會參與、獨立安全健康的生活、以及活躍老化的潛力與支持性環境。其中，就業即為活躍老化指標，老人藉由工作的參與，可獲得社會價值的肯定，維持與社會的整合，因此，工作在活躍老化中，扮演著觸媒者的重要角色。

◆ 三、我國「中高齡及高齡者就業促進法」對促進活躍老化的可能性之分析

茲就我國「中高齡者及高齡者就業促進法」之重要內涵，說明對促進活躍老化的可能性如下：

1. 禁止年齡歧視：規範雇主不得以年齡為由差別待遇，如招募、升遷、考績、訓練、薪資或退休等，須保障平等工作機會。為避免事業單位在徵才時有歧視文字，或有間接歧視之情事，致中高齡者及高齡者勞工權益受損，以保障中高齡者及高齡者享有均等的工作機會。從活躍老化的角度分析，活躍老化的社會參與，必須在沒有年齡歧視的型態下方能進行，「中高齡者就業促進法」為我國首部以

保障中高齡者與高齡者就業權益專法，雖就業服務法已明訂年齡為就業歧視禁止規定，但該法更明訂禁止以年齡因素歧視的所有求職及工作過程之影響因素，對促進活躍老化的推動更具有助益。

2. **協助在職者穩定就業**：主管機關得予補助或獎勵雇主採取在職訓練、職務再設計或提供就業輔具，也鼓勵雇主繼續僱用符合強制退休規定之員工，並給予補助，協助中高齡者及高齡者穩定工作，傳承其技術及經驗，並促進世代合作。此政策之發展側重在提供事業單位相關的補助，增強聘用中高齡者及高齡者，以維持其工作量能及技能，對促進活躍老化的推動具有促進效果。

3. **促進失業者就業**：對中高齡及高齡失業者，除政府發給相關津貼、補助或獎助雇主進用外，並推動職前訓練提升工作能力，增加就業競爭力，亦提供就業媒合、創業輔導與創業貸款利息補貼，協助重返職場或創業。透過提升對中高齡者及高齡者的教育和訓練機會，提升職場競爭力及雇主之認可，可增強其自信心，朝活躍老化邁進。

4. **支持退休後再就業**：彈性放寬雇主可用定期契約僱用高齡者，不受《勞動基準法》規定限制，同時補助雇主僱用依法退休之高齡者，並建置退休人才資料庫，活化及充分運用中高齡者及高齡者人力資源，傳承其知識、專業技術及經驗。這些政策措施解除了有意願再度投入職場的中高齡者及高齡者在就業上法規之限制，有助於重返職場，達成活躍老化。

5. **推動銀髮人才服務**：中央與地方政府合作倡議延後退休、世代合作，並設置銀髮人才服務據點，由政府自辦或委託民間辦理開發全時、短期性、臨時性、部分工時等適合銀髮族就業機會及就業媒合等，協助依法退休或年滿55歲之中高齡者及高齡者就業。這項政策對於中高齡者及高齡者而言，有資源可以運用進入職場，朝達成活躍老化的可能性往前邁進一步。

6. **開發就業機會**：透過公開表揚進用中高齡及高齡者績優單位、運用僱用獎助獎勵雇主進用及鼓勵雇主釋出職缺，開發適合中高齡及高

老人福利之政策與立法 Chapter 13

齡者的工作機會。透過政策的推動，可逐步提升中高齡者及高齡者社會參與的機會，建立社會連結，提升活躍老化的可能性。

> **申論題** Essay Question
>
> 四、世界衛生組織橫跨57個國家進行「世界價值調查」研究，並於2016年發布調查結果，研究發現各國普遍存在對高齡者的負面印象以及老年歧視的現象，全體受訪者有60%認為高齡者是不受尊重的。我國於2021年修訂「高齡社會白皮書」也明示「反年齡歧視」，其中提及要重視現今的高齡歧視問題。請就目前社會的「高齡歧視」問題進行論述，並提出政策建議。
>
> （112年地方四等）

考點分析

我國「高齡社會白皮書」之「反年齡歧視」，有一段這樣的文字：「國際衛生組織所進行的一項橫跨57個國家的調查發現，各國普遍存在對高齡者的負面印象以及老年歧視的現象，全體受訪者有60%認為高齡者是不受尊重的。……」；另我國「因應超高齡社會對策方案」中，亦引用該「高齡社會白皮書」中之前揭文字。本題即是由前揭文件中所命題。考生可參考前揭文件的內容加以綜整，並納入個人的見解加以論述，即可順利應答。

【解析】

高齡者所面對的歧視，包括隱性的與顯性的兩個面向。隱性的歧視，即對高齡者持有負面的刻板印象；顯性的歧視，則仍可見於就業、住宅與社會參與等領域。茲就目前社會的「高齡歧視」問題進行論述並提出政策建議如下：

一 對高齡者隱性歧視面向之論述及政策建議

1. 論述：社會對老人的刻板印象，普遍認為老了就沒用了，因此，老

年人的形象在年輕人心中,通常是負面的代名詞,這樣的刻板印象,也影響了老人對自我的肯定。
2. 政策建議:在高齡政策的推動上,應朝向世代共融的方向努力,可增加不同世代間的相互了解。所以,國家應促進高齡者與其他年齡群體的互動,去除社會對於高齡者的刻板印象與年齡歧視,強化世代連結與融合。透過廣泛「破除年齡歧視」之社會宣導,倡導正向老年形象,提升社會對老化的認知,以及對高齡者的尊重。

三、對高齡者顯性歧視面向之論述及政策建議

1. 論述:目前社會在就業、住宅與社會參與等領域的顯性歧視,仍無法讓高齡者感受到友善及安全的環境。
2. 政策建議:在高齡就業領域,政府為避免高齡者所面臨之因年齡因素遭受就業歧視,已制定「中高齡者及高齡者就業促進法」,以專法保障高齡者就業免受歧視,但法律的落實,仍有待進一步加強,這包括了鼓勵企業發展高齡友善就業環境、鼓勵發展彈性工作模式等。在住宅領域,社會環境的友善與安全,是讓高齡者能無憂地享受日常生活的基礎條件,政府應積極建構高齡友善的居住與社會環境,讓高齡者享有健康、尊嚴的老年生活,以避免年長者欲租屋時因高齡而遭房東拒絕,或是欲購屋時被迫接受較為不利的貸款條件等情形一再發生。在社會參與領域,當高齡長者進入退休階段後,雖增加許多自由時間可彈性安排生活,但卻因喪失部分原有的角色而減少與社會接觸的機會,因此需要藉由參與各項活動以填補空閒時間,並加強新生活的適應,且高齡者異質性高,應發展多元之促進社會參與服務,以達活躍老化。

Chapter 13 老人福利之政策與立法

選擇題 (Multiple Choice Question)

1 依老人福利法之規定，下列敘述何者正確？　（110年第一次專技社工師）
(A) 勞工主管機關應積極促進退休男性再就業，並以長照服務為主要工作
(B) 直轄市、縣（市）主管機關應協助中低收入老人修繕房屋或提供租屋補助
(C) 住宅主管機關應推動三代同堂住宅，並排除土地變更之所有障礙和阻力
(D) 各目的事業主管機關應排除預算障礙，補助辦理出國休閒度假旅遊活動

答案：**B**

【解析】(1) 選項(A)有誤。老人福利法第29條規定，勞工主管機關應積極促進高齡者就業，並致力老人免於就業歧視。
　　　　(2) 選項(C)有誤。老人福利法第33條規定，住宅主管機關應推動社會住宅，排除老人租屋障礙。
　　　　(3) 選項(D)有誤。老人福利法第8條規定，主管機關及各目的事業主管機關應各本其職掌，對老人提供服務及照顧。

2 根據老人福利法，下列那一項不屬於保護措施的範圍？　（110年普考）
(A) 老人因無人扶養，導致生活陷於困境
(B) 老人因直系血親卑親屬對其遺棄，導致生命健康等危難
(C) 執行老人福利業務之相關人員，知悉老人有疑似受虐之情況，應通報主管機關
(D) 老人若列冊低收入戶者，若未接受收容安置，得申請生活津貼

答案：**D**

【解析】(1) 選項(A)屬於對老人的保護措施範圍。老人福利法第42條規定，老人因無人扶養，致有生命、身體之危難或生活陷於困境者，直轄市、縣（市）主管機關應依老人之申請或依職權，予以適當安置。
　　　　(2) 選項(B)屬於對老人的保護措施範圍。老人福利法第41條規定，老人因配偶、直系血親卑親屬或依契約負照顧義務之人有疏忽、虐待、遺棄或其他情事，致其生命、身體、健康或自由發生危難者，直轄市、縣（市）主管機關得依老人之申請或依職權予以適當保護及安置。老人對其提出告訴或請求損害賠償時，主管機關應協助之。

選擇題 Multiple Choice Question

(3) 選項(C)屬於對老人的保護措施範圍。老人福利法第43條規定，醫事人員、社會工作人員、村（里）長與村（里）幹事、警察人員、司法人員及其他執行老人福利業務之相關人員，於執行職務時知悉老人有疑似第四十一條第一項或第四十二條之情況者，應通報當地直轄市、縣（市）主管機關。直轄市、縣（市）主管機關接獲通報後，應立即處理，必要時得進行訪視調查。

3 依老人福利法第21條規定，下列敘述何者正確？

（110年第二次專技社工師）

(A)直轄市、縣（市）主管機關應定期舉辦老人健康檢查及保健服務，並依健康檢查結果及老人意願，提供追蹤服務，該準則由中央主管機關定之
(B)地方主管機關應定期舉辦老人健康檢查與衛生服務，並依健康鑑定，進行醫療處置，該準則由地方主管機關定之
(C)直轄市、縣市機關應定期舉辦老人健康檢查及保健服務，並依健康檢查結果及獲家屬之同意，提供追蹤服務，該準則由地方主管機關定之
(D)中央主管機關應定期舉辦老人健康檢查及保健服務，並依健康檢查及醫囑，進行大數據分析，該準則由中央主管機關定之

答案：**A**

【解析】 選項(A)正確。老人福利法第21條規定，直轄市、縣（市）主管機關應定期舉辦老人健康檢查及保健服務，並依健康檢查結果及老人意願，提供追蹤服務。前項保健服務、追蹤服務、健康檢查項目及方式之準則，由中央主管機關定之。

4 依老人福利法第19條規定，為滿足老人居住機構之需求，下列敘述何者錯誤？

（110年第二次專技社工師）

(A)主管機關應輔導老人機構提供以家屬為中心的服務
(B)機構式服務應以結合家庭及社區生活為原則
(C)社交活動服務、家屬教育服務為機構服務之內容
(D)機構式服務得支援居家式或社區式服務

老人福利之政策與立法 **Chapter 13**

Multiple Choice Question 選擇題

答案：**A**

【解析】(1) 老人福利法第19條規定，為滿足居住機構之老人多元需求，主管機關應輔導老人福利機構依老人需求（選項(A)有誤）提供下列機構式服務：
A. 住宿服務。
B. 醫護服務。
C. 復健服務。
D. 生活照顧服務。
E. 膳食服務。
F. 緊急送醫服務。
G. 社交活動服務。
H. 家屬教育服務。
I. 日間照顧服務。
J. 其他相關之機構式服務。
(2) 前項機構式服務應以結合家庭及社區生活為原則，並得支援居家式或社區式服務。

5 依據老人福利法第18條之規定，為提高家庭照顧老人之意願及能力，下列敘述何者正確？　　　　　　　　　　　　　　　　（110年第二次專技社工師）
(A) 提供機構式服務及提升老人在社區生活之黏著度
(B) 提供居家式服務及提升老人在社區生活之經濟性
(C) 提供團體家屋及提升老人在社區生活之依附性
(D) 提供社區式服務及提升老人在社區生活之自主性

答案：**D**

【解析】老人福利法第18條規定，提高家庭照顧老人之意願及能力，提升老人在社區生活之自主性（選項(D)正確），直轄市、縣（市）主管機關應自行或結合民間資源提供下列社區式服務：
(1) 保健服務。
(2) 醫護服務。
(3) 復健服務。

427

選擇題 Multiple Choice Question

(4) 輔具服務。
(5) 心理諮商服務。
(6) 日間照顧服務。
(7) 餐飲服務。
(8) 家庭托顧服務。
(9) 教育服務。
(10) 法律服務。
(11) 交通服務。
(12) 退休準備服務。
(13) 休閒服務。
(14) 資訊提供及轉介服務。
(15) 其他相關之社區式服務。

6 對於老人福利機構的敘述，下列何者正確？　　　　　　　（110年地方四等）

(A) 長期照顧機構依其服務對象共分為長期照護型、養護型和安養型三種
(B) 各級政府設立、辦理財團法人登記及財團法人附設之長期照顧機構，其設立規模，以300人為限。小型機構之規模則以49人為限
(C) 經許可設立私立老人福利機構者，應於3個月內辦理財團法人登記。但小型機構且符合不對外募捐、不接受補助、不享受租稅減免等情形者，得免辦理財團法人登記
(D) 小型機構承辦政府指定之長期照顧服務項目並接受政府補助之前，應先完成辦理財團法人登記

答案：**C**

【解析】(1) 選項(A)有誤。長期照顧服務法第21條規定，長照機構依其服務內容，分類如下：
　　　　A. 居家式服務類。
　　　　B. 社區式服務類。
　　　　C. 機構住宿式服務類。
　　　　D. 綜合式服務類。
　　　　E. 其他經中央主管機關公告之服務類。
　　　(2) 選項(B)有誤。老人福利機構設立標準第7條規定，各級政

老人福利之政策與立法　Chapter 13

Multiple Choice Question　選擇題

府設立、辦理財團法人登記及財團法人附設之長期照顧機構或安養機構，其設立規模，以二百人為限。但中華民國九十六年二月二日前已許可立案且營運者，不在此限。本法第三十六條第二項及第六項所定小型設立長期照顧機構或安養機構，其設立規模，以四十九人為限。

(3) 選項(D)有誤。長期照顧服務法第36條規定，經許可設立私立老人福利機構者，應於三個月內辦理財團法人登記。但小型設立且符合不對外募捐、不接受補助、不享受租稅減免，得免辦財團法人登記。前項但書之補助，不包括配合國家長期照顧政策，辦理符合中央主管機關指定或公告之項目及基準者。

7 老人福利法有關特別照顧津貼之規定，下列何者錯誤？（110年地方四等）
(A)特別照顧津貼為老年經濟保障措施之一
(B)特別照顧津貼之領受人為低收入戶或中低收入老人未接受安置者
(C)特別照顧津貼之資格要件其失能程度經評估為重度以上者
(D)特別照顧津貼之權利不得扣押、讓與或供擔保

答案：**B**

【解析】老人福利法第12條規定，中低收入老人未接受收容安置者，得申請發給生活津貼。選項(B)有誤，未包括低收入戶。

8 依據老人福利法第23及25條規定，政府為協助老人維持獨立生活能力應辦理的服務，下列何者錯誤？（110年地方四等）
(A)提供相關輔具資訊　　　　　(B)協助老人取得生活輔具
(C)居家消防安全之諮詢　　　　(D)臨時或短期喘息照顧服務

答案：**D**

【解析】(1) 老人福利法第23條規定，為協助老人維持獨立生活之能力，增進生活品質，直轄市、縣（市）主管機關應自行或結合民間資源辦理輔具服務：
A.輔具之評估及諮詢。
B.提供有關輔具、輔助性之生活用品及生活設施設備之資

選擇題 Multiple Choice Question

訊。選項(A)屬之。
C.協助老人取得生活輔具。選項(B)屬之。
D.主管機關應提供前項老人居家消防安全宣導與諮詢。選項(C)屬之。
E.中央主管機關得視需要獎勵研發老人生活所需之各項輔具、用品及生活設施設備

(2) 老人福利法第25條規定,老人搭乘國內公、民營水、陸、空大眾運輸工具,進入康樂場所及參觀文教設施,應予半價優待。前項文教設施為中央機關(構)、行政法人經營者,平日應予免費。

9 為營造適合長者的生活,推動積極性老人福利,發展全方位的服務,並促進長者社會參與。此概念可稱之為: （111年普考）
(A)活躍老化　　　　　　　　(B)保護性老化
(C)照顧性老化　　　　　　　(D)依賴性老化

答案:**A**

【解析】「活躍老化」又稱為「活力老化」,是聯合國2002年提出的概念,是指為了促進老人的生活品質,而有一個樂觀的健康、參與和安全機會的過程。活躍老化的三大政策面向(支柱),包括:健康、社會參與(題意所述屬之)、安全。

10 依據老人福利法規定,下列何事項不由中央主管機關掌理? （111年普考）
(A)老人福利專業人員訓練之規劃事項
(B)老人福利服務之發展、獎助及評鑑之規劃事項
(C)老人保護業務之規劃事項
(D)直轄市、縣(市)老人福利機構之輔導設立、監督檢查及評鑑獎勵事項

答案:**D**

【解析】老人福利法第4條規定,下列事項,由中央主管機關掌理:
(1) 全國性老人福利政策、法規與方案之規劃、釐定及宣導事項。
(2) 對直轄市、縣(市)政府執行老人福利之監督及協調事

老人福利之政策與立法 Chapter 13

Multiple Choice Question 選擇題

項。
(3) 中央老人福利經費之分配及補助事項。
(4) 老人福利服務之發展、獎助及評鑑之規劃事項。選項(B)屬之。
(5) 老人福利專業人員訓練之規劃事項。選項(A)屬之。
(6) 國際老人福利業務之聯繫、交流及合作事項。
(7) 老人保護業務之規劃事項。選項(C)屬之。
(8) 中央或全國性老人福利機構之設立、監督及輔導事項。
(9) 其他全國性老人福利之策劃及督導事項。

11 老人福利法第12條規定，中低收入老人未接受收容安置者，得申請發給生活津貼。下列敘述何者錯誤？　　　　　　（111年第二次專技社工師）
(A) 特別照顧津貼之請領資格、條件、程序、金額及其他相關事項之辦法，由中央主管機關定之
(B) 領有生活津貼，且其失能程度經評估為重度以上，實際由家人照顧者，照顧者得向直轄市、縣（市）主管機關申請發給特別照顧津貼
(C) 申請特別照顧津貼之請領資格、條件，設籍時間有6個月以上者，得向直轄市、縣（市）主管機關提出申請
(D) 申請特別照顧津貼應檢附之文件，審核作業等事項之規定，由直轄市、縣（市）主管機關定之

答案：**C**

【解析】老人福利法第12條規定：
(1) 中低收入老人未接受收容安置者，得申請發給生活津貼。
(2) 前項領有生活津貼，且其失能程度經評估為重度以上，實際由家人照顧者，照顧者得向直轄市、縣（市）主管機關申請發給特別照顧津貼。選項(B)屬之。
(3) 前二項津貼請領資格、條件、程序、金額及其他相關事項之辦法，由中央主管機關定之（選項(A)屬之），並不得有設籍時間之限制（選項(C)有誤）；申請應檢附之文件、審核作業等事項之規定，由直轄市、縣（市）主管機關定之（選項(D)屬之）。

選擇題 Multiple Choice Question

(4) 不符合請領資格而領取津貼者，其領得之津貼，由直轄市、縣（市）主管機關以書面命本人或其繼承人自事實發生之日起六十日內繳還；屆期未繳還者，依法移送行政執行。

12 下列何者並非屬於老人福利法第6條所規定，各級政府老人福利之經費來源？　　　　　　　　　　　　　　（111年第二次專技社工師）
(A)指定推動老人福利之相關稅收
(B)社會福利基金
(C)私人或團體捐贈
(D)公益彩券盈餘分配等其他收入

答案：**A**

【解析】老人福利法第6條規定，各級政府老人福利之經費來源如下：
(1) 按年編列之老人福利預算。
(2) 社會福利基金。選項(B)屬之。
(3) 私人或團體捐贈。選項(C)屬之。
(4) 其他收入。選項(D)屬之。〔依財政部公益彩券監理委員會組成辦法第3條規定，公益彩券盈餘之分配，應以百分之四十五供國民年金、百分之五供全民健康保險準備、百分之五十供直轄市、縣（市）政府辦理社會福利支出之用，並不得充抵依財政收支劃分法已分配及補助之社會福利經費。〕

13 依據老人福利法第13、14條，有關受監護或輔助宣告及財產安全之相關規定，下列何者錯誤？　　　　　　（111年第二次專技社工師）
(A)老人有受監護或輔助宣告之必要，親友得協助其向地方主管機關聲請
(B)地方主管機關得協助其進行撤銷宣告之聲請
(C)地方主管機關為保護老人之身體及財產，得聲請法院為必要之處分
(D)為保護老人的財產安全，地方主管機關應鼓勵其將財產交付信託

答案：**A**

【解析】(1) 老人福利法第13條
A.老人有受監護或輔助宣告之必要時，直轄市、縣（市）主管機關得協助其向法院聲請（選項(A)有誤）。受監

護或輔助宣告原因消滅時，直轄市、縣（市）主管機關得協助進行撤銷宣告之聲請（選項(B)屬之）。

B. 有改定監護人或輔助人之必要時，直轄市、縣（市）主管機關應協助老人為相關之聲請。

C. 前二項監護或輔助宣告確定前，主管機關為保護老人之身體及財產，得聲請法院為必要之處分，並提供其他與保障財產安全相關服務。選項(C)屬之。

(2) 老人福利法第14條

A. 為保護老人之財產安全，直轄市、縣（市）主管機關應鼓勵其將財產交付信託。選項(D)屬之。

B. 金融主管機關應鼓勵信託業者及金融業者辦理財產信託，提供商業型不動產逆向抵押貸款服務。

C. 住宅主管機關應提供住宅租賃相關服務。

14 為保障高齡者的經濟安全，老人福利法中明訂相關規定。關於其具體內容，下列何者錯誤？　　　　　　　　　　　　　　（111年地方四等）

(A) 老人經濟安全保障，採生活津貼、特別照顧津貼、年金保險制度方式

(B) 為保護老人之財產安全，直轄市、縣（市）主管機關應鼓勵其將財產交付信託

(C) 老人依法請領之各項現金給付或補助之權利，得扣押、讓與或供擔保

(D) 老人有受監護或輔助宣告之必要時，直轄市、縣（市）主管機關得協助其向法院聲請

答案：**C**

【解析】選項(C)有誤。老人福利法第12-1條規定，依本法請領各項現金給付或補助之權利，不得扣押、讓與或供擔保。

15 老人福利法中有關福利機構之規定，下列敘述何者錯誤？

（111年地方四等）

(A) 經許可設立私立老人福利機構者，應於六個月內辦理財團法人登記

(B) 公設民營機構名稱不冠以公立或私立。但應於名稱前冠以所屬行政區域名稱

(C) 老人福利機構不得兼營營利行為或利用其事業為任何不當之宣導

選擇題 Multiple Choice Question

(D) 老人福利機構於停業期間,增加收容服務對象,主管機關應處新臺幣六萬元以上三十萬元以下罰鍰,並限期令其改善

答案:A

【解析】(1) 老人福利法第36條規定,私人或團體設立老人福利機構,應向直轄市、縣(市)主管機關申請設立許可。
(2) 經許可設立私立老人福利機構者,應於三個月內辦理財團法人登記(選項(A)有誤)。但小型設立且符合下列各款情形者,得免辦財團法人登記:
①不對外募捐。
②不接受補助。
③不享受租稅減免。

16 依據老人福利法規定,下列何者不是直轄市、縣(市)主管機關要提供給失能之居家老人居家式服務? (111年第一次專技社工師)
(A) 家務服務　　　　　　　　　(B) 電話問安服務
(C) 住家環境改善　　　　　　　(D) 退休準備服務

答案:D

【解析】老人福利法第17條規定,為協助失能之居家老人得到所需之連續性照顧,直轄市、縣(市)主管機關應自行或結合民間資源提供下列居家式服務:
(1) 醫護服務。
(2) 復健服務。
(3) 身體照顧。
(4) 家務服務。選項(A)屬之。
(5) 關懷訪視服務。
(6) 電話問安服務。選項(B)屬之。
(7) 餐飲服務。
(8) 緊急救援服務。
(9) 住家環境改善服務。選項(C)屬之。
(10) 其他相關之居家式服務。

老人福利之政策與立法　Chapter 13

Multiple Choice Question　**選擇題**

17 依據老人福利法的規定，老人連續照護的規劃與推動，是下列那個主管機關的權責？　　　　　　　　　　　　　　　　　（111年第一次專技社工師）
(A) 勞工主管機關　　　　　　　(B) 教育主管機關
(C) 衛生主管機關　　　　　　　(D) 社政主管機關

答案：**C**

【解析】老人福利法第3條規定，衛生主管機關主管老人預防保健、心理衛生、醫療、復健與連續性照護之規劃、推動及監督等事項。

18 依據老人福利法規定，有關老人輔具服務，下列敘述何者錯誤？
　　　　　　　　　　　　　　　　　　　　　　　　（112年第一次專技社工師）
(A) 輔具可以協助老人維持獨立生活的能力
(B) 老人無論購買何種輔具都能取得補助
(C) 政府要提供老人有關輔具的資訊
(D) 輔具可以增進老人的生活品質

答案：**B**

【解析】老人福利法第23條規定：
(1) 為協助老人維持獨立生活之能力，增進生活品質，直轄市、縣（市）主管機關應自行或結合民間資源辦理輔具服務：
A. 輔具之評估及諮詢。
B. 供有關輔具、輔助性之生活用品及生活設施設備之資訊。
C. 協助老人取得生活輔具。選項(B)有誤，限與老人生活所需之輔具，才能取得補助。

19 依據老人福利法規定，有關老人保護安置，下列敘述何者錯誤？
　　　　　　　　　　　　　　　　　　　　　　　　（112年第一次專技社工師）
(A) 老人因直系血親卑親屬疏忽導致其生命發生危難者，縣市政府得依老人之申請予以適當保護及安置
(B) 有關老人保護及安置費用，老人、配偶或直系血親卑親屬不需支付，由縣

435

選擇題 Multiple Choice Question

市政府全數支付
(C) 老人因依契約負照顧義務之人有虐待導致其自由發生危難者，縣市政府得依職權予以適當保護及安置
(D) 有關老人保護及安置費用，縣市政府得因老人、配偶或直系血親卑親屬因生活陷於困境無力負擔予以減輕

答案：**B**

【解析】老人福利法第41條規定：
(1) 老人因配偶、直系血親卑親屬或依契約負照顧義務之人有疏忽、虐待、遺棄或其他情事，致其生命、身體、健康或自由發生危難者，直轄市、縣（市）主管機關得依老人之申請或依職權予以適當保護及安置。老人對其提出告訴或請求損害賠償時，主管機關應協助之。
(2) 前項保護及安置，直轄市、縣（市）主管機關得依職權或依老人申請免除之。
(3) 第一項老人保護及安置所需之費用，由直轄市、縣（市）主管機關先行支付者，直轄市、縣（市）主管機關得檢具費用單據影本、計算書，及得減輕或免除之申請程序，以書面行政處分通知老人、老人之配偶、直系血親卑親屬或依契約負照顧義務者於六十日內返還；屆期未返還者，得依法移送行政執行。選項(B)有誤。

20 根據老人福利法的規定，對於老人得申請生活津貼的條件，下列敘述何者正確？ （112年普考）
(A) 老人均可以申請
(B) 低收入老人就可以申請
(C) 低收入老人與中低收入老人就可以申請
(D) 未接受收容安置的中低收入老人就可以申請

答案：**D**

【解析】老人福利法第12條規定，中低收入老人未接受收容安置者，得申請發給生活津貼。前項領有生活津貼，且其失能程度經

Chapter 13 老人福利之政策與立法

Multiple Choice Question 選擇題

評估為重度以上,實際由家人照顧者,照顧者得向直轄市、縣(市)主管機關申請發給特別照顧津貼。選項(D)正確。

21 有關老人福利法第12條,老人得申請生活津貼之規定,下列何者錯誤?
(112年第二次專技社工師)

(A) 所有列冊的中低收入戶老人皆得申請
(B) 領有生活津貼,且失能經評定為重度以上,實際上有家人照顧者,得申請特別照顧津貼
(C) 生活津貼的發給,不得有設籍時間的限制
(D) 不符資格而領取津貼者,需於事實發生之日起60日內繳還

答案:**A**

【解析】老人福利法第12條規定:
(1) 中低收入老人未接受收容安置者,得申請發給生活津貼。選項(A)有誤。
(2) 前項領有生活津貼,且其失能程度經評估為重度以上,實際由家人照顧者,照顧者得向直轄市、縣(市)主管機關申請發給特別照顧津貼。選項(B)屬之。
(3) 前二項津貼請領資格、條件、程序、金額及其他相關事項之辦法,由中央主管機關定之,並不得有設籍時間之限制(選項(C)屬之);申請應檢附之文件、審核作業等事項之規定,由直轄市、縣(市)主管機關定之。
(4) 不符合請領資格而領取津貼者,其領得之津貼,由直轄市、縣(市)主管機關以書面命本人或其繼承人自事實發生之日起六十日內繳還;屆期未繳還者,依法移送行政執行。選項(D)屬之。

22 下列何者並非屬於老人福利法第23條規定,協助老人維持獨立生活能力所需提供的服務?
(112年第二次專技社工師)

(A) 輔具的評估及諮詢
(B) 提供有關輔具、輔助性之生活用品及生活設施設備資訊
(C) 協助老人取得生活輔具
(D) 提供老人交通接送服務

Question Box 社會政策與社會立法（含概要） 搶分題庫

選擇題 Multiple Choice Question

答案：**D**

【解析】老人福利法第23條規定，為協助老人維持獨立生活之能力，增進生活品質，直轄市、縣（市）主管機關應自行或結合民間資源辦理輔具服務：
(1) 輔具之評估及諮詢。選項(A)屬之。
(2) 提供有關輔具、輔助性之生活用品及生活設施設備之資訊。選項(B)屬之。
(3) 協助老人取得生活輔具。選項(C)屬之。

23 依據老人福利法第33條第2項，為協助排除老人租屋障礙，住宅主管機關得獎勵屋主修繕住宅設施，下列何者不是所定住宅設施應符合的原則？

（112年地方四等）

(A) 需滿足小規模、融入社區及多機能等原則
(B) 興辦事業計畫書所載開發興建住宅戶數為2百戶以下
(C) 由社區現有基礎公共設施及生活機能，使老人易獲得交通、文化、教育、醫療、文康、休閒及娛樂等服務，且便於參與社區相關事務
(D) 配合老人多元需求，提供適合老人本人居住，或與其家庭成員或主要照顧者同住或近鄰居住；設有共用服務空間及公共服務空間，同一棟建築物之同一樓層須有獨立通道

答案：**D**

【解析】(1) 老人福利法第33條規定，住宅主管機關應推動社會住宅，排除老人租屋障礙。為協助排除老人租屋障礙，直轄市、縣（市）住宅主管機關得擬訂計畫獎勵屋主房屋修繕費用，鼓勵屋主提供老人租屋機會。
(2) 老人福利法施行細則第8條規定，本法第三十三條第二項所定住宅設施小規模、融入社區及多機能之原則（選項(A)屬之）如下：
①小規模：興辦事業計畫書所載開發興建住宅戶數為二百戶以下。選項(B)屬之。
②融入社區：由社區現有基礎公共設施及生活機能，使老人易獲得交通、文化、教育、醫療、文康、休閒及娛樂

老人福利之政策與立法 **Chapter 13**

Multiple Choice Question 選擇題

等服務，且便於參與社區相關事務。選項(C)屬之。

③多機能：配合老人多元需求，提供適合老人本人居住，或與其家庭成員或主要照顧者同住或近鄰居住；設有共用服務空間及公共服務空間，同一棟建築物之同一樓層須有共用通道。選項(D)有誤，應為共用通道，而非獨立通道。

24 行政院於民國110年修訂「高齡社會白皮書」，揭示我國高齡社會發展的四大願景。下列何者並非四大願景之一？　　　（112年地方四等）
(A)自尊　　(B)自立　　(C)共融　　(D)永續

答案：**A**

【解析】民國110年修訂「高齡社會白皮書」揭示「自主」、「自立」、「共融」及「永續」四大願景，策劃我國高齡社會的發展：
(1) 自主：國家應考量高齡者需求的異質性，引導社會各部門共同發展多元化的高齡服務，以利高齡者自主選擇。
(2) 自立：國家應滿足高齡者個人的基本需求，提升生活自立，並促進社會參與和連結，保障基本人權。選項(B)屬之。
(3) 共融：國家應促進高齡者與其他年齡群體的互動，去除社會對於高齡者的刻板印象與年齡歧視，強化世代連結與融合。選項(C)屬之。
(4) 永續：國家應強化社會核心制度的健全發展，降低人口結構快速變遷對社會的衝擊，穩固高齡社會的運作與永續發展。選項(D)屬之。

25 下列何者為老人福利法所規定之老人經濟安全保障的方式？
（113年第一次專技社工師）
(A)健康保險制度　　　　　　(B)微型保險制度
(C)年金保險制度　　　　　　(D)個人儲蓄制度

Question Box 社會政策與社會立法（含概要） 搶分題庫

選擇題 Multiple Choice Question

答案：**C**

【解析】老人福利法第11條規定，老人經濟安全保障，採生活津貼、特別照顧津貼、年金保險制度方式，逐步規劃實施。選項(C)屬之。

26 依據老人福利法規定，下列有關老人受監護或輔助宣告的敘述，何者正確？
（113年第一次專技社工師）

(A) 老人有受監護或輔助宣告之必要時，直轄市、縣市主管機關得協助其向法院聲請。受監護或輔助宣告原因消滅時，直轄市、縣市主管機關得協助進行撤銷宣告之聲請

(B) 老人有受監護或輔助宣告之必要時，僅家屬才可向法院提出聲請。受監護或輔助宣告原因消滅時，必須由聲請者進行撤銷宣告

(C) 老人有受監護或輔助宣告之必要時，僅同戶籍者可向法院提出聲請。受監護或輔助宣告原因消滅時，由同戶籍者進行撤銷宣告之聲請

(D) 老人有受監護或輔助宣告之必要時，僅老人直系血親可向法院提出聲請。受監護或輔助宣告原因消滅時，亦須由老人直系血親進行撤銷宣告之聲請

答案：**A**

【解析】選項(A)正確。老人福利法第13條規定，老人有受監護或輔助宣告之必要時，直轄市、縣（市）主管機關得協助其向法院聲請。受監護或輔助宣告原因消滅時，直轄市、縣（市）主管機關得協助進行撤銷宣告之聲請。

27 依據老人福利法規定，下列那一項不屬於經濟安全之範圍？（113年普考）

(A) 直轄市、縣（市）主管機關鼓勵老人將財產交付信託
(B) 金融主管機關鼓勵金融業者提供商業型不動產逆向抵押貸款服務
(C) 住宅主管機關提供住宅租賃相關服務
(D) 直轄市、縣（市）主管機關提供老人社區式照顧服務

答案：**D**

【解析】選項(D)所述為老人福利法第三章「服務措施」的範圍，非老人福利法第二章「經濟安全」的範圍

老人福利之政策與立法　Chapter 13

Multiple Choice Question　**選擇題**

28 依老人福利法有關老人經濟安全之規定，下列敘述何者錯誤？

（113年第二次專技社工師）

(A) 中低收入老人未接受收容安置者，得申請發給生活津貼
(B) 依法請領各項現金給付或補助之權利，不得扣押、讓與或供擔保之用
(C) 領有生活津貼，且其失能程度經評估為重度以上，實際由家人照顧者，照顧者得申請發給特別照顧津貼
(D) 不符合領取請領資格而領取津貼者，由政府主管機關以書面命本人或其繼承人自事實發生之日起3個月內繳還，未繳還者移送法辦

答案：**D**

【解析】選項(D)有誤。老人福利法第12條規定，不符合請領資格而領取津貼者，其領得之津貼，由直轄市、縣（市）主管機關以書面命本人或其繼承人自事實發生之日起六十日內繳還；屆期未繳還者，依法移送行政執行。

29 下列何者非屬老人福利法所規定，中央主管機關掌理的事項？

（113年第二次專技社工師）

(A) 中央老人福利政策、法規及方案之執行事項
(B) 中央或全國性老人福利機構之設立、監督及輔導事項
(C) 老人保護業務之規劃事項
(D) 老人福利服務之發展、獎助及評鑑規劃事項

答案：**A**

【解析】(1) 老人福利法第4條規定，下列事項，由中央主管機關掌理：
　　A. 全國性老人福利政策、法規與方案之規劃、釐定及宣導事項。
　　B. 對直轄市、縣（市）政府執行老人福利之監督及協調事項。
　　C. 中央老人福利經費之分配及補助事項。
　　D. 老人福利服務之發展、獎助及評鑑之規劃事項。選項(D)屬之。

441

Question Box 社會政策與社會立法（含概要） 搶分題庫

選擇題　Multiple Choice Question

　　E.老人福利專業人員訓練之規劃事項。
　　F.國際老人福利業務之聯繫、交流及合作事項。
　　G.老人保護業務之規劃事項。選項(C)屬之。
　　H.中央或全國性老人福利機構之設立、監督及輔導事項。選項(B)屬之。
　　I.其他全國性老人福利之策劃及督導事項。
(2)老人福利法第5條規定，下列事項，由直轄市、縣（市）主管機關掌理：
　　A.直轄市、縣（市）老人福利政策、自治法規與方案之規劃、釐定、宣導及執行事項。
　　B.中央老人福利政策、法規及方案之執行事項。選項(A)屬之。
　　C.直轄市、縣（市）老人福利經費之分配及補助事項。
　　D.老人福利專業人員訓練之執行事項。
　　E.老人保護業務之執行事項。
　　F.直轄市、縣（市）老人福利機構之輔導設立、監督檢查及評鑑獎勵事項。
　　G.其他直轄市、縣（市）老人福利之策劃及督導事項。

30 依老人福利法之規定，老人參觀之文教設施為中央機關（構）、行政法人經營者，平日應予何種優待？　　　　　　　　（113年地方四等）
(A)半價　　　　　　　　　　　(B)由子女或家屬陪伴者半價
(C)6折　　　　　　　　　　　 (D)免費

答案：**D**

【解析】老人福利法第25條規定：
(1)老人搭乘國內公、民營水、陸、空大眾運輸工具，進入康樂場所及參觀文教設施，應予以半價優待。
(2)前項文教設施為中央機關（構）、行政法人經營者，平日應予免費。

31 依據老人福利法中，有關老人保護措施之敘述，下列何者錯誤？
　　　　　　　　　　　　　　　　　　（114年第一次專技社工師）

Chapter 13 老人福利之政策與立法

(A) 為發揮老人保護功能，應以地方政府為單位，建立老人保護體系，並定期召開老人保護聯繫會報
(B) 老人因無人扶養、獨居、兩老同居者，地方主管機關應立即依家屬之需求，予以機構緊急安置
(C) 地方主管機關接獲老人保護通報時，應立即處理，必要時得進行訪視調查
(D) 老人之扶養人或其他實際照顧老人者，違反第51條情節嚴重者，應施予4小時以上20小時以下之家庭教育及輔導

答案：B

【解析】選項(B)有誤。老人福利法第42條規定，老人因無人扶養，致有生命、身體之危難或生活陷於困境者，直轄市、縣（市）主管機關應依老人之申請或依職權，予以適當安置。

32 有關老人福利法之規定，下列敘述何者正確？①私立老人福利機構停辦、停業、歇業、解散、經撤銷或廢止許可時，對於其收容之服務對象應即予以適當之安置 ②無法安置時，由主管機關協助安置，機構應予配合 ③私立老人福利機構停辦原因消失後，應申請復業或歇業許可，其未依規定申請復業、歇業許可或申請復業原因不予許可者，主管機關應廢止其設立許可 ④老人福利機構經依前項規定廢止設立許可者，主管機關並應限期令該機構繳回設立許可書；屆期未繳回者，應移送法辦 （114年第一次專技社工師）
(A) ①②③④　　(B) 僅①②③　　(C) 僅②③④　　(D) 僅③④

答案：B

【解析】老人福利法第48條規定，老人福利機構經依項規定廢止設立許可者，主管機關並應限期令該機構繳回設立許可證書；屆期未繳回者，應予註銷。題意④有誤。

33 依據老人福利法規定，下列何者不是協助失能老人之家庭照顧者所提供的服務？ （114年第一次專技社工師）
(A) 提供有關輔具、輔助性之生活用品及生活設施設備之資訊
(B) 臨時或短期喘息的照顧服務
(C) 照顧者的訓練及研習
(D) 照顧者個人諮商及支援團體

選擇題 Multiple Choice Question

答案：A

【解析】老人福利法第31條規定，為協助失能老人之家庭照顧者，直轄市、縣（市）主管機關應自行或結合民間資源提供下列服務：
(1) 臨時或短期喘息照顧服務。選項(B)屬之。
(2) 照顧者訓練及研習。選項(C)屬之。
(3) 照顧者個人諮商及支援團體。選項(D)屬之。
(4) 資訊提供及協助照顧者獲得服務。
(5) 其他有助於提升家庭照顧者能力及其生活品質之服務。

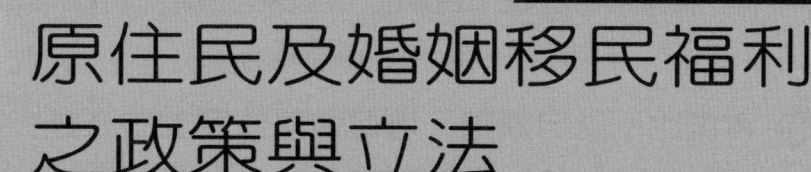

Chapter 14 原住民及婚姻移民福利之政策與立法

關鍵焦點

1. 原住民相關法規內容為申論題基礎考點。
2. 測驗題以原住民族基本法、原住民族工作權法障法為命題焦點。

申論題 Essay Question

一、「原住民族工作權保障法」係少數為保障原住民族權益的立法，也是一種朝向以「工作福利」替代「社會福利補助」之積極性政策的表徵與實踐，試說明該法的立法特色有那些？ （105年高考）

考點分析

1. 本題屬於記憶型題型，考題無變化性，詳記即可順利應答。
2. 對於這種題型，考生亦可自行就在研讀該社政法規時加以彙整，只要能掌握法規特色論述即可順利應答；本題解答參考出處為黃源協著《社會政策與社會立法》。

【解析】

「原住民族工作權益保障法」是少數專為保障原住民權益的立法，茲將該法的主要特色歸納如下：

一、以特定身分立法，有助於保障原住民族的工作權

該法以具有原住民身分者為保障對象，原住民原本即是就業市場的弱

勢者，再加上近年外勞的僱用，更惡化了原住民的就業機會。原住民族工作權保障法的制定與實施，其以原住民為特定保障對象，實為保障原住民工作權及經濟生活的具體表現。

◆二 實施比例進用原則，可促進原住民工作機會

為了確保原住民有機會於工作較為穩定的公立機構任職，該法明確規範各級公立機構及原住民地區公營機構僱用原住民比例，此強制的原則有助於規範各級機關（構）的作為，並促進原住民的工作機會。

◆三 鼓勵原住民合作社的設立，開啟原住民自立自主的機會

該法透過輔導、免稅、經費補助與獎勵等做法，鼓勵原住民合作社的設立與經營，有助於開啟原住民的工作機會，特別是讓原住民有進一步邁向自立自主的管道和機會。

◆四 保障原住民參與公共事務的機會，有助於扶植原住民團體

該法透過保障原住民個人或團體的承包機會，或規範公共工程得標者需進用一定比例的原住民身分者，這將增進原住民的就業機會，特別是這項規定有助於扶助原住民團體，並透過合作契約建構政府與原住民間的夥伴關係。

◆五 建置就業調查與資料庫機制，有助於就業的媒合

該法透過原住民就業促進委員會之設置，就業狀況調查、人力資料庫及失業通報系統、職業訓練、技藝訓練和促進就業之宣導，一方面可掌握失業人口，另一方面可觸發業者僱用原住民，這將有助於就業機會的媒合。

◆六 引進職場社會工作人員，有助於穩定原住民的就業狀況

該法對於僱用原住民較多的民間機構，由政府補助社會工作人員，這

種將社會工作專業引進原住民勞工的職場,一方面將有助於員工的輔導,另一方面也有助於降低原住民員工的離職率。

> **申論題** Essay Question
>
> 二、新住民已經是我國重要人口組成之一。請說明政府提供那些新住民的服務工作?並以此申論我國新住民政策應有的立場。
>
> (107年第一次專技社工師)

考點分析

本題考提供新住民的服務工作之項目,在其他考科已有出題紀錄,考題屬於基礎題型;另我國新住民政策應有的立場,請從新住民目前所面臨的現況思考,並由社會政策價值中的公民權利、社會排除兩面向加以論述,即可順利應答。

【解析】

一 政府提供新住民的服務工作之說明

1 諮詢服務

提供新住民及其家庭成員、親友或相關單位,都可以透過電話諮詢婚姻、法律、就業、社會福利資源、服務與人身安全等相關問題,若有需要可以透過預約方式面談。

2 個案管理

設有個案管理員,針對有需要、且有意願接受服務的新住民及其家庭成員,透過諮詢、面談與訪視等方式,提供個案相關服務,並進一步連結資源,幫助新住民生活適應,並促進家庭和諧。包括個案的問題不複雜,只需要提供資訊或簡單服務即可之短期服務;以及有些個案的問題複雜,需要連結跨部門資源協助,更需要長期追蹤服務之個案管理服務。

3 團體方案

除了新住民與個案管理服務之外,社會工作人員也經常透過團體方案,提供新住民及其家庭相關服務。這些服務方案可視新住民及其家庭之需要,結合地方資源,發展適合的團體方案。例如:親職教育、知性與休閒活動、生活適應、人身安全、婚姻與家庭講座、夫妻團體、親子活動;溝通技巧、醫療健康講座、機構駕照輔考等。

4 多元文化交流

多元文化的建構是雙向發展經驗,政府除透過團體工作或文化交流活動,幫助新住民瞭解台灣的文化與民俗風情,也透過社會教育與宣導,幫助社會大眾認識新住民的文化,並培訓多元文化種子教師與通譯人,以達成多元文化社會之目標。

◆ 我國新住民政策應有的立場之申論

1 積極提升新住民公民權利之保障

公民權利是社會福利學者最常聲明的用語之一,主張作為一個現代的公民,社會福利應該是人們應享有的公民權利之一,而不需視個人財產或資源的多寡而定。主要論點提倡者為英國學者Marshall,其並指出:「公民權利指的是一個共同體中所有成員都享有的資格,成員因其資格被賦予相對的權利與義務」。我國對於新住民公民權利的做法,採取「生活從寬、身分從嚴」的原則,在政治權的參與上,採取較嚴格的限制;而在福利權的做法上,受限於國民身分證、落籍制度與家屬連帶責任等殘補式的福利思維影響,對於不需要繳費型社會福利的權利行使,有許多的限制,致使新住民公民權利未受到保障,未來的新住民政策應對此面向加以落實保障。

2 積極排除造成社會排除之障礙

社會福利的功能之一就是促進社會的整合,因此就社會政策的項目,若個人所應享有的社會權遭剝奪,且這種剝奪通常不是個人所能控制的狀況時,我們稱之為社會排除。社會排除的過程本質是動態而且是多面向的,預防與打擊社會排除也就需要動員所有的努

Chapter 14 原住民及婚姻移民福利之政策與立法

力，以及經濟與社會措施雙方面的結合。新住民與本國籍配偶結婚，多屬較為弱勢族群，社會資源較為不足。因此，常因經濟或社會地位的弱勢、社會邊緣化、以及缺乏公平的認可（如社會歧視偏見與敵意等）而遭社會排除，我國的新住民政策應就此加以檢討，減少社會排除，以建立多元包容的新社會。

Question Box 社會政策與社會立法（含概要） 搶分題庫

選擇題　Multiple Choice Question

1. 根據原住民族工作權保障法第12條，依政府採購法得標之廠商，於國內員工總人數逾100人者，應於履約期間僱用原住民，其人數不得低於總人數的多少百分比？　　　　　　　　　　　　　　　　　　（104年第一次專技社工師）
   (A)百分之一　　　　　　　　　　(B)百分之三
   (C)百分之五　　　　　　　　　　(D)百分之七

   答案：**A**

   【解析】原住民族工作權保障法第12條規定，依政府採購法得標之廠商，於國內員工總人數逾一百人者，應於履約期間僱用原住民，其人數不得低於總人數百分之一。

2. 依據原住民族工作權保障法規定，下列敘述何者正確？
   (A)本法所稱主管機關：在中央為行政院原住民委員會
   (B)各級政府機關、公立學校及公營事業機構，其僱用所有人員之總額，每滿一百人應有原住民一人
   (C)各級政府機關、公立學校及公營事業機構，應僱用原住民之地區，排除澎湖、金門、連江縣
   (D)原住民地區之各級政府機關、公立學校及公營事業機構，其僱用所有人員之總額，應有三分之一以上為原住民　　（105年第二次專技社工師）

   答案：**C**

   【解析】(1)原住民族工作權保障法第3條規定，本法所稱主管機關：在中央為原住民族委員會；在直轄市為直轄市政府；在縣（市）為縣（市）政府。選項(A)所述行政院原住民委員會有誤，應為原住民族委員會，並無「行政院」三個字。
   (2)原住民族工作權保障法第4條規定：
   ①各級政府機關、公立學校及公營事業機構，除位於澎湖、金門、連江縣外，其僱用下列人員之總額，每滿一百人應有原住民一人（選項(B)所述有誤，有部分縣市排除適用，且僅限於特定的僱用人員，非僱用的所有人員；選項(C)正確）：
   A. 約僱人員。
   B. 駐衛警察。

老人福利之政策與立法 **Chapter 14**

Multiple Choice Question 選擇題

　　　C. 技工、駕駛、工友、清潔工。
　　　D. 收費管理員。
　　　E. 其他不須具公務人員任用資格之非技術性工級職務。
　②前項各款人員之總額，每滿五十人未滿一百人之各級政府機關、公立學校及公營事業機構，應有原住民一人。
(3) 原住民族工作權保障法第5條規定，原住民地區之各級政府機關、公立學校及公營事業機構，其僱用下列人員之總額，應有三分之一以上為原住民（選項(D)所述其僱用所有人員之總額有誤，應僅限特定的僱用人員適用進用規定）：
　①約僱人員。
　②駐衛警察。
　③技工、駕駛、工友、清潔工。
　④收費管理員。
　⑤其他不須具公務人員任用資格之非技術性工級職務。

3 下列原住民族工作權保障法中，原住民地區各級政府機關、公立學校及公營事業機構，進用須具公務人員任用資格者，其進用原住民人數不得低於現有員額百分比敘述，何者比較正確？　　　　　　　　　（105年地方四等）
(A) 1%　　　　　　　　　　(B) 2%
(C) 3%　　　　　　　　　　(D) 5%

答案：**B**

【解析】原住民族工作權保障法第5條規定，原住民地區之各級政府機關、公立學校及公營事業機構，進用須具公務人員任用資格者，其進用原住民人數應不得低於現有員額之百分之二，並應於本法施行後三年內完成。但現有員額未達比例者，俟非原住民公務人員出缺後，再行進用。選項(B)屬之。

4 依原住民族工作權保障法之規定，依政府採購法得標之廠商，於國內員工總人數逾100人者，應於履約期間僱用原住民，其人數不得低於總人數的百分之幾？　　　　　　　　　　　　　　　　　　　　　　　（106年普考）

451

選擇題 Multiple Choice Question

(A)百分之一 (B)百分之二
(C)百分之三 (D)百分之四

答案：A

【解析】原住民族工作權保障法第12條規定，依政府採購法得標之廠商，於國內員工總人數逾一百人者，應於履約期間僱用原住民，其人數不得低於總人數百分之一。

5 根據「原住民族工作權保障法」之規定，為保障原住民工作權及經濟生活，該法中規定之各項促進就業措施，以下那一項陳述是正確的？

（107年第一次專技社工師）

(A) 政府機關、公立學校及公營事業機構應依比例進用原住民。僱用員工總人數滿50人，應僱用原住民1人。進用原住民人數未達標準者，應繳納代金
(B) 依政府採購法得標之廠商，於國內員工總人數逾100人者，應於履約期間僱用原住民，其人數不得低於總人數1%；進用原住民人數未達標準者，應繳納代金
(C) 民間機構僱用原住民滿100人以上者，應置社會工作人員，提供職場諮商及生活輔導
(D) 原住民團體依法有責任設立各種性質之原住民合作社，以開發工作機會

答案：B

【解析】(1) 選項(A)有誤。原住民族工作權保障法第4條規定，各級政府機關、公立學校及公營事業機構，除位於澎湖、金門、連江縣外，其僱用員工之總額（約僱人員、駐衛警察、技工、駕駛、工友、清潔工、收費管理員、其他不須具公務人員任用資格之非技術性工級職務），每滿一百人應有原住民一人。

(2) 選項(C)有誤。原住民族工作權保障法第17條規定，民間機構僱用原住民五十人以上者，得置社會工作人員，提供職場諮商及生活輔導；其費用由政府補助之。

(3) 選項(D)有誤。原住民族工作權保障法第7條規定，政府應依原住民群體工作習性，輔導原住民設立各種性質之原住民合作社，以開發各項工作機會。

老人福利之政策與立法　　Chapter 14

Multiple Choice Question　選擇題

6　根據原住民族工作權保障法之規定，民間機構僱用原住民50人以上者，得設置那一種專業人員，以提供職場諮商及生活輔導？（108年普考）
(A)社會工作人員
(B)就業服務員
(C)就業輔導員
(D)就業服務技術士

答案：**A**

【解析】原住民族工作權保障法第17條規定，民間機構僱用原住民五十人以上者，得置社會工作人員，提供職場諮商及生活輔導。

7　最早針對原住民族權利提出主張的國際組織與其相關的主張，下列何者正確？（111年第一次專技社工師）
(A)聯合國頒布之聯合國原住民族權利宣言
(B)國際勞工組織提出之原住民和部落人口公約
(C)聯合國提出之聯合國原住民與部落民族公約
(D)世界原住民族聯盟提出之原住民族永續發展公約

答案：**B**

【解析】1957年國際勞工組織提出《原住民和部落人口公約》，拉開了國際組織保護原住民族權利的序曲，其後，1989年的《聯合國原住民與部落民族公約》、1993年的《聯合國原住民族權利宣言草案》，以及2007年的《聯合國原住民族權利宣言》等重要文件的頒布，皆為國際社會關注原住民族生存權與發展權最具體的表徵。

Chapter 15 社會住宅與社區營造福利之政策與立法

關鍵焦點

1. 以社區發展工作綱要為申論題的主要準備重點,包括法案內容及評析。
2. 居住正義為近年來的重要議題。
3. 測驗題以社區發展工作綱要為主要命題焦點。

申論題 Essay Question

一、社區工作被視為基層草根自主意識的覺醒,具有公民社會之性格,目前台灣推動社區工作的法規為「社區發展工作綱要」,請問該綱要有那些限制?又該如何改進? （98年普考）

考點分析

熟悉「社區發展工作綱要」是解題的必要條件,但對於該綱要的評論,唯有研讀學者專家的評論並熟記,才能順利解答。

【解析】

◆一、「社區發展工作綱要」對社區發展之限制

1 由下而上的指導性提案限制了社區創新與社會進步力量

(1) 社區發展的政策可能採取一種指導性（directive approach）

的方式，Craig認為指導性的社區工作模式普遍存在殖民地的模式。台灣所採行的社區發展策略仍留下過去的政策遺跡，政府也容易因循舊規設定了許多的社區議題的框架，以計畫補助的方式引導社區發展的方向，過去可能是由上而下的行政指導（例如：生產福利建設、基礎工程建設以及精神倫理建設），現在可能是由下而上的指導性提案（例如：健康社區六星計畫、社區照顧關懷據點）。而另外一種非指導性（non-directive approach）的方式，卻不企圖說服或指引社區接受政府所期盼發展的方向，而是刺激社區居民思考他們自己的需求是什麼？政府及社區工作者只是提供各種達成需求的訊息，並鼓勵社區居民勇於實踐以滿足需求而已。

(2) 因此，政府不應該設限社區自發性需求的發展，否則計畫性補助很容易使得社區「馴服」在政府補助規定之下，失去了社區創新的能力，社區發展所能產生的「進步的社會變遷」之力量更是緣木求魚。而且就從事社區培力的研發以及實驗方案（特別是人才及資源匱乏的社區），這是西方先進國家落實社區主義的重要方法，然而卻是國內社區發展政策所根本不重視的部分。

2 限制了社區發展促成公民社會的發展

(1) 社區發展的目的不只是回應社區在地問題，提出一套社區自主的解決模式，更重要的是社區發展是要反映當時社會結構的矛盾與困境，同時培養社區能力，為此一困境尋找出路。經常有人會說，如果沒有績優社區評鑑的激勵，恐怕許多社區發展協會都要紛紛宣告退場了，這應該是社區評鑑最消極的一種功能，甚至也是對「社區發展能夠發揮促進公民社會形成」的一種懷疑。

(2) 因此，當公民社會意識隨著民主腳步逐漸覺醒時，社區居民開始關心並投入社區內的公共事務之後，政府的干預與輔導終將過去。因此，政府以行政手段過度介入社區發展的過程，將會

消弭社區自主發展的能力,讓公民社會的形塑趨於緩慢。

3 限制了社區志願服務與公民社會的發展

(1) 社區發展組織是一種非營利的社區型組織,志願服務或志願行為成為社區發展重要的一部分,不但是存在於第三部門(the third sector)之中,更是民主社會中每一個個人所應具備的民主素養,甚至有別於制度化的志願服務組織(institutional voluntary association),像公益組織、工會、商業組織、消費者組織、專業組織、公民結社、種族文化組織等。依據學者Van Til提出的概念,排除上述內容,將民主理論的志願服務(volunteering)分成三種類型:

①服務型的志願服務(service volunteering)其目的在減少社會中不幸事件的發生,增進這些被界定為需求的人口群生活水準的提升。

②自助型的自願服務(self-help volunteering)目的在增進成員間共同利益、觀點及生命經驗的分享。

③草根性的自願服務(grassroots volunteering)目的是釐清並增進公民於社會經濟組織在地方層次上的利益。因此,自主自發性的自願服務行為與社區組織十分符合民主型態的志願服務精神。

(2) 反觀目前台灣社區發展中志願服務的人力,服務型、自助型與草根型志願服務同時存在社區之中,但是社區與志願服務在地方政府分屬不同的業務單位,因此也造成訓用不一致的問題,社區志願服務的內容,也應該包含與社區相關議題的課程訓練,特別是社區發展與公民社會的概念,同時也在於志願服務法內增加與社區組織相關的選擇性課群,如此才能達到符合地區差異上的需要。

三、「社區發展工作綱要」對推動社區發展改進之道

1. 不管是從學術領域走向社區實踐場域,或者從民間團體經由培力而

投入的社區營造工作者，似乎都要面對社區行動者組織的功能角色的反省，甚至於是面對永續發展的管理（治理）問題。在國家、市場與社區的三元論述架構中，我們似乎不能以國家行政管理或企業管理的準則來看待一個「市民社會」或「公共領域」的治理問題。

2. 但是從另一個組織再造的觀點來看，「社區組織再造」卻是一個相對於「國家組織再造」及「企業組織再造」的重要基礎，如果將「社區」視為廣泛公共性格養成的「公民社會」，甚至是直接提供福利服務志工之「非營利組織」孕育的苗圃，顯然在社區內組織的治理問題似乎是較不受到重視的一環。

3. 觀察近年來政府推動社區工作，縣市政府在理念認知與發展方向的引導上扮演重要的角色，但是「社區主義」的精神無法在社區中深植，使得社區發展工作成為一種「業務化」的工作，而無法擺脫「由上而下」的模式（魔咒）。雖然政府以計畫補助的方式，試圖引導各類的民間團體，特別是社區發展協會投入各項政府施政的重點計畫之中。但是專業團體培力的介入卻形成「專業主義」主導，計畫核銷更讓「行政管理主義」成為重點，最後，「社區主義」精神的落實更為遙不可及。

4. 政府介入或指導社區發展的正當性不容懷疑，在社區發展中社群主義者強調重視個人善盡責任而非享受權利，此一社區核心價值若無政府的倡導，可能在市場機能及個人主義的洪流中銷聲匿跡。但是政府的責任為何？將社區發展的方向朝建構公民社會前進，若無健全的公民社會，社區發展無法發揮自主的力量。

5. 對於如何讓台灣的社區脫胎換骨，朝公民社會為導向的「活躍社區」（active community）發展，提出建議如下，希望能發揮拋磚引玉之效：

(1) 中央主管機關應儘速修訂「社區發展工作綱要」，並委託專家學者進行「社區發展法」的草擬工作。

(2) 設置類似「台灣社區發展研究中心」，亦可委託國內大學院校設立，並建立台灣社區資料檔案室，引介國外社區發展之知識與經

驗，收集社區成果並分析掌握社區發展對社會所產生的影響。

(3) 鼓勵民間團體籌設「社區發展基金」，做為推展社區發展工作的中介平台及人才培訓的組織，長期研發並建立社區能力指標的認證系統。

(4) 建議可以擇定福利社區化的優先區，主動提供福利資源及專業人力。將「社會排除」的議題納入社會福利社區化的內容之中，縮短社區之間資源分配的落差。

(5) 政府計畫補助應該儘量減少社區行政化的負面效果（核銷與評鑑是社區待克服的兩大課題），社區培力儘量朝向非指導性的功能發展，提供社區更多的揮灑空間。

(6) 志願服務與社區發展兩者應該配套發展，達到訓用合一的效果，並責成鄉鎮區公所與地方志願服務協會共同辦理，以符合效益及地方特色。

(7) 持續辦理社區旗艦競爭型計畫，並檢討成效，建議可分成城市型與鄉村型兩種模式，並轉變成為「實驗區」或「實驗方案」的方式，將不同成功的案例分享及推廣至同類型的社區之中。

申論題 Essay Question

二、居住正義是近來受重視的福利議題，住宅法是第一部關於政府住宅政策的基本法，請就住宅法中，社會住宅設置的比例與原則，以及優先照顧弱勢者居住需求的具體措施，加以探討之。

（109年高考）

考點分析

住宅法在歷屆試題中，以測驗題為主；住宅法申論題命題，本次為首次出題，請考生藉本題建立基本觀念。

【解析】

一、住宅法中有關於社會住宅設置的比例與原則

1 設置比例：至少30%

住宅法第4條規定，主管機關及民間興辦之社會住宅，應以直轄市、縣（市）轄區為計算範圍，提供至少百分之四十以上比率出租予經濟或社會弱勢者，另提供一定比率予未設籍於當地且在該地區就學、就業有居住需求者。

2 設置原則：只租不售，去標籤化混居原則

住宅法第3條對於社會住宅的定義為：指由政府興辦或獎勵民間興辦，專供出租之用之住宅及其必要附屬設施。社會住宅只租不售，並以混居方式讓一般民眾與特定資格的弱勢戶生活在同一個社區，強調去標籤化及融合社區的居住原則。

二、優先照顧弱勢者居住需求的具體措施

1. 特定對象優先承租：住宅法第4條對於經濟或社會弱勢者，訂有優先承租條款。經濟或社會弱勢者身分，包括：(1)低收入戶或中低收入戶；(2)特殊境遇家庭；(3)育有未成年子女三人以上；(4)於安置教養機構或寄養家庭結束安置無法返家，未滿二十五歲；(5)六十五歲以上之老人；(6)受家庭暴力或性侵害之受害者及其子女；(7)身心障礙者；(8)感染人類免疫缺乏病毒者或罹患後天免疫缺乏症候群者；(9)原住民；(10)災民；(11)遊民；(12)因懷孕或生育而遭遇困境之未成年人；(13)其他經主管機關認定者。

2. 弱勢者住宅補貼：住宅法第9條規定，為協助一定所得及財產以下家庭或個人獲得適居之住宅，主管機關得視財務狀況擬訂計畫，辦理補貼住宅之貸款利息、租金或修繕費用。補貼種類包括：(1)自建住宅貸款利息；(2)自購住宅貸款利息；(3)承租住宅租金；(4)修繕住宅貸款利息；(5)簡易修繕住宅費用。

3. 保障弱勢者居住品質：住宅法第33條規定，為增進社會住宅所在地

區公共服務品質,主管機關或民間興辦之社會住宅,應保留一定空間供作社會福利服務、長期照顧服務、身心障礙服務、托育服務、幼兒園、青年創業空間、社區活動、文康休閒活動、商業活動、餐飲服務或其他必要附屬設施之用。

選擇題 Multiple Choice Question

1 我國社區發展工作綱要中規定「社區區域」是由那一個機關劃定？
(A)內政部
(B)直轄市、縣（市）政府
(C)鄉（鎮、市、區）公所
(D)居民自決
（97年普考）

答案：C

【解析】社區發展工作綱要第2條規定，本綱要所稱社區，係指經鄉（鎮、市、區）社區發展主管機關劃定，供為依法設立社區發展協會，推動社區發展工作之組織與活動區域。

2 「社區發展工作綱要」所定「社區之範圍」由誰劃定？
(A)社區發展協會
(B)縣市政府
(C)鄉（鎮、市、區）公所
(D)內政部 （99年第一次專技社工師）

答案：C

【解析】社區發展工作綱要第2條規定，本綱要所稱社區，係指經鄉（鎮、市、區）社區發展主管機關劃定，供為依法設立社區發展協會，推動社區發展工作之組織與活動區域。

3 為協助弱勢者居住需求，主管機關及民間興辦之社會住宅，應以直轄市、縣（市）轄區為計算範圍，提供至少百分之多少以上比率出租予經濟或社會弱勢者？
（111年普考）
(A)十
(B)二十
(C)三十
(D)四十

答案：D

【解析】住宅法第4條規定，主管機關及民間興辦之社會住宅，應以直轄市、縣（市）轄區為計算範圍，提供至少百分之四十以上比率出租予經濟或社會弱勢者，另提供一定比率予未設籍於當地且在該地區就學、就業有居住需求者。

4 下列關於社會住宅的敘述，何者錯誤？ （113年普考）
(A) 合建分屋不屬於社會住宅新建方式
(B) 由政府興辦或獎勵民間興辦，專供出租之用的住宅及其必要附屬設施，是所謂的社會住宅
(C) 社會住宅承租者，應以無自有住宅或一定所得、一定財產標準以下之家庭

社會住宅與社區營造福利之政策與立法

Multiple Choice Question 選擇題

或個人為限

(D) 主管機關應評估社會住宅的需求總量、區位及興辦戶數，納入住宅計畫及財務計畫

答案：**A**

【解析】住宅法第20條規定，主管機關新建社會住宅之方式如下：
(1) 直接興建。
(2) 合建分屋。選項(A)屬之。
(3) 以公有土地設定地上權予民間合作興建。
(4) 以公有土地或建築物參與都市更新分回建築物及其基地。
(5) 其他經中央主管機關認定者。

Chapter 16

健康與醫療福利之政策與立法

關鍵焦點

1. 長期照顧服務法、長期照顧十年計畫，均為申論題考點，請建立申論題的論述能力。
2. 長期照顧服務法、長期照顧機構法人條例、精神衛生法，為測驗題重要考點。

申論題 Essay Question

一、試說明我國長期照顧服務提供的方式有那些？並申論我國應強化那些服務方式？　　　　　　　　　　　　　　　　　　（110年高考）

考點分析

本題有二個提問，第一個提問說明我國長期照顧服務提供的方式有那些？此即為考我國長期照顧服務法第9條之服務方式的條文，簡單易答。惟請考生必須留意的是，第二個提問「……並申論我國應強化『那些服務方式』？」係緊扣第一個提問所列出之服務方式而來，考生可就前述之服務方式，就自己對長期照顧服務方式應強化的方式，提出相關的見解，論述有據，即可順利應答。揆諸編者對考題第二個提問應答的提醒，第二個考點並非是要考生論述長期照顧應強化的政策面向，據此，倘以衛生福利部之「長照2.0執行現況及檢討」專案報告內容中所提出的創新服務項目，逕以轉化為長期照顧應強化的服務方式，則與考題提問之意旨背道而馳，考生在思考時，務必謹慎。

【解析】

一、我國長期照顧服務提供方式之說明

依長期照顧服務法的第9條之規定，我國之長照服務依提供方式，區分如下：

1. 居家式：到宅提供服務。
2. 社區式：於社區設置一定場所及設施，提供日間照顧、家庭托顧、臨時住宿、團體家屋、小規模多機能及其他整合性等服務。但不包括第三款之服務。
3. 機構住宿式：以受照顧者入住之方式，提供全時照顧或夜間住宿等之服務。
4. 家庭照顧者支持服務：為家庭照顧者所提供之定點、到宅等支持服務。
5. 其他經中央主管機關公告之服務方式。

二、我國長期照顧應強化那些服務方式之申論

1. 優先提升社區式照顧可近性：由於社會結構的改變，許多的家庭為雙薪家庭，當家中有健康及具有自理能力的長者需要長期照顧時，社區中具有可近性的照顧服務，將會是許多家庭所需要的。因此，政府積極布建日照服務，提升普及可近性；並推動小規模多機能服務，以日間照顧服務為基礎，擴充辦理居家服務以及臨時住宿服務，以滿足社區長者多元服務需求。然而，現行的社區式照顧據點，其可近性有待提升，其分部呈現均寡不一，亟待改善。

2. 提升家庭照顧者支持服務之強度：當家中有長者接受長期照顧者，對於家庭照顧者而言，其所面臨的照顧壓力是長期的、巨大的。因此，為維護家庭照顧者身心健康、經濟安全、就業等權利，以協助助家庭照顧者減輕照顧壓力之精神，政府應強化對於家庭照顧者支持服務。家庭照顧者支持服務之目的，係希望能減輕照顧者的照顧壓力，預防照顧悲劇，也希望協助家庭照顧者進一步與長期照顧服

務網絡連結，讓家庭照顧者不僅照顧家人也能照顧自己，形成正向照顧循環，提升照顧品質。現行的家庭照顧者支持服務所提供之支持時數尚顯不足，且部分申請條件過於嚴苛，有重新檢討之必要。

3. 落實機構住宿式服務品質之監管：在住宿式機構接受長期照顧之長者，其身心狀況通常較孱弱，且家屬多無法經常性的前往陪伴，因此，為避免住宿式機構品質良莠不齊，影響住民受照顧權益，政府應落實對住宿式機構服務品質之管理，包括：硬體環境、照顧品質、人力、培訓，以及緊急應變等機制。

申論題 Essay Question

二、我國長期照顧10年計畫2.0（下稱長照2.0）推動至今，服務據點數與服務對象人數都已大幅成長，但是偏鄉與離島地區的長照資源仍相對較少。請申論造成偏鄉與離島地區長照2.0服務資源較少的原因有那些？以及有那些作法能提升偏鄉與離島地區的長照2.0服務能量？

（111年高考）

考點分析

本題考長期照顧2.0在偏鄉與離島面臨的困境，是屬於實務型的政策題型。考題提問中已敘明，主要是考偏鄉與離島地區長照2.0服務資源較少的原因、提升的作法，考題題意明確，考生在論述時，除必須緊扣此提問外，必須謹記在心的是，必須是社會政策規劃的思考，而非社會工作實務的論述。

【解析】

茲將造成偏鄉與離島地區長照2.0服務資源較少的原因，及提升該地區長照2.0服務能量之作法，綜整申論如下：

◆ 一 地理因素影響造成長期照顧資源的社會排除

1. 原因：相較於都會地區，偏鄉與離島地區因各項資源和基礎建設普

遍不足，包括交通、教育、醫療和社會福利等，使得居民因為地理上的區隔，無法有相同的長期照顧資源，形成社會排除的現象。這種長期照顧資源的社會排除現象，是一種社會結構對長期照顧資源使用者的邊緣化影響。尤其，在許多的偏鄉與離島，除無綿密的交通網絡外，因為許多居住偏鄉與離島地區的居民，普遍年齡較高，在無適當的接送交通工具下，造成使用長照資源的多重不利因素。鑒於交通因素影響長期照顧的使用，長期照顧2.0計畫中，雖已規劃社區式交通巡迴車，目的是將各站點個案載送至指定地方接受長照服務，但最為常見的是巡迴式交通服務，係以單一機構的服務方式，形成無法滿足不同需求的長期照顧服者之接送需求，無法形成交通服務的便利性。

2. 作法：為解決前述問題，政策規劃上，可朝整合的交通接送服務進行，以提升偏鄉與離島地區的服務能量。如前所述，偏鄉與離島地區因交通不便，人口又分布不集中，在交通車路線規劃的服務上，若無法達到預期的效益，容易造成人力及物力成本居高不下。因此，可考慮由社會企業經營交通接送服務，結合有車人士推動私人運具共乘、分享的概念，導入按趟次／距離計酬的方式合作，以較低的服務成本，讓偏鄉交通車服務發揮最大的效益。除了解決居民交通不便無法就醫的問題外，也可強化與增加偏鄉民眾就醫的時效性與方便性，有利於提升偏鄉地區長者的健康狀況，使長者能在生理、心理的健康下養老及終老。

❖ 缺乏長期照顧服務進駐之誘因

1. 原因：由於在偏鄉及離島地區，社會福利機構較少，許多的社會福利採取委辦的方式進行，而偏鄉與離島地區的長期照顧服務，因未達經濟規模，以致長照服務嚴重不足，及服務人員人力普遍缺乏。在現況上，偏鄉及離島地區的長期照顧據點，即使有資源據點存在，也並未表示有實質服務輸送到位。許多的偏鄉及離島地區，多以居家服務、餐飲服務為主，其餘服務項目，如日間照顧、喘息服務、家庭托顧及居家復健等，相對稀少。亦即，就以長照人力中，

最主要的人力為照服員，面臨著人力不足且流動率高，再加上其他專業人員，包括社會工作師、職能治療師、物理治療師等之不足，造成整體偏鄉與離島的長期照顧服務品質受到影響。

2. 作法：由於社會大眾對照服員的社會觀感低，使得照服員流動率高，又有工時長、案量大、升遷不易的情況，以致照服員長期徵聘不易。雪上加霜的是，照服員人力短缺的問題，在偏鄉與離島地區更是嚴重，直接影響長照服務推行的阻礙。在政策規劃上，可鼓勵結合社會企業的經營模式，並結合在地照顧服務能量，發展因地制宜的長期照顧模式，藉由實踐在地老化的理念，同時增加社會企業收益來源，以維持社會企業營運的穩定，達到永續經營的目標。在兼顧社會公益及目的下，以社會企業的財務模式經營長照的意義重大，在社會企業可創造盈餘的情況下，依循合理利潤分配的原則，訂定明確收費標準、合理勞動環境與薪資條件，提高偏鄉與離島地區照服員留任的誘因，如此，偏鄉與離島地區的長期照顧才能穩定發展，進而提供服務能量。

◆ 長期照顧資源網絡缺乏整合

1. 原因：在許多的偏鄉與離島地區，由於資源缺乏及地理環境、交通等影響，資訊傳達無法普及；此外，以衛福部在偏鄉所設置的長照巷弄站與非長照機構服務（例如：原民會設於原鄉的文健站），因主管機關不同，且部分服務重疊。此一現象，反映出政策規劃部會在政策規劃時，並未就跨單位及跨專業網絡合作進行政策思考，以致資源網絡缺乏整合機制。

2. 作法：政策規劃單位，必須盤點偏鄉及離島地區目前的長期照顧服務資源及網絡現況，重新檢視並朝向資源網絡的整合，必須要以服務窗口單一化、申請流程簡化，讓長期照顧服務使用者能清楚找得到、用得上，進而提升資源使用的意願與效能，以避免Gilbert在批判社會服務輸送體系的弊病時，所提出之支離破碎（fragmentation）、不可及（inaccessibility）、不連續（discontinuity）、權責不明（unaccountability）等弊病。

申論題 Essay Question

三、臺灣的「長期照顧十年計畫2.0（106～115年）」（簡稱長照2.0），強調欲推動「以社區為基礎的照顧」（community-based care），並導入「社區整體照顧服務體系」（簡稱A-B-C體系）為其主要運作模式。請問：(1)社區整合性照顧的實踐必須具備那些重要的實務基礎？(2)什麼是長照2.0的A-B-C體系？(3)長照2.0推動迄今遭遇到的困境及其解決方法為何？　　（111年地方三等）

考點分析

本題考長照2.0，第1個提問是考驗考生對長照2.0的政策概念統整；第2個提問是有關A-B-C體系，屬於計畫的內容；第三個提問，則是對政策實施現況的評論，此部分略有難度。

【解析】

一 社區整合性照顧實踐必須具備之重要實務基礎

1. 我國長照政策之規劃係以居家、社區為主，機構式服務為輔，並積極鼓勵各地方政府結合民間服務提供單位共同投入資源建置行列。因此，在「社區整體照顧服務體系」之實踐上，必須以在地化、社區化原則為重要實務基礎，亦即，提供整合性照顧服務，降低服務使用障礙，提供在地老化的社區整體綜合照顧服務。

2. 為落實推動社區整體照顧服務體系，必須透過布建綿密的照顧服務資源，提供民眾預防性健康服務以及在地、即時、便利的社區照顧，以達成在地老化政策目標。因此，為使民眾可獲得整合式服務，以及增進照顧服務提供單位分布的密度，實務上，可規劃透過新型專案計畫，鼓勵資源豐沛地區發展整合式服務模式，鼓勵資源不足地區發展在地長期照顧服務資源，維繫原住民族文化與地理特色，以落實社區整體照顧服務體系之實踐。

長照2.0的A-B-C體系之說明

長照2.0為建構社區整體照顧服務體系，分為A、B、C三級，由A級提供B、C級技術支援與整合服務，另一方面，促使B級複合型服務中心與C級巷弄照顧站普遍設立，提供近便性照顧服務，說明如下：

1 A級──社區整合型服務中心

社區整合型服務中心（A級）之服務功能為提升社區服務量能、增加民眾獲得多元服務。社區整合型服務中心在服務體系中係依區域照管專員擬訂之照顧計畫，協助服務使用者協調及連結長照資源，落實照顧計畫，故A級單位須為區域內同時辦理日間照顧及居家服務之長照服務單位，並長期在社區耕耘，具備跨專業團隊經驗與能力，方能有效與區域內B級與C級單位協調合作。A級單位除提供既有居家服務、日間照顧服務外，另擴充辦理營養餐飲、居家護理、居家社區復健、喘息服務或輔具服務等至少一項服務，另視服務對象需求銜接居家醫療照護。

2 B級──複合型服務中心

複合型服務中心（B級）之服務功能為提升社區服務量能、增加民眾獲得多元服務。複合型服務中心於固定區域內提供在地化長期照顧服務，目前已在社區提供相關長期照顧服務之單位，如居家服務、日間照顧、家庭托顧、營養餐飲、交通接送、喘息服務、輔具租借、購買及居家無障礙環境改善、居家社區復健、居家護理、長期照顧機構等，除提供既有服務外，擴充功能優先複合提供居家服務、日間照顧服務，或提供社政及衛政長照服務，提升社區服務量能，增加民眾獲得多元服務。亦積極將服務延伸至C級巷弄長照站，增加民眾多元服務，且充分運用在地社區志工，強化提供單位照顧量能。

3 C級──巷弄長照站

巷弄長照站（C級）之服務功能為提供具近便性的照顧服務及喘息服務、向前延伸強化社區初級預防功能。巷弄長照站提供之服務，

包括：短時數照顧服務或喘息服務（臨托服務）；營養餐飲服務（共餐或送餐）；預防失能或延緩失能惡化服務；就近提供可促進社會參與之活動。

◆三 長照2.0推動迄今遭遇到的困境及其解決方法

1. 長照人力流動率高，影響服務品質：居家照顧服務人力面臨流動率高，主要是支付基準偏低，致使照服員面臨嚴重短缺的窘境。為了吸引已受訓者投入長照領域、增加留任誘因，除應適時檢討給付支付基準外，並應積極提升其專業地位，建立培訓制度及強化職涯規劃，以吸引照顧人力新血投入。

2. A-B-C體系之分工未落實：依照長照2.0之規劃目標之一，是在老化初期就銜接預防保健、減緩失能，並向老化後期提供多元的社區式支持服務，使長者可以在宅安寧臨終，減輕家屬照顧壓力與負擔，因此，A-B-C體系各有其角色功能。惟實施以來。A-B-C體系的社區整合型服務中心（A級）已逐漸失去規劃功能，背離服務規劃初衷，而走向接案的角色，資源疊床架屋，使得複合型服務中心（B級）、巷弄長照站（C級），失去原先的角色功能。因此，主管機關必須重新審視政策執行面A-B-C體系之分工及落實情形，讓A-B-C之數量呈現金字塔分布，而非B級數量高於C級單位的異常現象，影響服務使用的近便性。

Chapter 16 健康與醫療福利之政策與立法

Multiple Choice Question 選擇題

1 我國長期照顧服務法中,為擴增及普及長照服務量能,促進相關資源之發展,應設置特種基金。有關特種基金來源之敘述,下列何者錯誤?
(A) 基金孳息收入、捐贈收入
(B) 遺產稅及贈與稅稅率由15%調增至25%以內所增加之稅課收入,其稅課收入不適用財政收支劃分法之規定
(C) 菸酒稅菸品應徵稅額由每千支徵收新臺幣590元調增至新臺幣1,590元所增加之稅課收入,其稅課收入不適用財政收支劃分法之規定
(D) 菸品健康福利捐　　　　　　　　　　　　（110年第一次專技社工師）

答案：**B**

【解析】長期照顧服務法第15條規定,中央主管機關為提供長照服務、擴增與普及長照服務量能、促進長照相關資源之發展、提升服務品質與效率、充實並均衡服務與人力資源及補助各項經費,應設置特種基金。基金之來源如下:
(1) 遺產稅及贈與稅稅率由百分之十調增至百分之二十以內所增加之稅課收入。選項(B)有誤。
(2) 菸酒稅菸品應徵稅額由每千支（每公斤）徵收新臺幣五百九十元調增至新臺幣一千五百九十元所增加之稅課收入。選項(C)屬之。
(3) 政府預算撥充。
(4) 菸品健康福利捐。選項(D)屬之。
(5) 捐贈收入。
(6) 基金孳息收入。選項(A)屬之。
(7) 其他收入。

2 政府於2018年實施長照2.0政策,將服務分為ABC三級,關於A級角色,下列敘述何者正確?　　　　　　　　　　　　　　　　　　（110年普考）
(A) A級是指巷弄照顧站,提供臨近住所延緩失能的服務
(B) A級是社區整合服務中心,為失能者擬定照顧計畫及連結長照服務
(C) A級是複合型日間服務中心,約國中學區的距離
(D) A級是主要提供社會參與、共餐服務和預防失能的服務單位

473

選擇題 Multiple Choice Question

答案：**B**

【解析】長期照顧計畫2.0：A-B-C服務點：
(1) A級：社區整合型服務中心。選項(A)、(C)、(D)有誤；選項(B)正確。
(2) B級：複合型日間服務中心。
(3) C級：巷弄長照站。

3 依長期照顧服務法規定，機構住宿式服務類之長照機構，應投保何種保險以確保機構服務使用者之生命安全？　　　　　（110年第二次專技社工師）
(A) 長期照顧醫療險
(B) 平安照護責任險
(C) 公共意外責任險
(D) 殘障扶助責任險

答案：**C**

【解析】長期照顧服務法第34條規定，機構住宿式及設有機構住宿式服務之綜合式服務類長照機構，應投保公共意外責任險，確保長照服務使用者之生命安全。

4 依據長期照顧服務法，社區式長照服務於社區設置一定場所及設施，所提供的服務不包括下列何者？　（110年地方四等）（110年第二次專技社工師）
(A) 團體家屋　　　(B) 機構住宿　　　(C) 家庭托顧　　　(D) 日間照顧

答案：**B**

【解析】長期照顧服務法第9條規定，長照服務依其提供方式，區分如下：
(1) 居家式：到宅提供服務。
(2) 社區式：於社區設置一定場所及設施，提供日間照顧（選項(D)屬之）、家庭托顧、臨時住宿、團體家屋（選項(A)屬之）、小規模多機能及其他整合性等服務。但不包括第三款之服務。
(3) 機構住宿式：以受照顧者入住之方式，提供全時照顧或夜間住宿等之服務。選項(B)屬之。
(4) 家庭照顧者支持服務：為家庭照顧者所提供之定點、到宅等支持服務。

Chapter 16 健康與醫療福利之政策與立法

Multiple Choice Question 選擇題

(5)其他經中央主管機關公告之服務方式。

5 精神衛生法中，關於精神衛生體系的敘述，下列何者錯誤？
（111年第一次專技社工師）

(A)各級社政主管機關應規劃、推動與協助病人，接受各級各類教育及建立友善支持學習環境

(B)勞工主管機關應推動職場心理衛生，協助病情穩定之病人接受職業訓練及就業服務，並獎勵或補助雇主提供其就業機會

(C)直轄市、縣（市）主管機關應由社區心理衛生中心，辦理心理衛生宣導、教育訓練及其他心理衛生等事項

(D)中央主管機關應會同中央社政、勞工及教育主管機關建立社區照顧、支持與復健體系

答案：**A**

【解析】選項(A)有誤。精神衛生法第11條規定，各級教育主管機關應規劃、推動與協助病人，接受各級各類教育及建立友善支持學習環境。

6 依據長期照顧服務機構法人條例，長照機構法人所登記之財產總額或該法人及其所設立機構之年度收入總額達新臺幣多少元以上者，其財務報告應由會計師查核簽證，並依法主動公開？（111年第一次專技社工師）

(A)500萬元　　(B)1,000萬元　　(C)2,000萬元　　(D)3,000萬元

答案：**D**

【解析】長期照顧服務機構法人條例第14條規定，長照機構法人所登記之財產總額或該法人及其所設立機構之年度收入總額達新臺幣三千萬元以上者，其財務報告應經會計師查核簽證。

7 為因應人口老化的照顧需求，政府制定長期照顧服務法，以落實照顧服務，下列敘述何者正確？（111年普考）

(A)長期照顧係指依其個人或其照顧者之需要，所提供之生活支持、協助、社會參與、照顧及相關之醫護服務，不需要考慮身心失能的情形

(B)目前沒有提供相關服務給家庭照顧者

(C)住家設施調整改善是屬於居家式長照服務的項目之一

475

選擇題 Multiple Choice Question

(D) 長照機構於提供長照服務時,不需要與長照服務使用者、家屬或支付費用者簽訂書面契約

答案:**C**

【解析】(1) 選項(A)有誤。長期照顧服務法第3條規定,長期照顧指身心失能持續已達或預期達六個月以上者,依其個人或其照顧者之需要,所提供之生活支持、協助、社會參與、照顧及相關之醫護服務。

(2) 選項(B)有誤。長期照顧服務法第9條規定,家庭照顧者支持服務係指為家庭照顧者所提供之定點、到宅等支持服務;同法第13條規定,家庭照顧者支持服務提供之項目如下:
A.有關資訊之提供及轉介。
B.長照知識、技能訓練。
C.喘息服務。
D.情緒支持及團體服務之轉介。
E.其他有助於提升家庭照顧者能力及其生活品質之服務。

(3) 選項(D)有誤。長期照顧服務法第42條規定,長照機構於提供長照服務時,應與長照服務使用者、家屬或支付費用者簽訂書面契約。

8 下列何者為精神衛生法中所定義的社區精神復健? （111年普考）
(A) 為協助病人逐步適應社會生活,於社區中提供病人有關工作能力、工作態度、心理重建、社交技巧、日常生活處理能力等之復健治療
(B) 為協助病人逐步適應社區內的精神醫療機構,提供病人有關機構式的復健治療
(C) 為協助病人逐步適應社會生活,不提供復健治療,直接進入社區生活
(D) 為協助病人逐步適應社會,直接返家生活

答案:**A**

【解析】精神衛生法第3條規定,社區精神復健指為協助病人逐步適應社會生活,於社區中提供病人有關工作能力、工作態度、心

Chapter 16 健康與醫療福利之政策與立法

Multiple Choice Question 選擇題

理重建、社交技巧、日常生活處理能力等之復健治療。

9 依據精神衛生法第4條規定,中央主管機關應每幾年公布一次相關之國家心理衛生報告? （111年第二次專技社工師）
 (A)2年　　　(B)3年　　　(C)4年　　　(D)5年

答案：**C**

【解析】精神衛生法第4條規定,中央主管機關應每四年公布包含前項各款事項之國家心理衛生報告。

10 依據長期照顧服務法規定,有關長期照顧人員與長期照顧機構之管理規範,下列敘述何者錯誤? （111年第二次專技社工師）
 (A) 長照機構之設立、擴充、遷移,應事先申請主管機關許可
 (B) 長照人員之訓練、繼續教育、在職訓練課程內容,應採標準化內容,不應考量不同地區、族群、性別、特定疾病及照顧經驗之差異性
 (C) 長照人員對於因業務而知悉或持有他人之秘密,非依法律規定,不得洩漏
 (D) 長照機構由政府機關（構）設立者,應於長照機構前冠以該政府機關（構）之名稱；由民間設立者,應冠以私立二字

答案：**B**

【解析】長期照顧服務法第18條規定：
 (1) 長照服務之提供,經中央主管機關公告之長照服務特定項目,應由長照人員為之。
 (2) 長照人員之訓練、繼續教育、在職訓練課程內容,應考量不同地區、族群、性別、特定疾病及照顧經驗之差異性。選項(B)有誤。
 (3) 長照人員應接受一定積分之繼續教育、在職訓練。
 (4) 長照人員之資格、訓練、認證、繼續教育課程內容與積分之認定、證明效期及其更新等有關事項之辦法,由中央主管機關定之。

11 依據長期照顧服務機構法人條例第10條規定,長照機構財團法人所登記之財產總額或該法人及其所設計機構之年度收入總額達新臺幣多少以上者,主管機關應指派社會公正人士擔任機構法人公益監察人? （111年第二次專技社工師）

選擇題 Multiple Choice Question

(A)3,000萬元　　(B)6,000萬元　　(C)9,000萬元　　(D)1億元

答案：**D**

【解析】長期照顧服務機構法人條例第10條規定，長照機構財團法人所登記之財產總額或該法人及其所設立機構之年度收入總額達新臺幣一億元以上者，主管機關應指派社會公正人士一人擔任該長照機構法人公益監察人，其職權與長照機構法人監察人同，並得依實際需要更換之。

12 有關各類型精神照護機構所提供之照護服務，下列何者錯誤？

（111年地方四等）

(A) 精神醫療機構：提供精神疾病急性及慢性醫療服務
(B) 精神護理機構：提供慢性病人收容照護服務
(C) 心理治療所：提供病人臨床心理服務
(D) 精神復健機構：提供病人諮商心理服務

答案：**D**

【解析】選項(D)有誤。精神衛生法第3條規定，精神復健機構係指提供住宿型或日間型社區精神復健服務之機構。

13 下列何者不是長期照顧服務法中所規定的基金來源？

（112年第一次專技社工師）

(A) 遺產稅及贈與稅稅率由10%調增至20%以內所增加之稅課收入
(B) 政府預算撥充
(C) 捐贈收入
(D) 營業稅

答案：**D**

【解析】長期照顧服務法第15條規定：

(1) 中央主管機關為提供長照服務、擴增與普及長照服務量能、促進長照相關資源之發展、提升服務品質與效率、充實並均衡服務與人力資源及補助各項經費，應設置特種基金。

Chapter 16 健康與醫療福利之政策與立法

Multiple Choice Question　選擇題

　　(2) 基金之來源如下：
　　　A. 遺產稅及贈與稅稅率由百分之十調增至百分之二十以內所增加之稅課收入。選項(A)屬之。
　　　B. 菸酒稅菸品應徵稅額由每千支（每公斤）徵收新臺幣五百九十元調增至新臺幣一千五百九十元所增加之稅課收入。
　　　C. 政府預算撥充。選項(B)屬之。
　　　D. 菸品健康福利捐。
　　　E. 捐贈收入。選項(C)屬之。
　　　F. 基金孳息收入。
　　　G. 其他收入。

14 依據長期照顧服務機構法人條例，長照機構社團法人應提撥前一會計年度收支結餘的至少多少比例，作為辦理有關研究發展、人才培訓、長照宣導教育及社會福利事務？　　　　　　　　　　　　　　　（112年第一次專技社工師）
(A) 5%　　　　　(B) 7%　　　　　(C) 8%　　　　　(D) 10%

答案：**D**

【解析】長期照顧服務機構法人條例第28條規定，長照機構財團法人應提撥其前一會計年度收支結餘之百分之十以上，辦理有關研究發展、長照宣導教育、社會福利；另應提撥百分之十以上辦理提升員工薪資待遇及人才培訓。

15 精神衛生法修法於民國111年11月29日完成三讀，由總統修正公布，2年之後正式施行。此次修法有幾項重要改革，下列何者並不符合此次修法精神？
（112年普考）

(A) 緊急安置期間為7日，並應注意嚴重病人權益之保護及進行必要之治療；強制鑑定，應自緊急安置之次日起3日內完成
(B) 針對精神照護機構限制病人居住和行動等措施，「需經病人同意」並應在「最小限制」內施行。若因醫療需要或在緊急狀況下，則可在「告知病人後」進行
(C) 當精神病人急性發病，出現自傷或傷害他人的行為卻拒絕住院時，政府依法可以指定醫院「緊急安置」病人，並強制進行精神鑑定。若鑑定結果需

479

選擇題 Multiple Choice Question

全日治療，醫院應向審查會申請許可，將病人強制住院
(D) 精神病人從醫院出院到社區期間，應協助連結醫療、精神復健、就學、就養、就業等服務，並以多元化、可選擇且服務不中斷為原則，讓病人生活在社區能獲得足夠的支持

答案：**C**

【解析】精神衛生法第59條：
(1) 嚴重病人傷害他人或自己或有傷害之虞，經專科醫師診斷有全日住院治療之必要者，保護人應協助其前往精神醫療機構辦理住院。
(2) 前項嚴重病人拒絕接受全日住院治療者，地方主管機關得指定精神醫療機構予以緊急安置，並交由二位以上地方主管機關指定之專科醫師實施強制鑑定。但於離島或偏遠地區，得僅由一位專科醫師實施。選項(C)有誤，所述未敘明須由二位以上地方主管機關指定之專科醫師實施強制鑑定。
(3) 強制鑑定結果，仍有全日住院治療必要，經詢問嚴重病人意見，其拒絕接受或無法表達時，指定精神醫療機構應即填具強制住院基本資料表及通報表，並檢附嚴重病人與其保護人之意見及相關診斷證明文件，向法院聲請裁定強制住院。選項(C)有誤，應係向法院聲請裁定強制住院，而非向審查會申請許可。

16 依據長期照顧服務法第47條相關罰則規定，若長照機構及其人員有遺棄、身心虐待、歧視、傷害、違法限制其人身自由或其他侵害其權益之情事，下列罰則何者錯誤？　　　　　　　　　　　　　　（112年第二次專技社工師）
(A) 處新臺幣6萬元以上30萬元以下罰鍰
(B) 屆期未改善者，處1個月以上1年以下停業處分，停業期滿仍未改善者，得廢止其設立許可
(C) 情節重大者，得逕行廢止其設立許可
(D) 命其歇業與公布其名稱及負責人姓名

Chapter 16 健康與醫療福利之政策與立法

Multiple Choice Question 選擇題

答案：**D**

【解析】長期照顧服務法第47條規定：

(1) 長照機構有下列情形之一者，處新臺幣六萬元以上三十萬元以下罰鍰，並公布其名稱及負責人姓名：

　　A. 違反第二十三條規定，未經主管機關許可擴充或遷移。
　　B. 違反第三十四條第一項規定，未投保公共意外責任險。
　　C. 違反第四十一條第一項規定，未對長照服務使用者予以適當之轉介或安置，或未配合主管機關辦理轉介或安置。
　　D. 違反第四十四條規定，對長照服務使用者有遺棄、身心虐待、歧視、傷害、違法限制其人身自由或其他侵害其權益之情事。

(2) 長照機構違反前項第一款或第二款規定者，除依前項規定處罰外，並限期令其改善；屆期未改善者，得按次處罰。

(3) 長照機構違反第一項第四款規定者，除依第一項規定處罰外，並限期令其改善；屆期未改善者，處一個月以上一年以下停業處分，停業期滿仍未改善者，得廢止其設立許可。選項(D)有誤，應為命其「停業」而非「歇業」，且無公布其名稱及負責姓名之規定。

(4) 長照機構違反第一項第四款規定，情節重大者，得逕行廢止其設立許可。

17 關於我國現行長期照顧服務機構法人條例之敘述，下列何者錯誤？

（112年第二次專技社工師）

(A) 長照機構法人經主管機關許可，除設立長照機構外，並得設立社會福利機構或提供經中央主管機關公告之服務

(B) 本條例所稱主管機關：在中央為衛生福利部；在直轄市為直轄市政府

(C) 本條例所稱長期照顧服務機構法人，指提供機構住宿式服務，並依本條例設立之長照機構財團法人及長照機構社團法人

(D) 長照機構法人所設立之長照機構如有跨縣市者，由各所在縣市政府共同管理及監督之

選擇題 Multiple Choice Question

答案：D

【解析】長期照顧服務機構法人條例第4條規定，長照機構法人之管理及監督，由其主事務所所在地之直轄市、縣（市）政府為之。但長照機構法人所設立之長照機構如有跨縣市者，由中央主管機關為之。

18 民國111年修訂精神衛生法，將強制治療（含強制住院與強制社區治療兩類）之決策權，交給何單位決定？　　　　　　　　　　（112年地方四等）
(A)社會局　　　　(B)衛生局　　　　(C)醫院　　　　(D)法院

答案：D

【解析】精神衛生法第59條規定：
(1) 嚴重病人傷害他人或自己或有傷害之虞，經專科醫師診斷有全日住院治療之必要者，保護人應協助其前往精神醫療機構辦理住院。
(2) 前項嚴重病人拒絕接受全日住院治療者，地方主管機關得指定精神醫療機構予以緊急安置，並交由二位以上地方主管機關指定之專科醫師實施強制鑑定。但於離島或偏遠地區，得僅由一位專科醫師實施。
(3) 第二項強制鑑定結果，仍有全日住院治療必要，經詢問嚴重病人意見，其拒絕接受或無法表達時，指定精神醫療機構應即填具強制住院基本資料表及通報表，並檢附嚴重病人與其保護人之意見及相關診斷證明文件，向法院聲請裁定強制住院。

19 下列何者不是長照2.0的財源方式？　　　　　（113年第一次專技社工師）
(A)菸品健康福利捐　　　　　　　　(B)使用者付費
(C)公益彩券盈餘　　　　　　　　　(D)長照基金孳息收入

答案：C

【解析】(1) 長期照顧服務法第15條規定，中央主管機關為提供長照服務、擴增與普及長照服務量能、促進長照相關資源之發展、提升服務品質與效率、充實並均衡服務與人力資源及

健康與醫療福利之政策與立法 Chapter 16

Multiple Choice Question 選擇題

補助各項經費,應設置特種基金。基金之來源如下:
① 遺產稅及贈與稅稅率由百分之十調增至百分之二十以內所增加之稅課收入。
② 菸酒稅菸品應徵稅額由每千支(每公斤)徵收新臺幣五百九十元調增至新臺幣一千五百九十元所增加之稅課收入。選項(A)屬之。
③ 政府預算撥充。
④ 菸品健康福利捐。
⑤ 捐贈收入。
⑥ 基金孳息收入。選項(D)屬之。
⑦ 其他收入。

(2) 依據長期照顧服務申請及給付辦法,長照給付對象使用長照服務,應依長照身分別,自行負擔一定比率之金額(即為部分負擔、使用者付費)。所以,使用者付費亦為長照2.0的財源方式之一。選項(B)屬之。

20 依據長期照顧服務機構設立標準之規定,社區式及住宿式長照機構,每聘滿多少社會工作人員,應有1人以上領有社會工作師證書及執業執照?
(113年第一次專技社工師)

(A)4人　　(B)6人　　(C)8人　　(D)10人

答案:A

【解析】長期照顧服務機構設立標準第14條規定,社區式及住宿式長照機構,每聘滿社會工作人員四人者,應有一人以上領有社會工作師證書及執業執照。

21 依據長期照顧服務法規定,有關長照服務提供方式之敘述,下列何者正確?
(113年第一次專技社工師)

(A) 按民眾獨居狀況核定其長照需要等級
(B) 按民眾失能程度核定自行負擔的額度
(C) 長照服務提供方式分為居家式、社區式、機構住宿式及家庭照顧者支持服務
(D) 低收入戶要負擔一定比例的自付費用

選擇題 Multiple Choice Question

答案：C

【解析】(1) 長期照顧服務法第8-1條規定，照管中心或直轄市、縣（市）主管機關應評估結果，按民眾失能程度核定其長照需要等級及長照服務給付額度。民眾使用長照服務，應依核定之長照服務給付額度自行負擔一定比率或金額。選項(A)、(B)有誤。

(2) 低收入戶使用長照服務，免負擔一定比例的自付費用。選項(D)有誤。

22 依據長期照顧服務機構法人條例，長照機構法人之董事會至少多久時間須召開1次會議？　（113年第一次專技社工師）
(A)至少3個月1次　　　　　　　　(B)至少6個月1次
(C)至少1年1次　　　　　　　　　(D)至少2年3次

答案：B

【解析】長期照顧服務機構法人條例第11條規定，長照機構法人之董事會，每半年至少開會一次，由董事長召集之。必要時，得召開臨時會議。

23 依據長期照顧服務法和長期照顧服務申請及給付辦法規定，下列何者不得申請長期照顧服務？　（113年普考）
(A)年滿65歲之身心失能者　　　　(B)領有身心障礙證明者
(C)年滿50歲以上之失智症者　　　(D)年滿45歲且身心失能之原住民

答案：D

【解析】長期照顧服務申請及給付辦法第2條規定，因身心失能，且符合下列資格之一者，得依本法（長期照顧服務法）第八條第二項規定，向長期照顧管理中心（以下簡稱照管中心）或直轄市、縣（市）主管機關（以下簡稱地方主管機關）申請長期照顧（以下簡稱長照）服務：
(1) 六十五歲以上。但具原住民身分者，為五十五歲以上。選項(D)有誤，所述年滿45歲且身心失能之原住民，不符申請資格，需年滿55歲。

Chapter 16 健康與醫療福利之政策與立法

Multiple Choice Question　選擇題

(2) 領有身心障礙證明。
(3) 五十歲以上失智症。

24 相較於我國長照十年政策，長照2.0計畫增加的服務項目中，不包括下列那一項？　（113年普考）
(A) 擴大服務對象到50歲以上失智患者
(B) 增加原住民社區照顧整合計畫
(C) 增加居家復健服務
(D) 建立社區三級整合服務

答案：**C**

【解析】

	長照十年計畫1.0	長照十年計畫2.0（新增9項）
服務項目	(1) 照顧服務（居家服務、日間照顧及家庭托顧） (2) 交通接送 (3) 餐飲服務 (4) 輔具購買、租借及居家無障礙環境改善 (5) 居家護理 (6) 居家復健（選項(C)為長照1.0的服務項目） (7) 長期照顧機構服務 (8) 喘息服務	除長期照顧計畫1.0服務項目外，新增： (1) 照顧服務（居家服務、日間照顧及家庭托顧） (2) 交通接送 (3) 餐飲服務 (4) 輔具購買、租借及居家無障礙環境改善 (5) 居家護理 (6) 居家復健 (7) 長期照顧機構服務 (8) 喘息服務
服務對象	(1) 65歲以上失能老人 (2) 55歲以上失能山地原住民	除長期照顧計畫1.0服務對象外，擴大納入： (1) 50歲以上失智症患

選擇題 Multiple Choice Question

	長照十年計畫1.0	長照十年計畫2.0（新增9項）
	(3) 50歲以上失能身心障礙者 (4) 65歲以上僅IADL需協助之獨居老人	者。 (2) 55至64歲失能平地原住民 (3) 49歲以下失能身障者 (4) 65歲以上衰弱（frailty）老人

25 依據長期照顧服務法規定，下列何者非屬居家式長照服務之項目？

（113年第二次專技社工師）

(A)臨時住宿服務　　　　　　　(B)家事服務
(C)輔具服務　　　　　　　　　(D)日常生活照顧服務

答案：**A**

【解析】長期照顧服務法第10條規定，居家式長照服務之項目如下：
(1) 身體照顧服務。
(2) 日常生活照顧服務。選項(D)屬之。
(3) 家事服務。選項(B)屬之。
(4) 餐飲及營養服務。
(5) 輔具服務。選項(C)屬之。
(6) 必要之住家設施調整改善服務。
(7) 心理支持服務。
(8) 緊急救援服務。
(9) 醫事照護服務。
(10) 預防引發其他失能或加重失能之服務。
(11) 其他由中央主管機關認定到宅提供與長照有關之服務。

26 依據長期照顧服務機構法人條例，下列何者非屬其法案通過之後，賦予長期照顧服務機構的特色？

（113年第二次專技社工師）

(A) 規範長期照顧服務機構法人不得營利

選擇題 Multiple Choice Question

(B) 實質規範財務監管責任
(C) 實質規劃長期照顧法人的社員組成、組織章程等
(D) 促進異業整合與規劃投資架構

答案：**A**

【解析】(1) 長期照顧服務機構法人條例第14條規定：照機構法人應依公認之會計處理準則建立會計制度，會計基礎採權責發生制，會計年度為曆年制；長照機構法人應於每年五月三十一日前，將前一會計年度之財務報告經董事會通過，並經監察人查核後，報主管機關備查；照機構法人所登記之財產總額或該法人及其所設立機構之年度收入總額達新臺幣三千萬元以上者，其財務報告應經會計師查核簽證；長照機構法人之財務報告，應依中央主管機關公告之方式，主動公開；變更時，亦同。選項(B)屬之。

(2) 長期照顧服務機構法人條例第30條規定：長照機構社團法人之設立，應檢具組織章程、設立計畫書及相關文件，向主管機關申請許可後，於三十日內依其組織章程成立董事會；同法第31條規定：長照機構社團法人組織章程應記載事項如下：A.目的、名稱、主事務所及分事務所；B.財產總額；C.業務項目；D.董事、監察人之人數、資格、產生方式、任期及任免；E.董事長之產生方式、任期及任免；F.董事會之組織、職權及決議方法；G.社員資格之取得及喪失；H.社員之出資、結餘與虧損之分派及表決權。選項(C)屬之。

(3) 長期照顧服務機構法人條例第16條規定：長照機構法人對單一公司之投資額，不得超過公司實收股本之百分之二十。但長照機構法人配合政府政策投資之事業，經中央主管機關專案核准者，不在此限。選項(D)屬之。

27 關於我國現行長期照顧服務法之敘述，下列何者錯誤？

（114年第一次專技社工師）

(A) 長期照顧係指身心失能持續已達或預期達3個月以上者，依其個人或其照

487

選擇題 Multiple Choice Question

顧者之需要,所提供之生活支持、協助、社會參與、照顧及相關之醫護服務
(B) 機構住宿式指以受照顧者入住之方式,提供全時照顧或夜間住宿等之服務
(C) 長期照顧服務法所稱主管機關,在中央為衛生福利部,在直轄市為直轄市政府
(D) 遺產稅及贈與稅稅率由10%調增至20%以內所增加之稅課收入,為特種基金來源之一

答案:A

【解析】長期照顧服務法第3條規定,長期照顧指身心失能持續已達或預期達六個月以上者,依其個人或其照顧者之需要,所提供之生活支持、協助、社會參與、照顧及相關之醫護服務。

28 依據長期照顧服務機構法人條例,規範長照機構財團法人之董事會之組成,具長期照顧服務法所定長照服務人員資格者,應該至少幾人以上?

(114年第一次專技社工師)

(A)1人　　　(B)2人　　　(C)3人　　　(D)4人

答案:A

【解析】期照顧服務機構法人條例第25條規定:
(1) 長照機構財團法人之董事會,由董事七人至十七人組成之。
(2) 董事長由董事互選,連選得連任一次。
(3) 董事配置規定如下:
　A. 具長期照顧服務法所定長照服務人員資格者,至少一人。
　B. 社會公正人士代表至少一人。
　C. 由外國人擔任者,不得逾三分之一,且不得擔任董事長。
　D. 董事相互間,有配偶、三親等以內親屬之關係者,不得逾四分之一。

Chapter 17 社會政策的人力及財力資源之政策與立法

關鍵焦點

1. 公益勸募條例申論題法規之特色及評論為申論題考點。
2. 測驗題以社會工作師法、公益勸募條例、志願服務法為命題焦點。

申論題 Essay Question

一、志願服務法為社工相當重要的人力資源政策與法規,請問志願服務法對於「志工管理」,有那些具體規範?試申述之。

(109年普考)

考點分析

本題主要係考法條,考生在準備考試時,如有準備測驗題,這部分將其綜整即可順利應答。

【解析】

茲將志願服務法對於「志工管理」的具體規範,說明如下:

一、志工招募應訂有計畫

1. 志願服務運用單位得自行或採聯合方式招募志工,招募時,應將志願服務計畫公告。

2. 志願服務運用者應於運用前，檢具志願服務計畫及立案登記證書影本，送主管機關及該志願服務計畫目的事業主管機關備案，並應於運用結束後二個月內，將志願服務計畫辦理情形函報主管機關及該志願服務計畫目的事業主管機關備查；其運用期間在二年以上者，應於年度結束後二個月內，將辦理情形函報主管機關及志願服務計畫目的事業主管機關備查。

志工應接受相關的教育訓練

為提升志願服務工作品質，保障受服務者之權益，志願服務運用單位應對志工辦理下列基礎訓練、特殊訓練。

依法管理志工的權利與義務

1 志工應有以下之權利：

(1) 接受足以擔任所從事工作之教育訓練。

(2) 一視同仁，尊重其自由、尊嚴、隱私及信仰。

(3) 依據工作之性質與特點，確保在適當之安全與衛生條件下從事工作。

(4) 獲得從事服務之完整資訊。

(5) 參與所從事之志願服務計畫之擬定、設計、執行及評估。

2 志工應有以下之義務：

(1) 遵守倫理守則之規定。

(2) 遵守志願服務運用單位訂定之規章。

(3) 參與志願服務運用單位所提供之教育訓練。

(4) 妥善使用志願服務證。

(5) 服務時，應尊重受服務者之權利。

(6) 對因服務而取得或獲知之訊息，保守秘密。

(7) 拒絕向受服務者收取報酬。

(8) 妥善保管志願服務運用單位所提供之可利用資源。

四 志工服務場域安全與督導之管理

1. 志願服務運用單位應依照志工之工作內容與特點,確保志工在符合安全及衛生之適當環境下進行服務。
2. 志願服務運用單位應提供志工必要之資訊,並指定專人負責志願服務之督導。

五 志工服務紀錄冊之給予

志願服務運用單位對其志工應發給志願服務證及服務紀錄冊。

六 應依法辦理志工保險

志願服務運用單位應為志工辦理意外事故保險,必要時,並得補助交通、誤餐及特殊保險等經費。

七 志工服務侵害人民法益得請求賠償

1. 志工依志願服務運用單位之指示進行志願服務時,因故意或過失不法侵害他人權利者,由志願服務運用單位負損害賠償責任。
2. 前項情形,志工有故意或重大過失時,賠償之志願服務運用單位對之有求償權。

申論題 Essay Question

二、公益勸募條例於民國95年訂定,請論述公益勸募條例的優點和缺點為何? (109年第二次專技社工師)

考點分析

公益勸募條例的考題,已非第一次命題,本次再度考條例的優點(即為特色)、缺點(即為實務問題),為相當易答之命題方式,考題無變化性。

【解析】

一 公益勸募條例的優點

1 專就公益勸募行為加以規範

社會上經常有各勸募活動，但其勸募主體的業務特性及勸募需求不盡相同。公益勸募條例規範的範圍，明確規定僅限於非營利團體或政府機關基於公益目的，才可有募集財物或接受捐贈之勸募行為。並排除政治團體或個人募集政治活動經費之行為，而其他由相關法律給予規範。

2 依勸募特性而區分管理密度

對於各級政府機關、機構，基於公益目的而接受所屬人員或外界主動捐助者，採取低密度管理；對於公立學校、行政法人、公益性社團法人、財團法人等勸募團體，基於公益目的而對外進行勸募活動者，則採取高密度管理。究其理由，是因政府機關、機構的勸募活動，是對內、被動，且有行政法加以規範，故其管理從寬。至於非營利團體的勸募活動，則是對外、主動或被動，故其管理從嚴，以避免發生弊端。

3 對勸募活動採取申請許可制

勸募團體基於公益目的而辦理勸募活動，必須事前備妥申請書及相關文件，向勸募活動所在地之主管機關申請許可。其跨越縣市的勸募活動，則向中央主管機關申請許可。同時，勸募團體所屬人員進行勸募活動時，應主動出示主管機關許可文件及該勸募團體所發之工作證。換言之，事前申請許可，有利於管理；勸募過程出示許可文件，則有助於建構誠信與良善的勸募環境。

4 明定實施勸募活動之時間

社會上勸募團體為數眾多，辦理勸募活動亦相當頻繁，故其勸募活動期間不宜漫無限制，以免造成社會公益資源之過度利用。因此，公益勸募條例規定勸募團體活動期間，最長為1年。如果逾越許可勸募期限，經制止仍不遵從者，則處以罰鍰，並公告其姓名或名

社會政策的人力及財力資源之政策與立法 Chapter 17

稱、違規事實,並按次連續處罰。

5 **限制勸募活動必要支出之額度**

為使勸募團體有效運用勸募所得之財物,並避免弊端發生,勸募條例對於勸募團體辦理勸募之必要支出,規定於一定範圍內,由勸募活動所得支應。如果勸募所得為金額以外之物品者,應依捐贈時之時價折算為新臺幣。並且,依勸募額度,遞減必要支出所占比率(1%到15%不等),藉以節制勸募活動之經費,增加其使用於公益之額度。

6 **規範勸募所得財物之使用範圍**

明文規定政府機關、機構以外之勸募團體辦理勸募活動所得之財物,其用途以推展社會福利事業、教育文化事業、社會慈善事業、援外或國際人道協助、其他經主管機關認定之事業為限。換言之,限制勸募所得財物必須用於公益,其積極面在於落實勸募活動之公益目的,消極面在於遏止勸募團體假借公益之名而浮濫勸募。

三、公益勸募條例的缺點

1 **法規內容防弊多於興利的問題**

勸募行為至少涉及兩造,一造是勸募團體,另外一造是捐贈人。當勸募團體發起勸募活動,必須民眾願意捐贈,始能勸募到預期的財物,用以促進公益事業。但綜觀公益勸募條例條文內容,幾乎都是政府如何管理勸募團體的勸募行為,以防範其弊端,因而設計申請許可、限制用途、返還財物、違規罰款等規範。至於如何鼓勵民眾認識公益勸募的精神,並激勵民眾踴躍捐贈,則殊少著墨。故建議修法時,增列對民眾加強教育宣導,以及有關促進勸募之措施,以活絡捐款之能量,落實社會公益。

2 **宗教與政治之勸募例外的問題**

公益勸募條例將宗教團體與政治團體的勸募活動,列為排除條款,可由其他相關法律加以規範。事實上,依據行政院主計總處有關

「台灣地區社會發展趨勢調查暨社會參與延伸調查報告」顯示，台灣的募款總額約**50%**給宗教團體，約**35%**給社會慈善事業，其餘分散各領域。雖然，宗教與政治的勸募性質及用途特殊，且都與公益無關，但同屬勸募行為，其捐贈亦來自民眾，理應適用本條例之部分規範。至少有關宗教團體對外（非教徒或會員）勸募所得財物，應可規定其必須提撥一定的比率，用於推動公益事業。

申論題　Essay Question

三、依據公益勸募條例之規定，發起勸募活動之勸募主體為何？政府的監督管理有那些措施？另在何種情況下，應將勸募所得財物返還捐贈人？　　　　　　　　　　　　　　（114年第一次專技社工師）

考點分析

公益勸募條例的條文不多，以往亦有在申論題命題的紀錄。本題考題不難，只要考生具有綜整條文歸納的能力，即可順利以有層次的方式加以應答。

【解析】

◆ 一、公益勸募條例規定發起勸募活動之勸募主體

1. 本條例所稱勸募團體如下（公益勸募條例第5條）：
   (1) 公立學校。
   (2) 行政法人。
   (3) 公益性社團法人。
   (4) 財團法人。
2. 各級政府機關（構）得基於公益目的接受所屬人員或外界主動捐贈，不得發起勸募。但遇重大災害或國際救援時，不在此限。

Chapter 17 社會政策的人力及財力資源之政策與立法

🔷 政府對公益勸募的監督管理措施

1. 申請勸募活動許可：勸募團體基於公益目的募集財物（稱勸募活動），應備具申請書及相關文件，向勸募活動所在地之直轄市、縣（市）主管機關申請許可。但勸募活動跨越直轄市或縣（市）者，應向中央主管機關申請許可（公益勸募條例第7條）。

2. 勸募用途規定：勸募團體辦理勸募活動所得財物，以下列用途為限（公益勸募條例第8條）：

    (1) 社會福利事業。

    (2) 教育文化事業。

    (3) 社會慈善事業。

    (4) 援外或國際人道救援。

    (5) 其他經主管機關認定之事業

3. 廢止勸募許可：勸募團體有下列情形之一者，主管機關得廢止其勸募許可（公益勸募條例第10條）：

    (1) 勸募團體之負責人或代表人因進行勸募涉犯罪嫌疑，經提起公訴。

    (2) 依開立之收據，記載不實。

    (3) 違反會務、業務及財務相關法令，情節重大。

4. 撤銷勸募許可：勸募團體申請勸募活動許可之文件有不實之情形者，主管機關得撤銷其勸募許可（公益勸募條例第11條）。

5. 勸募期間：勸募團體辦理勸募活動期間，最長為一年（公益勸募條例第12條）。

6. 開立勸募專戶：勸募團體應於郵局或金融機構開立捐款專戶，並於勸募活動開始後七日內報主管機關備查。但公立學校開立捐款專戶，以代理公庫之金融機構為限（公益勸募條例第13條規定）。

7. 勸募行為之規範

    (1) 不得強迫勸募：勸募行為不得以強制攤派或其他強迫方式為之。

亦不得向因職務上或業務上關係有服從義務或受監督之人強行為之（公益勸募條例第14條）。

(2) 出示勸募文件：勸募團體所屬人員進行勸募活動時，應主動出示主管機關許可文件及該勸募團體製發之工作證。但以媒體方式宣傳者，得僅載明或敘明勸募許可文號（公益勸募條例第15條）。

(3) 開立收據：勸募團體收受勸募所得財物，應開立收據，並載明勸募許可文號、捐贈人、捐贈金額或物品及捐贈日期（公益勸募條例第16條）。

8. 勸募必要支出之規範

   勸募團體辦理勸募活動之必要支出，得於下列範圍內，由勸募活動所得支應（公益勸募條例第17條）：

   (1) 勸募活動所得在新臺幣一千萬元以下者，為百分之十五。

   (2) 勸募活動所得超過新臺幣一千萬元未逾新臺幣一億元者，為新臺幣一百五十萬元加超過新臺幣一千萬元部分之百分之八。

   (3) 勸募活動所得超過新臺幣一億元者，為新臺幣八百七十萬元加超過新臺幣一億元部分之百分之一。

9. 公開徵信：

   (1) 勸募團體應於勸募活動期滿之翌日起三十日內，將捐贈人捐贈資料、勸募活動所得與收支報告公告及公開徵信，並報主管機關備查（公益勸募條例第17條）。

   (2) 勸募團體應於勸募活動所得財物使用計畫執行完竣後三十日內，將其使用情形提經理事會或董事會通過後公告及公開徵信，連同成果報告、支出明細及相關證明文件，報主管機關備查。但有正當理由者，得申請延長，其期限不得超過三十日（公益勸募條例第20條）。

10. 勸募所得及賸餘用途管理（公益勸募條例第18條）：

    (1) 勸募團體辦理勸募活動所得財物，應依主管機關許可之勸募活動

所得財物使用計畫使用，不得移作他用。

(2) 如有賸餘，得於計畫執行完竣後三個月內，依原勸募活動之同類目的擬具使用計畫書，報經主管機關同意後動支。賸餘款項再執行期限，不得超過三年。

11. 主管機關進行檢查：主管機關得隨時檢查勸募活動辦理情形及相關帳冊，勸募團體及其所屬人員不得規避、妨礙或拒絕（公益勸募條例第21條）。

三、應將勸募所得財物返還捐贈人之情況（公益勸募條例第22條）

有下列情形之一者，應將勸募所得財物返還捐贈人：

1. 非屬第五條規定之勸募主體發起勸募。
2. 勸募活動未經許可。
3. 勸募活動之許可經主管機關撤銷或廢止。但於撤銷或廢止前，已依原許可目的使用之財物，經查證屬實者，不在此限。
4. 逾許可勸募活動期間而為勸募活動。
5. 違反第14條規定。（第14條：勸募行為不得以強制攤派或其他強迫方式為之。亦不得向因職務上或業務上關係有服從義務或受監督之人強行為之。）

Question Box 社會政策與社會立法（含概要） 搶分題庫

選擇題　Multiple Choice Question

1 依社會工作師法第21條規定，申請設立社會工作師事務所之社會工作師，須執行該法第12條所訂之業務幾年之工作，並得有工作證明者才能申請？
（110年第一次專技社工師）

(A)2年以上　　(B)3年以上　　(C)4年以上　　(D)5年以上

答案：**D**

【解析】社會工作師法第21條規定，社會工作師事務所之設立，應由社會工作師填具申請書，並檢具相關文件及資料，向所在地直轄市或縣（市）主管機關申請核准登記，發給開業執照，始得為之。前項申請設立社會工作師事務所之社會工作師，須執行第十二條所訂之業務五年以上，並得有工作證明者，始得為之。

2 依據社會工作師法，下列敘述何者錯誤？（110年第一次專技社工師）
(A) 社會工作師之行為必須遵守社會工作倫理守則之規定
(B) 社會工作倫理守則，由全國社會工作師公會聯合會訂定，提請會員（會員代表）大會通過後，報請中央主管機關備查
(C) 外國人及華僑不得應社會工作師考試
(D) 社會工作師依據相關法令及專業倫理守則執行業務，涉及訴訟，所屬團體、事務所得提供必要之法律協助

答案：**C**

【解析】社會工作師法第49條規定，外國人得依中華民國法律，應社會工作師考試。前項考試及格，領有社會工作師證書之外國人，在中華民國執行業務，應依法經申請許可後，始得為之，並應遵守中華民國關於社會工作師之相關法令、社會工作倫理守則及社會工作師公會章程。

3 依據志願服務法規定，下列何者不屬於志願服務者的義務？
（110年第一次專技社工師）
(A) 遵守倫理守則之規定
(B) 服務時，應尊重受服務者之權利
(C) 獲得從事服務之完整資訊

Chapter 17 社會政策的人力及財力資源之政策與立法

Multiple Choice Question　選擇題

(D)妥善保管志願服務運用單位所提供之可利用資源

答案：**C**

【解析】志願服務法第15條規定，志工應有以下之義務：
(1) 遵守倫理守則之規定。選項(A)屬之。
(2) 遵守志願服務運用單位訂定之規章。
(3) 參與志願服務運用單位所提供之教育訓練。
(4) 妥善使用志願服務證。
(5) 服務時，應尊重受服務者之權利。選項(B)屬之。
(6) 對因服務而取得或獲知之訊息，保守秘密。
(7) 拒絕向受服務者收取報酬。
(8) 妥善保管志願服務運用單位所提供之可利用資源。選項(D)屬之。

4 依據公益勸募條例，勸募活動之勸募所得財物應返還捐贈人之情形不包括下列何者？　　　　　　　　　　　　　　　（110年第一次專技社工師）
(A) 非屬公益勸募條例第5條規定之勸募主體發起勸募
(B) 勸募活動未經許可
(C) 勸募活動之許可經主管機關撤銷或廢止前，已依許可目的使用之財務，經查屬實者
(D) 逾許可勸募活動期間而為勸募活動

答案：**C**

【解析】公益勸募條例第22條規定，有下列情形之一者，應將勸募所得財物返還捐贈人：
(1) 非屬第五條規定之勸募主體發起勸募。選項(A)屬之。
(2) 勸募活動未經許可。選項(B)屬之。
(3) 勸募活動之許可經主管機關撤銷或廢止。但於撤銷或廢止前，已依原許可目的使用之財物，經查證屬實者，不在此限。選項(C)有誤。所述⋯⋯廢止「前」有誤。
(4) 逾許可勸募活動期間而為勸募活動。選項(D)屬之。
(5) 違反第14條規定。

499

選擇題 Multiple Choice Question

5 依據社會工作師法，關於社會工作師事務所設立的規定，下列敘述何者正確？
（110年普考）
(A) 申請設立的社會工作師，應執行業務一年以上
(B) 申請設立的社會工作師，應執行業務三年以上
(C) 申請設立的社會工作師，應執行業務五年以上
(D) 申請設立的社會工作師，應執行業務十年以上

答案：**C**

【解析】社會工作師法第21條規定，社會工作師事務所之設立，應由社會工作師填具申請書，並檢具相關文件及資料，向所在地直轄市或縣（市）主管機關申請核准登記，發給開業執照，始得為之。前項申請設立社會工作師事務所之社會工作師，須執行第十二條所訂之業務五年以上，並得有工作證明者，始得為之。

6 社會工作師執行業務時，對於應撰寫的社會工作紀錄，應保存多久？
（110年普考）
(A) 保存期限不得少於三年　　(B) 保存期限不得少於五年
(C) 保存期限不得少於七年　　(D) 保存期限不得少於十年

答案：**C**

【解析】社會工作師法第16條規定，社會工作師執行業務時，應撰製社會工作紀錄，其紀錄應由執業之機關（構）、團體、事務所保存。前項紀錄保存年限不得少於七年。

7 有關社會福利組織的型態與服務提供，下列何者錯誤？
（110年第二次專技社工師）
(A) 公部門以政策及服務方案規劃為主，並執行公權力
(B) 財團法人以基金為核心，以自有財源進行福利活動，近年也接受政府委託
(C) 社團法人與財團法人性質相同，但社團法人因無基金，不需向主管機關登記法人地位
(D) 營利組織以追求利潤為目的，將所提供的專業活動視為一種服務商品而收取費用

Chapter 17 社會政策的人力及財力資源之政策與立法

Multiple Choice Question 選擇題

答案：**C**

【解析】 選項(C)有誤。社團法人應依據人民團體法第8條規定，人民團體之組織，應由發起人檢具申請書、章程草案及發起人名冊，向主管機關申請許可。

8 依社會工作師法之規定，社會工作師事務所因故未能繼續開業，其相關服務紀錄應交由承接者依規定保存，如因負責社會工作師死亡或無承接者，該事務所全部服務紀錄應如何處理？　　　　　　（110年第二次專技社工師）
(A)由該事務所保存7年以上才可自行銷毀
(B)由該事務所保存至少6年才能自行銷毀
(C)交由所在地主管機關保存3個月後銷毀
(D)交由所在地主管機關保存6個月後銷毀

答案：**D**

【解析】 社會工作師法第29條規定，社會工作師事務所因故未能繼續開業，其相關服務紀錄應交由承接者依規定保存，如因負責社會工作師死亡或無承接者，該所全部服務紀錄應交由所在地直轄市、縣（市）主管機關保存六個月後銷毀。

9 依據社會工作師法第19條之規定，社會工作師依法執行公權力職務，有受到身體或精神上不法侵害之虞者，得請求那一個機關提供必要之協助？
　　　　　　（110年第二次專技社工師）
(A)衛生機關　　　　　　　　(B)警察機關
(C)戶政機關　　　　　　　　(D)社會工作師公會和聯合會

答案：**B**

【解析】 社會工作師法第19條規定，社會工作師依法執行公權力職務，有受到身體或精神上不法侵害之虞者，得請求警察機關提供必要之協助；涉及訴訟，所屬機關（構）並得提供必要之法律協助。

10 依據志願服務法規定，關於志願服務運用單位的職責，下列敘述何者錯誤？
　　　　　　（110年第二次專技社工師）
(A)對其志工應發給志願服務證及服務紀錄冊

501

選擇題 Multiple Choice Question

(B) 應為志工辦理意外事故保險
(C) 應指定專人負責志願服務之督導
(D) 每年應召開志願服務聯繫會報

答案：D

【解析】志願服務法第5條規定，主管機關及各目的事業主管機關應置專責人員辦理志願服務相關事宜；其人數得由各主管機關及各目的事業主管機關視其實際業務需要定之。為整合規劃、研究、協調及開拓社會資源、創新社會服務項目相關事宜，每年「至少」應召開志願服務聯繫會報一次。

11 依據公益勸募條例規定，下列敘述何者錯誤？　（110年第二次專技社工師）
(A) 各級政府機關（構）辦理勸募應遵守開立收據、定期辦理公開徵信及依指定之用途使用等規定
(B) 政府機關（構）有上級機關者，應於年度終了後2個月內，將辦理情形函報上級機關備查
(C) 勸募團體基於公益目的，向會員或所屬人員募集財物，接受其主動捐贈或接受外界主動捐贈者，公立學校應於年度終了後2個月內，將辦理情形及收支決算函報許可其設立、立案或監督機關備查
(D) 其他勸募團體則是於年度終了後6個月內辦理備查事宜

答案：D

【解析】公益勸募條例第6條規定：
(1) 各級政府機關（構）應依下列規定辦理前條第二項之勸募：
　　A. 開立收據。選項(A)屬之。
　　B. 定期辦理公開徵信。選項(A)屬之。
　　C. 依指定之用途使用。選項(A)屬之。
(2) 前項政府機關（構）有上級機關者，應於年度終了後二個月內，將辦理情形函報上級機關備查。選項(B)屬之。
(3) 勸募團體基於公益目的，向會員或所屬人員募集財物、接受其主動捐贈或接受外界主動捐贈者，依第一項規定

Chapter 17 社會政策的人力及財力資源之政策與立法

Multiple Choice Question 選擇題

辦理，公立學校並應於年度終了後二個月（選項(C)屬之）、其他勸募團體於年度終了後五個月內（選項(D)有誤），將辦理情形及收支決算函報許可其設立、立案或監督之機關備查。

12 依據公益勸募條例，下列何者不屬於該條例所稱勸募團體？

（110年地方四等）

(A)公司社團法人　　　　　　(B)公立學校
(C)行政法人　　　　　　　　(D)財團法人

答案：**A**

【解析】公益勸募條例第5條規定，本條例所稱勸募團體如下：
 A. 公立學校。選項(B)屬之。
 B. 行政法人。選項(C)屬之。
 C. 公益性社團法人。
 D. 財團法人。選項(D)屬之。

13 公益勸募條例第12條規定，勸募團體辦理勸募活動之最長期間，下列何者正確？

（110年地方四等）

(A)3個月　　(B)6個月　　(C)9個月　　(D)12個月

答案：**D**

【解析】公益勸募條例第12條規定，勸募團體辦理勸募活動期間，最長為一年。

14 勸募團體應於勸募活動期滿之翌日起幾日內，將捐贈人捐贈資料、勸募活動所得與收支報告公告及公開徵信，並報主管機關備查？　　（111年普考）

(A)15日　　(B)30日　　(C)45日　　(D)60日

答案：**B**

【解析】公益勸募條例第18條規定，勸募團體應於勸募活動期滿之翌日起三十日內，將捐贈人捐贈資料、勸募活動所得與收支報告公告及公開徵信，並報主管機關備查。

選擇題 Multiple Choice Question

15 有關社會工作師法第二章資格的取得之相關規定，下列何者錯誤？

（111年第二次專技社工師）

(A) 社會工作師考試及格，並依法領有社會工作師證照者，得充任社會工作師
(B) 專科社會工作師的甄審，得由地方主管機關辦理
(C) 犯家庭暴力罪，經有罪判決確定者，不得充任社會工作師
(D) 受監護或輔助宣告撤銷者，仍得任社會工作師

答案：**B**

【解析】社會工作師法第5條規定：
(1) 社會工作師經完成專科社會工作師訓練，並經中央主管機關甄審合格者，得請領專科社會工作師證書。
(2) 前項專科社會工作師之甄審，中央主管機關得委託全國性社會工作專業團體辦理初審工作（選項(B)有誤）。領有社會工作師證書，並完成相關專科社會工作師訓練者，均得參加各該專科社會工作師之甄審。
(3) 專科社會工作師之分科及甄審辦法，由中央主管機關定之。

16 在公益勸募條例中所謂的勸募團體，不包含下列何者？

（111年第一次專技社工師）

(A) 公立學校　　(B) 行政法人　　(C) 民營企業　　(D) 財團法人

答案：**C**

【解析】公益勸募條例第5條規定，本條例所稱勸募團體為：公立學校、行政法人、公益性社團法人、財團法人。選項(C)不屬之。

17 依據志願服務法之規定，中央主管機關應至少每幾年舉辦志願服務調查研究，並出版統計報告？

（111年地方四等）

(A) 三年　　(B) 四年　　(C) 五年　　(D) 六年

答案：**C**

【解析】志願服務法第5-1條規定，中央主管機關應至少每五年舉辦志

社會政策的人力及財力資源之政策與立法 Chapter 17

Multiple Choice Question 選擇題

願服務調查研究,並出版統計報告。

18 依據社會工作師法,關於社會工作師公會之規定,下列何者錯誤?

(111年第一次專技社工師)

(A) 直轄市及縣(市)社會工作師達10人者,得成立該區域之社會工作師公會

(B) 社會工作師公會全國聯合會應由三分之一以上之直轄市、縣(市)社會工作師公會完成組織後,始得發起組織

(C) 社會工作師非加入社會工作師公會不得執行業務

(D) 社會工作師公會,由人民團體主管機關主管,公會選任職員依人民團體法之規定辦理

答案:**A**

【解析】 選項(A)有誤。社會工作師法第33條規定,直轄市及縣(市)社會工作師達十五人以上者,得成立該區域之社會工作師公會;不足十五人者,得加入鄰近區域之公會。

19 社會工作師法第四章,有關社會工作師事務所之相關規定,下列何者錯誤?

(112年第一次專技社工師)

(A) 社會工作師事務所之設立,向所在地直轄市或縣市主管機關申請核准登記

(B) 申請社會工作師事務所之社會工作師,須執行社會工作相關業務5年以上,並有工作證明者

(C) 2個以上社會工作師聯合申請設立者,應以其中1人為負責社會工作師

(D) 社會工作師事務所之收費標準,由中央主管機關核定之

答案:**D**

【解析】 社會工作師法第25條規定,社會工作師事務所之收費標準,由直轄市、縣(市)主管機關核定之。

20 根據公益勸募條例的規定,如果勸募活動所得在新臺幣1千萬元以下者,勸募團體辦理勸募活動之必要支出,得動用勸募活動所得的多少百分比來作支應?

(112年普考)

(A) 百分之十五　　　　　　　　(B) 百分之二十
(C) 百分之二十五　　　　　　　(D) 百分之十

選擇題 Multiple Choice Question

答案：**A**

【解析】公益勸募條例第17條規定，勸募團體辦理勸募活動之必要支出，得於下列範圍內，由勸募活動所得支應：
(1) 勸募活動所得在新臺幣一千萬元以下者，為百分之十五。
(2) 勸募活動所得超過新臺幣一千萬元未逾新臺幣一億元者，為新臺幣一百五十萬元加超過新臺幣一千萬元部分之百分之八。
(3) 勸募活動所得超過新臺幣一億元者，為新臺幣八百七十萬元加超過新臺幣一億元部分之百分之一。

21 依社會工作師法第18條規定，社會工作師及專科社會工作師執業，應接受繼續教育，並於一定期間內完成繼續教育的證明文件，報請主管機關備查，所稱一定期限係指幾年？　　　　　　　　　　　　（112年第二次專技社工師）
(A)3年　　　(B)4年　　　(C)5年　　　(D)6年

答案：**D**

【解析】社會工作師法第18條規定，社會工作師及專科社會工作師執業，應接受繼續教育，並每六年提出完成繼續教育證明文件，辦理執業執照更新。

22 依公益勸募條例第6條規定，各級政府機關（構）辦理勸募時，該政府機關（構）有上級機關者，於年度終了後最遲幾個月內，將辦理情形函報上級機關備查？　　　　　　　　　　　　　　　（112年第二次專技社工師）
(A)1個月　　　(B)2個月　　　(C)3個月　　　(D)5個月

答案：**B**

【解析】公益勸募條例第6條規定，勸募團體基於公益目的，向會員或所屬人員募集財物、接受其主動捐贈或接受外界主動捐贈者，依第一項規定辦理，公立學校並應於年度終了後二個月、其他勸募團體於年度終了後五個月內，將辦理情形及收支決算函報許可其設立、立案或監督之機關備查。

23 下列何者並非社會工作師法界定的社工師使命？　　（112年地方四等）
(A)協助人民滿足其所欲需求　　　(B)促進人民及社會福祉

Chapter 17 社會政策的人力及財力資源之政策與立法

Multiple Choice Question 選擇題

(C)關注弱勢族群　　　　　　(D)實踐社會正義

答案：**A**

【解析】社會工作師法第2條規定，社會工作師以促進人民及社會福祉，協助人民滿足其基本人性需求，關注弱勢族群，實踐社會正義為使命。選項(A)所述，協助人民滿足其「所欲需求」，不屬之。

23 依據社會工作師法規定，社會工作師因業務上重大過失行為而移付懲戒程序之敘述，下列何者錯誤？　　　　　　　　　　（113年第一次專技社工師）

(A) 社會工作師移付懲戒事件，由社會工作師懲戒委員會處理之
(B) 社會工作師懲戒委員會應將移付懲戒事件，通知被付懲戒之社會工作師，並限其於通知送達之翌日起20日內提出答辯或於指定期日到會陳述
(C) 被懲戒人對於社會工作師懲戒委員會之決議有不服者，得於決議書送達之翌日起20日內，向社會工作師懲戒覆審委員會請求覆審
(D) 社會工作師懲戒委員會之委員，應就不具民意代表身分之社會工作、法學專家學者及社會人士遴聘之，其中法學專家學者及社會人士之比例不得少於二分之一

答案：**D**

【解析】社會工作師法第17-3條規定：
(1) 社會工作師移付懲戒事件，由社會工作師懲戒委員會處理之。選項(A)正確。
(2) 社會工作師懲戒委員會應將移付懲戒事件，通知被付懲戒之社會工作師，並限其於通知送達之翌日起二十日內提出答辯或於指定期日到會陳述；未依限提出答辯或到會陳述者，社會工作師懲戒委員會得逕行決議。選項(B)正確。
(3) 被懲戒人對於社會工作師懲戒委員會之決議有不服者，得於決議書送達之翌日起二十日內，向社會工作師懲戒覆審委員會請求覆審。選項(C)正確。
(4) 社會工作師懲戒委員會、社會工作師懲戒覆審委員會之懲戒決議，應送由該管主管機關執行之。

Question Box 社會政策與社會立法（含概要） 搶分題庫

選擇題　Multiple Choice Question

(5) 社會工作師懲戒委員會、社會工作師懲戒覆審委員會之委員，應就不具民意代表身分之社會工作、法學專家學者及社會人士遴聘之，其中法學專家學者及社會人士之比例不得少於三分之一。選項(D)有誤。

24 依據公益勸募條例規定，針對勸募活動所得財物使用，下列敘述何者正確？

（113年第一次專技社工師）

(A) 勸募團體在勸募計畫許可後，仍可依勸募團體之設立宗旨使用
(B) 應依主管機關許可的使用計畫使用，不得移作他用
(C) 依主管機關許可的使用計畫原則彈性使用，但需事後報告主管機關
(D) 賸餘款項再執行期限，不得超過5年

答案：**B**

【解析】公益勸募條例第19條規定：
(1) 勸募團體辦理勸募活動所得財物，應依主管機關許可之勸募活動所得財物使用計畫使用，不得移作他用。選項(A)、(C)有誤；(B)正確。
(2) 如有賸餘，得於計畫執行完竣後三個月內，依原勸募活動之同類目的擬具使用計畫書，報經主管機關同意後動支。
(3) 前項之賸餘款項再執行期限，不得超過三年。選項(D)有誤。

25 依據志願服務法規定，下列何者屬於志工的義務？

（113年第一次專技社工師）

(A) 一視同仁，尊重其自由、尊嚴、隱私及信仰
(B) 遵守志願服務運用單位訂定之規章
(C) 獲得從事服務之完整資訊
(D) 依據工作之性質與特點，確保在適當之安全與衛生條件下從事工作

答案：**B**

【解析】(1) 志願服務法第14條規定，志工應有以下之權利：
A. 接受足以擔任所從事工作之教育訓練。
B. 一視同仁，尊重其自由、尊嚴、隱私及信仰。選項(A)

Chapter 17 社會政策的人力及財力資源之政策與立法

Multiple Choice Question 選擇題

屬之。
C. 依據工作之性質與特點,確保在適當之安全與衛生條件下從事工作。選項(D)屬之。
D. 獲得從事服務之完整資訊。選項(C)屬之。
E. 參與所從事之志願服務計畫之擬定、設計、執行及評估。

(2) 志願服務法第15條規定,志工應有以下之義務:
A. 遵守倫理守則之規定。
B. 遵守志願服務運用單位訂定之規章。選項(B)屬之。
C. 參與志願服務運用單位所提供之教育訓練。
D. 妥善使用志願服務證。
E. 服務時,應尊重受服務者之權利。
F. 對因服務而取得或獲知之訊息,保守秘密。
G. 拒絕向受服務者收取報酬。
H. 妥善保管志願服務運用單位所提供之可利用資源。

26 下列何者不屬於社會工作師懲戒之方式? （113年普考）
(A)警告　　　　　　　　　　(B)廢止執業執照
(C)廢止社會工作師證書　　　　(D)罰鍰

答案：**D**

【解析】(1) 社會工作師法第17-2條規定,社會工作師懲戒之方式如下:
A. 警告。選項(A)屬之。
B. 命接受第十八條第一項以外一定時數之繼續教育或進修。
C. 限制執業範圍或停業一個月以上一年以下。
D. 廢止執業執照。選項(B)屬之。
E. 廢止社會工作師證書。選項(C)屬之。

(2) 前項各款懲戒方式,其性質不相牴觸者,得合併為一懲戒處分。

27 以協調同業關係,增進共同利益,促進社會經濟建設為目的,由同一行業之

選擇題 Multiple Choice Question

單位，團體或同一職業之從業人員組成之團體，為人民團體法所稱之：
（113年普考）

(A)社會團體　　(B)職業團體　　(C)政治團體　　(D)專業團體

答案：**B**

【解析】(1) 人民團體法第35條規定，職業團體係以協調同業關係，增進共同利益，促進社會經濟建設為目的，由同一行業之單位，團體或同一職業之從業人員組成之團體。題意所述屬之。

(2) 人民團體法第39條規定，社會團體係以推展文化、學術、醫療、衛生、宗教、慈善、體育、聯誼、社會服務或其他以公益為目的，由個人或團體組成之團體。

(3) 人民團體法第44條規定，政治團體係以共同民主政治理念，協助形成國民政治意志，促進國民政治參與為目的，由中華民國國民組成之團體。

28 關於社會工作師執業，下列敘述何者錯誤？　（113年第二次專技社工師）

(A)社會工作師執業，應向所在地直轄市或縣（市）主管機關送驗社會工作師證書申請登記，發給執業執照始得為之
(B)社會工作師之執業，若非機關、團體間之支援或經事先報准者，以兩處為限
(C)社會工作師停業、歇業、復業或變更行政區域時，應自事實發生之日起30日內，報請原發執業執照機關備查
(D)經撤銷或廢止社會工作師證書處分者，不得發給執業執照

答案：**B**

【解析】社會工作師法第13條規定，社會工作師執業以一處為限。但機關（構）、團體間之支援或經事先報准者，不在此限。

29 依據我國志願服務法，志工應有之義務包含下列何者？①拒絕向受服務者收取報酬　②遵守倫理守則之規定　③參與志願服務運用單位所提供之教育訓練　④撰寫個案服務紀錄　⑤不得有在職或在學之身分　⑥妥善使用志願服務證
（113年第二次專技社工師）

社會政策的人力及財力資源之政策與立法

Multiple Choice Question 選擇題

(A)②③④⑥　　(B)①③④⑤　　(C)①②④⑥　　(D)①②③⑥

答案：D

【解析】志願服務法第15條規定，志工應有以下之義務：
(1) 遵守倫理守則之規定。題意②屬之。
(2) 遵守志願服務運用單位訂定之規章。題意③屬之。
(3) 參與志願服務運用單位所提供之教育訓練。
(4) 妥善使用志願服務證。題意⑥屬之。
(5) 服務時，應尊重受服務者之權利。
(6) 對因服務而取得或獲知之訊息，保守秘密。
(7) 拒絕向受服務者收取報酬。題意①屬之。
(8) 妥善保管志願服務運用單位所提供之可利用資源。

30 關於社會工作師法之敘述，下列何者錯誤？　（114年第一次專技社工師）
(A) 我國於1997年4月2日制定公布社會工作師法
(B) 社會工作師法明確規範社會工作師的基本職責，確保維護個案權益
(C) 定義社會工作師為協助個人、家庭、團體、社區，促進、發展或恢復其社會功能，謀求其福利之準專業工作者
(D) 社會工作師經完成專科社會工作師訓練，並經中央主管機關甄審合格者，得請領專科社會工作師證書

答案：C

【解析】社會工作師法第2條規定，本法所稱社會工作師，指依社會工作專業知識與技術，協助個人、家庭、團體、社區，促進、發展或恢復其社會功能，謀求其福利的專業工作者。選項(C)有誤，應為「專業工作者」，而非「準專業工作者」。

31 依據志願服務法規定，下列何者屬於各目的事業主管機關可提供給志願服務運用單位的措施？　（114年第一次專技社工師）
(A) 發給服務績效證明書
(B) 將汰舊之器材及設備無償撥交
(C) 定期考核志工個人及團隊之服務績效
(D) 提供意外事故保險及經費補助

選擇題 Multiple Choice Question

答案：**B**

【解析】志願服務法第18條規定，各目的事業主管機關得視業務需要，將汰舊之器材及設備無償撥交相關志願服務運用單位使用。

國家圖書館出版品預行編目資料

社會政策與社會立法(含概要)搶分題庫／陳思緯編著. ──七版. ──臺北市：考用出版股份有限公司, 2025.05
面；　公分
ISBN 978-626-7551-15-8（平裝）

1.CST：社會政策　2.CST：社會福利

549.1　　　　　　　　　114003517

4K69
社會政策與社會立法(含概要)搶分題庫

編 著 者 ─ 陳思緯(272.7)

編輯主編 ─ 李貴年

責任編輯 ─ 余秀琴、李敏華、何富珊

文字校對 ─ 石曉蓉

封面設計 ─ 王麗娟、姚孝慈

出 版 者 ─ 考用出版股份有限公司

發 行 人 ─ 楊榮川

總 經 理 ─ 楊士清

總 編 輯 ─ 楊秀麗

地　　址：臺北市大安區106和平東路二段339號4樓

電　　話：02-27055066（代表號）

傳　　真：02-27066100

網　　址：https://www.wunan.com.tw

電子郵件：wunan@wunan.com.tw

法律顧問　林勝安律師

出版日期　2015年12月初版一刷
　　　　　2019年12月五版一刷
　　　　　2022年 3月六版一刷
　　　　　2025年 5月七版一刷

定　　價　新臺幣590元

※版權所有·欲利用本書內容，必須徵求本公司同意※